Eva C. Schweitzer

Amerikas Schattenkrieger

EVA C. SCHWEITZER

AMERIKAS SCHATTEN KRIEGER

Wie uns die USA seit Jahrzehnten ausspionieren und manipulieren

Piper München Berlin Zürich

Mehr über unsere Autoren und Bücher:
www.piper.de

MIX
Papier aus verantwortungsvollen Quellen
FSC® C014496
FSC
www.fsc.org

ISBN 978-3-492-05686-1

Gesetzt aus der Minion Pro
Satz: Kösel Media GmbH, Krugzell
Litho: Lorenz & Zeller, Inning am Ammersee
Druck und Bindung: GGP Media GmbH, Pößneck
Printed in Germany

Inhalt

Vorwort

Die deutsch-amerikanischen Beziehungen waren zwar immer eng, aber in der langen gemeinsamen und oft kriegerischen Geschichte ähnelten sie meist eher einem achterbahnartigen Auf und Ab. Und in den letzten Jahren waren sie eher angespannt. Dazu haben US-Präsident George W. Bush und der Irakkrieg beigetragen, aber auch die neuerlichen Enthüllungen von Edward Snowden, Julian Assange und WikiLeaks. Heute wissen wir, dass auch Bushs Nachfolger Barack Obama Deutschland flächendeckend belauschen lässt – sogar mithilfe des Bundesnachrichtendienstes. Der BND hat Millionen von Suchbegriffen für die NSA ins System eingespeist und so den Amerikanern bei der Industriespionage geholfen, unter anderem beim deutsch-französischen Rüstungskonzern EADS, der den Airbus baut. Das geschah womöglich mit Wissen der Bundeskanzlerin, deren Handy ebenfalls angezapft wurde. Wer noch alles bespitzelt wird – Politiker, Journalisten, EU-Beamte, Diplomaten, Mercedes-Benz, MTU, Siemens – stellt sich erst nach und nach heraus. Angeblich dient das alles der Terrorabwehr. Denn seit dem Anschlag auf das World Trade Center führen die USA einen heimlichen, unheimlichen Schattenkrieg auf der ganzen Welt, unterstützt vom BND, bei dessen Gründung die CIA Pate stand. Aber es geht nicht nur darum: Auch Konzerne wie Apple, Google, Microsoft, Facebook, Ebay, PayPal und Amazon liefern die Daten ihrer internationalen Kunden in Washington ab. Und auch Hollywood versteht sich als langer Arm der US-Außenpolitik, gerade in Kriegszeiten. Die Filme der Traumfabrik prägen noch heute das Bild der Amerikaner von Deutschland.

Spione, Propagandisten und Einflussagenten aus Amerika tummeln sich nicht erst seit gestern in Deutschland. Schattenkriege zwischen beiden Ländern werden seit mehr als 100 Jahren geführt. Schon bevor die USA in den Ersten Weltkrieg eintraten, veröffentlichten amerikanische Zeitungen antideutsche Karikaturen, während deutsche Agenten versuchten, den Munitionsnachschub nach England zu sabotieren. Im Zweiten Weltkrieg trainierte Sir William Stephenson, der angeblich das Vorbild für James Bond war, amerikanische Spione in New York, und Allen Dulles, der für das Office of Strategic Services in die Schweiz ging, suchte Kontakt zum deutschen Widerstand. Im Kalten Krieg finanzierte die CIA von Berlin aus antikommunistische Aufstände und half, den BND aufzubauen. Heute schreiben Interventionsbefürworter Kommentare in der *New York Times*, um Amerikas Kriege auch den Deutschen schmackhaft zu machen, während der BND darauf angewiesen ist, dass ihn die CIA vor islamistischen Anschlägen in Deutschland warnt.

Auch die Kriege in Irak und Afghanistan, die Militäreinsätze in Libyen, Syrien, Jemen, Pakistan und anderen Ländern und vielleicht demnächst auch im Iran und in der Ukraine werden von Spionen und Propagandisten aus Amerika begleitet. Und Deutschland ist überall dabei, oft auf Druck der USA, entweder mit Bundeswehrsoldaten oder indirekt, wenn Kampfflugzeuge der Air Force von Ramstein aus starten, oder wenn die NSA Daten der Telekom abfischt. Und wenn es nach den deutschen Amerikafreunden in transatlantischen Vereinen, Stiftungen, Denkfabriken und Zeitungen ginge, stünde die Bundeswehr bereits kurz vor Moskau und Teheran.

Aber es sind nicht nur die Amerikaner, die Einfluss bei uns nehmen. Auch viele Deutsche wirken und wirkten in Amerika: Pazifisten wie Victor Berger, der Gründer der amerikanischen Sozialdemokraten, die versuchten zu verhindern, dass Amerika in den Ersten Weltkrieg eintrat; Anarchisten wie Eric Muenter, der einen Anschlag auf J. P. Morgan verübte, den wichtigsten Finanzier des Waffengangs; Diplomaten wie Georg Gyssling, der Hollywood im Zweiten Weltkrieg auf einen nazifreundlichen Kurs brachte; oder Antifaschisten wie Herbert Marcuse, die versuchten, dem deutschen Widerstand Gehör zu verschaffen (vergebens). Nach 1945 traten preußische Offiziere wie Fritz Kraemer, der Mentor von Henry Kissinger, in Washington für den Vietnamkrieg ein und forderten, die Amerikaner sollten die Mauer einreißen. Und nach der Wende warnten Kulturschaffende wie Florian Henckel von Donnersmarck vor dem Überwachungsstaat.

Um diese verborgenen Kämpfe, um Lügen und Fälschungen, um die Kollaboration zwischen Hollywood und dem Pentagon, der CIA und dem Silicon Valley, um die NSA, das FBI und die Presse, um PR-Agenturen, Denkfabriken und deren Experten geht es in diesem Buch. Sein Thema ist der nie endende Schattenkrieg zwischen Deutschland und den USA, der 1914 anfing, als die Schüsse in Sarajevo fielen.

Bei meinen Recherchen habe ich mit Experten gesprochen, mit Journalisten und Regimekritikern, von Daniel Ellsberg über Oliver Stone bis zu Stephen Kinzer und vielen anderen. Ich habe unzählige Kriegsfilme gesehen und Bücher gelesen, Filmfestivals besucht, Debatten gelauscht – vom *New Yorker* bis zur Columbia School of Journalism – und Archive und Denkfabriken aufgesucht, in New York wie in Washington. Eine der wichtigsten Lehren dieses Buches ist, dass politische und weltanschauliche Grenzen nicht zwischen Deutschland und Amerika verlaufen. Vielmehr gibt es Kriegstreiber und Propagandisten, Aufklärer und Dissidenten auf beiden Seiten. Letzteren ist dieses Buch gewidmet.

Einleitung: Transatlantische Irritationen

»Wenn die Legende zur Wahrheit wird, druck die Legende!«
MAXWELL SCOTT in dem John-Ford-Western
Der Mann, der Liberty Valance erschoss.

New York, im Juni 2014. Vor der Carnegie Hall sammelt sich das Publikum. Ein junger Mann in Lederjacke verteilt Flugblätter, die zum Widerstand im Konflikt zwischen Israel und Palästina aufrufen, ein anderer warnt vor dem Drohnenkrieg im Irak und im Jemen. Der obligatorische Polizeiwagen am Straßenrand hat das Blaulicht eingeschaltet. Ein Mann vom *Workers Vanguard*, dem Blatt für den sozialistischen Arbeiter, schimpft, die New Yorker würden alles schlucken, statt endlich mal Revolution zu machen. Drinnen, auf der Bühne, steht Glenn Greenwald, der großartige Reporter, der Edward Snowdens Kenntnisse über die NSA-Spionage publik gemacht hat. »Snowden ist in Armut aufgewachsen, aber er hat die Welt verändert«, sagt Greenwald. »Jedes Individuum hat die Macht, die Welt zu verändern. Lasst euch nicht einreden, dass ihr machtlos seid.«

Greenwald, der sein Buch *No Place to Hide* (dt. *Die globale Überwachung*) vorstellt, spricht vor einem vollen Saal, der Hunderte fasst. Alles, was in der New Yorker Intellektuellenszene Rang und Namen hat, ist anwesend. Der Abend beginnt mit Anthony Arnove, einem Weggenossen des Altlinken Noam Chomsky, und er bittet uns, die »Geräte auszumachen, mit denen die NSA uns ausspioniert«. Dann stellt Amy Goodman vom progressiven Sender Radio WBAI den Conferencier vor, Wallace Shawn, Sohn von William Shawn, des früheren Chefredakteurs des *New Yorker*. Shawn ist Schauspieler; letztes Jahr trat er in einem Video für Chelsea Manning auf, jenen Soldaten, der Videos über Kriegsverbrechen der U.S. Army im Irak an Wikipedia weitergab. Er wurde zu 35 Jahren Haft verurteilt. »Uns wird niemand verhaften«, sagt Shawn. »Ich habe, wie die meisten New Yorker der Mittelklasse, Risiken vermieden, mir passiert nichts. Ich verachte diese Leute, aber ich bin einer von ihnen. Aber Glenn ist anders, er setzt sich der Unsicherheit aus.« Er zwinkert und fügt hinzu: »Andererseits, heutzutage werden wir ja von intelligenten Demokraten wie Obama oder Clinton regiert, denen können wir trauen.« Alles lacht.

Dann spricht Greenwald. Er kommt gerade aus Berlin, wo er die Filmemacherin Laura Poitras getroffen hat, mit der er Edward Snowden in Hongkong besucht hatte. Er ist in Deutschland im Fernsehen aufgetreten und hat Interviews gegeben; er hat die deutsche Empörung über die NSA aus erster Hand miterlebt. »Alliierte wie Merkel auszuspionieren hat gar keinen Sinn, es geht nur darum, Macht zu demonstrieren«, sagt er. »Und um wirtschaftliche Interessen.« Aber in Amerika seien die Medien viel gleichgültiger als in Deutschland. »Ich habe mit Lawrence O'Donnell gesprochen« – ein Journalist vom liberalen Sender MSNBC – »und der hat gesagt, ihn störe das alles nicht.« Das habe auch Ruth Marcus in der *Washington Post* geschrieben oder Hendrik Hertzberg im *New Yorker*. »Das sind alles brave Demokraten. Der Mann von Marcus arbeitet sogar für Obama«, sagt Greenwald. »Für die Regierung sind die nicht bedrohlich. Aber das Kriterium für eine freie Gesellschaft ist, wie sie ihre Dissidenten behandelt.«

Dann spricht er über Snowden. Das meiste, was in den US-Medien über den ehemaligen NSA-Zuarbeiter behauptet werde, sei falsch. »Früher hätte ich mir nicht vorstellen können, dass alle Medien einem geheimen, von oben diktierten Drehbuch folgten. Aber nachdem ich das miterlebt habe, durchaus.« Das Drehbuch für Snowden laute, dass er ein russischer oder ein chinesischer Spion sei. »Das *Wall Street Journal* hat einen Schreiber, den sie ab und zu mal aus seinen Thinktanks hochziehen wie einen Tiefseetaucher. Der schrieb erst, Snowden sei ein chinesischer Spion, und ein paar Wochen später war er ein Spion für die Russen.« Wieder lacht alles. Das *Wall Street Journal*, das Hausblatt des konservativen Medienmoguls Rupert Murdoch, ist hier nicht sonderlich beliebt. Dabei sitze Snowden nur in Russland, weil die US-Regierung Ecuador unter Druck gesetzt habe, ihm kein Asyl zu gewähren, fährt Greenwald fort. »Journalisten nennen ihn einen ruhmsüchtigen Narzissten, aber nur deshalb, weil sie sich nicht vorstellen können, dass jemand seinem Gewissen folgt.«

Snowden wird oft mit Daniel Ellsberg verglichen, der die »Pentagon Papers« an die *New York Times* weitergab – geheime Akten über den Vietnamkrieg. Darin wurde enthüllt, dass die USA Flächenbombardements von Laos und Kambodscha angeordnet hatten. Präsident Richard Nixon ließ daraufhin bei Ellsbergs Psychiater einbrechen, um belastendes Material zu finden. »Ich habe mich oft gefragt, warum Nixon eine so aufwendige Intrige inszeniert hat«, sagt Greenwald. »Aber nun, wo ich beobachten kann, wie gegen Snowden gehetzt wird oder gegen Julian Assange von WikiLeaks, ist mir klar geworden: Das ist ein klassischer Trick der Propaganda. Dissidenten werden als Verrückte hingestellt, als Verschwörungstheoretiker. Die *New York Times*, die niemals ›Kriegsverbrechen‹ im Zusammenhang mit der U.S. Army schreibt, hat Assange als paranoid bezeichnet und Chelsea Manning als geisteskrank. Und wer verrückt wirkt, der wird radioaktiv. Dann weichen alle zurück, die eine Karriere zu verlieren haben. Niemand befasst sich mehr mit dem, was der Betreffende zu sagen hat.«

Zur gleichen Zeit, als Greenwald in New York sein Buch signiert, streiten deutsche Politiker darüber, ob sie Edward Snowden nach Berlin einladen sollen, damit er als Zeuge vor einem parlamentarischen Untersuchungsausschuss aussagen kann. Das Verhältnis zwischen den USA und Deutschland ist seit dem Irakkrieg angespannt, als Bundeskanzler Gerhard Schröder erklärte, er werde nicht mitmachen. Dass trotzdem US-Kampfflugzeuge von Ramstein aus starteten, steht auf einem anderen Blatt. Merkel hat sich bemüht, die Wogen zu glätten. Dann aber wurde bekannt, dass selbst ihr Mobiltelefon vor den USA nicht sicher ist, von den E-Mails normaler Menschen ganz zu schweigen. Politiker bekamen die Empörung vieler Deutscher zu spüren und mussten etwas tun.

Aber wie weit reicht der lange Arm des US-Sicherheitsapparats? Christian Flisek, der für die SPD im NSA-Untersuchungsausschuss sitzt, fürchtet, dass Snowden in Deutschland nicht sicher wäre. Die CIA könnte ihn entführen und in den USA vor ein Kriegsgericht stellen. Es wäre nicht das erste Mal. Khaled el-Masri, ein Deutsch-Libanese, wurde zu Beginn des Irakkriegs in Mazedonien von der CIA gekidnapt und monatelang in einem US-Militärlager in Afghanistan gefoltert. Bei ihrem eigenen Staatsbürger hätten die USA überhaupt keine Skrupel. Und bei US-Politikern hält sich das Verständnis für deutsche Empfindsamkeiten sowieso in Grenzen. Seit den Anschlägen auf das World Trade Center, als die Flugzeugentführer aus Hamburg kamen, ist das Misstrauen der Amerikaner, das latent immer schon da war, enorm gewachsen. »Natürlich spionieren wir Deutschland aus«, räumte ein republikanischer Politiker freimütig ein. »Wir wollen schließlich vorbereitet sein, wenn Merkel in Polen einmarschiert.«

Die Aufregung um die NSA ist nur der neueste Höhepunkt der langen deutsch-amerikanischen Geschichte von Spionage und Propaganda. Ob es um WikiLeaks geht, um deutsche Leitartikler, die am Fulbright-Institut geschult wurden, um vom Pentagon erbetene deutsche Militärhilfe im US-Drohnenkrieg, um US-Flieger, die, in Ramstein betankt, in Richtung Afghanistan starten, oder um US-Grenzer, die – angeblich, weil sie Terroristen suchen – die Laptops deutscher Geschäftsreisender durchleuchten: In allen Kriegen gab es Verbindungen zwischen Amerika und Deutschland. Mal liefert der BND Amerika die »Beweise« für irakische Massenvernichtungswaffen, mal gründet das Pentagon das Office of Strategic Influence, das die deutsche Presse kriegsfreundlich stimmen soll, mal attackiert ein Kolumnist der *New York Times* Bundeskanzler Schröder, der nicht in den Irak einmarschieren will, mal werden New Yorker Regimekritiker in Berlin gefeiert. Und im kalten Krieg um die Ukraine laufen die transatlantischen Drähte genauso heiß wie im Streit um Israel. Spionage und Propaganda, gefälschte Fotos, erfundene Zahlen, falsche Fronten und »Psy-Ops«, *psychological operations*, sind genauso wichtig wie Bomben und Gewehre. »Meinungsmacher haben Kriege überhaupt erst möglich gemacht und werden das in unserem Jahrhundert voraussichtlich noch nachhaltiger tun«, schreibt der österreichische Journalist Viktor Farkas.

Nicht nur Snowden oder Ellsberg werden diffamiert. Auch Wladimir Putin gilt manchen Leitartiklern seit der Annektierung der Krim als verrückt, und seine Verteidiger werden als »Putinversteher« verunglimpft. Nun mag Putin kein Demokrat sein und aggressiv, unmoralisch oder völkerrechtswidrig handeln, aber eines ist er ganz gewiss nicht, nämlich schwer zu verstehen. Das heißt natürlich nicht, dass die heutige Kreml-Propaganda wahr ist – genauso wenig, wie die Moskauer Prozesse der Dreißigerjahre des vorigen Jahrhunderts rechtsstaatlich waren oder im stalinistischen Gulag Freiwillige arbeiteten. Auch die Sowjetpropaganda setzte Gerüchte in die Welt, etwa dass das AIDS-Virus aus einem US-Forschungslabor stamme.

Nicht nur Snowden-Fans wird vorgeworfen, sie seien Verschwörungstheoretiker, sprich: Verrückte. Der Verschwörungstheoretiker leidet unter dem Wahn, dass es Menschen gibt, die sich heimlich zusammentun, um etwas Böses auszuhecken. In Wirklichkeit gibt es natürlich nur gute Menschen und auch keine Heimlichkeiten. Außer in Russland. Oder in arabischen Ländern. Oder in China. Verschwörungen werden meist aufgedeckt, wenn heimische Politiker einander ein Bein stellen – wie beim Einbruch ins Watergate Hotel, dem Wahlkampfquartier der Demokraten, hinter dem letztlich Richard Nixon steckte. Oder als CDU und Stasi sich 1972 verschworen, um Willy Brandt zu stürzen. Aber wenn Schlapphüte im Ausland am Werk sind, dauert es oft Jahrzehnte, bis eine Verschwörung auffliegt. Wenn überhaupt. Das gilt für die Operation Paperclip, als die CIA Naziwissenschaftler in die USA holte, für die Operation Northwood, als die CIA Anschläge auf Flugzeuge plante, um diese anschließend Kuba in die Schuhe zu schieben, oder für den Iran-Contra-Waffendeal. Dass das Stuxnet-Virus gegen das iranische Atomprogramm von den USA und vom israelischen Auslandsgeheimdienst Mossad entwickelt wurde, galt ebenfalls lange als Verschwörungstheorie.

Und manche Verschwörung ist noch heute umstritten. Wurde Jassir Arafat mit Polonium ermordet? Wie starb Raoul Wallenberg, der schwedische Judenretter, der von der russischen Geheimpolizei in die Sowjetunion verschleppt wurde, und welche Rolle spielten die USA? Was wusste der deutsche Verfassungsschutz über die NSU-Morde? Wer steckte hinter der Anthrax-Attacke in Amerika nach 9/11?

Gelegentlich wird eine Verschwörungstheorie salonfähig – das NSA-Überwachungsprogramm PRISM fällt einem dazu ein, die Bilderberger oder der Reichstagsbrand von 1933. Für Letzteren wurde Marinus van der Lubbe – ein holländischer Kommunist – verurteilt (drei weitere Kommunisten wurden freigesprochen). Aber schon früh gab es Gerüchte, dass die Nazis dahintersteckten. Denn die nahmen den Brand zum

Anlass, die Bürgerrechte der Weimarer Verfassung außer Kraft zu setzen und den demokratischen Rechtsstaat zu beseitigen. Eine solche Verschwörung wurde damals von einem Tribunal in London unterstellt, das von deutschen Kommunisten veranstaltet wurde, die vor den Nazis geflohen waren. Unter Historikern ist der Reichstagsbrand bis heute umstritten. Er ist eine der großen Verschwörungstheorien des 20. Jahrhunderts, wie die Ermordung von John F. Kennedy, der japanische Angriff auf Pearl Harbor und die Anschläge auf das World Trade Center. Und manchmal verbreitet auch die US-Regierung Verschwörungstheorien – etwa, dass sich Saddam Hussein mit Osama bin Laden verschworen habe, um Massenvernichtungswaffen zu beschaffen.

Zur Propaganda gehört auch, wie Aufständische benannt werden. Mal sind es Widerstandskämpfer, mal Terroristen, mal Partisanen, mal Freiheitskämpfer und mal Marionetten des Auslands. Als die Serben unter Slobodan Milošević Bosnien abhalten wollte, sich aus dem serbischen Einflussbereich zu entfernen, taten sie das Gleiche wie zur Zeit des Habsburgerreiches oder unter dem Prinzregenten Paul von Jugoslawien oder im Zweiten Weltkrieg ab 1941 unter Tito – aber plötzlich waren sie die Bösen. Ähnliches gilt für die Ukrainer, die sich seit mehr als 100 Jahren mit den Russen streiten, aber erst seit Neuestem zu den Guten gehören.

Auch die Kunst der Verleumdung ist Moden unterworfen. Lange war es opportun, Gegner als homosexuell zu diffamieren, als jüdisch oder ihnen schwarze Vorfahren anzudichten (in den USA wurde Eleanor Roosevelt von Republikanern als »Negerin« geschmäht). Heute fiele das auf den Verleumder zurück. Als Adolf Hitler an die Macht kam, wurde getuschelt, er sei Halbjude oder schwul oder beides. Ähnliche Gerüchte kursierten über Reinhard Heydrich. Heute würde jeder, der so etwas behauptete, als antisemitisch oder schwulenfeindlich gelten. Als der US-Senator John McCain in den republikanischen Vorwahlen des Jahres 2000 gegen George W. Bush antrat, starteten seine innerparteilichen Gegner eine Flüsterkampagne: McCain habe ein schwarzes außereheliches Kind. McCain stellte klar: Das Kind sei seine Adoptivtochter aus Bangladesch. McCain verlor zwar gegen Bush, aber die Kampagne zementierte die Wahrnehmung der Republikaner als rassistische Partei, was letztlich zum Wahlsieg Barack Obamas beitrug. Ein echter Pyrrhussieg also.

Wer schreibt, der bleibt

Das Wort Propaganda wurde 1622 von Papst Gregor XV. geprägt, der ein Propagandabüro, eine *Congregatio de Propaganda Fide*, schuf, eine »Kongregation für die Verbreitung des Glaubens«, um der Irrlehre des Protestantismus entgegenzutreten. Und seit Könige zu Felde ziehen, machen spätere Legenden aus Verlierern Sieger und aus Menschenschlachtern Mäzene. Eines der berühmtesten Beispiele ist der Kampf David gegen Goliath. Ob es David, den König der Israeliten, überhaupt gegeben hat, ist genauso umstritten wie die Frage, ob das Heilige Land zu seiner Zeit derart bedeutend war. Jerusalem hatte damals 1500 Einwohner, und David wird in Quellen außerhalb der Bibel nirgends erwähnt. Wenn überhaupt, war er eher ein blutrünstiger Warlord denn ein gütiger König. Ähnlich umstritten ist, ob die Israeliten tatsächlich lange in ägyptischer Sklaverei lebten.

Apropos Ägypter: Um 1274 v. Chr. kämpfte Ramses II. gegen die Hethiter im Gebiet der heutigen Türkei. Danach ließ der Pharao diese »Schlacht von Kadesch« auf Papyri als großen Sieg mithilfe des Gottes Amum darstellen. Die Papyrusrollen blieben bis heute erhalten. Erst im 20. Jahrhundert wurden bei Grabungen im alten Hethiterreich Tafeln mit babylonischer Keilschrift gefunden, nach denen Ramses von den Hethitern geschlagen wurde. Man sieht, dass das alte Journalistenmotto »Wer schreibt, der bleibt« schon damals galt.

Ein ähnlich begnadeter PR-Meister war Alexander der

Große, der König von Mazedonien (der in Europa und Asien eine ähnliche Blutspur hinterließ wie später Napoleon). Nach dem Sieg über das Persische Reich ließ er Münzen prägen, auf denen er als Sohn des Zeus abgebildet war. Auch Homers *Ilias* sollte nicht für bare Münze genommen werden: Der Trojanische Krieg war nicht der schönen Helena geschuldet, sondern der Tatsache, dass die Griechen einen Zugang zum Schwarzen Meer wollten. Ebenso wenig der Krieg der Römer gegen Karthago. Die Römer, die die Stadt nahe dem heutigen Tunis bis auf die Grundmauern zerstörten, behaupteten, alle Karthager würden ihrem Gott Baal ihren erstgeborenen Sohn opfern. Die römischen Geschichtsschreiber Diodorus Siculus und Plutarch schilderten im Jahr 310 v. Chr. sogar eine Szene, bei der kleine Jungen in Karthago in die Arme einer steinernen Baal-Statue gelegt wurden. Am Sockel der Statue werde, so die Römer, ein riesiges Feuer entzündet, die Kinder würden verbrennen. Archäologische Beweise dafür wurden niemals gefunden.

Briten und Amerikaner stehen Ramses und Alexander wenig nach. So hat es die um den Heiligen Gral kämpfenden Ritter der Tafelrunde um König Artus nie gegeben. Und Kolumbus, der 1492 Amerika entdeckte, begann noch im gleichen Jahr, Lügen zu verbreiten, als er den friedlichen Stamm der Taino von Haiti als Kannibalen beschrieb, die Säuglinge schlachteten und äßen. In Wahrheit töteten seine Männer die Taino.

Auch der Unabhängigkeitskrieg der amerikanischen Kolonien gegen Großbritannien erscheint bei kritischer Betrachtung in etwas anderem Licht. Nach amerikanischer Lesart ging es bei diesem Krieg um die Freiheit – in Wahrheit allerdings nur um die Freiheit weißer Plantagenbesitzer; sie waren die Einzigen, die damals wählen durften. Der britische Historiker Simon Schama stellt in *Rough Crossings* fest: »Diese Revolution wurde zuallererst deshalb veranstaltet, um die Sklaverei zu schützen.« Immerhin waren fast alle »Gründerväter« Sklavenhalter. Auch aus Sicht der Indianer sieht der Krieg anders aus: Viele, von den Mohawk bis zu den Cherokee, verbündeten sich mit den Briten gegen die Amerikaner; die Briten luden sogar einen Häuptling der Mohawk nach London ein. Wenn die Vereinigten Staaten am 4. Juli den Unabhängigkeitstag begehen, liest man davon selten.

Von dem griechischen Philosophen Aischylos stammt das Bonmot »Im Krieg ist die Wahrheit das erste Opfer«. »Die Menge von Schwindelei im Namen des Patriotismus in Kriegszeiten in allen Ländern reicht aus, alle anständigen Leute erröten zu lassen«, schrieb der britische Diplomat, Parlamentarier und Pazifist Arthur Ponsonby in *Falsehood in Wartime*, das 1928 erschien (dt. *Lügen in Kriegszeiten*). Das Prinzip sei immer das gleiche: Siege würden übertrieben dargestellt und Niederlagen minimiert. Das Volk werde überzeugt, dass die eigene Seite schuldlos sei, ihr Anliegen gerecht und die Boshaftigkeit des Feindes jenseits allen Zweifels bewiesen sei. Dazu bediene die Regierung sich der Lüge, gefälschter Übersetzungen, Dokumente und Fotos, hysterischer Übertreibung, des Verbots von guten Nachrichten über die Gegenseite und vorgetäuschter Empörung. Wenn der Gegner Gräueltaten begehe oder illegale, grausame oder verbotene Taktiken oder Waffen verwende, sei dies typisch für seinen verdorbenen Volkscharakter, beim eigenen Lager hingegen handele es sich in solchen Fällen stets um Einzelfälle, ein Versehen oder Notwehr. Die USA prägten den Begriff »Kollateralschaden«. »Die Absicht der Propagandisten ist, einen Teil der Menschen vergessen zu lassen, dass der andere Teil ebenfalls menschlich ist«, schrieb der dystopische Schriftsteller Aldous Huxley 1936: »Letztlich existiert Propaganda, um menschliche Wesen durch diabolische Abstraktionen zu ersetzen. In gleicher Weise haben die, die den Krieg verteidigen, ein nett klingendes Vokabular von Abstraktionen erfunden, um den Prozess des Massenmords zu beschreiben.«

Der Harvard-Professor John Mearsheimer beschreibt in *Why Leaders Lie*, warum Staatsführer im Krieg lügen: »Der Hauptgrund dafür ist, einen strategischen Vorteil für ihr Land zu erzielen.« In einer gefährlichen Welt sei dies notwendig, um zu überleben. In den Fünfzigerjahren des vorigen Jahrhunderts log Nikita Chruschtschow in Bezug auf die Atombombe – er übertrieb das nukleare Potenzial der UdSSR, um US-Präsident Eisenhower zu beeindrucken. In den Sechzigern log John F. Kennedy in der Kubakrise; in den Siebzigern versprachen erst Johnsons Verteidigungsminister Robert McNamara und danach Nixons Außenminister Henry Kissinger, sie würden Westdeutschland im Falle eines sowjetischen Angriffs mit Atomwaffen verteidigen. Auch das, so Mearsheimer, war gelogen. Bevor die USA in den Irakkrieg zogen, sagte Pentagonchef Donald Rumsfeld, er habe »bombensichere Beweise«, dass Saddam Hussein und Osama bin Laden Verbündete seien. Zwei Jahre später erzählte er der Denkfabrik Council on Foreign Relations: »Ich habe keine echten Beweise, dass die beiden Verbindungen hatten.« Am meisten gelogen aber wurde im Zweiten Weltkrieg, als Winston Churchill sagte, die Wahrheit sei so kostbar, dass sie Leibwächter aus Lügen haben sollte, während Franklin D. Roosevelt erklärte, dass er absolut gewillt sei, falsche Fährten zu legen und Unwahrheiten zu erzählen, wenn es helfe, den Krieg zu gewinnen. Dass Hitler, Goebbels und Stalin logen, dass sich die Balken bogen, versteht sich von selbst.

»Seit 5 Uhr 45 wird jetzt zurückgeschossen«

Manche Stereotypen sind schon seit Jahrtausenden in Gebrauch. Der Gegner wird nicht nur als böse dargestellt, sondern am besten gleich als Babymörder. Baal, Herodes oder die Götter der Azteken – sie alle sind heute als Babymörder bekannt, was meist auf der Geschichtsschreibung ihrer siegreichen Gegner beruht. Auch zum Repertoire von Antisemiten gehört es seit mehr als 1000 Jahren, den Juden zu unterstellen, sie töteten christliche Kinder, um aus deren Blut Mazzen zu backen.

Im Ersten Weltkrieg schrieben britische Zeitungen, Wehrmachtsoldaten hackten Säuglingen in Belgien die Hände ab, spießten sie auf oder schenkten ihnen vergiftete Bonbons. Im Zweiten Weltkrieg sah man auf italienischen Postern GIs, die mit Flinten auf Kinder zielten. Im Golfkrieg von 1990 trat eine kuwaitische »Krankenschwester« auf und berichtete über Brutkastenbabys, die angeblich von irakischen Soldaten getötet wurden – eine Kampagne der PR-Agentur Hill + Knowlton. Im Bosnienkrieg wurde von amerikanischen PR-Strategen verbreitet, Serben würden schwangeren Bosnierinnen die Bäuche aufschlitzen. Erst nachdem die Bundesregierung im Rahmen eines NATO-Einsatzes Truppen geschickt hatte, stellte sich heraus, dass das gelogen war.

Ähnlich war es schon im Vietnamkrieg gewesen: Als amerikanische Aktivisten nach dem Massaker von My Lai Bilder von toten Babys veröffentlichten, zogen Studenten skandierend durch Washington, New York und Chicago und klagten US-Präsident Lyndon B. Johnson an: »Hey, hey, LBJ, how many kids did you kill today?« Das berühmteste Kriegsfoto aller Zeiten zeigt ein nacktes kleines Mädchen, das schreiend, von Napalm verbrannt, auf den Fotografen zurennt. Dabei wurde ausgerechnet dieser Napalm-Einsatz nicht von der U.S. Army angeordnet, sondern von den Südvietnamesen. Und nicht ohne Grund beklagte sich Israel nach der Bombardierung von Gaza im Jahr 2014, dass Worte gegen die Fotos von toten Kindern machtlos seien.

Denn Fotos sind wichtig. Im Zweiten Weltkrieg war es in Großbritannien verboten, Fotos von britischen Bombenopfern zu zeigen, damit die Bevölkerung nicht demoralisiert wurde. Auch die Nazipropaganda achtete sorgfältig darauf, dass keine Horrorfotos aus den KZs nach außen drangen. Die tatsächlich veröffentlichten Bilder waren gestellt, sie zeigten zufriedene Arbeiter in gestreifter Häftlingskleidung (die Fotos von todkranken Überlebenden, die wir heute kennen, wurden nach der Befreiung gemacht). Und nach dem Golfkrieg weigerten sich sämtliche US-Medien, ein Bild zu drucken, das die Leiche eines verbrannten irakischen Soldaten auf dem »Highway of Death« zeigte, wo die U.S. Army einen Flüchtlingskonvoi bombardiert hatte. Die Legende vom »klinisch« sauberen Krieg wäre durch die Veröffentlichung desavouiert worden.

Fotos werden auch gerne gefälscht. Die einfachste Methode ist, den Bildtext frei zu erfinden, ein beliebter Trick der Briten (und Franzosen) im Ersten Weltkrieg. So wurde aus einer Tierkörperverwertungsanstalt eine Gruselfabrik, in der Soldaten zu Seife verkocht wurden. Am Ende des Zweiten Weltkriegs entstand das Foto von Jewgeni Chaldej, das die Rote Fahne über dem Reichstag zeigt – der Fotograf hatte das Ereignis allerdings mit rot gefärbten Tischdecken nachgestellt. Ebenfalls nachträglich inszeniert war der Handschlag von Torgau an der Elbe zwischen US-Soldaten und Rotarmisten 1945. Tatsächlich hatte das erste Zusammentreffen der Alliierten schon Stunden vorher in Strehla stattgefunden. Dort war der GI Albert Kotzebue mit fünf Kameraden über den Fluss gesetzt, wo er die ersten Sowjetsoldaten traf. Dort stand Kotzebue »inmitten von 300 Leichen – Frauen, Kinder, alte Menschen«, so der Historiker Uwe Niedersen im *Stern*. Das sei nicht die historische Szene gewesen, welche die USA festhalten wollten. Das bekannte Foto wurde einen Tag später gemacht, in Torgau, mit anderen Soldaten.

Für den Ruf sind tote Kinder nie gut, das wusste schon die russische Propaganda nach dem Zweiten Weltkrieg. So stellt das Ehrenmal im Treptower Park in Berlin einen russischen Soldaten dar, der ein gerettetes deutsches Kind trägt. Ähnlich denken die Amerikaner: Als das Smithsonian Institute 1995 in Washington, D.C., eine Ausstellung über Hiroshima veranstaltete, mussten die Kuratoren auf Druck der Army Fotos von verkohlter Kinderkleidung entfernen. Im heutigen digitalen Zeitalter ist es noch einfacher, Bilder zu fälschen, aber auch einfacher, sie zu enttarnen. So protestierten 2014 Zuschauer, als die ARD den russischen Einmarsch in die Ukraine mit einem Foto von einem russischen Panzer in Georgien aus dem Jahr 2008 illustrierte. Der Sender musste sich entschuldigen.

Auch mit Zahlen wird gerne geschummelt. Als Arthur Ponsonby sein Buch schrieb, war das Motto der Krieg führenden Parteien noch: »Unsere Verluste sind gering, die des Gegners enorm.« Heute, wo Millionen von Zivilisten umkommen, rechnen die USA die Opferzahlen lieber klein. So sind in Vietnam, Laos und Kambodscha nach US-Schätzungen eine Million Menschen umgekommen, nach vietnamesischen Schätzungen bis zu fünf Millionen. Im Irakkrieg sind dem US-Militär zufolge etwa 100 000 Iraker ums Leben gekommen. Laut der britischen Zeitschrift *PLOS Medicine*, die sich auf irakische Quellen stützt, waren es mehr als eine Million. Genau umgekehrt ist es natürlich, wenn die USA eingreifen wollen. Im Balkankrieg berichteten US-Medien von bis zu einer Million toter Bosnier. Tatsächlich waren es etwa 60 000. Doch Amerika steht damit nicht alleine: Die Sowjetunion beziffert ihre Verluste im Zweiten Weltkrieg auf 20 bis 30 Millionen Tote. Tatsächlich waren nicht nur die meisten davon Ukrainer, vielmehr enthält diese Zahl auch die Toten des stalinistischen Gulag und der Säuberungen sowie die Opfer von Stalins Zwangsumsiedlungen.

Ein weiterer Klassiker der Propaganda ist die Beteuerung: »Wir haben diesen Krieg nicht gewollt.« Was auch derjenige behauptet, der angefangen hat. Man hat dann eben auf eine Provokation reagiert, in Notwehr gehandelt oder sich zu einem Präventivschlag gezwungen gesehen. So gilt der Amerikanische Bürgerkrieg in den Südstaaten als »War of Northern Aggression«. Mit dem berühmtesten Spruch der vorgetäuschten Defensive aber ist die deutsche Wehrmacht am 1. September 1939 in Polen einmarschiert: »Seit 5 Uhr 45 wird jetzt zurückgeschossen«, verkündete Hitler im Reichstag. Dem Einmarsch waren zwar monatelange Scharmützel zwischen Polen und Deutschen im Grenzgebiet vorausgegangen, aber keines hatte ausgereicht, um einen glaubwürdigen Kriegsgrund zu liefern. Deshalb inszenierte die SS einen angeblichen polnischen Überfall auf den Radiosender Gleiwitz in Schlesien, mit frischen Leichen in gefälschten Uniformen. Hitler selbst bemerkte dazu: »Die Auslösung des Konfliktes wird durch eine geeignete Propaganda erfolgen. Die Glaubwürdigkeit ist dabei gleichgültig, im Sieg liegt das Recht.«

Die Kunst des Präventivschlags beherrscht niemand so gut wie die Vereinigten Staaten. Die USA führten einen »vorsorglichen Angriff« in praktisch jedem Krieg, gegen Kanada 1812 und gegen Mexiko 1836 – wo ein US-Spähtrupp von Mexikanern angegriffen wurde, aber auf mexikanischem Territorium – und in den Indianerkriegen. Dabei beriefen sie sich stets auf die Doktrin der »Manifest Destiny«, wonach es die »offensichtliche Bestimmung« der Weißen sei, den amerikanischen Kontinent bis zur Westküste zu erobern. Noch Präsident Theodore Roosevelt glaubte, dass »Gottes erwähltes Volk«, die Amerikaner, das Land der roten Wilden erben sollte.

Der erste Krieg gegen die Indianer fand 1610 statt, als die englischen Siedler in Jamestown, Virginia, die Konföderation des Häuptlings Powhatan angriffen – drei Jahre nach ihrer Ankunft. Sie brannten die Hauptstadt nieder, töteten 70 Indianer, köpften die Frau des Häuptlings und warfen seine Kinder ins Meer. Nach der Unabhängigkeitserklärung erklärten die USA den Irokesen, die unter Tecumseh vereint waren, den Krieg. Auf Grundlage des »Indian Removal Act« von 1830 schickte Präsident Andrew Jackson die Cherokee, die Seminolen und drei weitere Stämme aus Georgia, Tennessee und Florida auf den *Trail of Tears*, einen Todesmarsch von 1000 Meilen. Es folgten Kriege gegen die Sioux und die Cheyenne, die in der Schlacht am Little Big Horn gipfelten, dann gegen die Comanche in Texas sowie die Navajo und die Apachen in New Mexico und Arizona. 1886 kapitulierte Häuptling Geronimo und wurde mit den letzten 36 von 500 Kriegern interniert. Aber selbstredend waren immer die Indianer schuld. So sprach die Journalistin und Autorin Susan Faludi noch 2007 in der *New York Times* von dem ererbten »Trauma«, weil die frühen Kolonisten in einer »Atmosphäre des Terrors« gelebt hätten, heimgesucht von Indianern, die keine Europäer waren und keine Flagge trugen.

Dass die Indianer im kollektiven Gedächtnis der amerikanischen Nation als böse Aggressoren gelten, liegt auch daran, dass Hollywood sie als grausame Wilde darstellte, die Babys umbrachten oder entführten und Weiße skalpierten. Dabei war das Skalpieren eine Erfindung der Weißen: So zahlte die kalifornische Regierung 50 Dollar Belohnung für jeden indianischen Skalp, um den Staat während des Goldrausches indianerfrei zu machen.

Ein interessantes Element charakterisiert fast alle amerikanischen Kriege: Sie wurden stets erklärt, nachdem ein Schiff angegriffen worden war. Als 1890 das US-Kriegsschiff *Maine* im Hafen von Havanna explodierte, zogen die USA in den Krieg gegen Spanien. Damals war Kuba eine spanische Kolonie, die mit Unterstützung der USA um die Unabhängigkeit kämpfte. Die Verleger Joseph Pulitzer und William Randolph Hearst schickten Reporter nach Kuba, denen Widerständler frei erfundene Horrorgeschichten von Leichenbergen erzählten. Als es keine Fotos von Leichen gab, schickte Hearst einen Zeichner. Als der Zeichner kabelte, in Havanna gebe es keinen Krieg, kabelte Hearst zurück: »Schicken Sie mir Bilder, und ich sorge für den Krieg.« Aber einen Kriegsgrund fanden die USA erst, als die 266 US-Soldaten auf der *Maine* starben. Hearst-Blätter schrieben damals, Spanien habe einen Torpedo auf das Schiff abgefeuert, das sei bewiesen. Dabei hatte eine Explosion im Maschinenraum die Todesopfer gefordert.

Das Schiff, das Amerika letztlich in den Ersten Weltkrieg brachte, war die *Lusitania*, ein mit Waffen beladener britischer Dampfer, der von einem deutschen U-Boot versenkt wurde. Es folgte ein Trommelfeuer britischer Propaganda, bis die USA Deutschland den Krieg erklärten. Der Zweite Weltkrieg begann für die USA, als die japanische Luftwaffe im Dezember 1941 Pearl Harbor auf Hawaii attackierte, wo die US-Pazifikflotte lag. Mehrere Schiffe sanken, darunter die *USS Arizona* mit 1177 GIs an Bord. Damals hatten die USA noch keinen Auslandsgeheimdienst; sie stützten sich auf die Briten. Nach Pearl Harbor bauten sie das Office of Strategic Services auf, aus dem die CIA wurde. Oberspion des OSS in Europa war Allen Dulles, der von Bern aus deutsche Widerstandskämpfer gegen die Nazis als Spione rekrutierte.

Auch der Kampfeinsatz der USA in Vietnam begann mit einem Schiff, der *USS Maddox*, die 1964 angeblich im Golf von Tonkin von nordvietnamesischen Torpedobooten angegriffen wurde. Die Informationen über den »Tonkin-Zwischenfall« stammten von der neuen Spionagebehörde NSA, der National Security Agency.

Der vorerst letzte Anschlag auf ein US-Schiff geschah im Jahr 2000. Ziel war die *USS Cole*, die in der jemenitischen Hauptstadt Aden vor Anker lag. Hinter der Attacke steckte eine neue terroristische Gruppe: al-Qaida. Ganz neu war sie allerdings nicht, ging sie doch auf die Mudschaheddin zurück, die von der CIA im Afghanistankrieg gegen die Sowjets unterstützt worden waren. Damals hatte sich in den USA eine kleine, aber einflussreiche Gruppe gesammelt, das *Project For The New American Century* (PNAC). Ziel dieser sogenannten Neokonservativen war die globale militärische Dominanz der USA. Aber ihre Stunde schlug erst am 11. September 2001, als eine al-Qaida-Zelle aus Hamburg das New Yorker World Trade Center mit zwei gekaperten Flugzeugen angriff. Die terroristischen Attacken lieferten den USA den Vorwand für einen ewigen Krieg im Mittleren Osten.

Die Panik der Silicon-Valley-Milliardäre

Mit dem Internet hat sich vieles verändert. Der Medienwissenschaftler Marshall McLuhan sah das bereits in den Siebzigerjahren des vorigen Jahrhunderts voraus und schrieb in seinem Buch *Culture is our Business*: »Der Dritte Weltkrieg wird ein Guerilla-Informationskrieg sein, wo es keinen Unterschied zwischen Militärs und Zivilisten als Teilnehmer geben wird.« Spionage ist einfacher geworden; schon deshalb, weil viele dem Internet alles anvertrauen. Heute bekommen amerikanische IT-Konzerne wie Google und Microsoft Subventionen vom Pentagon, wie Hollywood im Zweiten Weltkrieg. Und sie fungieren als langer Arm der US-Regierung: Amazon etwa entfernte WikiLeaks von seiner Plattform, nachdem Julian Assange, ein Australier in der ecuadorischen Botschaft in London auf der Flucht vor Schweden und den USA, die Kriegsvideos von Chelsea Manning veröffentlicht hatte.

Mit dem Internet ist Amerika keine Insel mehr. Heute finden Aktivisten aus aller Welt Gehör, vom iranischen Blogger über das YouTube-Video aus Palästina bis zum Facebook-Poster aus der Ukraine. Aber nicht überall, wo Aktivist draufsteht, steckt auch einer drin. Es gibt bezahlte »Megaphone«, die im Auftrag von Regierungen oder von Konzernen Kommentare posten, und Agenten, die in sozialen Netzwerken mit erfundenen Profilen herumspionieren. Mit dem Internet hat sich auch eine internationale Widerstandsszene formiert, wie WikiLeaks und Anonymous. Natürlich steht der eine oder andere dort auch auf der Gehaltsliste der NSA.

Ebenfalls neu ist, dass Medien in den USA mit ausländischem Geld finanziert werden. Al Jazeera aus Qatar zählt dazu oder Russia Today, die beide auf Englisch senden. Der *Guardian* aus Großbritannien brachte von seinem New Yorker Büro aus Snowdens NSA-Story heraus, in New York sitzt auch das Recherchenetzwerk des Exil-Iraners Pierre Omidyar, für das Glenn Greenwald arbeitet. Auch deutsche Medienkonzerne wie Bertelsmann und Holtzbrinck sind in den USA vertreten. Metropolitan Books, der Verlag, der Greenwalds Buch verlegt hat, gehört zum Holtzbrinck-Konzern, der die *Zeit* herausgibt.

Diese Zusammenarbeit zwischen Silicon Valley, CIA, NSA und Pentagon, sagt Glenn Greenwald in der Carnegie Hall, sei zugleich auch ihre Schwachstelle. »Bei denen herrscht echte Panik, denn die haben Angst, dass sie international Marktanteile verlieren, wenn Ausländer fürchten, dass ihre Daten nicht sicher sind.« Deswegen müsse der Druck aufrechterhalten werden. »Unsere Regierung nimmt die Panik von Silicon-Valley-Milliardären sehr viel ernster als die von uns.«

Dieses Buch soll keineswegs ein Plädoyer für die Abkoppelung Deutschlands von Amerika sein. Mit der Westorientierung ist die Bundesrepublik ganz gut gefahren. Das darf aber nicht so weit gehen, dass wir uns in amerikanischen Kriegen verheizen lassen – schon gar nicht auf der Grundlage von Lügenmärchen, die von Meinungsmachern und dem Pentagon aufgetischt werden, zumal die Amerikaner ihr eigenes Geschwätz von gestern nicht ernst nehmen und die Verbündeten schneller wechseln, als die schwerfällige deutsche Politik reagieren kann. Es geht auch nicht darum, das Gegenteil von dem zu glauben, was in der Zeitung steht, oder seine Informationen von Russia Today zu beziehen oder von ominösen Websites. Es gibt immer noch Experten, die vertrauenswürdig sind, und Medien, die kritisch und kenntnisreich berichten, viele davon aus Amerika. Ohne Journalisten wie Seymour Hersh, Dexter Filkins oder Glenn Greenwald, ohne Organisationen wie FAIR und viele andere wäre dieses Buch nicht entstanden. Man sollte alles, was man liest, mit gesundem Misstrauen prüfen, sich dabei aber seine Unvoreingenommenheit bewahren und ab und zu über den eigenen Tellerrand blicken.

1 Der Erste Weltkrieg

Babymörder in Belgien und anderswo

»Im Krieg ist die Wahrheit das erste Opfer.«
GEFLÜGELTES WORT

New York, im August 2014, im Kinosaal des Museum of Modern Art. Der Erste Weltkrieg ist ausgebrochen. Verstört läuft ein junges Mädchen über das Schlachtfeld, auf der Suche nach ihrem amerikanischen Geliebten, der für die Franzosen kämpft. Sie umklammert ihr Brautkleid. Ihre Mutter und ihr Großvater sind der Hunnenarmee zum Opfer gefallen, der jüngste Bruder hat nur knapp überlebt. Endlich findet sie den schwer verwundeten Geliebten und fällt in Ohnmacht. »So verbringen sie die Brautnacht«, heißt es – bis ein böser deutscher Offizier namens Von Strohm das Mädchen vergewaltigen will. Wie alle bösen Deutschen in US-Propagandastreifen trägt er ein Monokel. »Wenn wir Amerikaner Kriegsfilme drehen«, meint Lawrence Suid, der die Reihe im MoMA vorstellt, »dann machen wir das gründlich. Wir machen keine Gefangenen.«

Wir sehen *Hearts of the World* von D.W. Griffith. Der 1918 gedrehte Streifen war der erfolgreichste Propagandafilm des Ersten Weltkriegs, der, begleitet von einem Sinfonieorchester, in allen amerikaischen Kinos lief. Die Kartenverkäufe waren rekordverdächtig, und die Kritiker jubelten. Neben Stars wie Lillian Gish war Erich von Stroheim zu sehen, der auf den bösen Hunnen abonniert war. Griffith war ein Filmpionier, berühmt geworden durch *Birth of a Nation* (dt. *Die Geburt einer Nation*), eine Hymne auf die Südstaaten im Bürgerkrieg. Aber *Hearts of the World* war kein amerikanischer Film. Er wurde in England gedreht und vom britischen War Office Committee finanziert; ein Teil des Gewinns wurde an die britische Kriegskasse abgeführt, wie die *New York Times* berichtete. Der Film war der späte Höhepunkt einer beispiellosen Propagandaschlacht des britischen Empire, die nur ein einziger Ziel hatte: Amerika zum Kriegseintritt zu bewegen.

Im Ersten Weltkrieg wurde die moderne Kriegspropaganda entwickelt, deren Methoden noch heute angewendet werden. Verantwortlich war ein Geheimdienst namens War Propaganda Bureau, der als »Wellington House« firmierte. Seine Existenz war streng geheim, nicht einmal das Parlament wusste davon – nur der britische Schatzkanzler David Lloyd George, der im Dezember 1916 Premierminister wurde. Erst 1935 wurden die Aktivitäten von Wellington House bekannt, vieles davon liegt bis heute im Dunkeln.

Die Briten setzten Spione ein, Brieföffner, Dechiffrierer und Telefonabhörer. Es gab ein Amt für Fälschungen, eines für Recherchen, eine Behörde für Propaganda, ein »Informationsministerium«, eine Zensurbehörde, mehrere Militärgeheimdienste und ein Pressebüro, das die Presse kontrollierte. »Sie alle haben die Seelen der Menschen mit Hass vergiftet«, schrieb Arthur Ponsonby 1928 in *Falsehood in Wartime*. Auch Künstler machten mit. Filmemacher, Kriegsreporter, Zeichner, Musiker und Schriftsteller produzierten Millionen von Filmen, Büchern, Zeitungsartikeln, Reden, Fotos, Postern, Postkarten, Briefmarken, Bildern, Karikaturen, Schlagern und königlichen Verlautbarungen, in denen Deutsche als Pickelhauben tragende, Kinder fressende, Babys mordende Hunnen dargestellt wurden. Diese Gräuelpropaganda prägt das Bild von den Deutschen, vor allem in Amerika, bis heute, und sie prägt bis heute die deutsch-amerikanischen Beziehungen. »Griffith hat sich niemals vergeben, diesen Film gemacht zu haben«, sagte Lillian Gish Jahre später. »Die Darstellung deutscher Brutalität war geradezu absurd. Jedes Mal, wenn sich ein Deutscher mir genähert hat, hat er mich geschlagen oder getreten.«

Vor allem die Kriegsverbrechen der deutschen Armee im besetzten Belgien wurden angeprangert – viele davon waren frei erfunden. So wurde behauptet, deutsche Soldaten hätten belgischen Kriegsgefangenen die Augen ausgestochen, Nonnen vergewaltigt und ihnen die Brüste abgeschnitten. Es hieß, in einer belgischen Stadt sei eine nackte Frau mit einem Schwert durch ihre Brust an eine Tür genagelt worden oder deutsche Frauen trügen Halsketten aus den Augen französischer Verwundeter. Viele Berichte waren – in Ermangelung von Fotos – mit Zeichnungen bebildert. Besonders tat sich dabei der holländische Illustrator Louis Raemaekers hervor, der Deutsche geradezu rassistisch darstellte. Als Deutschland ein Kopfgeld auf ihn aussetzte, flüchtete er nach England. Raemaekers – der Sohn eines deutschen Journalisten – war Bürger eines neutralen Landes und galt deshalb als glaubwürdig. Fotos wurden mit gefälschten Bildunterschriften versehen. So druckte der *Daily Mirror* im Dezember 1915 ein Bild von deutschen Soldaten – mit der Bildzeile, es handele sich um serbische Kriegsgefangene. Der französische *Le Miroir* druckte ein Bild von Leichenbergen: Juden, die 1905 in Russland bei Pogromen ermordet worden waren. In der Bildunterschrift hieß es, dies seien »Opfer der deutschen Horden in Polen«.

Wellington House verbreitete auch, dass deutsche Soldaten Babys in Belgien die Hände abgehackt, sie gekocht und aufgegessen hätten, oder dass Soldaten vergiftete Bonbons oder Handgranaten als Spielzeug an belgische Kinder verteilt hätten. Auch US-Zeitungen griffen diese Propagandamärchen auf. So berichtete die *New York Times* über einen deutschen Soldaten, der angeblich ein auf ein Bajonett gespießtes Baby vor sich hergetragen habe. In *The Heart of Humanity*, einem anderen antideutschen Hollywoodfilm, werden deutsche

Offiziere gezeigt, die vor den Augen hungernder belgischer Kinder Milch auf die Straße schütten – Milch, die gutherzige Amerikaner geschickt haben.

Da es – natürlich – keine Fotos von einem belgischen Baby ohne Hände gab, veröffentlichte eine französische Zeitung ein Foto von einer steinernen Statue, die ein handloses Kind darstellte. Auch gemalte Bilder wurden verbreitet. Eines davon hieß Chemin de la Gloire, ein Gemälde einer Kathedrale in Flammen, vor der ein lebloser kleiner Junge liegt, durch dessen Körper ein Bajonett getrieben ist.

Die Kampagne mit den toten Babys in Belgien hat Ähnlichkeit mit den Brutkastenbabys in Kuwait, die 1990 angeblich von irakischen Soldaten umgebracht wurden. Natürlich war – wie Deutschland in Belgien – auch der Irak tatsächlich in Kuwait einmarschiert, und es wurden Zivilisten getötet. Aber das herzzerreißende Detail der ermordeten Frühgeborenen war von professionellen Propagandisten frei erfunden. Und Belgien war – wie Kuwait – alles andere als ein Musterstaat. Erst kurz zuvor hatten irische und britische Zeitungen aufgedeckt, dass unter dem belgischen König Leopold II. zwölf Millionen kongolesische Sklavenarbeiter umgebracht worden waren. Wer sich dem ausbeuterischen Regime der Kolonialherren widersetzte, dem wurden die Hände abgehackt.

Europa war binnen Wochen in den Krieg getaumelt. Am 28. Juni 1914 geschah das Attentat von Sarajevo: Gavrilo Princip, ein bosnischer Serbe, erschoss in der bosnischen Hauptstadt den österreichischen Thronfolger Franz Ferdinand und dessen Frau Sophie. Österreich hatte Bosnien und Herzegowina nach dem Zerfall des Osmanischen Reiches annektiert, und Princip gehörte zu der Gruppe Mlada Bosna, die Bosnien einem südslawischen Königreich unter serbischer Führung einverleiben wollte. Österreich glaubte, dass die serbische Regierung hinter dem Attentat steckte (heute vermutet man, dass Dragutin Dimitrijević, der Chef des serbischen Geheimdienstes, Mlada Bosna mit dem Anschlag beauftragte; Dimitrijević wurde 1917 auf Befehl der serbischen Regierung exekutiert). Wien forderte eine Untersuchung und stellte ein Ultimatum. Serbien lehnte ab. In Serbien wird Princip noch heute als Märtyrer verehrt.

Der deutsche Kanzler Theobald von Bethmann Hollweg sicherte Österreich die vorbehaltlose Unterstützung des Deutschen Reiches zu. Kaiser Franz Joseph I. erklärte am 28. Juli Serbien den Krieg. Serbien war mit Frankreich und Russland verbündet, das von Zar Nikolaus II. regiert wurde. Nun rückte Russland gegen Ostpreußen vor. Am 1. August erklärte Deutschland Russland den Krieg. Am 3. August erklärten sich Deutschland und Frankreich gegenseitig den Krieg. Um die französischen Befestigungen am Rhein zu umgehen, schickte Deutschland noch am gleichen Tag Truppen durch das neutrale Belgien, daraufhin erklärte Großbritannien, das sich als Schutzmacht Belgiens sah, am 4. August Deutschland den Krieg. Fast über Nacht stand Europa in Flammen.

Mit dem Ersten Weltkrieg endete eine lange Friedenperiode, wenngleich eine, die von Machtkämpfen und nationalen Ressentiments gekennzeichnet war. Frankreich sann seit der Niederlage von 1871 gegen Deutschland auf Rache, zumal Bismarck, der »Eiserne Kanzler«, dem Nachbarland damals hohe Reparationen auferlegt hatte. England sorgte sich, dass Deutschland dem britischen Empire unter der einigenden Kraft Preußens den Rang ablaufen könnte, zumal das Wilhelminische Reich seine Kriegsflotte ausbaute. Und Deutschland neidete den anderen europäischen Mächten deren Kolonien in Afrika und Asien.

Mit Kriegsbeginn wollten Frankreich und England die öffentliche Meinung gegen Deutschland mobilisieren. Dazu aber war Serbien genauso wenig geeignet wie Russland. Russland war wenig beliebt. Die USA hatten erst wenige Jahre zuvor Japan im Krieg gegen Russland unterstützt. Und die Serben galten als die ungewaschenen kleinen Brüder der Russen. Belgien aber war christlich-mitteleuropäisch, und der Einmarsch in ein neutrales Land bedeutete einen Bruch des Völkerrechts.

Das deutsche Heer richtete erhebliche Zerstörungen in Belgien an. Soldaten brannten ganze Stadtteile nieder; in der Stadt Löwen wurde die Universitätsbibliothek mit ihrer antiken Sammlung zerstört. 6000 Zivilisten wurden von deutschen Soldaten erschossen, meist auf der Jagd nach Partisanen. Alleine beim Massaker von Dinant starben mehr als 600 Belgier. Über eine Million Belgier flohen, Hunderttausende fielen. Die Besatzer verhängten kollektive Strafen und verpflichteten Belgier zur Zwangsarbeit. Die Gräueltaten allerdings, die in der Presse und auf der Leinwand anprangert wurden, waren frei erfunden; keiner der Reporter war in Belgien gewesen. *The Rape of Belgium*, »die Vergewaltigung Belgiens«, war ein Produkt der britischen Propaganda.

Das War Propaganda Bureau alias Wellington House nahm im August 1914 die Arbeit auf. Wellington House war der Name des Gebäudes der National Insurance Commission in London, wo die Propagandabehörde untergebracht war. Ihr Chef war Charles Masterman, ein Journalist, Verleger, Ministerialbeamter und liberaler Parlamentarier. Er saß im Vorstand eben jener National Insurance Commission, die im Wellington House residierte – die perfekte Tarnung also.

Wellington House war eine Reaktion auf die deutsche Kriegspropaganda, die Kriegsbegeisterung an der Heimatfront wecken und der Bevölkerung einen baldigen Sieg vorgaukeln sollte; viele deutsche Soldaten glaubten, sie seien Weihnachten 1914 wieder zu Hause. Den Briten aber ging es um die öffentliche Meinung der Welt. Sie konnten auf die Erfahrung des Empire zurückgreifen. In den Kriegen gegen Spanien hatten sie die spanische Inquisition angeprangert, im Revolutionskrieg wurden die Amerikaner als Sklaventreiber dargestellt; Iren, Inder und Afghanen wurden als Barbaren geschildert. Die Deutschen hingegen, schreibt Thomas Flemming in *The Illusion of Victory*, waren unerfahren und litten an einer »naiven Rechtschaffenheit«.

Am 2. September 1914, vier Wochen nach Kriegsbeginn, lud Mastermann zwei Dutzend Schriftsteller zu einer streng geheimen Konferenz ins Wellington House ein, darunter der *Dschungelbuch*-Verfasser Rudyard Kipling, der Sherlock-Holmes-Schöpfer Arthur Conan Doyle und der Science-Fiction-Guru H. G. Wells (Wells erfand später den Slogan, der Erste Weltkrieg sei der »Krieg, um alle Kriege zu beenden«). Am 7. September folgte eine Konferenz mit Publizisten und Presseleuten. In beiden Besprechungen ging es um die beste Kriegspropaganda.

Wellington House hatte Abteilungen für alle Regionen: Skandinavien, Holland, Italien und die Schweiz, eine für Spanisch sprechende Länder und eine andere für moslemische. Die wichtigste aber sei die USA-Sektion gewesen, schreibt Michael Sanders im *Historical Journal*. Zu Mastermans Mitarbeitern gehörten auch ein Literaturagent, ein Literaturberater sowie ein Verbindungsoffizier zur Admiralität und zum War Office, das die deutsche Presse auswertete. Masterman wurde außerdem von Verlagen wie Oxford University Press, Macmillan und Thomas Nelson unterstützt. Thomas Nelson veröffentlichte eine Reihe von Broschüren mit Berichten über deutsche Kriegsverbrechen und die glorreichen Siege der britischen Armee, deren erste im Februar 1915 erschien. Ihr Autor war Thomas Buchan.

Buchan, ein Anwalt aus Schottland, war Sekretär des Kolonialverwalters für das südliche Afrika, aber seine Leidenschaft gehörte dem Schreiben. Sein bekanntestes Werk ist der Abenteuerroman *The Thirty-Nine Steps*, der 1935 von Alfred Hitchcock verfilmt wurde (dt. Verleihtitel *Die 39 Stufen*). Buchan, der »Second Lieutenant« im Armee-Geheimdienst war, wurde Mastermans rechte Hand. Ihm gelang es, Zeitungen in Amerika davon zu überzeugen, die antideutschen Karikaturen von Raemaekers zu drucken. Masterman gründete die *Illustrated London News*, aber auch russische, italienische, dänische, schwedische, holländische, griechische, türkische, spanische und portugiesische Blätter (für Brasilien). Auch in China und Indien wurden Zeitschriften vertrieben. In Japan gründete der Journalist Robertson Scott mit Regierungsgeldern die Zeitschrift *Shin Toyo*. Selbstredend hatte Wellington House in all diesen Ländern Büros. Zu Mastermans Aufgaben gehörte es auch, Dossiers über den Genozid der Türken in Armenien zu erstellen, nachdem die Türkei an der Seite Deutschlands in den Krieg eingetreten war.

Sanders zufolge wurden bis Juni 1915 zweieinhalb Millionen Bücher und Broschüren unter die Völker gebracht, in siebzehn Sprachen. Weil das spürbar ins Geld ging, beschloss Masterman, sich der Hilfe der Presse zu bedienen. Sein wichtigster Medienpartner wurde Alfred Harmsworth, besser bekannt als Lord Northcliffe. Northcliffe war einer der Mogule der Londoner Fleet Street, des legendären Zeitungsviertels, und der Rupert Murdoch jener Tage. Ihm gehörten das Boulevardblatt *Evening News*, die *Daily Mail* und der *Daily Mirror*, der *Observer*, die Londoner *Times* und, ab 1908, auch die *Sunday Times*. Er beherrschte neben dem Boulevard auch den Markt für seriöse Publikationen, in einer Ära, in der Zeitungen das Gros der Informationen transportierten. Die *Times* wurde im Aufspüren und Anprangern von – zumeist erfundenen – deutschen Kriegsgräueln führend.

Northcliffes Zeitungen fuhren schon lange vor dem Krieg einen antideutschen Kurs, denn es passte dem Lord nicht, dass deutsche Arbeiter seit Bismarck renten- und krankenversichert waren. Das könnte englische Arbeiter auf dumme Gedanken bringen, fürchtete er. Aber nun legte er noch zu. Northcliffe-Zeitungen ergingen sich derart in antideutscher Propaganda, dass die kaiserliche Marine ein Kriegsschiff entsandte, um sein Privathaus in England zu beschießen und ihn zu töten (erfolglos). »Abgesehen vom Kaiser hat Lord Northcliffe mehr als jeder andere Mensch getan, um den Krieg zu befördern«, schrieb die Konkurrenzzeitung *The Star*. Auch Arthur Ponsonby bemerkte in *Falsehood in Wartime*, dass die »offizielle britische Propagandaabteilung unter Lord Northcliffe sehr erfolgreich war« – und er meinte das nicht als Kompliment. Der einzige amerikanische Pressezar, der es schaffte, seine Zeitungen von Northcliffes gefälschten Kriegsberichten frei zu halten, war William Randolph Hearst.

Masterman kümmerte sich auch um ausländische Korrespondenten in London. Er versuchte, den Anschein der Einflussnahme zu vermeiden. »Die britische Propaganda arbeitete nach dem Prinzip, die ausländische Presse mit umfassenden und akkuraten Information über den Krieg zu versorgen und sie zu ermutigen, eigene Artikel zu schreiben«, schreibt Sanders. In Amerika, wo die Flut britischer Propaganda bald auf Misstrauen stieß, wurde die Nachrichtenagentur Reuters dazwischengeschaltet.

An der Propagandafront arbeiteten auch das Foreign Office, das für die Zensur innerhalb Großbritanniens zuständig war, und das ebenfalls in London ansässige Neutral Press Committee. Dessen Vorsitzender war Georg Herbert Mair, der stellvertretende Chefredakteur des *Daily Chronicle*. Mair kurbelte den Verkauf britischer Blätter im Ausland an, belieferte ausländische Zeitungen mit Reuters-Meldungen und versorgte ausländische Journalisten in London mit Büroraum.

Britische Zeitungen stellten den gesamten deutschen »Volkscharakter« als kriegerisch und mörderisch dar. Gerne zitiert wurden Friedrich Nietzsche und der estnisch-preußische Militärhistoriker Friedrich von Bernhardi, der in seinem Werk *Deutschland und der nächste Krieg* zur Neuordnung Europas mit kriegerischen Mitteln aufgerufen hatte. Auch Kaiser Wilhelm II., der »Hunnenkaiser«, war ein beliebtes Thema, woran der Monarch selber nicht ganz unschuldig war: Als der Kasier im Jahr 1900 deutsche Soldaten von Wilhelmshaven aus nach China schickte, um den Boxeraufstand niederzuschlagen, ermahnte er die Truppe, zu kämpfen, wie »vor tausend Jahren die Hunnen … sich einen Namen gemacht, der sie noch jetzt in der Überlieferung gewaltig erscheinen lässt«. Daraus wurde in britischen Zeitungen der Pickelhaube tragende, Zähne fletschende deutsche Soldat, der blutrünstig wie Attila der Hunne die ganze Welt unterwerfen wolle.

In Deutschland waren nicht nur die Heeresleitung und der Kaiser, sondern auch viele Journalisten, Romanciers und Literaten kriegsbegeistert. Die Bauern und Arbeiter, die als Soldaten eingezogen wurden, waren eher entsetzt. Ganz ähnlich war es übrigens auch in England, weshalb sich ein Gutteil der britischen Propaganda darauf konzentrierte, die eigenen Leute gegen den Feind aufzuhetzen.

»Sprich sanft, aber trage einen dicken Stock.« Nur Demokratien haben Humor

Das britische Empire setzte seine weltumspannende Flotte zur Verbreitung von Kriegspropaganda ein. Auch Linien wie Cunard und White Star brachten Broschüren in alle Ecken der Welt, vom Balkan bis China, von Australien über Südafrika bis in die Neue Welt. Dort ließ Mastermann sie mithilfe der Botschaften und engagierter Freiwilliger weiterverteilen, in Büchereien, Wartesälen, Friseursalons und Arztpraxen.

Das Hauptziel der britischen Propaganda war Amerika. Dort hatten die Briten mehrere Heimvorteile: die Sprache, die englischstämmige Oberschicht und ein Kommunikationsmonopol. Bereits am 3. August 1914, einen Tag vor der britischen Kriegserklärung an Deutschland, hatte die britische Marine die Unterwasserkabel östlich der Azoren, über welche die gesamte Kommunikation zwischen Amerika und Deutschland lief, von Telefongesprächen bis zu Agenturmeldungen an Zeitungen, durchtrennt. Das hieß – schreibt Thomas Fleming in *The Illusion of Victory*, dass alle Kabel von

Korrespondenten in London durch die britische Zensur mussten. Zudem blockierte die britische Marine den Transport von deutschen Zeitungen nach Amerika – und von amerikanischer Munition und Lebensmitteln nach Deutschland.

Aber die USA blieben trotz einer weltweiten Mobilmachung lange neutral. Europa war weit weg. Und die größte Immigrantengruppe in den USA waren ausgerechnet die Deutschen, die ihre eigene Kultur importiert hatten. Von den 76 Millionen Amerikanern, die es um die Jahrhundertwende gab, waren acht Millionen deutschstämmig. Viele lebten im German Triangle zwischen St. Louis, Milwaukee und Cincinnati. Dort, aber auch in Texas, Oklahoma oder Pennsylvania, gab es Dörfer, in denen fast alle Einwohner deutsch sprachen. Chicago war die sechstgrößte deutsche Stadt der Welt. Viele Deutsche waren Demokraten, die den Fürsten und der Kleinstaaterei hatten entfliehen wollen, oder Sozialisten, Pazifisten und Liberale, die nach der gescheiterten Revolution von 1848/49 geflüchtet waren, wieder andere Pietisten und Mennoniten.

Sie alle brachten ihre Kultur und ihre Sprache mit: Weihnachtsbaum und Kindergarten, Brauereien und Oktoberfeste, Hamburger und Apfelkuchen. Die erste Bibel in den amerikanischen Kolonien war auf Deutsch gedruckt; um 1900 gab es fast 900 deutschsprachige Zeitungen. Wohlhabende deutschstämmige Amerikaner wie die Astors, die Pulitzers und die Rockefellers sponserten Büchereien. Orchester führten Werke von Bach, Beethoven und Mozart auf, es gab deutsche Theater, Schulen und Universitäten. Die Familie Ochs, der *die New York Times* gehörte, kam ebenso aus Deutschland wie der Klavierbauer Steinway (ursprünglich Steinweg), der Braumeister Anheuser sowie Friedrich Wilhelm von Steuben, Herbert Hoover, Walter Chrysler und John Augustus Roebling, der Erbauer der Brooklyn Bridge.

Deutsche galten als ordentlich und fleißig, wenngleich ein wenig verträumt. 1914 stellten Iren und Deutsche zusammen ein Viertel der weißen Bevölkerung. Und sie waren in ihrer überwältigenden Mehrheit gegen einen Kriegseintritt der USA. Die Iren in Amerika wurden von den englischstämmigen Nativisten (in Amerika geborene Amerikaner) angefeindet, die ihnen vorwarfen, arm, faul und katholisch zu sein. Irland hatte gerade die große Hungersnot überstanden, der eine Million Menschen zum Opfer gefallen waren und an der England mitschuldig war. Nun kämpfte Irland unter Führung der IRA und mit Unterstützung der Irischamerikaner um die Unabhängigkeit. Das war aus Sicht der britischen Propaganda und ihrer amerikanischen Sympathisanten das größte Problem.

Damals war Woodrow Wilson Präsident der USA. Der Demokrat aus Virginia stammte, wie viele Amerikaner der Oberklasse, aus einer englisch-protestantischen Familie, alle vier Großeltern waren in England geboren. Er hatte an der Johns Hopkins University in Baltimore Deutsch gelernt und brachte es bis zum Präsidenten von Princeton. 1911 wurde er Gouverneur von New Jersey und ein Jahr später Präsident.

Wilson versprach, Amerika aus dem »europäischen« Krieg herauszuhalten. Er hatte allerdings einen Gegenspieler: Theodore Roosevelt. Roosevelt war Präsident für die Republikaner gewesen, sein Motto in der Außenpolitik lautete: »Sprich sanft, aber trage einen dicken Stock.« 1912 überwarf er sich mit seiner Partei und gründete die Progressive Party. Roosevelt verfasste »einige der schillerndsten antideutschen Bücher«, schreibt Erik Kirschbaum in *Burning Beethoven*. In seiner Amtszeit hatte er jeden imperialen Krieg befürwortet – von Kuba bis zur Besetzung der Philippinen –, aber die Deutschen mochte er aus persönlichen Gründen nicht. 1912 hatte ein deutschstämmiger Barmann namens John Schrank in Milwaukee, Wisconsin, auf ihn geschossen. Roosevelt überlebte nur, weil die Kugel vom Manuskript seiner fünfzigseitigen Rede in der Jackentasche abgebremst wurde.

Die britische Propagandamaschine konnte sich auf Leute

wie Roosevelt stützen, aber auch auf geborene Amerikaner und in den USA lebende Briten. Deren wichtigster war der Romanautor Sir Gilbert Parker, der zugleich der Amerika-Beauftragte von Wellington House war. Parker, der 54 Angestellte beschäftigte, besaß eine Liste mit den Adressen von 13 000 Amerikanern, durchweg wichtige Leute – »Anwälte, Redakteure, Doktoren, Geschäftsleute, Politiker – das naturgemäße Publikum für die akademische Literatur, die ihnen gesandt wurde«, schreibt Sanders. Parker belieferte mehr als 500 Zeitungen mit Informationen und vermittelte amerikanischen Journalisten Interviews mit britischen Politikern. Auf diese Weise fanden die Berichte über Gräueltaten deutscher Soldaten ihren Weg in amerikanische Wohnzimmer.

Einer von Parkers Helfern war der Universitätsprofessor und humoristische Autor Stephen Leacock, ein in England geborener Kanadier. Leacock war ein großer Fan des britischen Empire. 1917 erzählte er der *New York Times*, dass die Deutschen keinen Humor hätten. Dem Kriegsgegner Humorlosigkeit zu unterstellen war schon immer ein beliebtes Mittel zur Dehumanisierung. Humor hätten nur Demokratien, meinte Leacock, und die völlige Abwesenheit von Humor beweise, dass Deutschland keine Demokratie sei.

Auch die deutsche Regierung versuchte sich in Propaganda, war damit aber weit weniger erfolgreich. An Materialeinsatz fehlte es nicht – so wurden alleine Millionen von Flugblättern abgeworfen –, aber die Deutschen seien »untalentiert und entweder zu vorsichtig, oder zu grobschlächtig«, schreibt Ponsonby in *Falsehood in Wartime*. So wurde versucht, deutsche Tugenden hervorzuheben, indem man die Alphabetisierungsraten von Deutschland, England und Frankreich verglich. Es wurde mehr an den Durchhaltewillen der eigenen Bevölkerung appelliert als an die Weltmeinung. Aber der Reichsregierung und vielen Intellektuellen wurde bald klar, dass sie reagieren mussten. Am 4. Oktober 1914 veröffentlichten 93 Deutsche den Aufruf »An die Kulturwelt«, der in heimischen Zeitungen veröffentlicht und in alle Welt verschickt (soweit das mit den durch den Krieg beschränkten Möglichkeiten möglich war) und als »Manifest der 93« bekannt wurde. Der Initiator war Erich Buchwald, ein Geschäftsmann; unterschrieben war er von Künstlern wie Max Liebermann, Bruno Paul, Max Reinhardt und Franz von Liszt, von Schriftstellern wie Gerhart Hauptmann und Hermann Sudermann und von Wissenschaftlern wie Max Planck, Wilhelm Röntgen und Fritz Haber.

Die Unterzeichner unterstrichen den Ruf Deutschlands als »Kulturvolk«, das Goethe, Beethoven und Kant hervorgebracht habe, und bestritten die Kriegsverbrechen in Belgien. Das Heer habe allenfalls zur »Selbstverteidigung« zur Waffe gegriffen, gegen Partisanen, Saboteure und Heckenschützen, die auf Armeeärzte gezielt hätten. »Wir als Vertreter deutscher Wissenschaft und Kultur erheben vor der gesamten Kulturwelt Protest gegen die Lügen und Verleumdungen, mit denen unsere Feinde Deutschlands reine Sache in dem ihm aufgezwungenen schweren Daseinskampfe zu beschmutzen trachten«, hieß es in dem Manifest. Der deutsche Militarismus sei notwendig zur Selbstverteidigung, vor allem gegen die Russen. Am 16. Oktober 1914 unterschrieben über 3000 Hochschullehrer eine ähnliche Erklärung. Man kann sich gut vorstellen, welchen Einfluss das Manifest auf die Bürger anderer Länder hatte, nämlich gar keinen.

Wesentlich besser als in Propaganda waren die Deutschen in Spionage und Sabotage. Die Briten hatten eine Seeblockade verhängt und so die Lieferung von Lebensmitteln nach Deutschland ebenso unterbunden wie den Nachschub von Munition aus Amerika, während Großbritannien weiter Munition erhielt. Als Konsequenz daraus verlegte sich die deutsche Heeresleitung im Verein mit dem Auswärtigen Amt und Sympathisanten in den USA auf eine Strategie, die man heute als Terrorismus bezeichnen würde.

Deutsche Agenten in den USA zerstörten Munitionsdepots, Rüstungsfabriken und Transportwege – Kanäle, Brücken, Tunnel – und sabotierten mithilfe deutscher und irischer Matrosen im Hafen von New York mit Munition beladene britische Schiffe. Sie schmuggelten »Zigarrenbomben« zwischen die Fracht, kleine Sprengkörper, die Säure enthielten. Die Säure fraß sich langsam durch eine Kupferplatte, bis die Bombe auf hoher See explodierte. Das Schiff sank, ohne dass Verdacht auf die Saboteure fiel. Hinter vielen dieser Attentate standen der deutsche Botschafter in Washington, Graf Johann Heinrich von Bernstorff, und sein Handelsattaché Heinrich Albert. Laut Howard Blum (*Germany's Secret War*) hatten die beiden dafür 150 Millionen Dollar von der deutschen Regierung erhalten.

Die spektakulärste Aktion war der Anschlag auf »Black Tom«, ein Depot im Hafen von New York. Hier wurden drei Viertel der Munition gelagert, die für den Transport nach Europa bestimmt war, etwa tausend Tonnen. In einer Nacht im Juli 1916 wurde es von zwei deutschen Saboteuren in Brand gesteckt. Die Explosion war so gewaltig, dass sie von Maryland bis Connecticut zu hören war und überall erdbebenartige Erschütterungen auslöste. »Tausende von New Yorkern ergossen sich auf die Straße,« schreibt Jules Witcover in *Sabotage at Black Tom*. »Flammende Raketen und brennende Munitionshüllen erfüllten den Himmel, der hell erleuchtet war, der ganze Hafen schien zu zittern, die Glasscheiben der Wolkenkratzer fielen zu Tausenden auf die Straße, und die herumfliegende Munition riss sogar Löcher in die Freiheitsstatue.«

Damals ermittelte ein junger Staatsanwalt namens John McCloy, von dem man noch viel hören sollte. Aber es sollte Jahrzehnte dauern, bis herauskam, wer hinter Black Tom steckte. Anderen Sabotageakten kam die US-Regierung recht bald auf die Spur, als der deutsche Handelsattaché Albert in der New Yorker U-Bahn einschlief und seine Aktenmappe vergaß. Der Secret Service von US-Finanzminister William Gibbs McAdoo hatte Albert bespitzeln lassen und stellte die Mappe sicher. Viele Aktionen war darin dokumentiert (allerdings nicht der Anschlag auf »Black Tom«). McAdoo gab die Akten an Pulitzers *New York World* weiter, die den Fund in die Schlagzeilen brachte.

Ein anderer Saboteur war ein Deutsch-Amerikaner namens Eric Muenter. Muenter deponierte in einer Julinacht des Jahres 1915 eine Bombe im Empfangsraum des Capitols in Washington, D.C. Danach fuhr er zur Villa von John Pierpont Morgan im New Yorker Stadtteil Staten Island. J. P. Morgan war Vorstand des gleichnamigen Bankhauses, das den Handel zwischen England und den USA organisierte und Russland und Frankreich 62 Millionen Dollar geliehen hatte. Zudem stand J. P. Morgan einem Konsortium von 2200 Banken vor, die der Entente einen 500-Millionen-Dollar-Kredit gegeben hatten, der bald auf zwei Milliarden anwachsen sollte (heute etwa 30 Milliarden Dollar). Muenter verdächtigte Morgan, der auch Mitglied der Propagandaorganisation »Navy League« war, für den Kriegseintritt der USA zu werben. Im Morgengrauen klingelte Muenter an der Haustür des Bankers. Als der öffnete, schoss er ihn zweimal in den Bauch. Morgan überlebte, der Anschlag machte ihn aber nicht deutschfreundlicher. Muenter erhängte sich in seiner Gefängniszelle.

Ab 1915 attackierte die deutsche Marine britische Schiffe, die Munitionsnachschub aus den USA nach Großbritannien brachten. Militärisch waren die Angriffe erfolgreich: Deutsche U-Boote versenkten im Laufe des Krieges 3699 britische Fracht- und Marineschiffe (Winston Churchill, damals Lord der Admiralität, behandelte deutsche U-Boot-Soldaten wie Piraten und ließ sie erschießen). Zwar gaben sich die Deutschen Mühe, keine Amerikaner zu töten, aber das war bei der Verzahnung der US- und der britischen Ökonomie nicht einfach. Die Stimmung in Amerika drehte sich dadurch noch mehr gegen Deutschland.

Der Wendepunkt kam mit dem Untergang der *Lusitania*. Das Passagierschiff der britischen Cunard Line war beim Stapellauf 1907 das größte und schnellste der Welt gewesen. Im Krieg war die *Lusitania* das einzige Passagierschiff, das auf dem Atlantik verkehrte, denn wegen ihrer starken Maschinen hielt Cunard sie für sicher. Am 1. Mai 1915 lief die *Lusitania* in New York gen Liverpool aus. Am 7. Mai 1915 wurde sie südlich der irischen Küste von einem deutschen U-Boot versenkt. Von den fast 2000 Menschen an Bord starben 1198 – fast so viele wie auf der *Titanic* –, darunter mehr als 100 Kinder. 128 Amerikaner ertranken, auch Prominente wie Alfred Vanderbilt, Erbe der gleichnamigen Millionärsfamilie, Phyllis Hutchinson, die Nichte des Stahlbarons Andrew Carnegie, und der Broadway-Produzent Charles Frohman.

Der Untergang der *Lusitania* empörte ganz Amerika. Aber die Umstände sprachen nicht eindeutig für eine Schuld der Deutschen. Der britische Dampfer fuhr unter amerikanischer Flagge durch eine Kriegszone, er war grau gestrichen, der Name war abgedeckt, und er war offiziell als »Hilfskreuzer der Royal Navy« deklariert. Vor allem aber hatte das Schiff beträchtliche Mengen Waffen an Bord, wie die *New York Times* am 8. Mai schrieb: 4200 Kisten mit mehreren Millionen Patronen, 1271 Kisten mit Artilleriegeschossen (etwa 50 Tonnen) und 189 Kisten sonstiger militärischer Güter. Und das war nur die offizielle Liste. Dem britischen *Guardian* zufolge warnte das britische Verteidigungsministerium noch 1982 davor, dass es wegen der Massen an undeklarierter Munition »lebensgefährlich« sei, zum Wrack der *Lusitania* hinabzutauchen. Und als Taucher sich 2008 dem Wrack näherten, fanden sie tonnenweise Kisten, die mit »Käse«, »Butter«, oder »Austern« beschriftet waren, die aber Munition enthielten (wie die *Daily Mail* enthüllte). Minen wurden ebenfalls gefunden, dazu hatte die *Lusitania* Nitrocellulose – Schießbaumwolle – und 46 Tonnen waffenfähiges Aluminiumpulver geladen. Das dürfte erklären, warum die U-20 nur einen Torpedo auf die *Lusitania* abfeuern musste, der zwei Explosionen auslöste und das riesige Schiff binnen weniger Minuten zum Sinken brachte. England, erklärten die Deutschen damals, habe Frauen und Kinder als »menschliche Schutzschilde« für einen Waffentransport benutzt.

Dass die *Lusitania* Waffen geladen hatte, wird heute kaum noch bestritten. Es wird aber auch gemunkelt, England habe das Schiff absichtlich geopfert, um die Amerikaner zum Kriegseintritt zu bewegen. Als Indiz gilt, dass Kapitän William Turner nicht über die Position des deutschen U-Boots informiert wurde, die der Admiralität sehr wohl bekannt war. Churchill schrieb in einem Brief vom 12. Februar 1915, es sei »wichtig, neutrale Schiffe an unsere Küste zu locken, in der Hoffnung, die Vereinigten Staaten mit Deutschland zu verwickeln«, wie es Diana Preston in *Wurden torpediert, schickt Hilfe* dokumentiert. Aber wenn Großbritannien das Schiff absichtlich opfern wollte, bleibt die Frage, warum es dann mit Waffen beladen wurde. Die britische Regierung verhinderte jedenfalls einen Untersuchungsausschuss, und das British Naval Intelligence Department hält die Akten bis heute unter Verschluss.

Der gekreuzigte Kanadier

Der Untergang der *Lusitania* löste eine beispiellose Welle der Empörung in den USA aus. In der Presse wurden herzzerreißende Details ausgebreitet, etwa, dass an der irischen Küste die Leiche einer Frau angeschwemmt worden sei, die ihr Baby im Arm hielt. Die britischen Zeitungen bemühten sich, insbesondere die irischen Opfer ins rechte Licht zu rücken, um unter den Irisch-Amerikanern den Hass auf die Deutschen zu schüren. Die *Lusitania*, ertrinkende Frauen inklusive, wurde überall abgebildet, in Zeitungen, auf Rekrutierungspostern – mit der Zeile »Take up the sword of justice – avenge the Lusitania« –, auf Postkarten, Briefmarken und Streichholzschachteln. Es gab Schlager über die *Lusitania* und Filme, deren erster 1916 in Australien gedreht wurde.

Die britische Propaganda unterstellte der deutschen Regierung, die Versenkung der *Lusitania* sei lange geplant gewesen. Als Beleg wurde angeführt, dass die deutsche Botschaft in den USA im April 1915, vor dem Auslaufen des Schiffs, US-Bürger in Anzeigen, die in allen großen US-Zeitungen geschaltet wurden, davor gewarnt habe, an Bord britischer Schiffe zu gehen, die durch die Kriegszone fuhren. Überdies entwarf ein deutscher Künstler namens Karl Goetz eine *Lusitania*-Medaille, auf welcher der 5. Mai als Versenkdatum stand – versehentlich, aber für die Briten ein Beweis dafür, dass die Versenkung von langer Hand geplant gewesen war. England ließ 200 000 Kopien der Medaille in den USA verteilen. Und die französische *Le Monde Illustré* veröffentlichte ein Foto von jubelnden Menschen vor dem Stadtschloss in Berlin. In der Bildzeile hieß es, dies seien Deutsche, die den Untergang der *Lusitania* feierten. Das Bild stammte vom 13. Juli 1914, zwei Wochen vor Kriegsausbruch.

Nur fünf Tage nach dem Untergang des Dampfers veröffentlichte Wellington House den *Report of the Committee on Alleged German Outrages*, auch als *Bryce-Report* bekannt, nach seinem Vorsitzenden James Bryce. Bryce war ein britischer Jurist, der als deutschfreundlich galt – er war Ehrendoktor in Leipzig und Jena – und deshalb der Propaganda unverdächtig. Er war Botschafter in den USA gewesen. Für den Report wurden über 1000 Zeugen (anonym) befragt, Belgier, die nach Großbritannien geflüchtet waren, aber auch belgische und britische Soldaten. Es wurden zudem Tagebücher ausgewertet, die bei toten deutschen Soldaten gefunden worden waren.

Wie zu erwarten, listete auch der *Bryce-Report* viele Grausamkeiten und Kriegsverbrechen auf: Massaker an Zivilisten, Morde an Kriegsgefangenen, öffentliche Vergewaltigungen, Plünderungen, Brandstiftungen und, natürlich, von Bajonetten aufgespießte Kinder und abgehackte Babyhände. Dem deutschen Heer wurde vorgeworfen, Zivilisten als »menschliche Schutzschilde« gegen feindliches Feuer benutzt zu haben. Illustriert wurde auch der *Bryce-Report* von dem holländischen Zeichner Louis Raemaekers. Er wurde in über 30 Sprachen übersetzt und in vielen Ländern vertrieben, Charles Mastermann ließ allein 41 000 Exemplare in die USA schicken. Er gratulierte Bryce: »Ihr Report hat Amerika aufgerührt.« Die *New York Times* druckte ihn in Auszügen ab. Ein Jahr später erschien er als Buch: *German Atrocities – An Official Investigation.*

Erst nach dem Krieg wurde bekannt, dass die Zeugenaussagen nicht schriftlich festgehalten worden bzw. nicht mehr auffindbar waren. Angeblich waren sie verbrannt. Die meisten der Zeugen, die in dem Report zu Wort kamen, waren gar nie in Belgien gewesen. Den Tagebüchern der deutschen Soldaten, aber auch Berichten aus Belgien nach dem Krieg zufolge waren die meisten Opfer Männer und nicht Frauen und Kinder.

Nach dem Krieg hinterfragten viele die Gruselgeschichten, allen voran Ponsonby. In *Falsehood in Wartime* schildert er zahllose Beispiele von Lügen. So habe der Korrespondent der Northcliffe-Zeitung *London Daily Mail*, Captain F. W. Wilson, auf Drängen seiner Redaktion eine Geschichte über ein Baby in der belgischen Kleinstadt Courbeck Loo, das in letzter Sekunde vor brandschatzenden »Hunnen« gerettet wurde, erfunden. Woraufhin hilfsbereite Briten Babykleidung spendeten und mehr als 5000 Familien das Kind adoptieren wollten. »Mir blieb nichts anderes übrig als zu schreiben, dass das Baby dann doch gestorben war«, schrieb Wilson. Kein Einzelfall: Nachdem auch der britische *Sunday Chronicle* eine Geschichte über ein handloses belgisches Flüchtlingskind in Paris veröffentlicht hatte, gab es eine Anfrage im britischen Parlament, diese Kinder in englische Krankenhäuser zu bringen. Auch hier hieß es, keines habe überlebt. Als der US-Reporter William Shepherd in Belgien recherchierte, sah auch er kein Kind ohne Hände. Und ein wohlhabender Amerikaner, der diese Kinder in die USA bringen wollte, fand ebenfalls keines. Es wurde auch nach dem Krieg keine einzige Frau mit abgeschnittenen Brüsten gefunden.

Ponsonby enttarnte noch weitere Gruselgeschichten. In einer ging es um eine deutsche »Kadaververwertungsanstalt«, die angeblich das Fett von toten deutschen Soldaten verarbeitete, um den Schmierstoff Glyzerin herzustellen, aus dem Seife gemacht wird. Die Geschichte sei von dem britischen Brigadegeneral, Geheimdienstler und Quartalssäufer John Charteris erfunden worden, der die Bildunterzeile gefälscht habe. Charteris gab die Geschichte an chinesische Zeitungen weiter, um Buddhisten gegen Deutschland aufzubringen. Danach berichteten Reuters, die Londoner *Times* und die *New York Times* darüber, als Quelle gaben sie das Tagebuch eines toten deutschen Soldaten an, das Charteris ebenfalls hatte fälschen lassen. James Hayward hingegen schreibt in *Myths and Legends of the First World War*, die Quelle sei die belgische Zeitung *Indépendence Belge*. Die berichtete von einer »gespenstigen« Fabrik im tiefen Wald, wo Männer im Ölzeug Leichen ablüden. Die Geschichte breitete sich aus wie ein Lauffeuer, sogar Rudyard Kipling schrieb darüber. Der britische Außenminister Arthur Balfour sagte vor dem Parlament, es gebe »keinen Grund, warum sie nicht wahr sein könnte«.

Ponsonby zeigte auch, wie eine Geschichte durch die Zeitungen wandert. Als das deutsche Heer Antwerpen einnahm, läuteten in Köln die Kirchenglocken – schrieb die *Kölnische Zeitung*. Im französischen *Le Matin* stand daraufhin, die Pfarrer in Köln seien gezwungen geworden, die Glocken zu läuten. In der Londoner *Times* hieß es, laut *Le Matin* seien belgische Priester gezwungen worden, die Glocken zu läuten, und wer sich geweigert habe, sei aus der Kirche verjagt worden. Der *Corriere della Sera*, der sich auf die *Times* berief, schrieb, dass die unglücklichen Priester nach dem Läuten ins Arbeitslager geschickt worden seien. *Le Matin* behauptete nun, dass sich die belgischen Priester heldenhaft geweigert hätten, die

Kirchenglocken zu läuten, und daraufhin von den barbarischen Deutschen lebend und mit dem Kopf nach unten an den Kirchenglocken aufgehängt worden seien. Daraufhin habe das Läuten begonnen.

Eine der bekanntesten Horrorgeschichten handelt von einem kanadischen Soldaten, der mit Bajonetten durch Hände, Füße und Kehle an eine Scheune gekreuzigt wurde. Das passte zur britischen Propaganda, denn Premierminister David Lloyd George warnte: »Die Philosophie von Deutschland ist, das Christentum zu zerstören.« Hayward hat das Entstehen dieser Geschichte rekonstruiert. Die ursprüngliche Quelle war der britische Major John Hay Beith, der sie in einem Roman verwendete. Erst als die Londoner *Times* die Story im Mai 1915 veröffentlichte, wurde aus Beith ein Kanadier. Die *Times* berief sich auf kanadische Soldaten in einem Militärkrankenhaus in Frankreich, die ihrerseits durch ein Regiment aus Dublin erfahren haben wollten, dass die britische Regierung im Besitz der Leiche sei. Am nächsten Tag griff der kanadische *Toronto Star* die Geschichte auf. Danach sei auf das Opfer 60 Mal mit einem Bajonett eingestochen worden, als Zeuge wurde der britische Captain R.A.S. Allen genannt, der einem neuseeländischen Rotkreuzler von dem angeblichen Vorfall berichtete. Die kanadische *Morning Post* ergänzte: Der Soldat sei von Gewehrkugeln durchsiebt worden. Als dies von Kirchenkanzeln herab erzählt wurde, gab es wütende antideutsche Demonstrationen in London, und deutsche Geschäfte wurden zerstört.

Als die *Los Angeles Times* die Story druckte, waren es schon zwei kanadische Soldaten, die angeblich vor den Augen ihrer Kameraden gekreuzigt worden waren. »Das macht die Deutschen nicht besser als Tiere«, schrieb das Blatt. Kurz darauf waren es sechs gekreuzigte Kanadier. In einer Rede im britischen Unterhaus war gar von 40 kanadischen Soldaten die Rede, einer von ihnen sei an ein Kreuz genagelt worden, von dem deutsche Soldaten die Christusfigur entfernt hätten. All diese Berichte waren begleitet von der Forderung, kein Mitleid mit deutschen Kriegsgefangenen zu haben.

1918 drehte das amerikanische Filmstudio Fox *The Prussian Cur*, der die Kreuzigung in allen grauseligen Details zeigte. Die *Pittsburgh Sunday Post* veröffentlichte eine eigene Version, in der ein nacktes Mädchen gekreuzigt wurde. 1919 gab die kanadische Regierung eine Bronzeskulptur von der Kreuzigung in Auftrag. Als Deutschland mit einer Verleumdungsklage drohte, bot Kanada zwei Zeugen auf, die den Soldaten gesehen haben wollten, allerdings in verschiedenen Dörfern. Ein dritter Augenzeuge hatte den Krieg in Indien verbracht. Die Statue wurde eingeschmolzen. Nun versuchte der kanadische Generalstaatsanwalt, den Fall zu verifizieren. Unter Eid räumten alle Zeugen ein, dass sie nur Gerüchte gehört hätten. Einem britischen Brigadegeneral zufolge war die Originalquelle ein Sergeant, der deutsche Soldaten um ein Lagerfeuer hatte sitzen sehen und die Schatten von Stöcken für Bajonette gehalten hatte. Anderen Berichten zufolge war der Kanadier nur gefesselt worden, und auch nicht von deutschen Soldaten, sondern von belgischen Bauern. John Hay Beith wurde im Zweiten Weltkrieg Direktor für Public Relations der britischen Regierung.

Noch ein Ereignis brachte die öffentliche Meinung gegen Deutschland auf: Die Hinrichtung einer britischen Krankenschwester namens Edith Cavell am 12. Oktober 1915. Cavell arbeitete während der deutschen Besatzung für das Rote Kreuz in Brüssel. Dabei half sie mehr als 200 britischen, französischen und belgischen Soldaten, aus deutscher Kriegsgefangenschaft zu fliehen. Sie wurde von einem französischen Kollaborateur verraten, festgenommen, zum Tode verurteilt und standrechtlich erschossen.

Formaljuristisch war das Urteil korrekt. Nach der Genfer Konvention darf eine Besatzungsmacht gegen medizinisches Personal vorgehen, wenn es sich in Kriegshandlungen einmischt. Aber von der öffentlichen Wirkung her war es eine Katastrophe. Weltweit erschien eine Flut von Zeitungsberichten, Pamphleten, Postern und Büchern über die tapfere Krankenschwester, produziert unter der Regie von Wellington House, die Großbritanniens Soldaten dazu aufriefen, den Tod der »unschuldigen Frau« zu rächen.

Tausende kamen zu Cavells Staatsbegräbnis in der Westminster Abbey, wo Sir Arthur Conan Doyle und König George V. Ansprachen hielten. Noch im Krieg wurde nahe dem Trafalgar Square in London eine Statue von Cavell aufgestellt. Sie trug die Inschrift: »Patriotismus ist nicht genug. Ich darf keinen Hass oder Bitterkeit hegen, gegen wen auch immer.« Diese letzten Worte soll sie vor der Exekution zu ihrem Pfarrer gesagt haben. Auch in Manchester, Brüssel, Melbourne und Paris wurden Statuen errichtet (Letztere ließ Hitler abreißen, nachdem die Wehrmacht Paris besetzt hatte). Der erste Film über Cavell entstand 1916 in Australien. Krankenhäuser, Schulen, Straßen, Parks, Berggipfel und sogar eine Rosensorte wurden nach Cavell benannt.

Zwei Jahre später, 1917, wurde die holländische Tänzerin Margaretha Geertruida Zelle MacLeod – bekannt als Mata Hari – von den Franzosen standrechtlich erschossen, weil sie für Deutschland spioniert hatte. Diesmal blieb der weltweite Aufschrei aus; nicht nur, weil sie eine Agentin der verhassten Deutschen war, sondern auch, weil Mata Hari eine exotische Tänzerin war, die halb nackt auftrat und zahllose Affären hatte, keine brave christliche Krankenschwester.

Die Codebrecher von Raum 40

Nach der Hinrichtung Cavells drängte England die USA erneut – wie schon nach dem Untergang der *Lusitania* –, in den Krieg einzutreten, aber Wilson weigerte sich immer noch. Er sah dem Wahlkampf von 1916 entgegen, wo er mit dem Slogan antreten wollte, er sei der Präsident, der Amerika aus dem europäischen Krieg herausgehalten habe. Zudem war die amerikanische Armee in keinster Weise auf einen Einsatz vorbereitet. Wilsons republikanischer Gegenkandidat war Charles Evan Hughes, aber das große Wort im Wahlkampf führte Theodore Roosevelt, der für die Progressiven antrat. Roosevelt sprach sich für einen sofortigen Kriegseintritt aus.

Ähnlich dachte ein Jurist im State Department, der aus einer alten, einflussreichen Familie stammte: Robert Lansing, ein »Anglophiler vom Halbschuh bis zum Einstecktuch«, wie Thomas Fleming schreibt. Er war der Enkel eines Senators; sein Urgroßonkel Abraham Lansing war um 1800 Schatzmeister in New York gewesen; seine Frau Eleanor war die Tochter von John W. Foster, der vom 2. Juni 1892 bis 23. Februar 1893 US-Außenminister war. Zu Beginn des Ersten Weltkriegs war Lansing der Berater des Außenministers der Regierung von Woodrow Wilson, eines überzeugten Pazifist namens William Jennings Bryan.

Bryan trat 1915 zurück, nachdem er sich mit Wilson überworfen hatte. Lansing wurde neuer Außenminister. Für Deutschland war das keine gute Nachricht. »Die deutsche Regierung ist Todfeind aller Länder mit demokratischen Institutionen, weil die sich der deutschen Ambition zur Weltherrschaft widersetzen«, schrieb Lansing.

Nun verstärkte Großbritannien seine Propagandaanstrengung mithilfe der Filmindustrie von Hollywood. Der Film war ein neues Medium; Spielfilme und Wochenschauen im Kino gab es erst seit 1910. Der König der britischen Filmpropaganda war ein Amerikaner mit deutschen Wurzeln, der in London lebte: Charles Urban, geboren 1867 in Cincinnati, Ohio, als Carl Urban. Sein Vater stammte aus Ronsberg, einer österreichischen Kleinstadt, seine Mutter aus dem ostpreußischen Königsberg. Urban wuchs in einer deutschsprachigen Gegend von Cincinnati auf, die Over-the-Rhine hieß. 1895 ging er nach Detroit, um ein Gerät namens Phonograph zu vertreiben, einen frühen Plattenspieler, sowie das Kinetoscope, den ersten, von Thomas Edison entwickelten Filmprojektor.

Zwei Jahre später zog der »Yank« nach London, wo er mit Dokumentationen über den Burenkrieg zu einem der erfolgreichsten Filmemacher Englands wurde. Bald gründete er seine eigene »Charles Urban Trading Company«, die Dutzende von Dokumentarfilmen in allen Teilen des britischen Imperiums drehte. Es war Urban selbst, der seine Fühler zur britischen Regierung ausstreckte. Erstaunlicherweise hatte der Krieg die noch in den Anfängen steckende Filmindustrie gestoppt, da die Regierungen deren Wert für die Propaganda nicht erkannten. Deutschland und Großbritannien verbannten Kameras von der Front. Die britischen Filmemacher gründeten ein »British Topical Committee for War Films«, dessen Vorsitzender Urban wurde. Der überzeugte das War Office 1915, Kameramänner an der Westfront zuzulassen.

Urban nahm auch Kontakt zu Charles Masterman von Wellington House auf, der ihn mit der Herstellung des Propagandastreifens *Britain Prepared* beauftragte. Der Film zeige »Großbritanniens Stärke und die Anstrengung des ganzes britischen Volkes für diesen Krieg«, schreibt Kevin Brownlow in *The War, the West, and the Wilderness. Britain Prepared* startete am 29. Dezember 1915 im Empire Theatre in London. Arthur Balfour, Erster Lord der Admiralität, hielt eine Rede. 1916 wurde der Film weltweit vertrieben.

Urbans nächster Film war *The Battle of the Somme*, der den heroischen Kampf in den Schützengräben der Westfront glorifizierte. Urban produzierte auch die militärische Wochenschau, die *Official War Review*. Die wichtigste Funktion der britischen Filme aber war, Amerika zum Kriegseintritt zu bewegen. Deshalb sollte Urban seine Filme in die USA bringen. Die dortigen Kinobesitzer weigerten sich jedoch, britische Propagandaerzeugnisse zu zeigen, weil sie die Deutsch-Amerikaner nicht verärgern wollten. Nun wandte sich Urban – schreibt Luke McKernan in *Charles Urban* – an einen Amerikaner namens William Robinson. Die beiden gründeten die »Patriotic Film Corporation« und versicherten sich der Unterstützung mehreren Politiker, darunter Theodore Roosevelt. Aber auch die »Patriotic Film Corporation« schaffte es nie, in den USA Fuß zu fassen.

In einem zweiten Anlauf bot Urban dem US-Medienmogul William Randolph Hearst den Vertrieb seiner Filme an. Hearst allerdings war deutschfreundlich. Nun warf die britische Presse Urban vor, er riskiere, dass Hearst die Kontrolle über die britische Filmpropaganda erlange. Letztendlich tat Urban sich mit dem New Yorker Milliardär William Vanderbilt zusammen, um Urban-Filme in US-Kinos bringen. Auch das war nur begrenzt erfolgreich.

Die Wende brachte erst die sogenannte Zimmermann-Depesche vom 13. Januar 1917, nach dem Staatssekretär im deutschen Auswärtigen Amt Arthur Zimmermann. Es handelte sich um ein verschlüsseltes Telegramm, das Zimmermann über die deutsche Botschaft in Washington an die mexikanische Regierung geschickt hatte. Nach dieser Depesche plante Deutschland einen uneingeschränkten U-Boot-Krieg, um die britische Seeblockade zu durchbrechen. Deutschland werde, so Zimmermann, versuchen, darauf zu achten, dass die USA neutral blieben. Falls das nicht gelinge, werde Deutschland Mexiko ein Bündnis anbieten. Dies beinhalte das Einverständnis Deutschlands, dass Mexiko »in Texas, New Mexico, Arizona früher verlorenes Gebiet zurückerobert«. Mexiko hatte im Krieg von 1846 bis 1848 insgesamt 1,36 Millionen Quadratkilometer verloren, die im Westen die späteren US-Bundesstaaten Arizona, Kalifornien, Nevada und Utah sowie Teile von Colorado, New Mexico und Wyoming umfassten. Der Krieg war noch frisch im Gedächtnis der Amerikaner. Gerade erst hatte es Scharmützel an der Südgrenze der USA gegeben; der mexikanische General Pancho Villa hatte 36 Amerikaner getötet.

Zu dieser Zeit hatten die USA noch keinen richtigen Geheimdienst, geschweige denn mehrere Dutzend. Es gab nur den Secret Service, der dem Finanzminsterium unterstand. Ursprünglich sollte die Behörde lediglich Falschgeld aufspüren, verfolgte aber bald auch Bankräuber. 1908 wurde das Bureau of Investigation, das heutige FBI, ins Leben gerufen, mit anfangs nur 34 Mitarbeitern. Und einen Auslandsdienst gab es überhaupt nicht. Erst Robert Lansing, der neue Außenminister, gründete 1916 das Bureau of Secret Intelligence, das mit ein paar Hundert Mitarbeitern ein Auge auf deutschamerikanische Saboteure, Agenten und Diplomaten hatte.

In Großbritannien hingegen gab es den legendären MI6, der für Auslandsspionage zuständig war. Zudem hatte die Admiralität schon 1911 in Vorahnung eines Krieges mit dem Deutschen Kaiserreich ihren eigenen Geheimdienst gegründet. Er hatte eine Dechiffrierabteilung namens »Room 40«, benannt nach seinem Standort in London. Die Codebrecher von »Raum 40« dechiffrierten im Ersten Weltkrieg Zehntausende von Nachrichten – auch die Zimmermann-Depesche. Da Großbritannien die Überseekabel gekappt hatte, übermittelte Deutschland seine Botschaften mithilfe der Berliner US-Botschaft in die USA. Bis heute ist nicht restlos geklärt, wie die Zimmermann-Depesche in britische Hände gelangte, aber die gängigste Theorie lautet, dass der Text vom deutschen Außenministerium codiert zur US-Botschaft gebracht wurde und dann über eine Verstärkerstation in der Nähe von Cornwall, England, nach Washington, D.C., gelangte. In Cornwall wurde er abgefischt.

Bis der Text vollständig entschlüsselt war, vergingen mehrere Wochen. Noch länger zögerte die britische Regierung, die Depesche zu veröffentlichen. Auch Reginald Hall, der Chef von »Room 40«, warnte: Damit würde offengelegt, dass man den deutschen Code geknackt habe, und außerdem wüssten die Amerikaner dann, dass ihr Botschaftsverkehr abgehört werde. Erst nachdem Deutschland am 1. Februar den uneingeschränkten U-Boot-Krieg verkündet hatte, handelte England. Der britische Botschafter in Mexiko organisierte eine Zweitschrift der Depesche, die den Amerikanern als Original präsentiert wurde. Insgeheim übergab Großbritannien der US-Botschaft in London allerdings auch die verschlüsselte Version, sonst hätten die Amerikaner die Depesche für eine Fälschung gehalten. Der US-Botschafter in London informierte am 23. Februar 1917 Wilson, der den Text am 28. Februar an die Presse gab.

Noch bis heute halten sich Gerüchte, dass die Zimmermann-Depesche gefälscht war. Und taktisch wäre es wahrscheinlich für das Deutsche Reich das Beste gewesen, wenn die kaiserliche Regierung die Authentizität bestritten hätte, allein schon deshalb, weil die Briten zum Beweis der Echtheit ihren Abhörapparat hätten offenlegen müssen. Aber erstaunlicherweise räumte Zimmermann gegenüber einem amerikanischen Journalisten ein, dass die Depesche echt sei, und wiederholte seine Erklärung vor dem Reichstag.

Die Zimmermann-Depesche war der letzte Tropfen auf einem sehr heißen Stein – nach den belgischen Babys, dem U-Boot-Krieg und der Torpedierung der *Lusitania*. Ob Mexiko wirklich zu einer Invasion der USA in der Lage gewesen wäre, spielte keine Rolle mehr. Einer der wenigen Politiker, die sich in einer aufgewühlten Debatte im US-Kongress dem Kriegseintritt der USA widersetzen sollten, war Robert La Follette, ein progressiver Senator aus Wisconsin, berühmt als »Fighting Bob«. La Follette wehrte sich dagegen, dass US-Soldaten Befehle von der britischen Admiralität und englischen Schiffseignern entgegennehmen sollten. Die USA würden die britische Hungerblockade gegen Frauen und Kinder unterstützen, sagte La Follette, und am Ende lediglich Großbritannien helfen, Deutschland als wirtschaftlichen Konkurrenten zu vernichten.

In den Zeitungen der USA schlug La Follette eine Welle des Hasses entgegen. Er wurde mit Judas verglichen, Puppen mit seinen Gesichtszügen wurden verbrannt, und er selber wurde mit dem Tode bedroht. Als der Senat ihm das Wort verbot, war die letzte Stimme des Widerstands verstummt. Am 6. April 1917 erklärten die USA Deutschland den Krieg. Für Großbritannien und Frankreich, die finanziell völlig ausgeblutet waren, war es buchstäblich ein Schritt in letzter Sekunde. Auch der nun folgende Abschnitt des Weltkriegs sollte an der Propagandafront genauso heftig geführt werden wie auf dem Schlachtfeld.

»Liberty Cabbage«

»Die beste Verteidigung gegen Propaganda: mehr Propaganda.«
EDWARD BERNAYS, der Vater der modernen Public-Relations-Industrie

Im Flatiron District von Manhattan, so genannt wegen des bügeleisenförmigen Hochhauses an Broadway und Fifth Avenue, liegt das Baruch College. Benannt ist es nach Bernard Baruch, einem Börsenmakler und einem der reichsten Männer der Welt, der im Ersten Weltkrieg dem War Industries Board vorsaß, das die Belieferung der U.S. Army organisierte. Im fünften Stock liegt das Museum for Public Relations. Es besteht vor allem aus dem Nachlass eines Mannes, der als Vater der PR gilt: Edward Bernays. Bernays war einer der Publicity-Agenten, die Woodrow Wilson für sein Committee on Public Information (CPI) engagiert hatte, eine Propagandaagentur, die der US-Präsident unmittelbar nach dem Kriegseintritt der USA ins Leben rief und die nach ihrem Vorsitzenden George Creel auch als »Creel Committee« bekannt ist.

Bernays' Schreibmaschine ist in dem Museum zu sehen, ebenso sein Transistorradio, sein erstes Telefon mit einer Art Höhrrohr, wie man es aus alten Filmen kennt, außerdem Plakate, Fotos von einer Gala im Waldorf Astoria, die Titelseite der *Detroit Free Press*, die über einen Besuch von US-Präsident Herbert Hoover bei Autokönig Henry Ford berichtet, sowie eine Schachtel Lucky Strike. Zur Sammlung gehören auch Empfehlungsbriefe des War Department, ein Dankesschreiben von Franklin D. Roosevelt und die Ablage seines Schreibtischs: ein Brief von 1946, Broschüren und ein Fax aus Barcelona, mit dem der 99-Jährige zu einer Geburtstagsfeier eingeladen wird (Bernays starb 1995 mit 103 Jahren). Das Museum wird von Shelley Spector und ihrem Mann Barry geleitet. Sie waren mit Bernays befreundet. »Meine Kinder glaubten irgendwann, er sei ihr Großvater«, sagt Shelly Spector. Auch Bücher über Propaganda besitzt das Museum, darunter die Tagebücher von Joseph Goebbels, die über die Sowjetunion nach Amerika gelangten.

Bernays stammte ausgerechnet aus dem Land, das den Weltkrieg entfesselt hatte: Österreich. 1891 in Wien geboren, war er zweifacher Neffe von Sigmund Freud: Seine Mutter Anna war Freuds Schwester, sein Vater Ely der Bruder von Freuds Ehefrau Martha (sein Großneffe ist Matthew Freud, der Schwiegersohn von Rupert Murdoch). Bernays' Eltern emigrierten mit dem Einjährigen nach New York. »Er war jeden Sommer in Wien und hat Freud besucht«, sagt Spector.

Als Creel ihn engagierte, war Bernays Theateragent am Broadway. Der PR-Mann, der seine Arbeit für die Regierung geheim hielt, dachte strategisch. Er spannte die Presse ein, Verbände und Bewegungen. In seiner bekanntesten Kampagne – die er allerdings später am meisten bereute, nachdem seine Frau an Krebs gestorben war – ermunterte er Frauen zum Rauchen, als die Zigarettenindustrie in den Zwanzigerjahren neue Märkte erschließen wollte. Als Frauenrechtlerinnen auf den Straßen von New York demonstrierten, ließ Bernays Models mitlaufen. Die hielten für die Pressefotografen Lucky Strikes hoch, die er »Torches of Freedom«, »Fackeln der Freiheit«, nannte.

Als Bernays beauftragt wurde, Speck zu verkaufen, kommunizierte er die Idee, ein Frühstück aus Speck und Eiern sei gesünder als eines aus Tee und Toast. Mit der Unterstützung von Ärzten überzeugte Bernays Amerika, dass Fluoride im Trinkwasser gesund seien – im Auftrag des Aluminiumriesen Alcoa. »Wenn wir den Mechanismus des Gruppenbewusstseins kennen, wäre es dann nicht möglich, die Massen zu kontrollieren, ohne dass die es merken?«, schrieb er in seinem Werk *Propaganda. Die Kunst der Public Relations.*

Auch den Ersten Weltkrieg verkaufte Bernays, indem er an das Unterbewusste appellierte. Wenn Amerika in den Krieg zöge, ginge es nicht bloß um den Sieg, es ginge um Frieden und Freiheit. Laut Bernays kämpfe Amerika, um »Demokratie nach Europa zu bringen« oder »die Welt sicher für die Demokratie zu machen«. Davon konnte natürlich keine Rede sein: Weder Belgien noch Serbien und schon gar nicht Russland waren Demokratien, während Preußen mit seinem Dreiklassenwahlrecht kaum weniger liberal war als die konstitutionelle Monarchie in England.

Ein anderer CPI-Mann war Carl Byoir. Byoir gründete nach dem Ersten Weltkrieg eine PR-Agentur, die später von Hill + Knowlton übernommen wurde, die im Golfkrieg die Mär von den Brutkastenbabys in die Welt setzten. Walter Lippmann, Journalist und Gründer der *New Republic,* war ebenfalls Berater von Creel. Er sollte nach dem Krieg zum scharfen Kritiker von Creel werden. Lippmann beschrieb Creels Tätigkeit 1922 in seinem Buch *Public Opinion (dt. Die öffentliche Meinung)*: »Mr. Creel musste eine Organisation aufstellen, zu der eine Nachrichtenabteilung gehörte, die nach seinen eigenen Worten mehr als 6000 Veröffentlichungen herausgab und 75 000 Vier-Minuten-Redner einstellte, die mindestens 755 190 Reden vor über dreihundert Millionen Menschen hielten. Pfadfinder verteilten kommentierte Exemplare von Präsident Wilsons Reden vor den Haushaltsvorständen Amerikas. Alle vierzehn Tage wurden an 600 000 Lehrer Zeitschriften versandt. 200 000 Dias wurden für Bildvorträge hergestellt, 1438 verschiedene Zeitungen für Plakatsäulen, Fensterkarten, Zeitungsanzeigen, Karikaturen, Stempel und Knöpfe herausgebracht. Man benutzte die Handelskammern, Kirchen, Brudergesellschaften und Schulen als Verteilerkanäle. Zu Mr. Creels Apparat, den ich noch gar nicht zu würdigen begonnen habe, gehörten jedoch weder Mr. McAdoos gewaltige Organisation für die Freiheitsanleihen noch Mr. Hoovers weitreichende Nahrungsmittelpropaganda noch die Feldzüge des Roten Kreuzes, des YMCA (des Christlichen Vereins Junger Männer), der Heilsarmee, der Kolumbusritter, der Jüdischen Wohlfahrtszentrale, nicht zu vergessen die Arbeit von vaterländischen Gesellschaften wie der Friedensliga, der Liga der Freien Nationen, der Nationalen Sicherheitsliga oder die Aktivität der Presse- und Informationsbüros der Alliierten und der unterdrückten Nationalitäten.«

George Creel war begeisterungsfähig und meinungsstark. »Als er die nationale Bühne betrat, hielten die Republikaner ihn für einen Linksradikalen, als er abtrat, hielten die Demokraten ihn für einen Rechten«, schrieb die *New York Times* bei seinem Tod 1952. Fleming schreibt, für Creel habe es nur zwei Sorten Männer gegeben, »Schweinehunde« und »der großartigste Mann, der jemals gelebt hatte«; Letzteres schloss jeden ein, der auf seiner Seite war. Die Deutschen waren für ihn Schweinehunde.

Creel wuchs in einem Dorf in Missouri auf. Mit 15 Jahren lief er von zu Hause weg und ergatterte fünf Jahre später seinen ersten richtigen Job bei einer Provinzzeitung in Kansas. Als er dort gefeuert wurde, reiste er per Viehwaggon nach New York. Dort hielt er sich mit Witzen für die Zeitungen von William Randolph Hearst und Joseph Pulitzer sowie mit Schneeschippen über Wasser. Zum Glück lernte er Arthur Grissom kennen, der mit der Tochter eines Bankdirektors aus Kansas City verheiratet war. Grissom finanzierte ihm eine Zeitung in Kansas, *The Independent*. Als ein anderer Freund Gouverneur von Colorado wurde, zog Creel nach Denver, wo er für die *Denver Post* und die *Rocky Mountain News* Kommentare schrieb, in denen er Wilson unterstützte. 1912 wurde Creel von Wilson engagiert und schrieb fortan über den Präsidenten. Bevor Wilson ihn als Chef des CPI berief, lud er ihn ins Weiße Haus ein und fragte ihn, was er von Zensur halte – in England, Frankreich und Deutschland gab es damals eine Pressezensur. Creel riet ihm von direkter Zensur ab; es sei viel besser, einen »leidenschaftlichen Glauben in die Gerechtigkeit Amerikas zu schaffen, der die Menschen in den USA zu einer heißen, weißen, instinktiven Masse zusammenschmolz, mit Brüderlichkeit, Hingabe, Mut und todesloser Entschlossenheit«.

Creel verfügte über einen Etat von 100 Millionen Dollar (heute etwa 1,8 Milliarden Dollar), wie Thomas Fleming in *The Illusion of Victory* schreibt. Das CPI beeinflusste Film, Funk und Presse, produzierte Bilder und Artikel, Poster und Plakate, Skulpturen und Karikaturen, unterhielt einen Zensurbeirat und produzierte eine eigene Tageszeitung, die *Official Bulletin*, die an jede Zeitung, jedes Postamt, jede Behörde und jede Militärbasis geschickt wurde und nur gute Nachrichten von der Front verbreitete. Creels Markenzeichen aber sollten die »Four Minute Men« werden, Freiwillige, die in die Kinosäle und Rathäuser auch des letzten Dorfes gingen und dort vierminütige Reden hielten. »Diese Aktionen stellten vermutlich die größte und intensivste Leistung dar, die je zur schnellen Verbreitung einer ziemlich uniformen Gedankenfolge unter Angehörigen einer Nation unternommen wurde«, meint Lippmann.

Zunächst wurde für die Rekrutierung geworben. Trotz der Kriegserklärung stieß die Idee, tatsächlich Soldaten nach Übersee zu schicken, auf Entsetzen. Deutsch- und irischstämmige Farmer wehrten sich dagegen, eingezogen zu werden, während Südstaatler schockiert waren, dass Schwarze Gewehre tragen durften. Die »Four Minute Men« riefen auch zum Zeichnen von Kriegsanleihen auf, den sogenannten

Liberty Bonds, »Freiheitsanleihen«, und warnten vor zersetzenden Elementen an der Heimatfront.

Das CPI produzierte Material in 29 Sprachen und sogar für Analphabeten. Für Letztere war die »Division of Pictorial Publicity« zuständig, der Charles Dana Gibson vorstand. Gibson wurde nach dem Krieg Chefredakteur von *Life*. Er kommandierte ein Bataillon von Illustratoren, die 1400 Propagandaplakate pinselten, meist von King-Kong-artigen mordlüsternen Hunnen oder vom Untergang der *Lusitania*.

Das CPI arbeitete Hand in Hand mit den Briten. Das britische Äquivalent war das »Crewe House«. Es war der Name einer Londoner Villa, die dem Marquess of Crewe gehörte, der sie dem War Propaganda Bureau überließ. Das Crewe House führte praktisch die Arbeit des Wellington House fort, aber mit mehr Geld. Chef des Crewe House wurde ein alter Bekannter, Lord Northcliffe. »Northcliffe ließ alles, was der Feind tat, weit hinter sich«, schreibt Arthur Ponsonby in *Falsehood in Wartime*. Auch Charles Masterman wurde nun Northcliffe unterstellt. Mastermann war fortan für Bücher, Broschüren, Fotos und Kunst verantwortlich, während seine rechte Hand John Buchan die geheimdienstlichen Aktivitäten koordinierte.

Anfang 1918 beauftragte die britische Regierung einen zweiten Fleet-Street-Lord mit Kriegspropaganda: William Maxwell Aitken, besser bekannt als Baron Beaverbrook. Beaverbrock sollte das »War Office Cinematograph Committee« für Film leiten. Zu Beaverbrocks Presseimperium zählten der *London Evening Standard* und der *Daily Express*.

»Alle deutsche Musik ist gefährlich«

Damals gab es Millionen von deutschstämmigen Amerikanern, die fast alle gegen einen Kriegseintritt waren und erst recht dagegen, zwangsverpflichtet zu werden. Nun setzte – wie es Kirschbaum beschreibt – eine beispiellose Kampagne gegen alles Deutsche ein, die von Creel gelenkt wurde. Patriotische Amerikaner nannten Sauerkraut nun »Liberty Cabbage«— Freiheitskohl –, Frankfurter Würstchen hießen »Liberty Sausages«, und ein Hamburger war plötzlich ein »Liberty Steak«. Deutsche Schäferhunde, *German Shepherds*, mutierten zu »Police Dogs«, und aus Dackeln, *Dachshunds*, wurden »Liberty Dogs« (die gelegentlich von erbosten Patrioten mit Steinen beworfen wurden). Im ganzen Land war das Freiheitsfieber ausgebrochen, ähnlich wie Jahrzehnte später während des Irakkriegs, als in der Cafeteria des US-Kongresses und in vielen Restaurants »French Fries« in »Freedom Fries« umbenannt wurden.

Lutherische Pfarrer, die deutsch predigten, wurden geteert und gefedert. Immigranten, die als Spione verdächtigt wurden oder sich weigerten, Liberty Bonds zu zeichnen, wurden ertränkt, erhängt oder totgeschlagen. Deutsche Zeitungen sowie die Werke von Goethe und Schiller, Kant und Schopenhauer wurden verboten, deutsche Büchereien geschlossen und deutsche Schulbücher auf offener Straße verbrannt. In einem Theater in Milwaukee verhinderten Bürgerwehren mit Maschinengewehren, dass *Wilhelm Tell* von Friedrich Schiller aufgeführt wurde. In vielen Staaten wurde der Deutschunterricht an Schulen und Universitäten eliminiert. Universitätsprofessoren, die deutsch lehrten, wurden verhaftet.

Zehntausende Deutsch-Amerikaner landeten in Internierungslagern, auch Musiker, die Werke von Bach, Mozart und Beethoven spielten. Einer von ihnen war Frederick A. Stock, der Dirigent des Chicago Symphony Orchestra, ein anderer Karl Muck, der Dirigent des Boston Symphony Orchestra, der mit 29 Mitgliedern seines Orchesters eingeliefert wurde. Die *Los Angeles Times* verlangte, deutsche Musik zu verbieten. »Alle deutsche Musik ist gefährlich; sie predigt die gleiche Philosophie – oder eher Rabulistik – wie deutsche Literatur. Es ist die Musik der Eroberung, des Sturms, der Unordnung, der Zerstörung. Sie symbolisiert weder Sonnenstrahlen und Gänseblümchen noch die Glocken der Kathedrale, die Glaubende zum Gebet rufen. Sie ist vielmehr eine Kombination aus dem Heulen des Höhlenmenschen und dem Brüllen des Nordwinds«, schrieb das Blatt.

In Illinois wurde ein Immigrant namens Robert Paul Prager gelyncht; seine Mörder wurden freigesprochen – für die *Washington Post* war der Mord Zeichen eines »gesunden, erbaulichen Erwachens«. Das *Life Magazine* veröffentlichte eine Karte, die Amerika als »New Prussia« zeigte – mit »New Berlin«, »Kruppsburg«, »Traumburg«, »Heidelbergapolis«, »Omahoch«, »Goetterdaemmerungsham«, »Kaiserkase«, »Wilhelmplatz« und »Wienerschnitzelplatz«, während die Amerikaner in einer Reservation lebten, etwa dort, wo heute die Apachen leben. Das Ziel war, »Kultur« – mit großem K geschrieben – in Amerika auszulöschen. »Deutsche Kultur hat Auswirkungen, die in den Herzen und Gedanken unserer Menschen genauso bekämpft werden müssen wie an der Front«, schrieb Creel 1920 in seinen Erinnerungen *How We Advertised America.*

Creel wurde von der National Security League und der American Defense Society unterstützt. Die National Security League wurde von Solomon Menken geleitet, dem Anwalt des Bankiers J.P. Morgan. Der Ehrenvorsitzende der American Defense Society war der frühere Präsident Theodore Roosevelt. In einer Broschüre der Defense Society von 1918 heißt es: »Wir können und wollen der Hunnensprache den Krieg erklären. Jede Sprache, die ein Volk von skrupellosen Eroberern hervorbringt, ist ungeeignet, saubere und reine amerikanische Jungen und Mädchen zu lehren. Die Prinzipien der Selbstverteidigung verlangen, dass sie eliminiert wird.«

Kurz nach dem Kriegseintritt der USA legte Woodrow Wilson dem Kongress ein Zensurgesetz vor. Es scheiterte zunächst an den Republikanern, aber an seiner statt wurde am 15. Juni 1917 der »Espionage Act« beschlossen. Der verbot es der US-Presse, Einfluss auf die Tätigkeit des Militärs und auf die Rekrutierung zu nehmen. Das schloss das Verbot ein,

Falschmeldungen zu drucken oder sich für Feinde der USA einzusetzen; Redakteure, die dagegen verstießen, konnten dafür sogar mit dem Tod bestraft werden. Die staatliche Post der USA wurde befugt, die Beförderung pazifistischer Publikationen zu verweigern.

Mit diesem Gesetz konnte Creel die deutschsprachige Presse kontrollieren, die verdächtigt wurde, Sympathien für den Feind zu hegen (deutschsprachige Zeitungen brachten noch immer keine Artikel über abgehackte belgische Babyhände). Noch unmittelbar vor dem Ersten Weltkrieg gab es in den USA laut Erik Kirschbaum (*Burning Beethoven*) fast 500 deutschsprachige Zeitungen mit einer Gesamtauflage von 3,4 Millionen. Creel forderte nun, deren Artikel zuvor ins Englische zu übersetzen und bei der Zensurabteilung des CPI einzureichen. »Das konnten viele sich nicht leisten und mussten aufgeben«, schreibt Kirschbaum.

Und so unterstützten bald alle deutschsprachigen Blätter den Krieg, mit Ausnahme der sozialistischen Zeitungen. Aber die englischsprachige Konkurrenz blieb misstrauisch. Sie warf den Deutschen vor, nicht begeistert genug über amerikanische Siege zu schreiben, die Hunnen nicht negativ genug darzustellen und den Kauf von Liberty Bonds zu hintertreiben. »Unter dem Mantel der Loyalität verbreiteten die deutschen Zeitungen Propaganda«, warnte *Atlantic Monthly* und fragte: »Was können wir dagegen tun?« Nun, die Amerikaner ließen sich einiges einfallen. Postler warfen deutsche Zeitungen weg, statt sie auszuliefern, Lehrer verboten ihren Schülern, für deutsche Zeitungen als Botenjunge zu jobben, Anzeigenkunden drohten mit Boykott, und Redakteure wurden auf der Straße angepöbelt und bespuckt. Pfadfinder veranstalteten nächtliche Verbrennungen von deutschsprachigen Publikationen. Und Theodore Roosevelt verlangte gar, deutsche Zeitungen gleich ganz zu verbieten.

Was in vielen Städten auch geschah. Zahlreiche Journalisten kamen in Internierungslager, wie Fritz Bergmeier, der

Chefredakteur der *St. Paul Volkszeitung* in Minnesota, oder Jeremiah O'Leary, Chefredakteur des Magazins *Bull*. Auch ein schwarzer Redakteur in Atlanta landete im Lager. Er hatte kritisiert, dass schwarze Kriegsgegner von der Polizei verprügelt wurden. Für Afroamerikaner, die – wie die indianische Bevölkerung – nicht wählen durften, war Wilsons Freiheitspropaganda beleidigend. Im Juli 1917 fragten 8000 Afroamerikaner bei einem Marsch über die Fifth Avenue auf Transparenten: »Mr. President, warum machen Sie Amerika nicht sicher für die Demokratie?«

Ähnlich erging es deutschstämmigen Pazifisten und Sozialisten. Ein Politiker aus Minnesota, der schrieb, die U.S. Army kämpfe für die territorialen Interessen Englands und Frankreichs, wurde in ein Lager geschafft. Auch Tausende von Gewerkschaftern landeten in Internierungslagern. Ihr prominentester war Eugene Debs, ein Sohn elsässischer Immigranten, Sozialist und Gründer der »Industrial Workers of the World« (IWW). Als Debs in Ohio eine Rede gegen die Wehrpflicht hielt, wurde er nach dem »Espionage Act« zu zehn Jahren Haft verurteilt. »Big Bill« Haywood, der Vorsitzende der Industrial Workers, landete gar 20 Jahre hinter Gittern. Und der Sprecher der Gewerkschaft Industrial Workers of the World (IWW) Frank Little wurde auf offener Straße gelyncht. Victor Berger, Gründer der SPD in Amerika und Redakteur in Milwaukee, wurde zu 20 Jahren verurteilt. Zwar konnte er das Urteil anfechten, aber der US-Kongress weigerte sich, ihm seinen Parlamentssitz wiederzugeben. Und Joseph Rutherford, der Präsident der Watch Tower Bible and Tract Society, des Verlags der Zeugen Jehovas, entging einer Haftstrafe erst in der Berufung.

Der prominenteste Kriegsgegner war nach wie vor »Fighting Bob« La Follette, der Senator aus Wisconsin. Im September 1917 hielt La Follette in St. Paul, Minnesota, eine Rede gegen den Krieg. Die Stimmung sei unfassbar aufgeheizt gewesen, schreibt Fleming in *The Illusion of Victory*. Bürgerwehrler hätten Kriegsgegner auf der Straße verfolgt, um sie auszupeitschen oder zu teeren und zu federn. La Follette sprach zu einer Menge von 15 000 Menschen über die Interessen der US-Stahl- und Rüstungsindustrie und der Banken, die Kredite an England vergeben hatten. Die USA hätten nicht in den Krieg eintreten sollen, nur um das Recht von Amerikanern zu verteidigen, auf der mit Waffen beladenen *Lusitania* durch eine Kriegszone zu fahren, rief er. Zeitungen machten daraus, »La Follette befürwortet Versenkung der *Lusitania*«. Roosevelt nannte ihn den »größten lebenden Feind der Demokratie«. Und Außenminister Lansing gab ein – angeblich von Spionen abgefangenes – Telegramm an die Presse, wonach der deutsche Botschafter Graf von Bernstorff La Follette Geld gegeben habe.

Lansing musste das zurücknehmen. Aber die Aktion war nur der Startschuss zu einer beispiellosen Kampagne gegen La Follette. Ihm wurde im Senat der Mund verboten, er wurde zum Rücktritt genötigt, er erhielt Todesdrohungen. La Follette versuchte nun seinerseits, Wilson dazu zu zwingen, Unterlagen herauszugeben, die belegten, dass die US-Regierung von den Waffenladungen in der *Lusitania* gewusst hatte. Aber er hatte keinen Erfolg. Bis heute ist nicht geklärt, was die US-Regierung tatsächlich wusste, aber dass Außenminister Lansing durch den Geheimdienst des State Department über die Fracht der *Lusitania* informiert war, sei wahrscheinlich, schreibt Stephen Kinzer, ein früherer *New York Times*-Korrespondent, in *The Brothers*.

Im Mai 1918 wurde der »Sedition Act« erlassen, der es verbot, sich illoyal gegenüber der US-Regierung, ihrer Flagge oder der Uniform zu äußern. Als Erstes traf es ein irisches Blatt, das verboten wurde, weil es forderte, Irland müsse eine freie Republik werden (Irland kämpfte um die Unabhängigkeit von Großbritannien, der Osteraufstand militanter irischer Republikaner 1916 war blutig niedergeschlagen worden). Auch die linke Zeitschrift *The Nation* musste vorübergehend ihr Erscheinen einstellen. Tausende von Amerikanern wurden verfolgt, oft auf Betreiben von Bürgerwehren.

Hingegen streute das Creel Committee selbst Falschmeldungen. Im September 1918, nach der Machtübernahme der Bolschewiki in Russland, veröffentlichte das CPI den Bericht *The German-Bolshevik Conspiracy.* Der Bericht, von dem 137 000 Exemplare verteilt wurden, ging auf Dokumente zurück, die Edgar Sisson angeblich in Russland gefunden hatte. Sisson war ein Reporter der *Chicago Tribune*, der für das CPI in St. Petersburg arbeitete. Danach war die komplette bolschewistische Revolution in Russland eine Verschwörung der deutschen Regierung. Die Deutschen – so Sisson – hätten Leo Trotzki und Lenin als Marionetten eingesetzt, um Friedensverhandlungen zwischen Russland und Deutschland zu ermöglichen (richtig ist, dass das deutsche Auswärtige Amt Lenin, der aus seinem Schweizer Exil nach Russland reisen wollte, im April 1917 den Transit durch Deutschland in einem plombierten Eisenbahnwaggon erlaubte). Tatsächlich schlossen Deutschland und Österreich, sehr zum Ärger von England und Amerika, im Oktober 1917 mit den Kommunisten den Frieden von Brest-Litowsk.

Die meisten Zeitungen glaubten Creels Mann in Russland. Die *New York Times* hielt den Frieden von Brest-Litowsk für Betrug an der russischen Arbeiterklasse. »Die Papiere passen perfekt zu einem Muster von deutschen Intrigen und deutscher Schuld.« Die bolschewistische Revolution sei von der deutschen Reichsbank mit 55 Millionen Rubeln in Gold finanziert worden, schrieb die *Times*, deutsche Offiziere hätten den Bolschewisten geholfen, Spione und Saboteure nach Amerika zu schicken. Und Deutschland habe schon am 9. Juni 1914, Wochen vor Sarajevo, den Krieg geplant (ähnliche Gerüchte verbreitete Henry Morgenthau, Wilsons Botschafter in der Türkei).

Erst 1956 entlarvte George Kennan, ein Historiker im State Department, die »Sisson Papers« als Fälschung. Er stellte fest, dass die Briefköpfe und Unterschriften nicht echt waren, zudem war für Dokumente aus angeblich verschiedenen Quellen dieselbe Schreibmaschine benutzt worden. Die »Sisson Papers« gelten heute als einer der großen Fälschungsskandale der USA. Für die *Times* sind sie kein Ruhmesblatt.

»Hasst-die-Hunnen-Filme füllten die Kinos wie Giftgas«

George Creels CPI konnte sich auch eines neuen Mediums bedienen, des Films. Creel gründete eine »Films Division«, die etwa 60 Dokumentarfilme in die Kinos brachte, darunter *Pershing's Crusaders* (nach General John Pershing, dem Oberbefehlshaber der U.S. Army) und *America's Answer to the Hun*. Die Films Division beauftragte außerdem die »Official Government Pictures« von William Vanderbilt und Charles Urban, Dokumentarfilme zu produzieren. Damit war der Erste Weltkrieg auch der Beginn der langen Ehe zwischen Hollywood und Washington.

Die Legende von der Entstehung Hollywoods geht folgendermaßen: Ende 1913 brachen zwei Männer von New York gen Westen auf: der Regisseur Cecil B. DeMille und der Schauspieler Dustin Farnum. DeMille sollte *The Squaw Man* drehen, im Auftrag von Jesse Lasky und dessen Schwager Samuel Goldfish (später Goldwyn). Da in *The Squaw Man* Indianer vorkamen, schlug DeMille vor, in Flagstaff, Arizona, zu drehen. Dort angekommen, regnete es, sodass beide gleich nach Hollywood weiterreisten. Dort bat DeMille seinen Produzenten um die Erlaubnis, eine Scheune mieten zu dürfen. Lasky kabelte zurück, ja, aber sie sollten sich nicht langfristig binden.

Drei Jahre später gründeten Lasky und Goldwyn zusammen mit dem ungarischen Einwanderer Adolph Zukor das Studio Famous Players-Lasky. Ein wenig weicht die Realität allerdings von der Legende ab, denn in Hollywood wurden durchaus schon vorher Filme produziert, beispielsweise von

D.W. Griffith. Und der Hauptgrund für den Umzug aus New York war auch weniger die kalifornische Sonne, sondern der Umstand, dass die sämtliche Studios in Rechtsstreitigkeiten mit Thomas Alva Edison verwickelt waren, dessen technische Patente sie nutzten, ohne dafür zahlen zu wollen.

1915 eröffnete Universal Pictures ein Studio in Hollywood. Auch Universal war in New York gegründet worden, von Carl Laemmle, einem deutsch-jüdischen Einwanderer aus Laupheim. 1918 etablierten Warner Bros. – vier Brüder, die aus dem russischen Teil Polens ausgewandert waren – ihr Studio am Sunset Boulevard. Für Neal Gabler, Autor des Standardwerks über die Filmstudios *An Empire of Their Own* (dt. *Ein eigenes Reich.*), ist Hollywood ein Paradox: »Die amerikanische Filmindustrie, nach Will Hays, dem Präsidenten der Motion Picture Producers and Distributors of America, ›die Quintessenz dessen, was wir mit amerikanisch meinen‹, wurde von osteuropäischen Juden gegründet und über dreißig Jahre lang auch von ihnen regiert; von Menschen also, die selbst alles andere zu sein schienen als die Quintessenz des Amerikanischen.«

Damals waren die USA ein von (weißen) Protestanten besiedeltes und dominiertes Land. Katholiken und Juden wurden oft diskriminiert, weshalb sie alles taten, um gute Amerikaner zu werden. »Die Hollywood-Juden setzten derart rückhaltlos und umfassend auf kulturelle Anpassung, dass sie ihr Leben nach dem Vorbild amerikanischer Wohlanständigkeit – so, wie sie diese verstanden – zurechtschneiderten«, schreibt Gabler. Adolph Zukor soll gesagt haben: »In dem Moment, als ich meinen Fuß auf amerikanischen Boden setzte, war ich neu geboren.« Louis B. Mayer, der Gründer von Metro-Goldwyn-Mayer, erklärte den 4. Juli, den amerikanischen Nationalfeiertag, zu seinem Geburtstag. Und Carl Laemmle mit seinem deutschen Akzent bemühte sich erst recht, ein Musteramerikaner zu werden. Dabei standen gerade deutsch-jüdische Immigranten in den USA auf der Seite

Deutschlands; sie fanden es empörend, dass die USA Russland unterstützten, wo es noch immer Pogrome gegen Juden gab. Aber im Krieg passten sie sich an.

Einer der ersten patriotischen Filma war *The Battle Cry of Peace,* von J. Stuart Blackton für das Filmstudio Vitagraph realisiert, das in Warner Bros. aufging. Der Film beruhte auf dem Buch *Defenseless America*, das davor warnte, dass Amerika schutz- und waffenlos einer Invasion ausgesetzt sei. Der Autor war Hudson Maxim. Das Buch schrieb er, nachdem ein Freund beim Untergang der *Lusitania* ertrunken war. Maxim hatte mit seinem in London lebenden Bruder Hiram mehrere Sorten Sprengstoff erfunden, größtenteils für den Munitionsriesen DuPont, der die U.S. Army belieferte. Er konstruierte auch das erste Maschinengewehr der Welt, das England half, mehrere Kolonialkriege zu gewinnen. Auch Blackton hatte einen Unterstützer: Expräsident Theodore Roosevelt. Der sorgte dafür, dass der Regisseur Marines als kostenlose Statisten einsetzen durfte. Ähnliche Regeln gelten noch heute: Wenn Hollywood die US-Streitkräfte in ein positives Licht rückt, dürfen deren Flugzeugträger kostenfrei genutzt werden.

1915 und 1916 kamen noch weitere Propagandafilme in die Kinos: *America Unprepared*, *Guarding Old Glory*, *Uncle Sam Awakes* und *The Eagle's Wing*. Letzterer wurde von Bluebird Photoplays produziert, dem Arthaus-Ableger von Universal. Anfang 1916 lud der Industrieverband »Motion Picture Board of Trade« in das New Yorker Biltmore Hotel zu einem festlichen Bankett. US-Präsident Wilson begrüßte die Filmschaffenden mit einer Rede, in der er unter anderem sagte, dass im Film »die Wahrheit gewinnen« werde. Zu den Gästen des Banketts gehörte neben George Eastman von Kodak, Adolph Zukor und Samuel Goldwyn auch Blackton, der noch am selben Abend zur Mobilmachung aufrief. Edwin Thanhouser, ein Partner von Carl Laemmle, sagte anschließend, die Rede des Präsidenten beweise, dass der Film eine ernst zu nehmende Kunstform sei.

Als Amerika dann in den Krieg eintrat, mobilisierten die Studiobosse die gesamte Industrie, schreibt Gabler. Lasky und DeMille hätten eine Paramount Brigade organisiert, die auf dem Studiogelände auf- und abmarschiert sei, mit Gewehren aus der Requisite. Adolph Zukor fuhr nach Washington und bot die Unterstützung der Filmindustrie an. »Die Filmindustrie«, schrieb das *Milwaukee Journal* 1917, »war einer der mächtigsten Alliierten der Regierung.«

Die Studios waren in der »National Association of the Motion Picture Industry«, NAMPI, zusammengeschlossen. NAMPI habe mit der Regierung kooperiert, um die Heimatfront zu mobilisieren, schreibt Leslie Midkiff DeBauche in *Reel Patriotism. The Movies and World War I.* Das habe sich auch für die Studios ausgezahlt. »Unterstützt von Creel erlangte NAMPI vom ›War Industries Board‹ die Klassifizierung als unentbehrliche Industrie«, so DeBauche. Damit durften die Kinos geöffnet bleiben, auch wenn andere Geschäfte schließen mussten, um Öl zu sparen.

Das Creel Committee habe auch dafür gesorgt, dass die Filmindustrie den europäischen Markt erobern konnte, schreibt der englische Filmregisseur David Puttnam in *Movies and Money.* Nach einer Verordnung der US-Regierung mussten Filme, die nach Südamerika, Asien oder Europa exportiert wurden, 20 Prozent »erzieherisches Material« enthalten, was de facto hieß: Kriegspropaganda. Dieses Material wurde vom Foreign Film Service geliefert, der dem Creel Committee unterstand. Bald dominierten US-amerikanische Filme die Kinos in der Schweiz und in Holland. Zuvor waren dort deutsche oder französische Filme gezeigt worden. Creel lag daran, das Image der USA zu verbessern, denn viele europäische Filme schilderten Amerika als ein Land von »New Yorker Gangstern und Banditen im Wilden Westen«, schreibt er in *How We Advertised America.*

NAMPI-Präsident William Brady gestattete Creels »Four Minute Men«, vor jeder Filmvorführung zu sprechen, ließ dazu die Nationalhymne spielen und sorgte dafür, dass Schauspieler für Liberty Bonds warben. Alleine in der dritten Kriegsanleihen-Kampagne der Regierung (von insgesamt fünfen) produzierte NAMPI 17 200 Trailer, 17 000 Poster und »einen wunderbar patriotischen Film mit Douglas Fairbanks«, so DeBauche. Fairbanks trat vor Hunderttausenden von Fans in New York, Los Angeles und anderen Städten auf, um für Kriegsanleihen zu werben, desgleichen seine Frau, die Schauspielerin Mary Pickford, »America's Sweetheart«.

Noch stärker mit der Weltkriegspropaganda verbunden ist der Name von Charlie Chaplin. Der in ärmlichen Verhältnissen in London aufgewachsene Chaplin ging 1913, mit 24 Jahren, nach Hollywood. Mit der von ihm geschaffenen Figur des »Tramp«, dessen Markenzeichen ausgebeulte Anzughosen, eine Melone und ein Schnurrbart waren, stieg er zum Weltstar auf. 1915 war Chaplin der bestbezahlte Schauspieler Hollywoods. Als der Erste Weltkrieg ausbrach, musste sich Chaplin gegen Vorwürfe der britischen Presse wehren, er drücke sich vor dem Wehrdienst. Auch als Amerika in den Krieg eintrat, meldete er sich nicht freiwillig, da er gerade einen Vertrag mit First National Pictures abgeschlossen hatte.

Möglicherweise zur Kompensation kämpfte Chaplins »Tramp« auf der Leinwand gegen die Hunnen. In dem Kurzfilm *The Bond* schlägt der »Tramp« Kaiser Wilhelm mit einem Holzhammer, auf dem Liberty Bond steht, auf den Kopf. Der Kauf von Liberty Bonds wurde zu einem »Barometer, das den Patriotismus maß«, schreibt Kirschbaum in *Burning Beethoven*. Eine patriotische Organisation namens »Knights of Liberty«, deren Mitglieder sich Ku-Klux-Klan-artige Kapuzen über den Kopf zogen, teerte und federte deutsche Immigranten, die nicht genug Kriegsanleihen zeichneten.

Alleine Chaplin trieb bei jedem Auftritt Millionen Dollar ein. Auch andere Schauspieler engagierten sich. Theda Bara schrieb »Kauf einen Bond und helfe der Menschlichkeit« auf ihre Fanpostkarten, und Marie Dressler hielt eine Rede auf den Stufen des Capitols in Washington, in der sie dazu aufrief, »gen Berlin« zu marschieren. Kinos und Broadway-Theater fügten Aufrufe zur Zeichnung von Kriegsanleihen in ihre Trailer ein oder schmückten ihre Lobbys mit Bannern. Und DeMille drehte für Famous Players-Lasky *Joan the Woman* über die heilige Johanna. In dem Film warb die tapfere Französin für Kriegsanleihen (dass die historische Jeanne d'Arc vom französischen Hof auf Betreiben der englischen Kirche verbrannt wurde, ist eine feine Ironie der Geschichte).

Chaplin war auch der Erste, der Filme produzierte, die Amerikaner an die Front lockten. 1918 drehte er den Spielfilm *Shoulder Arms,* in dem er als »Tramp« slapstickartig im Schützengräben herumstolpert, mal unvorsichtig mit Sprengstoff hantiert oder im Wasser landet, mal von einem hübschen (belgischen) Mädchen vor dem Heer versteckt wird und einen deutschen Offizier verprügelt, der – natürlich! – ein Monokel trägt und neben dem ein »Rauchen verboten«-Schild baumelt.

Dieser Film war aber harmlos im Vergleich zu dem, was Hollywood sonst auf die Leinwand brachte. »Hasst-die-Hunnen-Filme füllten die Kinos wie Giftgas«, schreibt Kevin Brownlow in *The War, the West, and the Wilderness.* Der erste Film dieser Art war *The Little American.* Der Streifen, den Cecil B. DeMille für Famous Players-Lasky drehte, ging nur eine Woche nach dem Kriegseintritt der USA in Produktion. Mary Pickford spielt eine Amerikanerin, die vor Kriegsausbruch zwischen einem französischen und einen deutschen Offizier (selbstredend ein »Von« mit Monokel) schwankt. Auf der Fahrt nach Frankreich wird ihr Schiff von einem deutschen U-Boot versenkt; nachdem sie sich aufs Festland gerettet hat, wird das Hospital, in dem sie landet, von Deutschen besetzt, die Krankenschwestern vergewaltigen, Kinder umbringen, Gemälde rauben und Wein aus Flaschen mit abgebrochenen Hälsen trinken, während sie gezwungen wird, die Stiefel eines Offiziers zu putzen. Und dieser Film war noch einer der netteren.

DeMille schrieb damals an Jesse Lasky, falls der einen »zahmen Deutschen« fange, hätte er den gerne für sein »Kuriositätenkabinett« (so DeBauche). Auch als Studioboss gab sich DeMille patriotisch. Er schloss sich der »American Protective League« an, einer geheimen Organisation von Firmenchefs, die mit dem Justizministerium und dem Geheimdienst der U.S. Army zusammenarbeitete, um Saboteure, Spione und deutsche Sympathisanten in ihren Belegschaften aufzuspüren. Für die »American Protective League« arbeiteten 250 000 Freiwillige, die dafür sorgten, dass Protestler gegen den Krieg verhaftet oder zusammengeschlagen wurden, vor allem Afroamerikaner. DeMille engagierte Schauspieler als Spitzel und schickte seine Spione auch in die Kinos. Dort ließ er auch Gewerkschaftler aufspüren.

Mary Pickford trat bei der Uraufführung von *The Little American* in Los Angeles und San Francisco vor das Publikum und warb für Kriegsanleihen. Doch der Film stieß auch auf Widerstand. Metellus Lucullus Cicero Funkhouser, der oberste Filmzensor von Chicago, verbot die Vorführung, weil der Film »die Deutschen hier beleidigen« würde. Daraufhin schrieb die *Chicago Tribune*: »Hoffentlich reibt er sich sehr bald den Schlaf aus den Augen und findet heraus, dass die Vereinigten Staaten sich mit Deutschland im Krieg befinden und dass der Film nicht bloß antideutsch ist, sondern proamerikanisch.« Der Filmverleiher Artcraft lud den Universitätspräsidenten von Chicago sowie Kirchenführer und Politiker zu einer Vorführung ein. Creel wies Funkhouser an, den Film zu genehmigen. Als Artcraft auch noch vor Gericht zog, verlor der Zensor. Die Richter befanden, es gebe keine Deutschen mehr in den USA, die beleidigt werden könnten. Der Film startete am 21. Juli 1917 im Studebaker Theatre in Chicago.

Aber für Funkhouser war der Kampf damit noch nicht vorbei. Er legte sich mit dem nächsten Produzenten an, George Kleine, in dessen Film *The Unbeliever* ein amerikanischer Soldat in deutsche Kriegsgefangenschaft gerät. Auch hier spielt Erich von Stroheim den bösen Hunnen. Dabei war der Schauspieler selbstredend kein preußischer Adeliger; Stroheim war der Sohn eines österreichischen Hutmachers jüdischen Glaubens, der kein Wort deutsch sprach. Funkhouser forderte Kleine auf, eine Szene herauszuschneiden, in der Stroheim eine Frau und ein Kind erschießt. Dennoch beschwerten sich Patrioten, dass der Film zu »prodeutsch« sei, weil er deutsche Offiziere zeige, die gut angezogen waren, und deutsche Zivilisten, die Violinmusik mochten. Funkhouser versuchte auch, zwei besonders brutale Szenen aus *Heart of the World* herausschneiden zu lassen, woraufhin sich der Verleih – laut *New York Times* – beschwerte: Diese Szenen basierten auf »tatsächlichen Fakten im Besitz der britischen Regierung«.

Auch Universal Pictures kämpfte an der Patriotismusfront. Universal-Gründer Carl Laemmle war alles andere als eine martialische Erscheinung. Neal Gabler schreibt in *An Empire of Their Own* über ihn: »Mit einer Körpergröße von 1,55 Meter, dem ständigen Lächeln, das seine Zahnlücken entblößte, den kleinen fröhlichen Augen, einer sich ausdehnenden Glatze und einem runden Bauch, der von seiner Leidenschaft für Bier und Essen zeugte, wirkte er wie gutmütiger Onkel.« Alle Mitarbeiter nannten ihn »Onkel Karl«, sogar sein eigener Sohn. Laemmle war mit 17 Jahren aus armen Verhältnissen nach Amerika gekommen – den deutschen Akzent legte er nie ab, auch nicht seine Liebe zur deutschen Oper. Er arbeitete als Botenjunge und Erntehelfer, dann wurde er Buchhalter in einer Bekleidungsfabrik in Wisconsin. Schließlich kaufte er in Chicago ein »Nickelodeon«, ein Kino für schwarzweiße stumme Kurzfilme, die damals neu waren. Mit fast 40 hatte er endlich finanziellen Erfolg. Aus dem Kino wurde eine Kette von fast 10 000 Lichtspielhäusern, ein Filmverleih kam hinzu. 1912 entstand daraus Universal Pictures.

Zu Kriegsbeginn plädierten Universal-Filme noch für Neutralität. Aber 1917 schwenkte das Studio auf antideutsche Streifen um. »Laemmle war stolz auf seine jüdische und auf seine deutsche Herkunft«, schrieb die israelische Zeitung *Haaretz* in ihrem Nachruf auf den Film-Mogul. »Aber er hatte das Gefühl, dass er es als eingebürgerter Amerikaner nötig hatte, seinem neuen Land seine Loyalität zu zeigen. Und ihm war auch klar, dass sich Propaganda an der Kinokasse gut verkaufte.« Dazu kam, dass britische Zeitungen ihn beschuldigten, die Interessen der Deutschen zu bedienen und sein Studio mit deutschem Geld aufzubauen. Laemmle wollte auf der sicheren Seite sein.

Zu den Universal-Filmen zählen *The Sinking of the Lusitania* und *The Kaiser: The Beast of Berlin*, gefolgt von der Satire *The Geezer of Berlin* (»Der alte Sack aus Berlin«). *The Beast of Berlin* zeigt den Kaiser als Tyrannen, der seine Soldaten nach Belgien schickt, wo sie rauben, morden und vergewaltigen, der nebenbei die *Lusitania* versenkt und endlich, nach dem Sieg der Alliierten, an König Albert von Belgien ausgeliefert wird. Universal investierte erhebliche Summen in die Werbung, und Laemmle persönlich überzeugte viele Kinobesitzer, den Film zu zeigen. Die patriotischen Vereine der USA hängten eine Kaiser-Puppe an einem Strick in Kinosälen auf. »Pro-Germans« wurde angeboten, sich den Film kostenlos anzusehen. Selbstredend meldete sich keiner. Ein Zuschauer in Dawenport, Iowa, erregte sich derart über *The Beast*, dass er auf die Leinwand schoss, als er den Kaiser sah.

Wenig später wurde in Milwaukee *To Hell With the Kaiser* gezeigt, ein Film von Metro-Goldwyn-Mayer (MGM), dem Studio von Marcus Loew und Louis B. Mayer. Jeder Besucher bekam ein Bild des Kaisers mit Pickelhaube, darauf war eine Zielscheibe gemalt. »Es wurde von uns erwartet, dass wir das zu Hause an den Zaun nagelten und Schießübungen veranstalteten«, erinnerte sich Elmer Axel Beck in seinen Memoiren *Sewer Socialists*. »Wer kein Gewehr hatte, der sollte Steine darauf werfen.« Allein in Milwaukee, schreibt DeBauche, wurden jeden Monat 750 000 Tickets für antideutsche Filme verkauft, doppelt so viele, wie die Stadt Einwohner hatte.

Im September 1918 brachte das Studio Fox *The Prussian Cur* heraus, der das Schicksal eines mit Bajonetten gekreuzigten, wenngleich fiktiven kanadischen Soldaten zeigt. Raoul Walsh, der Regisseur, und Miriam Cooper, die Hauptdarstellerin, sagten später, dies sei ihr »schlimmster Film überhaupt«; Fox habe sie zu der extrem deutschfeindlichen Haltung des Films gezwungen. Ein anderer Fox-Film war *Kultur*, in dem eine Gräfin Griselda, die Geliebte von Kaiser Wilhelm II., hinter der Ermordung des österreichischen Thronfolgerpaares in Sarajevo steckt. Und in *The Claws of the Hun* geht es um deutsche Sabotage in einer Munitionsfabrik in Amerika.

Das Studio, das dem Ersten Weltkrieg am meisten verdankt, war Warner Bros. Die Brüder Warner erlangten in einer Bieterschlacht die Rechte an dem Buch *My Four Years in Germany* von James Gerard, dem US-Botschafter in Berlin. Gerard war soeben des Landes verwiesen worden. In einer Rede sagte er einmal: »Der deutsche Außenminister meinte zu mir: ›Ihr Land wird nichts gegen Deutschland unternehmen, weil wir in Ihrem Land 500 000 deutsche Reservisten – also Immigranten – haben, die sonst die Waffen erheben würden.‹ Ich antwortete ihm, vielleicht, aber wir hätten 500 000 und einen Laternenpfahl, an denen wir diese Reservisten aufhängen würden.«

Wie man sich vorstellen kann, war das Buch nicht besonders deutschfreundlich und der Film erst recht nicht. In einer Szene erschießen deutsche Soldaten einen hinkenden belgischen Schuster, in einer anderen werden britische Soldaten in einem Kriegsgefangenenlager absichtlich mit Typhus infiziert. Zudem exekutieren amerikanische Soldaten fröhlich »Hunnen« mit Bajonetten. In New Jersey gedreht, ist der Film wie eine Dokumentation aus Deutschland aufgemacht, begleitet von ständigen Untertiteln »Fakt! Keine Fiktion!«. Sogar die eher deutschfeindliche *New York Times* nannte *Four Years in Germany* »albern« und eine »Travestie«. Auch hier ordnete Chicagos Chefzensor Funkhouser an, einige Szenen herauszuschneiden. Daraufhin zwang ihn Creel endlich zum Rücktritt. Für Warner Bros. bedeutete der Streifen den kommerziellen Durchbruch. Für nur 50 000 Dollar produziert, spielte er 1,5 Millionen Dollar ein. Mit dem Geld eröffneten die Brüder ihr Studio in Los Angeles, das Gabler als das aggressivste, streitsüchtigste und aufmüpfigste von allen bezeichnete.

Four Years in Germany kam erst Mitte 1918 in die Kinos, als der Krieg schon fast vorbei war. Noch später, nach Kriegsende nämlich, erreichte Universals bekanntestes Propagandaepos das US-Publikum: *The Heart of Humanity*, ein Remake von *Heart of The World.* Darin beschützt eine junge Amerikanerin belgische Waisenkinder, während ihr Mann gegen die bösen Hunnen in Frankreich kämpft. Hier tritt Erich von Stroheim in einer Szene auf, die heute noch als Anschauungsmaterial für Propaganda gilt: Er versucht, Nanette, die Heldin, zu vergewaltigen, reißt ihr mit den Zähnen die Knöpfe ab, und als ihn ein schreiendes Baby stört, wirft er es aus dem Fenster.

Während antideutsche Filme gefördert wurden, ging die US-Regierung gegen antibritische Filme vor, auch dies nach dem »Espionage Act«. Das prominenteste Opfer war Robert Goldstein, ein deutschstämmiger Jude aus Los Angeles, der schon mit D.W. Griffith gearbeitet hatte. Goldstein brachte den Film *The Spirit of '76* heraus, der britische Grausamkeiten im Revolutionskrieg zeigte, darunter ein Massaker am Susquehanna im Jahr 1778, bei dem britische Soldaten und ihre irokesischen Alliierten Frauen vergewaltigten und Babys aufspießten. Der Film wurde prompt von Funkhouser konfisziert, der beweisen wollte, dass er nicht prodeutsch war. Goldstein versprach, den Film zu kürzen, zeigte ihn aber dann doch in voller Länge. Daraufhin ließ Creel Goldstein vor Gericht stellen. Der schockierte Filmmacher wurde zu zehn Jahren Gefängnis verurteilt. Im Urteil hieß es, der Film zeige »übertriebene Szenen britischer Grausamkeit« und helfe dem »deutschen Feind«. Drei Jahre später wurde Goldstein entlassen, und er ging nach Deutschland. 1935 schoben ihn die Nazis nach Amerika ab.

Amerika behielt den »Espionage Act« nach dem Krieg bei. Es lieferte Generalstaatsanwalt Mitchell Palmer die gesetzliche Handhabe, Emma Goldman und Hunderte anderer Sozialisten im Rahmen der sogenannten Palmer Raids nach Russland zu deportieren. Auch in jüngerer Zeit hat die US-Regierung den »Espionage Act« genutzt, um gegen »Whistleblower« vorzugehen, darunter Daniel Ellsberg, Chelsea Manning und Edward Snowden.

Eine Mischung aus Gier und Hass

Am 4. Oktober 1918 übermittelte ein kriegsmüdes Deutschland, vertreten durch den tags zuvor ernannten Reichskanzler Prinz Max von Baden, auf Drängen der Obersten Heeresleitung ein Waffenstillstandsgesuch an US-Präsident Wilson. Wilson hatte eine Liste von 14 Punkten erstellt, darunter die Freiheit der Meere, die Neuordnung Europas und, am wichtigsten, das Selbstbestimmungsrecht der Völker. Deutschland sollte alle Territorien an Russland zurückgeben, die es im Frieden von Brest-Litowsk erhalten hatte, darunter Estland, Lettland, Litauen und die Ukraine. Wilson wollte auch Freiheit für die deutschen Kolonien in Afrika und betrieb die Gründung des »Völkerbundes«, einer Vorläuferorganisation der UN. Prinz Max nahm die Punkte an, aber Frankreich und England stellten sich quer. Premierminister Lloyd George weigerte sich, die freie Schifffahrt auf den Weltmeeren zu erlauben, auf deren Kontrolle letztlich die Macht des britischen Empire beruhte. Frankreich forderte Reparationen von Deutschland. Und beide Länder wollten sich die deutschen Kolonien unter den Nagel reißen. Wilson konnte sich auch innenpolitisch nicht durchsetzen, denn kurz darauf waren die Senatswahlen in den USA, und bei denen verloren seine Demokraten die Mehrheit.

Nun überschlugen sich die Ereignisse: Am 9. November rief der Sozialdemokrat Philipp Scheidemann in Berlin die »deutsche Republik« aus, zwei Stunden später proklamierte Karl Liebknecht von der Spartakusgruppe die »freie sozialistische Republik«. Am Tag darauf schwiegen die Waffen. Deutschland hatte fast zwei Millionen Soldaten verloren, eine Million blieb vermisst, mehr als vier Millionen wurden verwundet, viele davon blieben Krüppel bis an ihr Lebensende. Fast noch einmal genauso viele Menschen verlor Österreich-Ungarn. Kaiser Wilhelm II. flüchtete ins holländische Exil, auch Kaiser Franz Joseph dankte ab. Wilson fuhr zu den Friedensverhandlungen nach Paris, mit George Creel im Schlepptau. Aber obwohl ihm in Paris und in London ein triumphaler Empfang bereitet wurde, richtete der US-Präsident wenig aus. Die Zeitungen von Lord Northcliffe, allen voran die *Times*, schrieben weiter Hassartikel gegen die »Hunnen«. Northcliffe forderte, England für jeden Penny zu entschädigen, den es im Krieg ausgegeben hatte. Premier Lloyd George verlangte 120 Milliarden Pfund (heute 2000 Milliarden Euro).

Derweil starben in Deutschland, aber auch in Österreich, Ungarn und auf dem Balken Hunderttausende, vor allem Kinder, an Hunger und Krankheiten, während sich auf den Straßen Berlins linke Spartakisten und rechte Freikorps-Einheiten bekriegten. Aber Wilson konnte nichts ausrichten. Unter dem Eindruck der Hasspropaganda aus Hollywood verbot der US-Kongress sogar Lebensmittellieferungen an Deutschland. Und als der Vorsitzende der United States Food Administration Herbert Hoover es Monate später schaffte, Speck (für den Deutschland zu bezahlen bereit war) von amerikanischen Farmen nach Europa zu verschiffen, blockierten britische Truppen die Auslieferung. Einzig von Russland erhielt Deutschland nun Lebensmittel.

Am 28. Dezember 1918 veröffentlichten die *New York Times* und die *Chicago Tribune* einen Bericht des Paris-Korrespondenten Frederick Smith, wonach Berlin zweierlei fürchte: Liebknechts Spartakisten, die eine blutige Räteherrschaft nach bolschewistischem Vorbild errichten könnten, und die Hungersnot, der die neue Reichsregierung zu begegnen suche. »Ich fragte Hunderte von Offiziellen und Privatleuten, was am dringendsten gebraucht würde, um die Zerstörung des Landes durch die Bolschewiken abzuwehren«, schreibt Smith. »Die einhellige Antwort war Lebensmittel, damit die Bolschewiken nicht den Hunger der Bevölkerung als Waffe nutzen können.«

Am 28. Juni 1919 wurde der Vertrag von Versailles unterzeichnet. Deutschland trug die alleinige Kriegsschuld. Große Gebiete auch Österreichs wurden an Nachbarstaaten abgetreten, darunter Südtirol, Böhmen, Mähren, das Elsass, Lothringen, Pommern, Teile Ostpreußens, Oberschlesien und das Sudetenland. Bald darauf wurde das Rheinland von französischen Truppen besetzt. Im Osten entstanden Polen und die Tschechoslowakei wieder, in neuen Grenzen. Mehr als eine Million Deutsche, auch Juden aus dem Osten, flüchteten nach Berlin und Wien. Die deutschen Kolonien gingen an England, Frankreich, Neuseeland, Portugal und Japan. Ausgerechnet Belgien bekam Ruanda und sorgte als Erstes dafür, dass die Bevölkerung in Hutu und Tutsi geteilt wurde. Deutschland verpflichtete sich zu Reparationen von umgerechnet etwa 300 Milliarden Euro und musste nicht nur seine Kriegsflotte, sondern auch sämtliche Passagierschiffe an England und die USA abtreten. Albert Ballin, der Besitzer der Hamburg-Amerika-Linie und eine der bedeutendsten deutsch-jüdischen Persönlichkeiten, beging aus Kummer darüber Selbstmord. Die deutsche Wiederbewaffnung wurde verboten, die Industrieproduktion eingeschränkt. Erst jetzt hoben die Briten die Hungerblockade auf.

Trotz Vorbehalten unterschrieb Wilson den Versailler Vertrag, aber es gelang ihm nicht, den Kongress zur Ratifizierung zu bewegen (die USA und Deutschland schlossen 1921 einen separaten Friedensvertrag). Deutsch- und irischstämmige Republikaner fanden Versailles empörend; La Follette sprach von einer »Mischung aus Gier und Hass«, *The Nation* und *The New Republic* nannten den Vertrag »inhuman«. Nur die *New York Times* fand ihn »hart, aber gerecht«.

Noch lange wurde über den Ersten Weltkrieg gestritten. Arthur Ponsonby meinte, es sei lachhaft, dass es um Demokratie gegangen sein soll. Alleine das britische Empire habe Ägypten, Irak, Palästina, Zypern, Südwest- und Ostafrika, Togo, Kamerun, Samoa und Neuguinea hinzugewonnen, Griechenland besetzt und die irische Freiheitsbewegung niedergeschlagen. Viele Staaten seien letztlich autokratisch regiert worden oder Militärdiktaturen geworden, darunter die Türkei, Persien, Russland, Italien (wo 1922 Mussolini an die Macht kam), Spanien, Ungarn und Polen. Deutschlands sozialdemokratische Regierung hingegen wurde unterminiert – Philipp Scheidemann, der am 13. Februar 1919 als Reichs-Ministerpräsident die erste Reichsregierung gebildet hatte, trat wegen der Ablehnung der Versailler Friedensbedingungen vier Monate später wieder zurück. »Wilson«, schreibt Thomas Fleming, »hat die deutschen Liberalen der Weimarer Republik betrogen.«

Der gesundheitlich schwer angeschlagene Wilson kehrte in die USA als der Präsident zurück, der sich von Briten und Franzosen hatte vorführen lassen. Amerika hatte mehr als 100 000 Soldaten verloren, die dreifache Zahl war verwundet, und die Amerikaner fragten sich: Wozu? Der Kongress drehte Creel am Tag nach der Unterzeichnung des Versailler Vertrags den Geldhahn zu. In den Südstaaten wurden schwarze Veteranen gelyncht, Rassenaufstände in den Städten verschreckten die Weißen. Nach einem Bombenanschlag in Washington, D.C., schuf Generalstaatsanwalt Palmer eine neue Bundespolizei, deren Chef ein junger Bibliothekar wurde: J. Edgar Hoover. In der Wahl von 1920 erlitten die Demokraten eine haushohe Niederlage.

Für die Banken und die Rüstungsindustrie – JP Morgan, DuPont, Bethlehem Steel – hatte sich der Krieg gelohnt (General Smedley D. Butler prägte danach den Satz »Krieg ist Plünderei«). Auch die Ehe von Hollywood und Washington blühte: William Gibbs McAdoo, Wilsons Finanzminister (und Schwiegersohn), bekam einen Job bei United Artists, dem 1919 von Charlie Chaplin, Douglas Fairbanks und Mary Pickford gegründeten Studio. Auch für Hollywood war der Krieg eine Goldgrube gewesen, denn er hatte Neal Gabler zufolge neue Märkte für amerikanische Filme in Europa geöffnet. Hollywood würde noch jahrelang »Hasst-die-Hunnen«-Filme produzieren, die nun erstmals auch in die Kinos von Berlin, Hamburg und München kamen. Heerführer Erich Ludendorff überzeugten sie davon, dass nicht die Generäle schuld am verlorenen Krieg waren, sondern diese »Zersetzungspropaganda«. Auch US-Zeitungen empörten sich nach dem Krieg, mit Lügen zum Hass gegen Deutsche aufgestachelt worden zu sein. »Im nächsten Krieg muss die Propaganda vorsichtiger und schlauer sein als das Beste, was der Weltkrieg produziert hat«, schrieb der *Times-Dispatch* aus Virginia.

Bernays sollte der US-Regierung verbunden bleiben. In den fünfziger Jahren, im Kalten Krieg, als der Bananenriese United Fruit Company einen Putsch in Guatemala organisierte, gelang es ihm, den von der CIA gesponserten Umsturz als »Sieg gegen den Kommunismus« zu verkaufen. Sein Buch *Crystallizing Public Opinion* diente angeblich Reichspropagandaminister Joseph Goebbels als Ratgeber für seine antisemitischen Kampagnen (so erzählte es Karl von Wiegand, der Hearst-Korrespondent in Berlin).

Heute wird in Amerika und Deutschland ganz unterschiedlich über den Ersten Weltkrieg debattiert. In Deutschland wird inzwischen die alleinige deutsche Kriegsschuld infrage gestellt. Die Amerikaner aber fragen sich, wie sie überhaupt in einen Krieg geraten konnten, der den sozialistischen und progressiven Bewegungen in den USA den Garaus machte. Noam Chomsky, der Doyen der amerikanischen Linken, glaubt, dass es Weltkriegspropagandisten wie Edward Bernays und Walter Lippmann geschafft haben, eine pazifistische Bevölkerung in Amerika in »kriegslüsternen Fanatismus und Hass gegen alles Deutsche« zu treiben. »Im Ersten Weltkrieg haben die Wirtschaftsführer und die intellektuelle Elite erkannt, dass die Bevölkerung so viele Rechte errungen hat, dass sie nicht mehr mit Gewalt kontrolliert werden konnte«, schreibt Chomsky. So sei die Public-Relations-Industrie entstanden, damit eine »intelligente Minderheit« über die Mehrheit herrschen könne.

2 Der Zweite Weltkrieg

Der wahre James Bond

»Ein echter Spion hat kein Ego, kein Gewissen, und er verspürt keine Reue, er interessiert sich nur dafür, professionell zu sein.«
ELIM GARAK in *Star Trek – Deep Space Nine, Our Man Bashir*

Das Rockefeller Center in New York ist ein eindrucksvolles Art-déco-Wolkenkratzer-Ensemble, das ein wenig an *Batman* erinnert oder an Ian Fleming, in dessen Büchern Spione einander über den Dächern mit futuristischen Waffen beschießen. John D. Rockefeller, der mit Standard Oil den größten Ölkonzern der Welt gründete, ließ den Komplex 1930 errichten, nach dem Schwarzen Freitag an der Wall Street, als sonst niemand in New York Geld hatte. »Rockefeller wollte in der Depression ein Zeichen setzen«, erzählt ein Architekt, der durch das Ensemble führt.

Das Herzstück des Rockefeller Center ist das frühere RCA-Hochhaus, das nun GE-Hochhaus heißt. Von hier sendet NBC. Auch das Filmstudio RKO Pictures saß hier, das dem Banker Joe Kennedy gehörte, dem Vater von JFK. John D. Rockefeller hatte zwei Söhne, den 1977 verstorbenen Nelson und David, der im Jahr 2015 100 Jahre alt wird und der immer noch ein Büro in dem Hochhaus hat. »Ab und zu sehen wir ihn in der Lobby«, sagt der Architekt. Die Radio City Music Hall ist hier ebenso untergebracht wie der Verlag Simon & Schuster und, bis vor wenigen Jahren, die Nachrichtenagentur Associated Press. Ein Relief von Isamu Noguchi – rasende Reporter mit einer stilisierten Zeitung – erinnert daran. »Die

Rockefellers waren Mäzene«, so der Architekt. »Darauf waren sie stolz.« Abby Rockefeller, die Frau von John D., gründete das Museum of Modern Art gleich um die Ecke.

Nur das berühmteste Kunstwerk gibt es nicht mehr: In der Lobby des RCA-Hochhauses hatte Diego Rivera, der mexikanische Künstler und Kommunist, 1934 im Auftrag von Nelson Rockefeller das Wandgemälde *Man at the Crossroads* geschaffen. Es war ein Parforceritt durch die Moderne: Maschinerie, Arbeiter und Bauern, Soldaten und Kanonen, eine Erste-Mai-Parade mit roten Fahnen – und Lenin.

Die Begeisterung für Lenin in den USA hatte seit Woodrow Wilsons Zeiten schwer nachgelassen; das Gemälde war für die Presse ein Skandal. Nelson Rockefeller forderte den Künstler auf, die Lenin-Figur zu übermalen; der weigerte sich. Das Gemälde wurde abgedeckt und übermalt. Aber Rivera gestaltete es neu, diesmal für das größte Kunstmuseum in Mexico City, und diesmal nicht nur mit Lenin, sondern auch mit Trotzki, Marx, Engels und John D. Rockefeller in einem Nachtclub mit einem Drink und einer Frau, neben einer Schale mit Syphilisbakterien. »Rivera und die Rockefellers waren danach auf alle Zeiten verkracht«, meint der Architekt. Im Rockefeller Center residierte auch Standard Oil of New Jersey, die Ölfirma der Rockefellers, die heute Exxon heißt. 1942, als Standard Oil Flugbenzin an die Wehrmacht verkaufte, musste deren Präsident Walter Teagle auf Druck des Justizministeriums zurücktreten. Und auch Ivy Lee, der Presseagent der Rockefellers, der die deutsche I.G. Farben in Sachen PR beriet, hatte sein Büro im Center.

An der Ostseite des RCA-Hochhauses grüßt ein Prometheus aus Goldbronze. Er blickt auf den Eislaufplatz, wo im Dezember der Weihnachtsbaum steht. Um den Platz herum flattern die Fahnen der Vereinten Nationen. »Die Rockefellers haben immer die Völkerfreundschaft gefördert«, erklärt der Architekt. David und Nelson Rockefeller waren die treibenden Kräfte hinter der Gründung der UNO.

Bereits John D. Rockefeller jr. war ein Internationalist. An der Querachse, die auf die Fifth Avenue zuläuft, ließ er die Maison Française, das British Empire Building, den Palazzo d'Italia und das International Building anlegen. Letzteres sollte ursprünglich Deutsches Haus heißen, aber mit dem Aufstieg der Nazis wurde der Name geändert. Vor dem International Building steht eine Bronzestatue von Atlas, der die ganze Welt auf den Schultern trägt. Der Architekt meint, die Gesichtszüge seien denen von Benito Mussolini nachgebildet: »Rockefeller war ein Fan des Duce.«

Nach Ausbruch des Zweiten Weltkriegs liefen Tausende britischer, kanadischer und amerikanischer Agenten unter dieser Statue hindurch in das International Building, um in den 36. Stock zu fahren, zu einer streng geheimen Mission. Im »Room 3606« arbeitete ab Juni 1940, getarnt als Passbehörde, die »British Security Coordination« (BSC). Die BSC gehörte zum Secret Intelligence Service SIS, besser bekannt als MI6. Sie war unter der telegrafischen Adresse »Intrepid«, »unerschrocken«, registriert. Ihr Chef war Sir William Stephenson, ein Offizier aus Kanada, der im Ersten Weltkrieg gegen Deutschland gekämpft hatte. Stewart Menzies, der Chef des MI6, hatte ihn geschickt.

Die BCS belegte zuletzt drei Stockwerke im Rockefeller Center, mit Außenstellen in Kanada, Südamerika und der Karibik. Auch Agenten von der »Political Warfare Executive« und der »Special Operations Executive« für Sabotage und schwarze Propaganda, die auch als »Churchills geheime Armee« bekannt wurden, arbeiteten hier. Der britische *Guardian* schrieb von 3000 Agenten, darunter bekannte Autoren wie Roald Dahl, Noël Coward und James-Bond-Erfinder Ian Fleming. Sir William soll sogar das Vorbild für 007 gewesen sein, behauptet Fleming. Unterstützt wurde Stephenson von US-Präsident Franklin D. Roosevelt und dem langjährigen FBI-Chef J. Edgar Hoover.

Erst ein gutes Jahr später schuf Roosevelt ein US-Pendant,

mit William »Wild Bill« Donovan an der Spitze, einem Anwalt, Offizier und Freund von Sir William. Donovan saß ebenfalls im Rockefeller Center. Nach Pearl Harbor wurde daraus das »Office for Strategic Services«, die Vorgängerin der CIA. Donovans rechte Hand war ein Anwalt, der im Ersten Weltkrieg für das State Department in der Schweiz spioniert und dort knapp ein Treffen mit Lenin verpasst hatte: Allen Dulles. Er und sein Bruder John Foster Dulles waren die Neffen von Wilsons Außenminister Robert Lansing. Beide sollten bis in die Sechzigerjahre die US-Politik mitgestalten.

Hitler Machtantritt 1933 löste in Amerika gemischte Gefühle aus. Es gab durchaus Organisationen, die mit den Nazis sympathisierten. Deren größte war die »American League of Friends of New Germany«, die auf die amerikanische Nazipartei zurückging. Sie verband sich 1936 mit dem »German-American Bund«. Auch Spaniens Diktator Francisco Franco hatte Freunde in den USA, vor allem den berüchtigten antisemitischen Rundfunkpfarrer Charles Coughlin aus Detroit. Und Mussolini wurde regelrecht verehrt. *Time* kürte ihn zum »Mann des Jahres«. Zudem begrüßte es das Big Business, dass die Nazis Kommunisten und Gewerkschaftler einsperrten. Henry Ford ließ Millionen von antisemitischen Broschüren wie die *Protokolle der Weisen von Zion* drucken und verteilen – auch in Deutschland.

Natürlich waren amerikanische Juden besorgt über die Verfolgung jüdischer Künstler, Journalisten und Politiker in Nazideutschland, aber für andere war das Nebensache. Typisch für Letztere war James Gerard, der frühere US-Botschafter in Berlin, der Hitlers *Mein Kampf* für die *New York Times* rezensierte und schrieb: »Stellen Sie sich Hitler nicht als Mann ohne Intelligenz vor.« Hitler sei dabei, ein einiges Deutschland zu schaffen, ohne Klassen, ohne die »semi-kommunistische Kontrolle der Betriebe durch die Arbeiter«, er tue viel für Deutschland, dazu gehöre die Ertüchtigung der Jugend, der Schutz des Privateigentums, die Gängelung des Parlaments, das einzig Schlechte sei die »Verfolgung der Juden«.

Ähnlich dachte John D. Rockefeller. Standard Oil war zwei Dutzend Ölfirmen, Raffinerien und Reedereien in Deutschland wirtschaftlich verbunden. Die wichtigsten waren die Deutsch-Amerikanische Petroleum Gesellschaft, eine Tochter von Standard Oil, und die I.G. Farben, der größte Chemiekonzern der Welt. Dessen US-Niederlassung, die einer Schweizer Firma gehörte, war die General Aniline & Film. So geriet Rockefeller in die Schlagzeilen, als sein Presseagent Ivy Lee anfing, für die I.G. Farben zu arbeiten.

Giftiger Efeu

Lee war, wie Edward Bernays, PR-Berater in New York. John D. Rockefeller jr. hatte ihn 1914 nach dem »Ludlow Massacre« engagiert. In Ludlow, Colorado, hatte die Nationalgarde das Feuer auf gewerkschaftlich organisierte Minenarbeiter eröffnet. Mehrere Dutzend Menschen wurden getötet, darunter elf Kinder. Die Kohlegrube gehörte Rockefeller. Lee war nicht sonderlich erfolgreich – der sozialistische Autor Upton Sinclair, der später als Gouverneur von Kalifornien kandidierte, nannte ihn »Poison Ivy«, »giftiger Efeu« – aber Rockefeller behielt Lee für ein Jahresgehalt von 30 000 Dollar. Lee war, zusammen mit Walter Lippmann, auch Gründungsmitglied der wichtigsten außenpolitischen Denkfabrik der USA, des Council on Foreign Relations.

Seit 1929 arbeitete Lee auch für die I.G. Farben in den USA. Und drei Monate nach der Machtergreifung der Nazis fing er an, den »German Dye Trust«, wie der Konzern in Amerika genannt wurde, in Deutschland zu beraten. In diesen Jahren wurde die I.G. Farben auf Druck der Nazis umgebaut. Jüdische Aufsichtsräte wie Max Warburg oder Arthur von Weinberg wurden durch dem Regime genehmere Leute ersetzt. Der neue Vorstandsvorsitzende Hermann Schmitz wollte wissen, wie man für bessere Stimmung in den USA sorgen könne. Zudem hatte der American Jewish Congress einen Boykott gegen Deutschland initiiert, den die I.G. Farben unterlaufen wollte.

Lee schickte dem I.G.-Farben-Vorstand seine PR-Ideen, die an die Reichsleitung der NSDAP weitergeleitet wurden. Dafür erhielt er 25 000 Dollar im Jahr. Nach Antony Suttons Buch *Wall Street and the Rise of Hitler* kam die erste Rate von der Schweizer I.G. Chemie, die restlichen Gelder flossen auf ein Konto bei der Rockefeller-Bank Chase National. Organisiert wurde dieser Geldtransfer von Ivy Lees Sohn James, der in Berlin lebte und der für seine Dienste 33 000 Dollar im Jahr bekam. Laut *New York Times* traf Lee auch Hitler, als der sein Kabinett bildete, und zwar auf Bitten seiner Auftraggeber, die sich einen Eindruck von dem neuen Mann verschaffen wollten. Auch Vizekanzler Franz von Papen und Nazigrößen wie Joseph Goebbels lernte Lee kennen. Lees Auftrag war kein Geheimnis. Er hatte William Dodd, den US-Botschafter in Berlin, ebenso informiert wie die Korrespondenten der großen Zeitungen. Aber Amerika wurde erst darauf aufmerksam, als das Repräsentantenhaus das »House Committee on Un-American Activities« (HUAC) ins Leben rief. Es sollte Nazipropaganda aufspüren. Der Vorsitzende war Samuel Dickstein, ein Demokrat aus New York, der Lee am 19. Mai 1934 vorlud.

Einer von Lees Ratschlägen – so seine Aussage vor dem Ausschuss – lautete, dass Deutschland die Wiederaufrüstung damit begründen solle, dass es »Waffengleichheit« gegenüber Frankreich und England brauche. Ein anderer empfahl Reichsaußenminister Joachim von Ribbentrop, nach Amerika zu fahren, um mit Roosevelt zu reden und vor dem Council on Foreign Relations aufzutreten (was nicht geschah). Vor allem habe er den Nazis geraten, die Juden besser zu behandeln, denn das, was sie täten, sei Amerikanern nicht vermittelbar. Davon abgeraten habe er, Propagandamaterial nach Amerika zu schicken. Er räumte zwar ein, eine »immense

Menge von Literatur« erhalten zu haben, »Bücher, Broschüren, Zeitungsausschnitte und Dokumente«, allerdings nicht von den NS-Regierung, sondern von der I.G. Farben.

Drei Monate später, im Juli 1934, wurde Lees Zeugenaussage veröffentlicht. Der Termin war brisant. In der Woche zuvor hatte Hitler in der »Nacht der Langen Messer« Tausende von Oppositionellen einsperren oder umbringen lassen, darunter SA-Chef Ernst Röhm, der frühere Reichskanzler Kurt von Schleicher, der bayerischen Ministerpräsident Gustav von Kahr, der den Hitlerputsch von 1923 in München hatte niederschlagen lassen, sowie mehrere regimekritische Priester. Zudem hatte Walter Winchell, ein Klatschkolumnist vom Broadway, kurz zuvor im *Daily Mirror* geschrieben, dass Lee Verbindungen zu Ignatz Griebl vom »German-American Bund« habe. Griebl stritt das ab, aber über Lee – und Rockefeller – brach ein Sturm der Entrüstung herein. Die *New York Times* titelte: »Naziberater Ivy Lee bekam $ 25 000 vom Dye Trust«. Das Fachblatt *Editor & Publisher* schrieb: »Rockefeller-Helfer ist Gehirn der Nazis.« *Newsweek* nannte Lee »Reich's Press Adviser«.

Im Oktober 1934 erlitt Lee eine Gehirnblutung, er starb vier Wochen später. Die jüdische Wochenzeitung *Forward* bezeichnete ihn in ihrem Nachruf als »Agenten der Nazis«. Dodd nannte Lee in seinem 1938 veröffentlichten Tagebuch einen »Kapitalisten und Advokaten des Faschismus« und einen »schlauen Propagandisten des Big Business, der mehr als ein Jahr versucht hat, die Nazis in Amerika zu verkaufen«. In den Nürnberger Prozessen warfen die Ankläger den I.G.-Farben-Bossen vor, sie hätten als »geheimdienstlicher Arm der Wehrmacht« Nazipropaganda in Amerika vertrieben. Max Ilgner, der Hauptangeklagte, sagte damals, alles, was man getan habe, sei in Abstimmung mit Ivy Lee geschehen. Da die Ankläger in Nürnberg Kollaborationen von Amerikanern mit den Nazis nicht untersuchten, ist dieser Punkt bis heute ungeklärt. 1999 allerdings fanden Journalisten heraus, dass der HUAC-Vorsitzende Dickstein ein monatliches Salär von 1250 Dollar von der sowjetischen Geheimpolizei NKWD bezogen hatte, der Vorgängerin des KGB. Die Sowjets hatten ihm den Decknamen »Gauner« gegeben.

Am 1. September 1939 marschierte die Wehrmacht in Polen ein – nach einem angeblichen polnischen Überfall auf den Sender Gleiwitz, der tatsächlich von der SS inszeniert worden war. England (und Frankreich) erklärten Deutschland den Krieg. Zwei Wochen später rückte die Sowjetunion entsprechend dem Geheimen Zusatzprotokoll des Hitler-Stalin-Paktes ebenfalls in Polen ein.

Der Einmarsch in Polen war nicht die erste Aggression der Achsenmächte. Italien war in Äthiopien, Frankreich und Albanien einmarschiert; im Spanischen Bürgerkrieg hatte die deutsche Luftwaffe Guernica bombardiert, Japan hatte die russische Insel Sachalin sowie Taiwan, Korea, die Mandschurei und Teile von China besetzt und die Europäer aus ihren südostasiatischen Kolonien vertrieben. Nazideutschland hatte zuerst Österreich annektiert – das in der US-Presse als Opfer preußischer Aggression dargestellt wurde –, dann das Sudetenland, das 1919 der neu gegründeten Tschechoslowakei zugeschlagen worden war, und schließlich die von den Nazis so genannte Rest-Tschechei.

Binnen weniger Monate verschlang der Krieg ganz Europa. Im November 1939 rückte die Sowjetunion gen Finnland vor, im Frühjahr 1940 marschierte Deutschland in Dänemark, Norwegen, Holland, Belgien, Luxemburg und Frankreich ein; im Sommer 1940 besetzte die Rote Armee das Baltikum. Damit stand England fast alleine da (Irland, Spanien und das offiziell neutrale Portugal unterstützten die Nazis). Großbritanniens Premierminister Winston Churchill brauchte dringend amerikanische Hilfe.

Die aber ließ auf sich warten. 80 Prozent der Amerikaner waren strikt dagegen, in einem weiteren »europäischen Krieg«

zu kämpfen. Der Erste Weltkrieg hatte Amerika fast eine halbe Million Tote und Verkrüppelte beschert, danach wurden die Lügen über die belgischen Babys aufgedeckt. Zudem hatte ein Senatskomitee unter Gerald Nye ermittelt, wie Banken und Munitionsfabrikanten die USA in den Krieg manövriert hatten. Nachdem England (und Frankreich) keine Anstalten gemacht hatten, ihre Schulden aus dem Ersten Weltkrieg zu begleichen, verabschiedete der US-Kongress den »Neutrality Act«, der Waffenverkäufe und Kredite an Krieg führende Länder verbot.

Zu den Kriegsgegnern, die als »America Firsters« firmierten, für die »zuerst Amerika« kam, zählten prodeutsche oder faschistische Vereine wie der »German-American Bund«, katholische Franco- und Mussolini-Verehrer, aber auch Kommunisten und Gewerkschafter, die der Hitler-Stalin-Pakt lähmte. Auch Prominente sprachen sich dagegen aus, England zur Seite zu stehen, unter anderem der Atlantikflieger Charles Lindbergh, der Autokönig Henry Ford, der Architekt Frank Lloyd Wright und der Banker Joe Kennedy. Selbst die Verfolgung der Juden, die 1938 – vorerst – in der »Reichskristallnacht« gipfelte, hatte Amerika noch nicht bewegen können, jüdische Flüchtlinge ins Land zu lassen, geschweige denn, zu den Waffen zu greifen. Roosevelt erlaubte zwar heimliche Waffenlieferungen an England, aber ein offenes Plädoyer für einen Kriegseintritt hätte ihn die Wiederwahl gekostet. Deshalb ruhten alle Hoffnungen Churchills auf der »British Security Coordination« und ihrem Chef, Sir William Stephenson.

Ein kleiner Mann mit immenser Macht

Solange Sir William in New York spionierte, hatte er alles streng unter Verschluss gehalten, denn davon hing der »Erfolg der politischen Kriegsführung der BSC vollständig ab«, schrieb er in einem Bericht, der erst 1998 unter dem Titel *British Security Coordination: The Secret History of British Intelligence in the Americas, 1940–1945* erschien. Er beruhte auf den Akten der BSC, die Sir William heimlich ins heimische Kanada hatte schaffen lassen. Von dem Bericht ließ er 20 Kopien herstellen – Churchill bekam eine, das Weiße Haus ebenfalls –, danach ließ er alle Akten vernichten. Von den restlichen Kopien wurden später zehn verbrannt, und Sir William behielt nur noch zwei Kopien.

1959, im Ruhestand, beauftragte er seinen früheren Vize Charles »Dick« Ellis mit einem Buch, das aber nie veröffentlicht wurde (eine Kopie des Manuskripts befindet sich im Archiv der CIA). 1962 gab Sir William seine Biografie in Auftrag, diesmal bei H. Montgomery Hyde, einem anderen seiner Agenten, und zwar unter dem Titel *The Quiet Canadian*. Danach ließ sich der Oberspion von William Stevenson interviewen, einem in England geborenen Kanadier. Der schrieb *A Man Called Intrepid*. Churchills Privatsekretär John Colville warf dem *Intrepid*-Autor Eitelkeit und Ungenauigkeit vor.

Sir William starb im Januar 1989. Danach durften ausgewählte Journalisten den Originalbericht einsehen. Veröffentlicht wurde er letztlich von der St. Ermin's Press aus London. Dessen Verleger Nigel West bekam die Vorlage nach eigenen Angaben von einem CIA-Agenten.

Trotz dieser (und noch anderer) Bücher existiert auch heute noch kein vollständiges Bild von der Tätigkeit der BSC-Spione in New York. Großbritannien hatte den 1911 verabschiedeten »Official Secrets Act« 1980 nochmals verschärft. »Danach hat die britische Regierung das Recht, jegliches Dokument zurückzuhalten«, schreibt Thomas Mahl in *Desperate Deception*. *Quiet-Canadian*-Autor Hyde hatte als ehemaliger Agent zwar Zugriff, aber als Stephenson 1989 starb, erklärten die Briten seinen Nachlass zur Geheimsache.

In Amerika gewährt der »Freedom of Information Act« Zugang. Aber auch in Amerika ist es nicht einfach, an diese Dokumente zu kommen. Die USA und Großbritannien schlossen 1947 das »UKUSA Agreement«, das inzwischen auf Kanada, Australien und Neuseeland ausgeweitet worden ist und als »Five Eyes Agreement« bekannt ist. Es regelt den Austausch zwischen der NSA und der britischen GCHQ (»Government Communications Headquarters«) und verbietet es den USA, Dokumente gegen den Willen der britischen Regierung zu deklassifizieren. Auch US-Behörden können Sicherheitsbedenken geltend machen. Dazu kommt, dass Autoren, die sich mit Geheimdiensten befassen, oft als Verschwörungstheoretiker diffamiert werden.

Sir William Stephenson, 1897 in Kanada geboren, war Hobby-Erfinder. Im Ersten Weltkrieg kämpfte er in Frankreich gegen die Deutschen. Nachdem er 1916 in einen Gasangriff geraten war, wurde er nach England geschickt. Dort traf er einen Amerikaner, der für die von den Rockefellers finanzierte »War Relief Commission« eine Studie über Kriegsfolgen anfertigte: William »Wild Bill« Donovan«. Allen Dulles nannte Donovan einen »geborenen Führer«, schreibt Stephen Kinzer in *The Brothers*: »Er hatte eine unermüdliche Energie, breiten Enthusiasmus, Mut und Einfallsreichtum; er kannte die ganze Welt, er verstand Menschen, interessierte sich für Ungewöhnliches und Gefährliches, ohne die Urteilsfähigkeit zu verlieren. Kurz, er war der ideale Agent.«

Donovan war 14 Jahre älter als Sir William, aber von dem Jüngeren schwer beeindruckt (schreibt Stevenson). Sir William glaubte, Deutschland werde den Krieg verlieren, weil es aus »schlechten Gründen« kämpfe. Nachdem er sich in England von den Folgen des Gasangriffs erholt hatte, meldete er sich als Kampfflieger, wurde aus Versehen von den Franzosen abgeschossen und geriet in deutsche Kriegsgefangenschaft, aus der er im Oktober 1918 floh. Er schickte einen Bericht an Reginald Hall von Room 40.

Sir William hatte in Kriegsgefangenschaft einen neuartigen Dosenöffner mitgehen lassen, und den ließ er sich nun patentieren und brachte ihn in Kanada und den USA in den Handel. Diese und andere Erfindungen, etwa ein Apparat zum drahtlosen Senden von Bildern, machten ihn reich. Er investierte in den Bau von Radios, Flugzeugen und in das Shepperton Film Studio in England (hier wurden nach dem Krieg *Der Dritte Mann* und *Dr. Seltsam* gedreht und später die *Harry-Potter*-Filme). Greta Garbo, die schwedische Schauspielerin, soll ebenso für Sir William spioniert haben, wie übrigens auch Cary Grant. Stephenson schlug – zusammen mit dem Pressemagnaten Lord Beaverbrock und dem Journalisten Gladstone Murray – auch vor, einen staatlichen Rundfunksender zu gründen. Daraus wurde die BBC. Seine Stahlfirma Pressed Steel führte ihn oft nach Deutschland. So fand er heraus, dass Deutschland schon in den frühen Dreißigerjahren gegen den Versailler Vertrag verstieß und heimlich aufrüstete. Er informierte den MI6.

In Berlin entdeckte Sir William einen Entschlüsselungsapparat, die Enigma-Maschine. Er brachte sie nach London und übergab sie Hall. Enigma wurde in Bletchley Park verwendet, wo der deutsche Nachrichtenverkehr entziffert wurde. Dadurch war London zumeist über die Pläne der Wehrmacht informiert. Laut Stevenson hatten die Dechiffrierer beispielsweise in der zweiten Novemberwoche 1940 erfahren, dass die Wehrmacht plane, Coventry zu bombardieren, wo die Flugzeugmotorenwerke lagen. Die Bevölkerung sei nicht gewarnt worden, damit Bletchley Park nicht aufflog. In Coventry wurden fast 600 Zivilisten getötet. Stevensons Behauptung ist strittig. Laut Nigel West wurde die Nachricht zwar dekodiert, aber ohne Datum und ohne den Namen der Stadt.

An 21. Juni 1940 kam Sir William auf der *SS Britannic* in New York an. Vincent Astor, ein New Yorker Millionär und Freund von Roosevelt, brachte ihn im St. Regis an der Fifth Avenue unter. Ursprünglich sollte die BSC im Cunard-Gebäude nahe den Docks sitzen, aber Sir William sorgte dafür, dass sie das Rockefeller Center bezog. Dort begann er, Spione zu rekrutieren, vor allem Kanadier, da es Amerikanern verboten war, für einen britischen Geheimdienst zu arbeiten. Fleming nannte Sir William »sehr zäh, sehr reich, fokussiert, patriotisch, einen Mann weniger Worte«. Stevenson schreibt, dass Roald Dahl ihn als »kleinen Mann mit immenser Macht« beschrieb. Gelegentlich, so Dahl, habe er sogar, James-Bond-mäßig, selber zur Waffe gegriffen, etwa, als er einen Soldaten erschoss, der die Position britischer Munitionstransporter an die Deutschen verraten hatte.

Als Erstes rief Sir William einen alten Freund an: »Wild Bill« Donovan. Sie trafen sich in Donovans Büro an der Wall Street, wo Sir William erfuhr, dass Roosevelt Donovan nach London schicken wollte. Er sorgte dafür, dass Donovan von MI6-Chef Menzies empfangen wurde. Einen zweiten Trip nach London unternahmen beide gemeinsam, um mit der Royal Air Force die Effektivität von Luftbombardements zu analysieren.

Sir William hatte recht klare Vorstellungen von den Amerikanern. Amerika, stellte er fest, sei ein Sammelsurium von Immigranten, die alle noch Bindungen an das alte europäische Heimatland hätten und miteinander konkurrierten. Alle Amerikaner wollten amerikanisch sein, aber es gebe kein politisches Anliegen, egal wie schlecht, übertrieben oder abwegig, für das nicht im Namen des Amerikanismus gefochten werde. Deswegen gelte es, eine probritische Haltung der Intervention als amerikanisch zu verkaufen und eine prodeutsche des Isolationismus als antiamerikanisch. Denn die BSC verfolgte nur ein Hauptziel: die USA zum Kriegseintritt zu bewegen.

Um dieses Ziel zu erreichen, startete die BSC Kampagnen gegen isolationistische Politiker und sorgte dafür, dass von Zeitungen und Radiosendern antideutsche und probritische Geschichten verbreitet wurden. Sir William hatte sogar einen Agenten namens David Ogilvy beim Gallup-Institut untergebracht, der Umfragen frisierte. Ogilvy war ein Freund von Robert Sherwood, einem Bühnenautor, der Reden für Roosevelt schrieb.

Es war aber keinesfalls so, dass die US-Elite und Roosevelt die unwissenden Opfer britischer Intrigen waren. »FDR war mit Hitler im Krieg, lange bevor Chamberlain gezwungen war, ihn zu erklären«, schrieb Ernest Cuneo an Hyde. Cueno war ein New Yorker Anwalt und fungierte als Koordinator zwischen Roosevelt, der BSC und den amerikanischen Journalisten, die für die BSC arbeiteten. Auch Mahl (*Desperate Deception*) meint: »Die Amerikaner brannten genauso wie die Briten darauf, Hitler zu bekämpfen. Sie wollten tanzen, aber sie waren mit den Schritten nicht vertraut, die Briten wussten wie, aber sie brauchten einen reichen Partner.«

Die USA hatten damals noch keinen Auslandsgeheimdienst, denn Kriegsminister Henry Stimson fand, dass »Gentlemen nicht die Post anderer Gentlemen lesen«. Deshalb taten sie so, als seien die BSC-Spione ihre eigenen. Bald fingen auch Amerikaner an, für die Agentur zu arbeiten. Redenschreiber Sherwood legte Sir William sogar die Reden des Präsidenten vor, bevor der sie hielt. Aber die Zusammenarbeit musste mit Rücksicht auf die isolationistische Stimmung in den USA geheim bleiben. Wäre sie herausgekommen, wäre Roosevelt vom Kongress abgesetzt worden.

Aber trotz aller Geheimhaltung bestand Churchill darauf, dass Roosevelt über alles informiert wurde, was die BSC tat; er war mit dem Präsidenten deshalb in ständigem (verschlüsseltem) Kontakt. Es gab aber noch einen zweiten Amtsträger in den USA, der eingeweiht wurde: J. Edgar Hoover. Der FBI-Chef, der ebenfalls ein Büro im Rockefeller Center hatte, erhielt tägliche Berichte von der BSC in New York, die ihrerseits vom MI6 in London und den Dechiffrierern in Bletchley Park auf dem Laufenden gehalten wurde. Hoover einzubeziehen war nötig, denn was die BSC tat, verstieß gegen die Richtlinien des State Department. Deshalb musste Hoover den Einsatz von ausländischen Spionen auf amerikanischem Boden genehmigen, und das tat er erst, nachdem Roosevelt persönlich es gestattet hatte. Dennoch argwöhnte Hoover stets, dass die Briten ihm ins Handwerk pfuschen und seine Autorität untergraben könnten.

Natürlich war Hoover genauso wenig ein Liberaler wie Sir William. Der linke Enthüllungsjournalist I. F. Stone schreibt, dass Hoover potenzielle Spione ausgefragt habe, ob sie schwarze oder jüdische Freunde hätten. Hoover war sogar bei Präsidenten gefürchtet; er besaß Dossiers, mit denen er sie erpressen konnte. Über Roosevelt hatte das FBI herausgefunden, dass er eine Geliebte hatte. Einer der wenigen, die Hoover nicht fürchteten, war »Wild Bill« Donovan.

Eine kanadsche Fälscherwerkstatt im Wald

Deutschland hatte – anders als im Ersten Weltkrieg – zwei propagandistische Standbeine in Amerika: die Nachrichtenagentur Transocean, an welcher der konservative Medienzar Alfred Hugenberg beteiligt war, und das Deutsche Nachrichtenbüro (DNB), eine Fusion aus dem Wolffschen Telegraphenbüro und der Telegraphen-Union. Beide unterstanden Goebbels' Propagandaministerium. Sir William beschwerte sich deshalb bei MI6-Chef Stewart Menzies über das »völlige Versagen, ein Monopol der Achsenmächte« in der amerikanischen Presse zu verhindern.

Um diesen Vorwurf zu kontern, engagierte die BSC mehrere US-Journalisten. Der wichtigste von ihnen war Walter Winchell, der schon seit 1933 als Ein-Mann-Streitkraft gegen die Nazis anschrieb und dessen Kolumne – meist über Schauspieler und Broadway-Größen – in mehr als 1000 US-Zeitungen mit 25 Millionen Lesern erschien. Auf Winchell geht der Film *Sweet Smell of Success* (dt. *Dein Schicksal in meiner Hand*) von 1957 zurück, in dem Burt Lancaster den größenwahnsinnigen Klatschreporter J. J. Hunsecker spielt. Winchells Beiträge über faschistische Spione und Nazisympathisanten wurden in Wirklichkeit von BSC-Verbindungsmann Cueno verfasst. Winchell war mit Hoover befreundet, mit dem er sich oft im Stork Club in Manhattan traf, aber er bekam seine Informationen von überall, sogar von Roosevelt persönlich.

Auch der investigative Journalist Drew Pearson zählte zu Sir Williams Männern. Pearson arbeitete für die *Baltimore Sun*, den *Washington Herald* und die *Washington Post;* sein Hauptstadtklatsch »Washington Merry-Go-Round« wurde oft nachgedruckt. Auch Walter Lippmann, nun Chefredakteur der *New Republic,* war ein Helfer der Briten – sein Schwager Ivar Bryce war für die »Special Operations Executive« und das OSS tätig –, ebenso William Shirer, der für William Randolph Hearst aus Berlin berichtete (und später das *Berlin Diary* schrieb), der Radiomann Edward Murrow, der Krimiautor Rex Stout und die Kolumnistin Dorothy Thompson.

Thompson arbeitete im Berliner Büro der *New York Post.* Heute ist die *Post* ein Revolverblatt im Besitz von Rupert Murdoch, damals aber war sie eine liberale Tageszeitung. Sie gehörte Dorothy Schiff, der Enkelin von Jacob Schiff, einem Banker aus Frankfurt. Thompson wurde durch ein frühes, sehr kritisches Hitler-Portrait berühmt (in dem sie allerdings auch schrieb, Hitler werde niemals an die Macht gelangen). 1933 wurde sie von den Nazis abgeschoben, die ihr Buch *I Saw Hitler* als zu feindselig empfanden.

Auch andere Zeitungsverleger unterstützten die BSC. Zu ihnen gehörten Helen Rogers Reid, deren Mann die *New York Herald Tribune* gehörte, Barry Bingham von *Louisville Times* und *Courier-Journal* und Paul Patterson, der Verleger der *Baltimore Sun.* Der MI6 hatte Prinzessin Alice, die Enkelin von Queen Victoria, die ebenfalls für die »Special Operations Executive« arbeitete, auf Patterson angesetzt, um den Amerikaner englandfreundlich zu stimmen. Weitere Unterstützer der BSC waren Henry Luce von *Time* und Arthur Hays Sulzberger, der Herausgeber der *New York Times.* Auch Verlage wie Penguin, Macmillan, Harcourt und Doubleday unterstützten die Briten.

All diese Journalisten und Verleger halfen aus Überzeugung. Viele von ihnen waren Antifaschisten, Liberale oder

Kommunisten, andere waren jüdischen Glaubens und fürchteten den eliminatorischen Antisemitismus des Hitler-Regimes, andere waren schlicht anglophil. Viele von ihnen spendeten Geld für Frontgruppen, die von der BSC gegründet und mitfinanziert wurden, wie die »Non-Sectarian Anti-Nazi League to Champion Human Rights«, die Boykotte gegen deutsche Waren und prodeutsche Amerikaner organisierte. Als Charles Lindbergh eine Rede hielt, verteilten League-Mitglieder Flugblätter mit einem Foto des Atlantikfliegers, der mit einem Offizier der Luftwaffe plauderte.

Auch die »League of Human Rights, Freedom and Democracy« mit Niederlassungen in 200 Städten zählte zu diesen Frontgruppen, desgleichen das »American Labor Committee to Aid British Labor«. Beide waren für Gewerkschaften zuständig und standen der American Federation of Labor nahe. Auch der »Ring of Freedom« von Dorothy Thompson, der »Council for Democracy« und die »American Defenders of Freedom« gehörten dazu, ebenso die »Free World Association«, die den spanischen Kommunisten nahestand, das »Civilian Defence and Information Bureau« für Veteranen, das »Committee to Defend America by Aiding the Allies«, die »Irish American Defense Association«, die »Hollywood Anti-Nazi League« und das »Fight for Freedom Committee«. Sie alle engagierten sich in Presse, Film und Funk – undercover. »Finanzierung und Kontakte waren über verlässliche Dritte organisiert«, schreibt Sir William in seinem Bericht. »Deshalb wurde niemals offenbar, dass Großbritannien für etwas verantwortlich war, das wie ein Umschwung in der öffentlichen Meinung Amerikas daherkam.«

Die Briten hatten noch eine weitere Möglichkeit, Geschichten in US-Zeitungen unterzubringen: die Overseas News Agency. Sie war ein Ableger der Jewish Telegraph Agency in New York. Die Overseas News Agency bekam Zuschüsse von der BSC. Dafür gab sie Geschichten, die von der BSC fabriziert wurden, nicht nur an US-Zeitungen weiter – darunter die *New York Times*, die *Washington Post*, der *San Francisco Chronicle,* der *Philadelphia Inquirer* und der *Kansas City Star* –, sondern auch an polnische, griechische, italienische, ukrainische und südamerikanische Blätter, wie *La Nación* in Buenos Aires.

Noch wichtiger war WRUL, *World Radio University Listeners*. WRUL war eine Kurzwellen-Radiostation in Illinois, die weltweit internationale Nachrichten sendete. Alleine in Frankreich hatte WRUL fast eine halbe Million Hörer. Die BSC nahm die unterfinanzierte Station unter ihre Fittiche (über Dritte) und finanzierte die gesamte Operation, von der Belieferung mit Nachrichten aus London über die Gehälter der Belegschaft bis zur Übersetzung in 22 Sprachen, darunter Deutsch. »Mitte 1941 war WRUL praktisch eine Tochter der BSC, die verdeckte britische Propaganda in die ganze Welt versandte«, schreibt Sir William. Da WRUL verdeckt arbeitete, wurden ihre Meldungen von US-Zeitungen aufgegriffen, die glaubten, sie lauschten einer einheimischen Quelle. Die Deutschen versuchten gelegentlich, WRUL zum Schweigen zu bringen. Einmal setzte die NS-Regierung den ägyptischen Konsul in Berlin unter Druck: Der ägyptische Rundfunk solle keine positiven Nachrichten über die Freien Französischen Streitkräfte senden, die unter General Charles de Gaulle in London saßen. Die Briten wiesen daraufhin die WRUL-Station in Ägypten heimlich an, den ägyptischen Konsul zu ignorieren, gleichzeitig baten sie das State Department, sich in Ägypten zu beschweren, da das Land in den Sendebetrieb einer unabhängigen US-Rundfunkanstalt eingreife. Nach Pearl Harbor übergaben die Briten WRUL an das OSS.

Die BSC half auch, Zeitungen zu gründen, die den isolationistischen Blättern Konkurrenz machten. Die führende Zeitung der »America Firster« war die *Chicago Tribune*, deren Verleger Robert R. McCormick ein ausgesprochener Roosevelt-Hasser war. Die *Chicago Tribune* dominierte den Journalismus im »Heartland«, dem ländlich-konservativen Landesinneren der USA. Als Gegengewicht gründete Marshall Field, ein in England aufgewachsener Weltkriegsveteran, die *Chicago Sun*. FBI-Chef Hoover ließ seine Leute bei Redakteuren in Kleinstädten anrufen und bat sie, Kommentare aus der *Chicago Sun* statt aus der *Tribune* nachzudrucken. Field finanzierte auch das linksliberale Magazin *PM* von Ralph Ingersoll, für das berühmte Autoren wie Dorothy Parker und Ernest Hemingway schrieben. Sir William versuchte sogar, das Hearst-Imperium zu zerschlagen, das er zu »antibritisch« fand. Er wollte Wechsel aufkaufen und Schulden eintreiben, die Hearst bei kanadischen Papierlieferanten hatte, was dessen Konkurs bedeutet hätte. Aber das britische Finanzministerium verweigerte ihm das Geld.

Die BSC betrieb auch eine Fälscherwerkstatt in Kanada, die »Camp X« hieß. »Camp X« lag in den Wäldern von Ontario und hatte eine Dependance in einer Fabriketage in Toronto, »Station M«, nach ihrem Chef Eric Maschwitz, einem Mitarbeiter der BBC. Station M verbarg sich hinter dem Türschild der TV-Anstalt Canadian Broadcasting Corporation. Camp X und Station M fertigten Dokumente, Karten, Pässe und Uniformen, aber auch getarnte Sprengbomben für Spione im Einsatz an, mit Rückendeckung des kanadischen Gouverneurs John Buchan.

Eines der Dokumente, die in »Camp X« hergestellt wurden, war ein britischer Pass auf den Namen Spiridon Mekas. Um dieses Dokument rankt sich eine Spionagegeschichte, die bis heute nicht aufgeklärt ist. Der Mann, der mit dem Pass nach Belgrad reiste, hieß in Wirklichkeit Josip Broz Tito. Tito, der nach dem Krieg Staatschef von Jugoslawien wurde, war ein in Moskau geschulter kroatischer Kommunistenführer. Die Briten setzten Tito, aber auch andere trainierte Agenten ein, um einen Umsturz in Jugoslawien zu organisieren.

Jugoslawien wurde damals vom Prinzregenten Paul regiert, einem Antikommunisten, der ein Abkommen mit den Achsenmächten unterzeichnet hatte. Dieses Abkommen wollte

Churchill unterlaufen. Der Premier schickte »Wild Bill« Donovan nach Belgrad, um den Prinzregenten zum Widerstand gegen die Nazis zu überreden. Paul weigerte sich, aber Donovan hatte mehr Erfolg beim Chef der jugoslawischen Luftwaffe, General Dušan Simović. Donovan schlug Simović vor, die Luftwaffe solle Paul in einer von den Briten unterstützten Palastrevolte stürzen. Er überbrachte Simović auch ein Telegram von Roosevelt, in dem es hieß es, die USA würden Länder, die Widerstand leisteten, freundlicher behandeln als jene, die sich den Nazis ergeben hätten. Tatsächlich wurde Prinzregent Paul vom jugoslawischen Militär abgesetzt. Als dann aber die Wehrmacht Belgrad bombardierte und 17 000 Menschen starben, war das auch das Ende der Militärregierung (ohne dass die USA zu Hilfe geeilt wären).

Aber die Briten hatten ein zweites Ass im Ärmel: Tito, der nun eine kommunistische Revolte gegen die Wehrmacht ausrief. Bis die Kommunisten in Jugoslawien tatsächlich siegten, sollte es zwar noch dauern – Serben, Kroaten und Bosnier waren mehr damit beschäftigt, einander niederzumetzeln, als die Deutschen zu bekämpfen –, aber die Wehrmacht wurde bei ihrem geplanten Russlandfeldzug monatelang aufgehalten und geriet in den russischen Winter. Wie Tito an den gefälschten Pass kam, ist immer noch geheim. Churchill – schreibt Joseph Persico in *Roosevelt's Secret War: FDR and World War II Espionage* – wurde damals von einem Stabsoffizier gefragt, ob es denn schlau sei, eine kommunistische Armee in Jugoslawien zu unterstützen. Er fragte zurück: »Haben Sie vor, nach dem Krieg nach Jugoslawien zu ziehen?« Als die Antwort »Nein« war, sagte er: »Ich auch nicht.«

Ein Problem der britischen Propaganda war, dass man kaum Fotos von deutschen Kriegsverbrechen hatte, die Zeitungen hätten veröffentlichen können. Laut Mahl (*Desperate Deception*) schlug Station-M-Chef Maschwitz in einem Memorandum vom November 1941 vor, solche Fotos schlicht zu fälschen. »Meine Sektion könnte recht einfach regelmäßig

Gräuelbilder liefern, hergestellt bei uns in Kanada.« Die Probleme – der Ankauf von Kostümen, das Make-up, Dummies für die Leichen, die Szenerie – seien lösbar, man brauche nur Aufnahmen von deutschen Uniformen und Ausrüstung. Man solle die gefälschten Fotos als aus Russland stammend ausgeben. Deshalb müsse man sie rasch produzieren, sagte Maschwitz, »solange in Kanada noch Schnee liegt«.

Hitlers Botschafter im Waldorf Astoria

Die Briten bemühten sich auch nach Kräften, Geschäfte zwischen Deutschland und Amerika zu unterbinden. Ein Coup gelang Sir William gegen Gerhardt Westrick, einen Berliner Anwalt, der amerikanische Firmen in Deutschland vertrat. Am 26. Juni 1940, einen Tag nach der Kapitulation Frankreichs, war Westrick zu einem Dinner im Waldorf Astoria in New York eingeladen. Gastgeber war Torkild Rieber, der Vorstand der Ölfirma Texaco, die südamerikanisches Rohöl an Nazideutschland lieferte. Sosthenes Behn vom Elektronikkonzern ITT hatte die Reise organisiert. Auch andere Industriekapitäne nahmen an dem Dinner teil, darunter James Mooney von General Motors und Edsel Ford. Für GM und Ford war der deutsche Markt ebenfalls wichtig – beide Autobauer hatten Tochterfirmen, die das halbe Land belieferten, auch die Wehrmacht.

Westrick hatte nach dem Ersten Weltkrieg eine Kanzlei in Berlin gegründet, zusammen mit Heinrich Albert – jenem unglücklichen Handelsattaché, der 1916 in der New Yorker U-Bahn eingeschlafen war und sich vom Secret Service die Brieftasche hatte stehlen lassen. Albert und Westrick waren außerdem die deutschen Partner der Wall-Street-Kanzlei Sullivan & Cromwell, deren Klienten sie in Deutschland vertraten. Albert und Westrick hatten sich 1938 getrennt, aber Westrick, der unter den Nazis eine steile Karriere gemacht hatte, vertrat weiterhin Standard Oil of New Jersey.

Der Anwalt hatte seine Reise beim State Department als

Handelsattaché registriert, sie war also kein Geheimnis. Aber sie war eine Provokation. Westrick hielt im Waldorf Astoria eine Rede – so Charles Higham in *Trading with the Enemy* –, in der er erklärte, dass England in drei Monaten besiegt sein werde und dass die bevorstehende deutsche Vorherrschaft für US-Konzerne eine gewaltige wirtschaftliche Chance bedeute. Sir William, der von dem Treffen im Waldorf Astoria erfahren hatte, benachrichtigte *Time*, *Life*, die *New York Herald Tribune* und die *Chicago Daily News*. Er erzählte ihnen, Westrick arbeite für Reinhard Heydrichs Reichssicherheitshauptamt und sei ein Saboteur. In der Presse brach ein Aufruhr ohnegleichen los. *Time* warnte vor »Hitlers Botschafter«. Die *New York Post* schrieb, dass Westrick fünf Millionen Dollar aus Deutschland dabeihabe, um Sabotageakte gegen US-Ölfirmen zu begehen. Die *Herald Tribune* veröffentlichte die Adresse der Villa in Westchester, wo er wohnte und die das FBI nun vor empörten Amerikanern schützen musste. Der Führerschein wurde ihm entzogen. Als das FBI auch noch anfing, die Kennzeichen von Autos zu notieren, die vor der Villa parkten, bekamen seine US-Partner kalte Füße, und das State Department entzog ihm das Visum. Sir William überlegte sogar, eine Agentin auf Westrick anzusetzen und ihn ermorden zu lassen. Für die BSC war die Kampagne nicht ohne Risiko. »Wenn herausgekommen wäre, dass die Briten dahintersteckten, hätte es die gesamte Unternehmung gefährdet«, schreibt Sir William.

Die BCS hörte aber noch nicht auf: In einer schwarzen Propagandakampagne, die sich an Deutsche, aber auch an Amerikaner richtete, wurde auf Flugblättern und im Rundfunk behauptet, die Produkte der I.G. Farben seien vergiftet und hätten viele Todesfälle verursacht. Die Briten gaben auch die Broschüre *Sequel to the Apocalypse. How Your Dimes and Quarters Helped Pay for Hitler's War* heraus, in der die Verbindungen zwischen der I.G. Farben und Standard Oil aufgelistet waren. Sie wurde in »Camp X« in Kanada gedruckt, in die

USA geschmuggelt und dort vom State Department verteilt. Der Autor auf dem Cover ist Rex Stout, aber laut Thomas Mahls *Desperate Deception* steckte Donald MacLaren dahinter, ein britischer Agent, der für das OSS arbeitete. In der Broschüre stand auch, dass Standard Oil über die I.G. Farben Flugbenzin an die Wehrmacht verkaufte. Prompt stellten I.F. Stone und Walter Winchell den Ölkonzern an den Pranger. Standard Oil engagierte daraufhin einen Anwalt: Allen Dulles. Dulles bat Sir William in einem Brief nachdrücklich darum, die Kampagne gegen die I.G. Farben einzustellen, denn das würde auf Standard Oil abfärben, die ein wichtiger Lieferant der U.S. Army sei, und den Kriegserfolg gefährden. Das geschah dann auch.

Was damals für große Aufregung sorgte, war wenige Jahre später vergessen. Im Krieg stellten die Briten alle US-Konzerne, die mit deutschen Firmen Handel trieben, als Faschistenfreunde dar. Es ging ihnen aber lediglich darum, die Beziehungen zwischen den USA und Deutschland zu sabotieren. Sie wollten keineswegs Amerikanern das Geschäft mit Schurkenstaaten verderben, schon gar nicht Mitgliedern des Geldadels, wie den mit Roosevelt befreundeten Rockefellers. Und so drehte sich die Debatte nach 1945 um 180 Grad: Die William-Stephenson-Biografie *A Man Called Intrepid* macht unter eben diesen US-Industriellen eine heimliche »starke Anti-Nazi-Lobby« aus. GM-Chef Mooney habe in Wirklichkeit für die BSC spioniert, schreibt Autor Stevenson. Auch die Rockefellers, vor allem Nelson, hätten im Verborgenen die Nazis bekämpft. Stevenson deutet sogar an, dass Nelson Rockefeller die Informationen für *Sequel to the Apocalypse* geliefert hatte.

Nach dem Krieg verloren nicht nur die Briten das Interesse daran, Amerikaner an den Pranger zu stellen, die Geschäfte mit Nazideutschland gemacht hatten, die Amerikaner wollten natürlich erst recht nicht als Nazikollaborateure dastehen, sodass auch sie diese Geschäfte hurtig unter den Tisch kehrten. Und die Journalisten, die sie öffentlich gemacht hatten, allen voran I. F. Stone, gerieten ins Visier des Kommunistenjägers Joe McCarthy. Das schreckte die bürgerliche Presse endgültig ab, denn jeder, der die frühere Nähe der US-Industrie zu den Nazis kritisierte, galt nun als Kommunist.

Die Sowjets hingegen, die nach dem Überfall der Wehrmacht 1941 auf die Seite der Alliierten gewechselt waren, drehten nach dem Krieg erst richtig auf. Ein Beispiel dafür ist die Schröder-Bank, die Hausbank der Nazis, deren Vorstand Kurt Freiherr von Schröder SS-Offizier war, und die auch das Sonderkonto von Heinrich Himmler führte. Schröder hatte einen Cousin in London, Bruno, der dort die J. Henry Schroder Banking Corporation leitete sowie die gleichnamige Bank in New York. Beide Schröder-Banken finanzierten deutsch-amerikanische Geschäfte. Mit dem Kriegseintritt der USA reduzierte Bruno die Zusammenarbeit, allerdings ist ungeklärt, ob der Kontakt vollständig abgebrochen wurde. Nach dem Krieg wurde die Sache im Westen so dargestellt, als handele es sich um zwei verschiedene Banken, deren Inhaber rein zufällig einen ähnlichen Namen hatten, während die Sowjetpropaganda behauptete, es sei ein und dieselbe Bank und derselbe Schröder. 1947 nahmen die Briten Kurt von Schröder fest, er wurde zu drei Monaten Haft verurteilt; das Urteil wurde 1949 zugunsten eine Geldbuße aufgehoben. Die milde Strafe mag damit zusammenhängen, dass die englische Schroder-Bank – in deren Aufsichtsrat Allen und John Foster Dulles saßen – im Auftrag von Sullivan & Cromwell die Konten von British Petroleum im Iran führte. Die CIA putschte 1953 den iranischen Präsidenten Mohammed Mossadegh weg, der die Ölfelder von BP verstaatlichen wollte.

Ähnlich erging es Standard Oil oder General Motors: Als sie noch mit der deutschen Wirtschaft kollaborierten, wurden sie als Fünfte Kolonne der Nazis dargestellt, die darauf hinarbeite, dass die SA im Stechschritt das Weiße Haus eroberte; nach dem Krieg war nur noch von marginalen Geschäftskontakten, Sachzwängen geschuldet, die Rede. Brown Brothers Harriman etwa, wo Prescott Bush Teilhaber war, machten mit der deutschen Kohle- und Stahlindustrie nachweislich mindestens bis Mitte 1942 Geschäfte – da waren die USA längst in den Krieg eingetreten, und solche Geschäfte waren verboten. Als Bushs Enkel George W. US-Präsident wurde, deckten Journalisten dies auf. Daraufhin sprach die Anti-Defamation League von »haltlosen und politisch motivierten Gerüchten« und ergänzte: Bush habe allenfalls ganz früh Geschäfte mit Fritz Thyssen gemacht, der seinerseits 1938 von den Nazis verhaftet worden sei (tatsächlich wurde Thyssen Ende 1940 auf Druck der Gestapo von den Vichy-Franzosen verhaftet und an Deutschland ausgeliefert). Sogar die offen antisemitische Propaganda von Henry Ford wurde nach dem Krieg unter den Teppich gekehrt.

Kein Opfer für das verfaulte britische Imperium

Mitte 1941 begann die BSC eine groß angelegte Kampagne gegen die »America Firsters«. Sir William warf den Isolationisten vor, bezahlte Nazipropagandisten zu sein, aber dieser Vorwurf war nur teilweise gerechtfertigt. Zwar betätigten sich manche Vereine, wie der German-American Bund, tatsächlich als langer Arm der NSDAP, andere aber waren heimische Faschisten, die ihre Wurzeln im Ku Klux Klan hatten, oder katholische Antisemiten. Unter ihnen es gab aber auch Antikommunisten wie Lindbergh, der sagte, dass die »Vernichtung von Hitler bewirken werde, dass Europa und die westliche Zivilisation der Vergewaltigung, Plünderung und dem Barbarismus der Sowjetarmee ausgeliefert« würden, Pazifisten wie Gerald Nye, aber auch Politiker, die den Interessen ihrer deutsch- (und irisch-)stämmigen Wähler folgten. Die mächtigste Organisation war das konservative »Amerika First Committee«, dem unter anderem Lindbergh, *Chicago Tribune*-Verleger McCormick, Henry Ford und viele Industrielle angehörten. Im Oktober 1940 gegründet, hatte das

Committee 700 Filialen und eine Million Mitglieder, finanziert von der amerikanischen (und der deutschen) Industrie sowie der deutschen Botschaft. Es organisierte Demonstrationen – etwa vor der britischen Botschaft in Washington –, die Sir William an den »Parteitag in Nürnberg« erinnerten, schaltete Anzeigen, versandte Rundbriefe und suchte die Nähe zur Presse.

Mit der Hilfe befreundeter Journalisten, aber auch ihren Frontgruppen, wie »Fight for Freedom«, gelang es den Briten, die »Amerika Firsters« zu diskreditieren, vor allem Politiker. Als Senator Nye im September 1941 in Boston sprach, wurde er auf 25 000 Handzetteln, in Anzeigen und im Rundfunk beschuldigt, ein »Liebhaber der Nazis« zu sein. Auch Senator Burton Wheeler, ebenfalls ein Republikaner, wurde attackiert. Er hatte gesagt, Großbritannien nötige die USA, ihre jungen Männer für das »verfaulte britische Imperium zu opfern«. Sir William fand heraus – vermutlich mithilfe von FBI-Chef Hoover –, dass Wheeler Tausende von Briefen an Mitglieder der »German Library of Information« verschickt hatte, deren Porto vom Staat bezahlt worden war. Nun wurde Wheeler vorgeworfen, dass er Nazipropaganda mit Steuergeldern finanziere.

Die BSC schaffte es sogar, Nazipropagandisten mithilfe eines befreundeten Staatsanwalts vor Gericht zu stellen. Der bekannteste war der Deutsch-Amerikaner Georg Sylvester Viereck, den Sir William für so wichtig hielt, dass er eigens einen Mann für seine Überwachung abstellte. Im Januar 1942, nach Pearl Harbor, wurde Viereck wegen Schmuggels von Propagandamaterial zu fünf Jahren Haft verurteilt.

Aber auch Linke wurden aufs Korn genommen, unter anderem John L. Lewis, der Präsident der United Mine Workers of America und des Congress of Industrial Organizations, des progressiven Dachverbands der Gewerkschaften. Lewis hasste Roosevelt, verachtete Großbritannien und war streng isolationistisch, zumindest solange Stalin mit Hitler verbündet war, dessen Befehlen er folgte. Lewis brachte gewerkschaftlich organisierte Hafenarbeiter dazu, Schiffe zu sabotieren, die Waren und Munition nach Großbritannien brachten, und deshalb wollten die Briten ihn loswerden.

Zunächst versuchte die BSC, die sowjetische Botschaft auf ihre Seite zu ziehen, aber das blieb erfolglos. Dann fand sie heraus, dass Lewis mit einem Ölhändler namens William Rhodes Davis befreundet war, der Roosevelt ebenfalls nicht mochte. Davis reiste mehrmals nach Hamburg und Berlin – immer beobachtet von Sir Williams Spionen – und traf sich dort mit Reichswirtschaftsminister Hermann Göring. Dem sagte Davis, er sei mit dem mächtigsten Gewerkschaftsboss in den USA befreundet, der Roosevelt davon abhalten könne, in den Krieg einzutreten. Das lag zwar bei Weitem nicht in der Macht des Gewerkschafters Lewis, aber Göring glaubte Davis wohl.

Um Lewis auszuhebeln, setzte die BSC gleich mehrere ihrer Frontorganisationen ein, allen voran das »Fight for Freedom Committee«. Letzteres gab für einen Gewerkschaftstag im November 1941 eine Gallup-Umfrage in Auftrag, bei der »sorgfältig darauf geachtet wurde, dass das Ergebnis das gewünschte war«, schreibt Sir William. Nach dieser Umfrage fanden angeblich 96 Prozent der Gewerkschaftler, dass es wichtiger sei, Hitler zu besiegen, als die USA aus dem Krieg herauszuhalten; 90 Prozent wollten sich freiwillig zur Armee melden, und 87 Prozent sympathisierten mit »Fight for Freedom«. Es gab einen Aufstand gegen Lewis. Doch letztlich spielte das keine Rolle mehr: Zum einen hatte der deutsche Überfall auf die Sowjetunion den Hitler-Stalin-Pakt schlagartig beendet, zum anderen wollte Amerika nach Pearl Harbor ohnehin in den Krieg ziehen. William Rhodes Davis starb kurz darauf an einem Herzinfarkt; das FBI wies die Polizei auf Bitten der BSC an, in dem Fall nicht weiter zu ermitteln.

Ein »kleiner fetter Mann in der Tasche der Amerikaner«

Nach dem deutschen Überfall auf die Sowjetunion schuf Roosevelt einen neuen Geheimdienst, das »Office of the Coordinator of Information« (COI), dessen Chef »Wild Bill« Donovan wurde. Donovan zog ebenfalls in die 36. Etage des Rockefeller Center, viele der britischen Agenten heuerten bei ihm an. Dem COI unterstand die gesamte Spionage, von der Army über die Navy bis zum State Department (wenngleich man dort sein Bestes tat, ihn zu unterlaufen), mit Ausnahme des FBI, denn Hoover wollte sich nicht reinreden lassen. Sir William und Donovan eröffneten ein gemeinsames Büro in Bermuda, das Südamerika überwachen sollte. Südamerika hatte traditionelle Bindungen an Italien, Spanien und Portugal, es lieferte auch Öl an die Achsenmächte. Die Fälscherwerkstatt »Camp X« blieb auch hier nützlich. Sie produzierte einen Brief des bolivianischen Militärattachés in Berlin, wonach die Nazis die Macht in Bolivien übernehmen wollten. Das trieb einen Keil zwischen Bolivien und Deutschland.

BSC und COI gelang es auch, die Einstellung des Flugbetriebs der italienischen Fluglinie LATI von Rom nach Rio de Janeiro zu erreichen. Der Direktor von LATI war der Schwiegersohn des amerikafreundlichen brasilianischen Präsidenten Getúlio Vargas. Die Linie war Sir William und Donovan ein Dorn im Auge, weil sie Briefe, Zeitungen, Filme, diplomatische Unterlagen, aber auch Geld, Diamanten und Medikamente von Deutschland und Italien nach Südamerika brachte. So kamen sie auf die Idee, einen Brief zu fälschen, der vermeintlich aus dem römischen Hauptquartier der Fluglinie stammte und der an den Filialleiter in Rio, Vicenzo Coppola, adressiert war. Hergestellt wurde der Brief von den Fälschern der »Station M«, die nicht nur das in Brasilien übliche Papier verwendeten, sondern sogar eigens eine Schreibmaschine bauten, die anschließend zerstört und in den Hudson geworfen wurde, um alle Spuren zu verwischen.

In dem Brief wurde Vargas als »kleiner fetter Mann in der Tasche der Amerikaner« beleidigt. Es hieß auch, Italien unterstütze eine faschistische Partei in Brasilien, die Vargas' Sturz plane. Um den Brief an die Öffentlichkeit zu bringen, inszenierten die BSC und der COI einen Einbruch in das Haus von Coppola. Ein Agent, der sich als der Einbrecher ausgab, wandte sich mit dem Brief als »Einbruchsbeute« an einen Reporter von Associated Press. Der Reporter schickte den Brief an die US-Botschaft in Rio, die ihn ihrerseits an Vargas weiterleitete. Der Präsident machte daraufhin nicht nur LATI dicht, er ließ auch Coppola verhaften. Zudem brach er die Beziehungen zu den Achsenmächten ab und schloss sich den Alliierten an. Coppola hatte noch Glück: Ursprünglich hatte die BSC sogar geplant, ein Passagierflugzeug, in dem er saß, in die Luft zu sprengen, aber das ging Sir William zu weit.

Die BSC betrieb damals mithilfe der »Station M« eine »Rumor Factory«, eine Gerüchtefabrik, die auch Deutschland erreichte. Über den Rundfunk, vor allem die BBC, und mithilfe von Journalisten wie William Shirer in Berlin wurden Gerüchte gestreut, beispielsweise, dass sich deutsche U-Boot-Besatzungen Syphilis eingefangen hätten. Dazu gehörte auch ein Coup, über den Zeitungen im Oktober 1941 berichteten: In der argentinischen Hauptstadt Buenos Aires sei nach einem Autounfall in der Tasche eines deutschen Kuriers eine Landkarte entdeckt worden. Die Karte teilte Südamerika in fünf »Gaue« ein. Einer davon, »Neuspanien«, schloss den für Amerika wichtigen Panamakanal ein. Die Karte las sich wie eine Warnung: »Achtung, Amerika! Hitler wird bald an deiner Südgrenze sein!«, schrieb der *Guardian*.

Roosevelt stellte die Karte am 27. Oktober 1941 der Presse vor. Dies mache die Naziplâne »nicht nur gegen Südamerika, sondern auch gegen die Vereinigten Staaten klar«, sagte er. Laut Stephenson-Biograf Stevenson stammte die Karte von der »Station M«. Joseph Persico hingegen schreibt in seinem Buch *Roosevelt's Secret War*, die Karte sei echt und stamme tatsächlich von dem Kurier, der Unfall habe aber nie stattgefunden, und die Karte verzeichnete auch gar keine Gaue, sondern lediglich die (real existierenden) Routen der Lufthansa. Nur die Version, die Roosevelt präsentiert habe, sei gefälscht gewesen. Aber trotzdem kippte die Stimmung in den USA noch immer nicht.

Damals studierte Roosevelt – laut Stevenson – Unterlagen, die Wilson über die *Lusitania* hinterlassen hatte und die »nur Präsidenten« einsehen durften. Das habe ihn auf eine ähnliche Idee gebracht: ein Schiff, das den Auslöser zum Kriegseintritt lieferte. Diese Rolle war der *USS Greer* zugedacht. Die *USS Greer* war ein Kriegsschiff der Navy auf dem Weg nach Island, wo seit ein paar Wochen amerikanische Marines stationiert waren. Kurz vor Island – schreibt Persico – habe ein britisches Militärflugzeug der *USS Greer* signalisiert, dass ein deutsches U-Boot zehn Meilen voraus liege. Die *USS Greer* fand das U-Boot und funkte dessen Position an das Flugzeug. Die Briten feuerten auf das U-Boot, verpassten es aber und mussten wegen Treibstoffmangels abdrehen.

Der U-Boot-Kapitän, der glaubte, der Angriff sei von der *USS Greer* gekommen, feuerte Torpedos auf das US-Kriegsschiff ab (entgegen Befehlen; deutsche U-Boot-Kapitäne waren angewiesen, Scharmützel mit Amerikanern zu vermeiden). Die *USS Greer* schoss zurück, aber beide trafen nicht. Als Roosevelt seine monatliche Rundfunkansprache hielt, beschuldigte er das deutsche U-Boot, die *USS Greer* (die unter neutraler amerikanischer Flagge fuhr) grundlos angegriffen zu haben. »Es ist klar«, sagte der Präsident, »dass Hitler begonnen hat, die Meere mit skrupelloser Macht zu beherrschen. Von nun an fahren deutsche und italienische Schiffe auf eigene Gefahr.«

Die Vorschau auf Pearl Harbor geriet in Vergessenheit

Aber die Wende kam erst am 7. Dezember 1941, als die japanische Luftwaffe Pearl Harbor angriff. Um sechs Uhr morgens rückten sechs japanische Flugzeugträger auf den US-Marinehafen auf Hawaii vor; 183 Kampfflugzeuge starteten in der ersten und 170 in der zweiten Welle. Sie zerstörten mit Torpedos neun Kriegsschiffe – eines davon, die *USS Arizona*, sank sofort – und beschädigten 21 weitere Schiffe schwer, dazu mehrere U-Boote. 2403 Amerikaner starben bei dem Überfall, fast alles Soldaten. Die halbe Pazifikflotte der USA war binnen Stunden vernichtet (die andere Hälfte verteidigte im Atlantik britische Schiffe gegen deutsche U-Boote).

Die Japaner hatten keine Kriegserklärung geschickt oder, genau genommen, eine Kriegserklärung mit ein paar Stunden Verspätung, aber der Angriff kam nicht aus dem Nichts. Seit 1937 hatte es zwischen Japan und den USA Spannungen gegeben. Japan führte Krieg gegen China, das von den USA unterstützt wurde, weshalb die US-Flotte überhaupt erst nach Pearl Harbor verlegt worden war. Amerika war es im Juli 1941 zudem gelungen, Japan vom Ölnachschub abzuschneiden. Da der japanische Funkverkehr entschlüsselt wurde, hatten die USA sogar eine japanische Attacke erwartet – aber nicht auf Hawaii, sondern auf den Philippinen oder Guam.

Schon damals wurde gemunkelt, dass Roosevelt über den Angriff vorher Bescheid gewusst habe. Und tatsächlich gab es eine Warnung, die indirekt von der deutschen Abwehr kam, der Auslandsspionage des Dritten Reichs. Die Abwehr hatte einen serbischen Agenten namens Dusko Popov. Popov war von Johann Jebsen, einem ehemaligen Schulfreund, rekrutiert worden. Jebsen seinerseits war ein Doppelagent für den MI6, und er drehte auch Popov um. Die Briten verpassten Popov den Decknamen »Tricycle«, Dreirad (wegen seiner Vorliebe für zwei Frauen gleichzeitig). Im Juni 1941 fuhr Popov nach New York, um im Auftrag der Abwehr auf Hawaii

Informationen zu sammeln. Er hatte eine detaillierte Liste mit »höchster Priorität« dabei: Er sollte herausfinden, wo sich Munition, Minen und Munitionslager befänden, wie weit die Baggerschiffe im Hafen mit ihrer Arbeit seien, und wie tief das Wasser sei. Er sollte auch Zeichnungen des Hafens mit der Position einzelner Schiffe anfertigen sowie Details über die Docks herausfinden, die Benzintanks, den Zustand der Startbahnen und wie die U.S. Navy sich gegen Torpedos schütze. Kurz zuvor hatten Jebsen und Baron von Gronau, der deutsche Luftfahrtattaché in Japan, eine japanische Delegation ins italienische Taranto geführt, um einen britischen Luftangriff zu studieren. Die Briten hatten dort mit Torpedos die halbe italienische Mittelmeerflotte versenkt.

Popov war jedoch nicht nur im Auftrag der deutschen Abwehr, sondern auch des britischen MI5 in New York. Die Briten wollten auch in den USA einen Dienst aufbauen, der deutsche Agenten umdrehen sollte. Ein solcher Dienst aber musste von den Amerikanern genehmigt werden. Popov traf sich mit dem New Yorker FBI-Chef Percy »Sam« Foxworth, der einen Termin mit J. Edgar Hoover arrangierte. Popov berichtete von Taranto und übergab Hoover auch eine (stark verkleinerte) Kopie der Liste für Pearl Harbor. Hoover aber mochte nicht nur keine »Slaven, Juden und Ausländer« (Persico), er misstraute auch Doppelagenten. Überdies ermittelte das FBI gegen Popov wegen dessen illustrem Sexualleben. Hoover warf ihn hinaus und entzog ihm das Visum, ohne Donovan oder die Military Intelligence Division der U.S. Army zu informieren. Zwar schickte er am 3. September einen »streng vertraulichen« Brief an Roosevelt und legte dem eine Kopie des Fragenkatalogs der Abwehr bei, lenkte allerdings die Aufmerksamkeit des Präsidenten nur auf die extreme Verkleinerung.

Beim MI5 in London war John Masterman dafür zuständig, deutsche Agenten umzudrehen (er hatte den Ersten Weltkrieg in einem Internierungslager in Freiburg verbracht).

Auch er besaß eine Kopie des Fragenkatalogs der Abwehr und der Analyse von Taranto. Anders allerdings als Hoover erkannte Masterman die Brisanz, überließ es aber den Amerikanern, notwendige Schritte zu unternehmen. Er wollte nicht »ein weiterer Brite sein, der Amerika in den Krieg drängte«, schrieb er später. »Wir hätten wohl deutlicher betonen sollen, dass das wichtig ist«, fügte er hinzu. »Und so geriet Tricycles Vorschau auf Pearl Harbor in Vergessenheit« (Stevenson). Jebsen übrigens wurde 1944 von der Gestapo verhaftet, er starb in Oranienburg.

Es gab noch andere Warnschüsse. Zwei Geheimdienstler der U.S. Navy fingen ein Telegramm der Japaner ab, die Pearl Harbor kartografierten; aber es »gibt keine Beweise, dass Roosevelt das las«, schreibt Persico. Das Gleiche gilt für einen Bericht, wonach japanische Spione herausfinden wollten, ob Hawaii über »Beobachtungsballone und Anti-Minennetze« verfügte. Man fühlt sich an den CIA-Bericht vom August 2001 erinnert, in dem es heißt: »Osama bin Laden entschlossen, in den USA zuzuschlagen.« Auch der blieb auf George W. Bushs Schreibtisch liegen. »Ich würde meinen Hintern verwetten, dass Washington damals absichtlich versuchte, die Warnungen aus Honolulu zu ignorieren«, sagte Edwin Putzell, ein früherer Geheimagent, 2001 zum *Boston Globe*. Zwar habe Roosevelt nicht mit dieser gewaltigen Zerstörung und dem Verlust so vieler Menschenleben gerechnet, aber dass es vor dem Kriegseintritt einen Angriff auf Amerika geben musste, sei damals allen klar gewesen.

Persico berichtet, dass am Abend des 6. Dezember, dem Tag vor Pearl Harbor, ein Leutnant der U.S. Army Roosevelt eine Nachricht des japanischen Militärs überbrachte, die abgefangen und entschlüsselt worden war. Roosevelt saß mit seinem Berater Harry Hopkins in der Bibliothek des Weißen Hauses. Der Präsident nahm die Nachricht, las sie und sagte mit ernster Stimme zu Hopkins: »Das bedeutet Krieg.« Aber leider könnten die USA nicht zuerst zuschlagen.

Auch Churchill wurde damals beschuldigt, Bescheid gewusst zu haben. Zu denen, die das glaubten, zählte James Rusbridger, ein früherer MI6-Agent, der auch für die CIA arbeitete, und Autor des Buches *Betrayal at Pearl Harbor* (1994 brachte er sich unter mysteriösen Umständen um). Sowohl Persico als auch Stevenson halten das allerdings für unwahrscheinlich, weil dem britischen Premier ein Angriff der Japaner gar nicht gelegen gekommen sei. Churchill hatte Angst, dass sich Amerika auf den Pazifik konzentrieren könnte und Großbritannien dann alleine gegen Hitler stünde.

Eines wusste Roosevelt: Wenn Japan sich im Krieg mit Amerika befände, würde Deutschland sich sofort anschließen. Das hatte Donovan von der deutschen Botschaft in Washington erfahren. Und Hitler wiederum wusste, dass sich Amerika auf den Krieg in Europa vorbereitete. Das US-Kriegsministerium hatte kurz vor Pearl Harbor einen 350 Seiten starken Bericht mit den amerikanischen Invasionsplänen erstellen lassen. Der Bericht listete nicht nur potenzielle Ziele in Deutschland auf (und nannte ein Datum, Juli 1942), sondern auch die nötige Waffen- und Mannschaftsstärke: 216 Infanterie-Divisionen, 51 motorisierte Divisionen, eine verstärkte Navy und fünf Millionen Mann unter Waffen; alles in allem Kosten von 150 Milliarden Dollar.

Der Bericht war als streng geheim klassifiziert. Aber am 3. Dezember 1941 bekam der isolationistische Senator Burton Wheeler von einem Offizier der War Plans Division eine Kopie, die er an die *Chicago Tribune* weitergab. Die *Tribune* veröffentlichte die Pläne am 5. Dezember 1941 als »Blaupause für den totalen Krieg« – zwei Tage vor Pearl Harbor. Allerdings sei dieser Bericht – so behauptet es zumindest Stevenson – von der BSC angefertigt und Wheeler zugespielt worden, um Hitler zur Kriegserklärung zu provozieren.

Hunderte von Büchern, Artikeln und Filmen gibt es über Pearl Harbor; acht parlamentarische Untersuchungsausschüsse, von denen allein der erste 15 000 Seiten produzierte, beschäftigten sich mit dem japanischen Angriff. 1968 schrieb Edwin Fishel, ein Wissenschaftler bei der CIA: »Wenn wir eine wahrheitsgemäße Erklärung wollen, dann muss die von Professionellen kommen.« Nur Geheimdienstler hätten Zugang zu diesen Informationen. »Vieles davon existiert nicht einmal auf Papier, darüber wurde nur in vertraulichen Gesprächen geredet.«

Noch heute wird über Pearl Harbor gestritten. Nur eines war klar: Die USA waren in den Krieg eingetreten.

Hollywood und Hakenkreuze

»Einige der erfolgreichsten Leute in Hollywood sind als Menschen totale Versager.«
MARLON BRANDO, Filmschauspieler

Februar 2010, eine frühlingshafte Nacht in Los Angeles. Auf dem Büfett im Café des Artistes nahe dem Hollywood Boulevard türmen sich Teller mit Lammkoteletts, Tortellini und Mousse au Chocolat, aber die Gäste haben nur Augen für die beiden großen Flachbildschirme. Das Berliner Studio X-Filme hat eingeladen, sich die Zeremonie für die Verleihung der Academy Awards anzusehen, die im Kodak Theatre stattfindet. Stars und Sternchen in glitzernden Abendkleidern, Regisseure und Produzenten. Gleich der erste Oscar geht an den besten Nebendarsteller, Christoph Waltz. Waltz spielt den SS-Offizier Hans Landa in Quentin Tarantinos *Inglourious Basterds*, wo ein Trupp Agenten unter der Führung von Brad Pitt ein Kino in Paris in Brand steckt und Hitler und Goebbels tötet. »Christoph spielt einen Nazi, der davon besessen ist, Juden zu finden«, sagt Conferencier Steve Martin, guckt sich im Publikum um und grinst. »Na, Christoph?«

Alles im Saal des Kodak Theatre brüllt vor Lachen. Waltz grinst leise. Als er auf die Bühne geht und die vergoldete Statue in Empfang nimmt, klatschen auch die Gäste im Café des Artistes. »Beim Oscar gibt es immer Überraschungen, aber mit dem Sieg von Waltz haben wir gerechnet«, sagt X-Filme-Chef Tom Tykwer. Er findet es nur schade, dass Waltz bloß als Nebendarsteller nominiert war und nicht als Hauptdarsteller. Aber Tykwer weiß, wie Hollywood tickt. »Ein Ausländer als bester Hauptdarsteller, und dann noch einer, der einen Nazi spielt, das wäre für die Akademie ein zu großer Brocken.«

Bei den Oscars werden die Kriege Amerikas im Kino weiter ausgefochten. Bester Film wird in jenem Jahr Kathryn Bigelows *The Hurt Locker,* wo es um amerikanische Soldaten im Irakkrieg geht. (»Dass die Amis bei ihren Dankesreden immer ihre Truppen erwähnen müssen«, sagt ein Deutscher im Café des Artistes irritiert.) Sie konkurrierte gegen *Avatar*, James Camerons Antikriegsparabel. Im Jahr darauf wird *The King's Speech* das Rennen machen über den englischen König George VI., der im September 1939 die britische Kriegserklärung an Deutschland verlas. Es ist einer von vielen Academy Awards, die Hollywood dem Zweiten Weltkrieg zu verdanken hat, von *Saving Private Ryan* (dt. *Der Soldat James Ryan)* von Stephen Spielberg bis Roman Polanskis *The Pianist*. Und das war nicht anders, als Amerika tatsächlich im Zweiten Weltkrieg kämpfte. 1943 gewann MGM mit *Mrs. Miniver*, wo es um eine englische Kriegerwitwe im bombardierten London ging. Auch *Casablanca*, der Film, der noch heute unser Bild vom Widerstand prägt, bekam drei Oscars. Er wurde von Warner Bros. produziert.

Das Studiogelände von Warner Bros. liegt heute in Burbank, einer Vorstadt von Los Angeles, am Warner Boulevard, neben Warner Records. Am Eingang grüßen zwei riesige Bronzefiguren von Bugs Bunny und Duffy Duck, den Maskottchen des Studios. Täglich werden Tausende von Touristen in Elektrowägelchen zu den Kulissenstraßen gefahren, wo

The Big Bang Theory oder *The Mentalist* gedreht werden. Vieles kommt einem bekannt vor: der Eingang des Krankenhauses aus der Serie *E. R.*, mit einen Stück Chicagoer Hochbahn, gleich neben dem New Yorker Wolkenkratzer, an dem Spiderman herumturnte. Im Studiomuseum werden Dobby, der Hauself aus *Harry Potter*, Agent Smith aus *The Matrix* und das schwarze Gummykostüm von Batman präsentiert. Die rächende Fledermaus wurde, wie Superman, in den Vierzigerjahren von DC Comics erfunden. Die Superhelden, von jüdischen Comic-Autoren gezeichnet, bedeuteten vor allem für Juden Trost und Ermunterung.

Der Geschichte des Studios sind ebenfalls ein paar Glaskästen gewidmet. Kostüme, Drehbücher, Briefe und goldene Oscar-Statuetten. Eines der Ausstellungsstücke ist eine »Medal for Merit«, die Jack Warner von US-Präsident Roosevelt für seinen Einsatz im Krieg bekam. Die Medaille liegt gleich neben dem Orden des britischen Empire. Jack Warner – und sein Bruder Harry – waren die einzigen Studiobosse, die schon früh die Gefährlichkeit der Nazis erkannten.

Ursprünglich gab es fünf Brüder Warner, fünf Söhne eines polnisch-jüdischen, streng religiösen Schusters, der in die USA immigriert war. Aber nur zwei leiteten das Studio, Jack und der ältere Harry – im ewigen Streit. »Jack und Harry Warner, die beiden tragenden Säulen des Studios von Warner Brothers, hassten einander«, schreibt Neal Gabler in *An Empire of their Own.* »Irgendwann war die Feindseligkeit zwischen beiden so heftig geworden, dass keiner der Brüder mehr das Kasino des Studios betrat, solange sich der andere dort aufhielt.« Harry, ein ernster, unprätentiöser Mann, war leicht aufzuregen. Und Jack, der sich schon als Kind gegen den Rabbiner aufgelehnt hatte, war ein »ewiger Provokateur«, »der nichts lieber tat, als sehr laut sehr schlechte Witze zu erzählen«, so Gabler. Jack machte sogar Witze über Albert Einstein, als der das Studio besuchte.

Nicht nur für Warner war der Erste Weltkrieg eine Goldgrube, sondern für ganz Hollywood. »Amerikas dominierende Position auf dem internationalen Filmmarkt«, schrieb Jesse Lasky in seinen Memoiren, »kann auf den Ersten Weltkrieg zurückgeführt werden.« Vor dem Krieg hatten sich die Europäer auf dem US-Markt getummelt. Nach dem Krieg aber lag die Filmproduktion in Europa brach. Und so drängten US-Filmkonzerne nach Deutschland. Inzwischen aber gab es Konkurrenz: die Universum Film AG (UFA), die 1916 als »Deutsche Lichtbild-Gesellschaft« gegründet wurde. Sie gehörte dem konservativen Medienmogul Alfred Hugenberg, der zum Wegbereiter der Nazis werden sollte. Die UFA hatte Regisseure wie Fritz Lang und Ernst Lubitsch und Stars wie Greta Garbo, Curt Bois, Marlene Dietrich und die junge Leni Riefenstahl unter Vertrag. Sie expandierte nach Skandinavien, Osteuropa und auf den Balkan; so wurde sie zur größten Filmgesellschaft Europas.

Von daher war es für Hollywood nicht einfach, den deutschen Markt zu erobern, schon deshalb, weil noch bis Mai 1920 ein Kriegsembargo galt. Und danach machte es ihnen die Hyperinflation unmöglich, Filme nach Deutschland zu verkaufen. Das Blatt wendete sich erst, als Amerika den Dawes-Plan auflegte, bei dem US-Investoren deutsche Schulden aus dem Versailler Vertrag ablösten. 1924 führte Deutschland die Reichsmark ein. Nun überschwemmten US-Streifen ganz Europa in einem »gewalttätigen Angriff«, schreibt David Puttnam in *Movies and Money*. Daraufhin führte die Weimarer Regierung eine Quote ein. Trotzdem ging die UFA in Konkurs. Sie wurde von Paramount und MGM aufgekauft.

Der Studiochef von Marktführer Metro-Goldwyn-Mayer war Louis B. Mayer, der als der inoffizielle König von Hollywood galt. Mayers erster großer Film war *Birth of a Nation*, die Ku-Klux-Klan-Hymne des Regisseurs D. W. Griffith. 1924 tat Mayer sich mit Marcus Loew zusammen, dem Metro Pictures und das Studio von Samuel Goldwyn gehörten. Aber in

Deutschland hatte MGM kein glückliches Händchen. Der erste Film, den die UFA unter US-Kommando in die deutschen Kinos brachte, war *Four Horsemen of the Apocalypse*, (dt. *Die vier Reiter der Apokalypse*), einer dieser »Hasst-die-Hunnen«-Weltkriegsfilme. Er floppte. Bald befand sich die UFA erneut in einer finanziellen Schieflage. 1927 strichen Paramount und MGM die Segel und verkauften die UFA wieder an Hugenberg.

Man sollte vermuten, dass das eine Lehre für Hollywood war, aber weit gefehlt. Nun brachte Warner Bros. die Pseudodokumentation *My Four Years in Germany* in die deutschen Kinos, gefolgt von *Beware* (1919), einem weiteren Kriegsfilm nach einem Manuskript von James Gerard, *Noah's Arc* (1929), wo die Fluten der Arche mit Strömen von Blut verglichen werden, und *Dawn Patrol* (1930, dt. *Start in die Dämmerung*) mit Douglas Fairbanks über den Luftkampf zwischen Deutschland und England. Vor allem konservative Deutsche empörten sich, dass Hollywood immer noch neue, brutalere »Hasst-die-Hunnen-Filme« drehte, in denen Babys bajonettiert und Frauen vergewaltigt wurden. Ein deutscher Zuschauer beschwerte sich – laut der Fachzeitschrift *Lichtbild-Bühne* vom Dezember 1930 – über den MGM-Film *Mare Nostrum*, in dem ein deutsches U-Boot absichtlich ein britisches Passagierschiff versenkt. Die Welt werde die Deutschen wegen solcher Filme hassen. »Amerika wirft mit Worten wie Frieden oder Versöhnung um sich, aber dieser Film ist eine Schande für die US-Filmindustrie.«

Als 1927 der Tonfilm erfunden wurde, versuchte Warner Bros., sich damit gegen den deutsche Monopolisten Tobis-Klangfilm durchzusetzen, aber vergebens. Warner überlegte sich auch, die UFA aufzukaufen, um die deutsche Konkurrenz auszuschalten, aber die Atmosphäre im Berlin von 1928 – Braunhemden und antisemitische Hetzparolen – war den Amerikanern dann doch zu düster, schreibt Michael Birdwell in *Celluloid Soldiers*. Letztlich teilten die Studios die

Welt in vier Sektoren auf, womit Hollywood in vielen Ländern den Markt beherrschte. Außerhalb Europas konnten nur Japan, Indien und Mexiko eine eigenständige Filmindustrie halten.

Rauchbomben und Weiße Mäuser

In Deutschland stand die nächste Machtprobe an. Universal, das Studio von Carl Laemmle aus Laupheim, drehte *All Quiet on the Western Front* (dt. *Im Westen nichts Neues*), nach dem Weltbestseller von Erich Maria Remarque. Die Dreharbeiten verschlangen die damals exorbitante Summe von 1,25 Millionen Dollar. Der Film zeigt das sinnlose Sterben deutscher Soldaten in den Schützengräben in Frankreich. In den USA war der Film ein riesiger Erfolg. 1930 bekam er zwei Oscars für den besten Film und die beste Regie. Manche glauben, Laemmle sah *Im Westen nichts Neues* als Wiedergutmachung für antideutsche Filme wie *The Heart of Humanity*. Aber nach Ausschreitungen wurde der Film in Deutschland verboten. Hinter den Krawallen steckte eine Partei, die gerade erst in den Wahlen zum Reichstag 107 Sitze gewonnen hatte: die NSDAP. Der Kampf um *Im Westen nichts Neues* habe dazu geführt, dass Hollywood nur noch Filme in die Kinos brachte, die den Nazis genehm waren, schreibt Ben Urwand in *The Collaboration* – und das sogar in Amerika selbst.

Im Westen nichts Neues hatte am 4. Dezember 1930 um 19 Uhr im Mozartsaal (dem heutigen Metropol) am Nollendorfplatz in Berlin Deutschlandpremiere. Die örtliche Nazipartei hatte 300 Eintrittskarten an Sympathisanten verteilt, die nun bei jeder Szene, die ihnen nicht gefiel, brüllten und die »schändlichen Amerikaner« beschimpften. Schließlich brach der Vorführer entnervt ab. Daraufhin stieg der Berliner Gauleiter der NSDAP, Joseph Goebbels, auf ein Podest und hielt eine Rede, wonach dieser Film das deutsche Image zerstöre. Als er fertig war, warfen seine Spießgesellen Stinkbomben und ließen weiße Mäuse frei, sodass die letzten Kinobesucher flohen.

Auch vor anderen Lichtspielhäusern machten die Nazis Krawall. UFA-Kinos zeigten den Film gar nicht erst. Als der (sozialdemokratische) Berliner Polizeipräsident die Demonstrationen verbot, warf ihm das NS-Hetzblatt *Stürmer* vor, er schütze einen »jüdischen Film der Schande«. Am 11. Dezember 1930 wurde *Im Westen nichts Neues* von der Film-Oberprüfstelle in Berlin von mehr als zwei Dutzend Personen begutachtet, darunter der Vorsitzende der Zensurbehörde Ernst Seeger, Vertreter der Ministerpräsidenten und mehrerer Ministerien sowie der deutsche Repräsentant der Universal-Studios, Dr. Frankfurter.

Die Gegner waren in der Mehrzahl. Der Vertreter des Verteidigungsministeriums, Werner von Bombach, meinte, das Bild von Deutschland werde seit dem Ersten Weltkrieg von amerikanischen Filmen sabotiert, die deutsche Soldaten wie wilde Tiere darstellten. Damit hatte Frankfurter gerechnet. Aber ihn erstaunte, dass auch Johannes Sievers vom wohlgesinnten Außenministerium ihn nicht unterstützte. Sievers berief sich auf Informationen von deutschen Konsulaten in England und Amerika, deren Vertreter den Film zusammen mit einheimischem Publikum gesehen hatten. »Damit hat es das Auswärtige Amt zum ersten Mal zum Kriterium gemacht, welches Deutschlandbild ein Film im Ausland vermittelt«, schreibt Urwand. Seeger verbot den Film.

Universal-Chef Laemmle war schockiert. Er wandte sich an den Medienzar William Randolph Hearst, dessen Zeitungen den Film verteidigten. Auch in Deutschland gab es Proteste gegen die Zensur, unter anderem von Carl von Ossietzky, Kurt Tucholsky und Käthe Kollwitz. Im Sommer 1931 unternahm Laemmle einen erneuten Anlauf. Er fuhr nach Berlin und zeigte den Film vor Veteranenvereinen, zudem ließ er ihn auf wenig mehr als die Hälfte kürzen. Damit bekam er die Erlaubnis von Seeger, aber nur, wenn die gekürzte Fassung auch diejenige sei, die im Ausland gezeigt würde.

Es folgte ein monatelanges Hin und Her mit deutschen

Konsulaten in aller Welt, deren Mitarbeiter immer wieder Szenen entdeckten, die Universal versprochen hatte zu schneiden. Als die Nazis 1933 an die Macht kamen, verboten sie den Film sofort.

Aber die Hollywoodstudios machten auch mit Nazideutschland weiter Geschäfte. Das hieß, dass sie verhandeln mussten, was sie zeigen durften und was nicht, auch in Amerika. Das Kino war vor der Verbreitung des Fernsehens viel einflussreicher als heute. 85 Millionen Amerikaner gingen jede Woche ins Kino, und die Wochenschauen waren eine wichtige Nachrichtenquelle. »So prägten die Nazis die amerikanische Kultur«, schreibt Urwand. Ansprechpartner für die Amerikaner war Goebbels, der zum Reichspropagandaminister avanciert war. Goebbels war von Hollywoods charmanter Leichtigkeit fasziniert. Er forderte die deutschen Filmemacher auf, amerikanischer zu werden.

Dass Hollywood gegenüber den Nazis so leisetrat, lag auch daran, dass in der Großen Depression einige Studios in die Knie gegangen waren. Außerdem galt Hollywood als Sündenbabel. Bereits 1922 hatten sich die acht großen Studios zu den »Motion Picture Producers and Distributors of America« (MPPDA) zusammengeschlossen. Die MPPDA war eine Art freiwillige Selbstkontrolle, ihr Vorsitzender war ein Protestant aus Indiana, William Hays, der frühere Chef der Republikaner. Hays hatte 1930 einen »Motion Picture Production Code«, auch »Hays Code« genannt, erlassen. »Saubere« Filme sollten entstehen, ohne Drogen, Flüche oder Beleidigungen der Kirche, ohne Sex und nackte Haut. Alle acht Studios verpflichteten sich, ihre Drehbücher Hays zur Kontrolle vorzulegen. Ohne das Siegel von Hays – so die Selbstverpflichtung – würden sie ihre Filme nicht ins Kino bringen.

Hays' rechte Hand war Joseph Breen, ein irischer Katholik, Antikommunist und Antisemit, der einmal einem jesuitischen Redakteur schrieb, Hollywood sei ein »verrotteter Haufen von ekelhaften Leuten, die keinen Respekt vor irgendetwas haben außer dem Geldverdienen (…). Viele Regisseure und Stars sind Perverse. 95 Prozent dieser Leute sind Juden aus Osteuropa, der Abschaum der Welt.«

Schon 1932 hatte Deutschland ein Gesetz erlassen: Wenn ein Hollywoodstudio einen antideutschen Film produzierte, konnte die Importgenehmigung nicht nur für diesen Film, sondern für alle Filme verwehrt werden. »Die Deutschen hatten das Gefühl, dass die Studios seit dem Ersten Weltkrieg ihre Reputation systematisch zerstört hatten«, schreibt Urwand. »Die Studios aber sahen das als unfaire Handelsschranke.«

Als Erstes bekam United Artists die Folgen zu spüren. 1930 hatte das Studio von Charlie Chaplin, Douglas Fairbanks und Mary Pickford *Hell's Angels* (dt. *Höllenflieger*) in die Kinos gebracht. Der deutsch-jüdische Filmpionier E. A. Dupont sah den Film in London; er empörte sich in der *BZ am Mittag*, *Hell's Angels* sei »antideutscher als alles, was jemals gedreht wurde«. Das deutsche Konsulat in New York forderte United Artists auf, den Film zurückzuziehen, weltweit. Das Studio, das damit 1,5 Millionen Dollar verloren hätte, weigerte sich. Daraufhin wurde United Artists vom deutschen Markt verbannt.

Die Nazis setzten diese Politik fort. Sie entsandten einen Konsul nach Los Angeles, der ein Auge auf die Filmindustrie haben sollte. Georg Gyssling war NSDAP-Mitglied und wurde zum langen Arm von Goebbels in der Filmmetropole. Inzwischen aber hatte sich die Stimmung in Amerika gedreht. Die antideutsche Hysterie war vorbei. Hatten Zeitungen im Ersten Weltkrieg noch gegen Bach, Goethe und Beethoven gehetzt, waren sie nun von der neuen deutschen Kraft fasziniert. Dass Hitler Kommunisten, Gewerkschafter, Homosexuelle und jüdische Intellektuelle verfolgte, fand ihren Beifall. Inzwischen waren auch die abgehackten belgischen Babyhände als Lügen entlarvt worden. Deshalb war Hollywood viel vorsichtiger als im Ersten Weltkrieg. Es gab nur ein Studio, das sofort in Streit mit Gyssling geriet – und verlor: Warner Bros.

Warner hatte die Depression nicht nur überstanden, sondern war regelrecht aufgeblüht. Dem Konzern gehörten 525 Kinos, Rundfunksender, Plattenfirmen und ein Verlag, 51 Firmen insgesamt. Harry und Jack, ursprünglich Republikaner, hatten sich 1932 den Demokraten zugewandt und Roosevelt ihre Unterstützung angeboten. Dafür machte der Präsident Jack Warner zum Vorsitzenden der »National Recovery Administration« in Los Angeles (Harry Warner wurde allerdings bald wieder Republikaner).

Warner Bros. war auf realistischere Streifen über Gangster und den Wilden Westen spezialisiert, nun beschäftigten sie sich mit dem deutschen Militarismus. Ein Ergebnis war *Captured*, ein Film um einen britischen Offizier in einem deutschen Kriegsgefangenenlager. Gyssling wurde eingeladen, den Film vorab zu sehen. Warner Bros. wollte auch *42nd Street*, nach dem gleichnamigen Musical, nach Deutschland bringen. So lag dem Studio daran, den Deutschen *Captured* schmackhaft zu machen.

Aber Gyssling gefiel *Captured* absolut nicht. Er sandte Warner Bros. eine lange Liste mit Änderungswünschen, die praktisch nichts übrig ließ von dem Film. Jack und Harry Warner wandten sich, trickreich, an Frederick Herron vom Hays-Office, der den Nazikonsul nicht mochte, und der schlug ihnen vor, Gyssling zu umgehen und sich an den New Yorker Konsul Gustav Müller zu wenden. Müller war weitaus konzilianter; er einigte sich mit dem Studio auf eine nur milde geänderte Form.

Als Gyssling davon Wind bekam, wurde er sauer. Er beschwerte sich in Berlin. Die NS-Regierung bemühte nun tatsächlich das neue Gesetz, um nicht nur die Aufführung von *Captured* in Deutschland zu verbieten, sondern sämtliche Warner-Filme, angefangen mit *42nd Street*. Das machte Warner in Hollywood zum abschreckenden Beispiel. »Für den Rest der Dekade bemühten sich die Studios, die noch Geschäfte mit Deutschland machten, um gute Beziehungen zu Georg Gyssling«, schreibt Urwand.

Jack Warner beschreibt den Auszug aus Deutschland in seinen Memoiren *My First Hundred Years in Hollywood* allerdings anders. Er habe bereits 1934 beschlossen, sich zurückzuziehen. Den letzten Ausschlag habe gegeben, dass Joe Kauffman, der Leiter des Berliner Büros, 1936 von einer Bande Nazis in einer dunklen Gasse erschlagen worden sei. Dem Filmhistoriker Thomas Doherty fiel allerdings auf, dass über den Mord nichts in Fachblättern wie *Variety* zu lesen war. Doherty fand aber einen Nachruf auf einen Warner-Generalmanager in Europa, der Phil Kaufmann hieß und der nicht 1936 in Berlin erschlagen wurde, sondern 1933 in Stockholm an einem Herzinfarkt starb. Dieser Kaufmann war von Nazis verprügelt worden, die auch sein Haus verwüsteten und sein Auto stahlen. Deshalb ordnete Warner Bros. am 25. April 1933 an, er solle das Büro ins sichere London verlegen.

Unumstritten aber ist, dass Warner Bros. zum Anti-Nazi-Studio der ersten Stunde wurde. Jack Warner gab ein Dinner für Thomas Mann, der in die USA geflohen war, nachdem seine Bücher von den Nazis verbrannt worden waren. Und Harry Warner verbot, in Warner-Kinos Wochenschauen zu zeigen, die von *Time* produziert wurden, weil er die Zeitschrift für zu nazifreundlich hielt. Die Warners wandten sich auch gegen einheimische Faschisten wie den Radiopriester Charles Coughlin, der die »Reichskristallnacht« rechtfertigte, oder die »Silver Shirts« von William Dudley Pelley, einem selbst ernannten Führer der »Kirche der Christlichen Demokratie«, oder die Black Legion, weiße Paramilitärs, die Afroamerikaner, Juden, Kommunisten und Gewerkschafter ermordeten. Warner drehte darüber 1937 *Black Legion* mit Humphrey Bogart (dt. *Geheimbund Schwarze Legion*).

Andere Studiobosse beargwöhnten Warner Bros. In Zeiten, wo Hollywood als Sündenbabel beschimpft wurde, war das »Letzte, was sie wollten, dass Harry Warner die Aufmerksamkeit auf ihr Jüdischsein lenkte, während sie sich selber in die amerikanische Gesellschaft assimilierten«, schreibt Birdwell (*Celluloid Soldiers*). Aber die Warners wurden auch unterstützt, etwa von dem Kolumnisten Walter Winchell. Er nannte die Brüder im *New York Daily Mirror* »mutige Kämpfer gegen die Nazis«. Ähnlich sieht das Birdwell: »Es ist eine traurige Ironie, dass Warner das einzige Studio war, das begriffen hatte, was der Nazismus für das Judentum bedeutete.« Die anderen Studios hätten unter dem Wahn gelitten, sie könnten weiterhin Geschäfte mit den Nazis machen, obwohl sieben der acht großen von jüdischen Immigranten geleitet wurden.

Liebesgrüße von Goebbels

Aber zunächst funktionierte das durchaus. Die Studios blühten sogar auf, denn die Nazis setzten das Quotensystem außer Kraft. Goebbels ließ Hollywood wissen, dass man dringend Filme brauche – nachdem die UFA »arisiert« worden war, war die Produktion eingebrochen. Angesichts dessen beugte sich Hollywood den Forderungen der Nazis, alle jüdischen Mitarbeiter in Deutschland zu entlassen (sogar den Neffen von Carl Laemmle) sowie jüdische Namen aus den Nachspannen der Filme zu entfernen.

Vielleicht war das auch der Grund, dass Hollywood Amerika nicht über die Verfolgung der Juden aufklärte. Damals suchte der Drehbuchautor Herman Mankiewicz ein Studio für sein Drehbuch *The Mad Dog of Europe*, wo es um das Schicksal einer deutsch-jüdischen Familie ging. Mankiewicz schickte das Skript zunächst an RKO. Als Gyssling davon erfuhr, beschwerte er sich bei Hays. Hays bestellte Mankiewicz und den Vertreter von RKO ein und hielt beiden vor, sie gefährdeten die gesamte US-Filmindustrie. Er war nicht der einzige Bedenkenträger. Breen, dem bei der Motion Picture

Association of America die Durchsetzung des »Hays Code« oblag, hatte der Anti-Defamation League – einer jüdischen Organisation gegen die Diskriminierung und Diffamierung von Juden – mitgeteilt, er fürchte, dass der Film den Antisemitismus in den USA fördern werde. Richard Gutstadt, der Direktor der ADL, warnte tatsächlich das Studio. Letztlich scheiterte der Film daran, dass Louis B. Mayer ihn nicht finanzieren wollte. »Damit hatten sich die Studios diktieren lassen, was sie über Juden sagen durften«, meint Urwand.

1934 erwarb Mayer die Rechte an *It Can't Happen Here*, einem utopischen Roman von Sinclair Lewis, in dem ein faschistischer Führer in den USA die Macht ergreift. Lewis war mit Dorothy Thompson verheiratet, der Hitler-kritischen Kolumnistin der *New York Post*, die bald darauf für die BSC (und das OSS) arbeitete. Ursprünglich hatte Hays keine Bedenken, aber mitten in der Produktion legte Breen Einspruch ein. Während der Film noch umgearbeitet wurde, erfuhr Rabbi William Fineshriber davon, der Vorsitzende des Filmkomitees der »Central Conference of American Rabbis«. Das Komitee bekämpfte den schlechten Ruf der Juden in Hollywood. Obwohl in dem Film nicht einmal Juden, sondern »Fremde« verfolgt wurden, fand Fineshriber das Drehbuch verstörend. Auch er fürchtete, wie zuvor Gutstadt, es könnte Antisemiten in Amerika ermuntern. Fineshriber schrieb an Mayer und bat ihn, »Juden und ihre Probleme nicht allzu sehr ins Rampenlicht« zu stellen. In einem Brief an MGM-Manager Nicholas Schenck erklärte er: »Nun ist es Zeit für uns, zu schweigen.« Nach Rücksprache mit Hays setzte Mayer das Filmprojekt ab.

Als MGM im Jahr darauf *Three Comrades* drehen wollte, eine Fortsetzung von *Im Westen nichts Neues*, verlangte Breen im Verein mit Gyssling so viele Änderungen – von der Entfernung von Hakenkreuzen bis dahin, dass weder das Wort »Demokratie« noch »Jude« vorkommen durfte –, dass von F. Scott Fitzgeralds Drehbuch nichts mehr übrig blieb. »In diesem kritischen Moment, wenn ein großes Hollywoodstudio der Welt hätte erzählen können, was in Deutschland passierte, machte nicht der Regisseur den Endschnitt, sondern die Nazis«, schreibt Urwand. Selbst Warner Bros. beugten sich dem Nazidiktat. Als das Studio 1937 einen Film über die Affäre Dreyfus drehte, einen Fall von antisemitischer Verfolgung in Frankreich, strich man auf Druck von Gyssling das Wort »Jude« aus jedem Dialog.

Stattdessen drehten die Studios Filme, die Parlamente als Schwatzbuden zeigten und einen »starken Mann im Weißen Haus« propagierten. Der bekannteste war *Gabriel Over the White House* (dt. *Zwischen heut und morgen*), produziert von MGM und William Randolph Hearst, wo ein Präsident, göttlichen Eingebungen folgend, den Kongress auflöst. Der Film startete 1934 in Berlin in ausverkauften Sälen. Der *Völkische Beobachter* und die NSDAP-Zeitung *Der Angriff* waren begeistert. Der *Angriff* nannte den Film ein »exemplarisches propagandistisches Kunstwerk«. Damit nahm der Hollywoodfilm in Deutschland endlich den viel ersehnten Aufschwung: Zwischen 20 und 60 neue US-Streifen kamen jedes Jahr auf deutsche Leinwände, bei wachsenden Zuschauerzahlen, der »Höhepunkt von Hollywoods Beziehung mit Nazideutschland«, schreibt Urwand. Goebbels notierte in seinem Tagebuch, Deutschland könne von dieser amüsanten Art, Filme zu machen, viel lernen: »Die Amerikaner sind so natürlich und uns weit überlegen.«

Universum versuchte 1937 ein Comeback, nachdem Laemmle abgetreten war, aber die Sache scheiterte an Goebbels' Veto. 1938 waren nur noch MGM, Paramount und Twentieth Century Fox in Berlin – und sie passten sich an. Der deutsche MGM-Chef Frits Strengholt ließ sich von seiner jüdischen Frau scheiden. Und Fox bat Hitler in einem Brief darum, sich für die Bedeutung des amerikanischen Films in Deutschland einzusetzen, und zeichnete mit »Heil Hitler«. Der »Führer« lehnte ab.

Erst die »Reichskristallnacht« führte zu einer ernsthaften, wenngleich nicht permanenten Krise in der Beziehung, was eher an den Nazis lag als an den Studiobossen. *Der Angriff* beschwerte sich, dass ein Drittel der Hollywoodstars Juden seien, während das Reichspropagandaministerium eine schwarze Liste von 60 Personen veröffentlichte, die in Deutschland nicht mehr auf die Leinwand durften (darunter Fritz Lang, Ernst Lubitsch und Herman J. Mankiewicz, aber auch Ernest Hemingway). Dazu kam, dass es ausländischen Firmen verboten wurde, ihre Einnahmen aus Deutschland in ihre Heimatländer zu transferieren. Fox und Paramount nutzten ihre Erlöse nun dazu, Wochenschauen in Deutschland zu produzieren und diese Bilder international zu verkaufen. So brachten sie Aufnahmen von Nazikundgebungen, Ordensverleihungen, Hitler-Reden und Goebbels-Auftritten weltweit in die Kinos. MGM hingegen, das keine Wochenschauen produzierte, investierte seine Einkünfte nun in die Rüstungsindustrie des Sudetenlandes und Österreichs. »Mit anderen Worten, das größte Filmstudio der USA finanzierte die deutsche Kriegsmaschine«, fasst Urwand zusammen.

Die Mörder der eigenen Familie bespaßen

Aber in Hollywood regte sich nun Widerstand – allerdings nicht bei den Studiobossen, sondern bei den Kreativen. Damals wurde die »Anti-Nazi League« gegründet von einem Exilanten namens Otto Katz, einem jüdischen Kommunisten aus Böhmen. Er hatte in Berlin für den Theaterdirektor Erwin Piscator und den kommunistischen Verleger Willi Münzenberg gearbeitet. Als die Nazis an die Macht kamen, ging er nach Paris, kämpfte dann im Spanischen Bürgerkrieg, reiste 1939 nach New York und über Los Angeles nach Mexiko (1946 kehrte er nach Prag zurück, wo Stalin ihn sechs Jahre später liquidieren ließ). Die Anti-Nazi League bekam Geld von der British Security Coordination; ihr Aushängeschild war Dorothy Parker, die dem Kreis von Intellektuellen angehörte, der sich im Algonquin Hotel in New York traf. Der Anti-Nazi League gehörten auch der Theaterautor Robert Sherwood an sowie Herman Mankiewicz und Humphrey Bogart, aber auch viele Immigranten aus Deutschland und Österreich, darunter Bertolt Brecht, Fritz Lang, Billy Wilder, Ernst Toller, Lion Feuchtwanger und Erich Maria Remarque. Im Aufsichtsrat saßen Carl Laemmle und Jack Warner.

Die League protestierte, als 1939 zehn Naziredakteure von MGM zu einer Studiotour eingeladen wurden, darunter Carl Cranz, der Chefredakteur der US-Ausgabe des *Völkischen Beobachters* (kurz zuvor hatte Walt Disney Leni Riefenstahl durch sein Studio geführt). Auch Harry Warner empörte sich. »Ich begreife nicht, wie ihr die Mörder eurer eigenen Familien bespaßen könnt«, schrieb er an mehrere MGM-Manager. Er habe aufgegeben, sich bei Louis B. Mayer zu beschweren, der sei ein hoffnungsloser Fall. MGM hatte *It Can't Happen Here* am Ende doch verfilmen wollen, wenngleich in einer entschärften Fassung, aber Mayer legte (nach einem Anruf von Gyssling) sein Veto ein, weil der Film nicht »politisch günstig« sei.

Mit der League fing der Einfluss der Nazis in Hollywood langsam an zu schwinden. Zudem war Gyssling in das Visier eines Mannes geraten, der es nicht mochte, wenn sich Ausländer in amerikanische Angelegenheiten mischten: FBI-Chef J. Edgar Hoover. Hoover stufte Gyssling als »glühenden Nazi« ein, der »Befehle aus Berlin« ausführe. Aber letztlich war es nicht Hollywood, das mit den Nazis brach, vielmehr hatten die Nazis keine Lust mehr auf Hollywood. Im Januar 1939 ließ Goebbels die Chefredakteure der großen Blätter (unter der Hand) wissen, dass amerikanische Filme bald verboten würden. Den Propagandaminister ärgerte es, dass die Amerikaner den deutschen Markt dominierten, während deutsche Filme in Amerika keine Chance hatten. Ohnehin seien alle Filme mit jüdischen Schauspielern oder mit Schauspielern, die bei »Hasst-die-Hunnen«-Filmen mitgespielt hätten, verboten, sagte er.

Anlass für diese Tirade war, dass Goebbels von zwei Drehbüchern erfahren hatte: *The Great Dictator* (dt. *Der große Diktator*) von Charlie Chaplin und *Confessions of a Nazi Spy* (dt. *Ich war ein Spion der Nazis),* den Warner nach dem Buch des FBI-Agenten Leon Turrou produzierte. Regisseur war Anatole Litvak, der später im Auftrag der U.S. Army die Landung in der Normandie filmte, die Hauptrollen spielten Edward G. Robinson und Paul Lukas. Lukas war, wie Litvak, vor den Nazis geflohen. Das Buch geht auf einen – echten – Spion namens Günther Rumrich zurück, Sohn des Sekretärs der österreichisch-ungarischen Botschaft, der in Chicago geboren war. Rumrich, ein Veteran der U.S. Army, gehörte einem Spionagenetzwerk der deutschen Abwehr an. Er hatte 50 blanke Pässe organisiert, die er an Agenten verteilen wollte, um die Sowjetunion zu infiltrieren (oder die USA, da gehen die Quellen auseinander). Das FBI schnappte ihn nach einem Tipp des britischen MI5. Rumrich und 17 seiner Mitspione wurden zu Haftstrafen verurteilt. Nur dem Chef des Spionagerings, Ignatz Griebl, einem Bayern mit US-Pass, der Mitglied des German-American Bund war, gelang die Flucht.

Goebbels konnte wenig unternehmen, denn weder Warner Bros. noch United Artists waren noch in Deutschland. Aber die Nazis waren empört. Hitler hielt am 30. Januar 1939 eine Rede im Reichstag, in der er drohte, die »jüdische Rasse zu eliminieren« (die Rede wurde in der *New York Times* abgedruckt). Er sagte auch, falls amerikanische Filmstudios Anti-Nazi-Filme – die er »antideutsche Filme« nannte – drehen würden, werde Deutschland antisemitische Filme produzieren. »Er bedrohte die Filmstudios genau so, wie er die Juden bedrohte«, schreibt Urwand. Die Botschaft kam an. Es hieß damals sogar, Chaplin werde seinen Hitler-kritischen *Großen Diktator* zurückstellen (was nicht stimmte). Der Europachef von Paramount beschwerte sich bei Warner über *Nazi Spy*:

Falls der Film zu unfreundlich zu den Deutschen sei, werde Warner das »Blut vieler Juden in Deutschland an seinen Händen« haben.

Das Drehbuch von *Nazi Spy* war geheim, da Warner verhindern wollte, dass Gyssling eine Kopie in die Hände fiel. Breen allerdings las es, fand es »hetzerisch und gefährlich«, und so erfuhr auch der Konsul davon. Er drohte mit Rache. Warner sagte daraufhin der *New York Times*, sein Vater sei nach Amerika gekommen, um genau der Art von Verfolgung zu entgehen, die Juden in Deutschland erlitten. Der Film – ein klassisches B-Picture mit Nazis als Gangstern, Wochenschau-Aufnahmen und Ausschnitten aus Leni Riefenstahls Reichsparteitagsfilm *Triumph des Willens* – kam am 6. Mai 1939 in die amerikanischen Kinos.

Der Film löste einen Skandal aus. Im Mittleren Westen wurden Kinos verwüstet oder abgebrannt, der German Bund verklagte Warner Bros., der deutsche Botschafter in Washington legte Beschwerde ein. Mehr als 20 Länder verboten *Nazi Spy*, fast ganz Europa, aber auch Südamerika. Selbst die Kritik in Amerika war gemischt. Die *New York Times* schrieb: »Hitler wird [den Film] nicht mögen und Goebbels auch nicht. Und, offen gestanden, wir sind auch nicht besonders beeindruckt.« Das allerdings war eine Fehleinschätzung. Als Goebbels auf der Leinwand sah, wie »er« seine Spione anwies, sich in die »amerikanische Flagge« zu wickeln und Amerika zu verteidigen, war er begeistert. Der Reichspropagandaminister notierte, man solle über das US-Filmverbot in Deutschland noch einmal nachdenken.

Es sollte noch dauern, bis Hollywood aufwachte. Ein kritischer Film von Warner Bros., *Concentration Camp*, wurde auf Druck von Hays auf Eis gelegt, der sagte, Amerika müsse neutral bleiben, es werde keinen »Zyklus von Hassfilmen« geben. Die Anti-Nazi League löste sich mit dem Hitler-Stalin-Pakt im Sommer 1939 praktisch auf. Und als die Nazis halb Europa besetzten, fürchtete Hollywood, noch mehr Marktanteile zu verlieren, und trat noch leiser. Immerhin waren die Studios bereits aus Italien vertrieben worden, als Mussolini die Filmstadt Cinecittá eröffnet hatte. 1939 brachten Fox, MGM und Paramount – die sich »den Aktionären verpflichtet« fühlten – noch 20 Filme auf deutsche Leinwände, die das Publikum begeistert aufnahm. MGM spendete gar Einnahmen aus seinen Filmen für das deutsche Winterhilfswerk.

Aber im Verborgenen probte MGM den Aufstand. Louis B. Mayer erwarb das Drehbuch für *The Mortal Storm* (dt. *Tödlicher Sturm*), das auf einen Bestseller von Phyllis Bottome zurückgeht, der Frau des Büroleiters des britischen Geheimdienstes MI6 in Wien. Darin geht es um Freya, eine Halbjüdin, die sich in einen Widerstandskämpfer verliebt. In letzter Minute ließ Mayer eine Szene schneiden, wo Freyas Vater und ihr Bruder sagen, sie seien stolz darauf, Juden zu sein. Mayers Rabbi fand, das könne man dem Publikum nicht zumuten. »Als der Film im Juni 1940 ins Kino kam, war er der erste, der Deutschland dafür attackierte, eine Minderheit zu verfolgen«, schreibt Urwand. »Er sagte bloß nicht, welche Minderheit.« Wie Gabler glaubt auch Urwand, dass die Studiobosse sich lieber als Amerikaner sehen wollten denn als Juden. Deshalb ignorierten sie die Judenverfolgung. Aber ihre Kollaboration mit den Nazis habe ihnen bewusst gemacht, dass sie Juden waren – und davor fürchteten sie sich.

Nach *Mortal Storm* drehte die Twentieth Century Fox mit *Four Sons* einen Film über eine sudetendeutsche Familie im Widerstand. Einmal mehr legte Gyssling über das State Department Protest beim Hays-Office ein. Der Brief ging aber nicht an Hays direkt, sondern an seinen Mitarbeiter Frederick Herron, und der weigerte sich, die Studios zu Änderungen zu nötigen. Nun zeigten die Nazis beiden Studios die Rote Karte: Am 20. Juli 1940 verbot Goebbels Fox, seine Filme in Deutschland, Norwegen, Böhmen und Mähren zu zeigen. Am 15. August wurde MGM europaweit die Tür gewiesen. Am 12. September 1940 traf es mit Paramount das letzte Studio, eigentlich grundlos. Dem Manager wurde denn auch versichert, dass er in Deutschland wieder willkommen sei, sobald die Nazis den Krieg gewonnen hätten – vorausgesetzt, der US-Markt werde für deutsche Filme geöffnet. Aber der Paris-Chef von Paramount wurde ins KZ verschleppt.

Der Beginn einer wunderbaren Freundschaft

Gleich nach der britischen Kriegserklärung an Deutschland hatten Jack und Harry Warner der Royal Air Force zwei Spitfire-Kampfflieger spendiert. Ihr Londoner Studio Teddington produzierte mit dem britischen Informationsministerium eine Propagandadokumentation für Amerikaner, die den Londoner »Blitz« – die Angriffe der Luftwaffe – zeigte und andeutete, das Gleiche könne jederzeit in Amerika geschehen. Auch Briten in Amerika drehten Anti-Nazi-Filme, darunter Alfred Hitchcock, der 1940 *Foreign Correspondent* (dt. *Der Auslandskorrespondent*) in die Kinos brachte, einen Thriller um einen US-Reporter, der deutsche Spione in London enttarnt. Andere Filme zeigten die Aktionen deutscher Saboteure im Ersten Weltkrieg, etwa die Explosion von Black Tom.

Aber die Amerikaner blieben zögerlich. 1940 erschien *Pastor Hall*, nach einem Theaterstück von Ernst Toller, dem in die USA geflüchteten bayerischen Kommunisten, worin es um einen Pfarrer im KZ Dachau geht. Das Stück, das auf dem Leben des evangelischen Theologen und Widerstandskämpfers Martin Niemöller basiert, wurde von einem britischen Studio verfilmt, aber kein amerikanisches Studio wollte den Film vertreiben (Breen bezeichnete ihn als »britische Propaganda«), und so sprang James Roosevelt ein, der Sohn des Präsidenten, der *Pastor Hall* mithilfe von United Artists in die Kinos brachte. Seine Mutter Eleanor sprach ein Vorwort, geschrieben von Robert Sherwood.

Auch nach dem Fall von Paris im Sommer 1940 war immer noch eine Mehrheit der Amerikaner gegen einen Kriegseintritt der USA. Und so kamen Jesse Lasky und die Warners auf die Idee, *Sergeant York* in die Kinos zu bringen, ein Film über einen – echten – Sergeanten namens Alvin C. York, der im Ersten Weltkrieg als hochdekorierter Soldat zu einer Art Volkshelden wurde. *Sergeant York* startete im Juli 1941 am New Yorker Broadway – aber nur für kurze Zeit. Warner nahm den Film aus den Kinos, als in Washington ein Senatskomitee unter Gerald P. Nye anfing, Hollywood auf den Zahn zu fühlen. Der Filmindustrie wurde vorgeworfen, »Hass gegen eine ganze Rasse« zu schüren.

Nye, ein Republikaner, hatte schon die »Merchant of Death«-Hearings von 1934–36 geleitet, wo es um Waffenverkäufe im Ersten Weltkrieg ging. Nye hielt Hollywood für eine Fünfte Kolonne, die vor »Flüchtlingen und britischen Schauspielern« wimmele und Amerika mit dem »Kriegsvirus« infiziere. Namentlich listete er *Sergeant York* auf, *Ich war ein Nazi-Spion* und *Der große Diktator*. Die Anhörungen begannen am 9. September 1941 im Saal des Senatsgebäudes in Washington, D.C. Zu dem Spektakel erschienen Hunderte von Journalisten sowie Anwälte, PR-Männer, Filmemacher und natürlich Studiobosse. Es war die letzte Schlacht zwischen den »America Firsters« und den Interventionisten, die im »Fight for Freedom Committee« vereint waren, einer der vielen Frontorganisationen des britischen Geheimdienstes.

Das bekannteste Gesicht der »Amerika Firsters« war der Atlantikflieger Charles Lindbergh. Lindbergh und der ebenfalls geladene Sergeant York lieferten sich einen Schlagabtausch. Der Sergeant beschuldigte Lindbergh (und Nye), Verräter zu sein. Walter Winchell nannte York einen »amerikanischen Helden«, der im Ersten Weltkrieg bereit gewesen sei, sein Leben für sein Land zu opfern. Und Dorothy Thompson nannte die »America Firsters« »Quislinge« nach dem Gründer der norwegischen faschistischen »Nasjonal Samling« Vidkun Quisling. Die wichtigste Stütze der Studios aber war ein Lobbyist: Wendell Willkie, der Republikaner, der 1940 im Präsidentschaftswahlkampf Roosevelt unterlegen war. »Er war sein Honorar von 100 000 Dollar wert«, schreiben Clayton Koppes und Gregory Black in *Hollywood Goes to War*. Willkie wehrte sich vehement gegen den Vorwurf, die Studios würden die Briten nur wegen des Geldes unterstützen. »Wenn die Studios vom Profitgedanken gelenkt wären«, beteuerte er, »würden sie sich bei den Nazis anbiedern.« Harry Warner warnte, dass die Nazis eine totalitäre, globale Revolution anstrebten. Eine Welt, die von Nazis dominiert werde, sei eine Gefahr für Amerika. Warner Bros., fügte er hinzu, sei das erste und einzige Studio, das aufgehört habe, Geschäfte mit den Nazis zu machen.

Nach Pearl Harbor löste sich das »Fight for Freedom Committee« sang- und klanglos auf. »Nun wurden die Mogule von der Regierung umworben zu helfen«, schreibt Birdwell (*Celluloid Soldiers*). »Damit gingen Washington und Hollywood eine Beziehung ein, die die Filmindustrie für immer verändern sollte.« Auch ein lang andauerndes Kartellverfahren gegen die Studios – denen fast alle 2000 Kinos in den USA gehörten – wurde ausgesetzt. Roosevelt bat das Justizministerium, sich mit den Studios zu einigen, denn »die Kooperation der Filmindustrie ist ein wichtiger Faktor bei den Verteidigungsplänen«. Es war der Beginn einer wunderbaren Freundschaft.

Am 13. Juni 1942 gründete Roosevelt das »Office of War Information« (OWI). Direktor wurde der CBS-Reporter Elmer Davis. Das OWI wuchs auf 3000 Mitarbeiter an, darunter Willkie, der Bankier James Warburg sowie Dean Acheson, der später unter Harry S. Truman Außenminister wurde, der Dichter Archibald MacLeish, der Historiker Arthur Schlesinger, jr., James Reston, der spätere Chefredakteur der *New York Times*, und Harry Warner. Übersee-Direktor war Robert Sherwood. Dem OWI unterstanden auch das »Office of Censorship« und das »Bureau of Motion Pictures«. Treibende Kraft dahinter war Nelson Poynter, der Verleger der *St. Peters-*

burg Times. Der Auslandsbeauftragte war Ulric Bell, der vom »Fight for Freedom Committee« kam. Das »Bureau of Motion Pictures« las 1652 Drehbücher, bei fast drei Vierteln schlug es Änderungen vor. Das OWI verbot nur wenige Filme. Einer davon war *Bushido*, wo der Held, ein antibolschewistischer Russe, zu sympathisch dargestellt war. Das OWI konnte den Vertrieb von Filmen im Ausland untersagen und auf diese Weise die Studios finanziell unter Druck setzen. Aber auch Joseph Breen blieb einflussreich. Als Paramount 1944 *The Hitler Gang* drehte, verbot Hollywoods oberster Zensor, Nazis als Homosexuelle zu zeigen und Hitler als jemanden, der sexuelle Beziehungen zu seiner Nichte unterhielt.

Die wichtigste Frage, die das OWI den Filmproduzenten stellte, lautete: »Wird dieser Film helfen, den Krieg zu gewinnen?« Es war ein »totaler Krieg« mit dem Ziel des »totalen Sieges«, schreiben Koppes und Black (*Hollywood Goes to War*). »Jeder ist entweder mit uns oder gegen uns.« Damit rannte das OWI offene Türen ein. Wie Neal Gabler schreibt, drehte Hollywood überschäumend patriotisch Film nach Film über die Grausamkeit der Nazis, die Bedrohung durch Nazisympathisanten in den USA, die Tapferkeit der Soldaten, die Standhaftigkeit der Bevölkerung und die Richtigkeit der US-Mission. Nun war sogar Disney an der Front. Donald Duck kämpfte gegen die Nazis, mit Mickey Mouse und Goofy. Bis 1945 produzierte Hollywood mehr als 1500 Filme, davon beschäftigte sich die Hälfte mit dem Krieg, rechnet Michael Shull in *Hollywood War Films* vor.

Auch die U.S. Army drehte Filme. Dafür war die »First Motion Picture Unit« zuständig, die im Mai 1942 von dem Air-Force-General Henry »Hap« Arnold ins Leben gerufen wurde (der nach dem Krieg die militärische Denkfabrik RAND gründete). Arnold beauftragte drei Männer: den Drehbuchautor Owen Crump – ein Armee-Major und angeheirateter Neffe von Douglas Fairbanks und Mary Pickford –, den Produzenten Hal B. Wallis und Jack Warner. Wallis sprang allerdings gleich ab, weil er mit *Casablanca* beschäftigt war. Auch Warner gab die Leitung bald an den Air-Force-Piloten Albert Mantz ab. Die »First Motion Picture Unit« gab in Hollywood 400 Filme für das Militär in Auftrag, größtenteils Schulungs- und Rekrutierungsstreifen. Sie wurden in den Studios von Hal Roach in Culver City gedreht.

Einer der ersten Warner-Filme im Auftrag des Militärs war *Winning Your Wings*, der Piloten für die Air Force begeistern sollte. In *Resisting Enemy Interrogation* wurde Rekruten beigebracht, wie sie einem Verhör widerstanden. Die »First Motion Picture Unit« stellte auch Material über die Topografie von Japan zusammen, das den Besatzungen der B-29-Bomber bei Luftangriffen auf japanische Städte helfen sollte.

Der bekannteste Regisseur, der für die »First Motion Picture Unit« arbeitete, war John Ford, gefolgt von Frank Capra. Capra zeichnete für die siebenteilige Serie *Why We Fight* (»Warum wir kämpfen«) verantwortlich. Capra dokumentierte 1944 auch die Invasion der Normandie durch amerikanische und britische Truppen. Die meisten dieser Bilder waren allerdings so grausam, dass man sie dem Publikum nicht zumuten wollte.

Viele Stars traten für die »First Motion Picture Unit« auf, darunter Clark Gable, James Stewart und Bob Hope. Auch Ronald Reagan arbeitete für die Propagandaabteilung der U.S. Army. Obwohl Reagan nie die USA verließ, inszenierte er sich als Kriegsheld, der in Europa kämpfte. Nach dem Krieg kam er zur Rolle in einem Film, der die Befreiung von Auschwitz durch die Rote Armee zeigte. Laut der israelischen Zeitung *Maariv* erzählte er Premier Jitzchak Schamir 1983 angeblich, er habe diesen Film selber gedreht.

Gute Russen, böse Russen

Amerika sah sich als Land, das einen Verteidigungskrieg führte. GIs wurden als ehrliche, aufrechte – und meist weiße – »Jungs von Nebenan« dargestellt, mit Kindern oder Hunden, während Zivilisten an der Heimatfront fröhlich Blut spendeten, Altmetall sammelten, Steuern zahlten und Kriegsanleihen zeichneten. Ähnlich wurde England dargestellt. »Im Oktober 1941 stand Hollywood vollständig hinter der britischen Kriegsanstrengung«, schreibt Shull (*Hollywood War Films*). Typisch dafür war der MGM-Film *Mrs. Miniver,* in dem es um Kai Miniver, eine tapfere blonde Mutter von »feinstem Blut« (MGM) im bombardierten London ging. 1943 bekam der Film sechs Oscars, unter anderem als bester Film.

Schwieriger war es, die mit den USA verbündete UdSSR sympathisch darzustellen, zumal Stalin gerade erst mit Hitler in Polen einmarschiert war. Aber Hollywood ist noch nie davor zurückgeschreckt, Geschichte umzuschreiben: In *Jack London*, einem United-Artists-Film von 1943, wird das Zarenreich im Japanisch-Russischen Krieg von 1904/05 als Opfer der Japaner dargestellt. Tatsächlich stand Amerika damals auf Seiten Japans, und die Wall Street finanzierte die japanische Armee.

Der erste prorussische Film war 1939 *Ninotschka*, eine Liebesgeschichte mit Greta Garbo, die Ernst Lubitsch für MGM drehte. Es folgte 1943 *Mission to Moscow* (dt. *Botschafter in Moskau*), ein pseudodokumentarischer Film von Michael Curtiz über Joseph E. Davies, von 1936 bis 1938 US-Botschafter in Moskau (und Wahlkampfhelfer Roosevelts). Davies hatte sich die Kontrolle über den Film ausbedungen. Als Stalin-Versteher der ersten Stunde glaubte er, dass niemals »Führer einer Nation so falsch dargestellt und missverstanden worden sind wie die der Sowjetunion«.

Davies hielt nicht nur Stalin für »nett und vertrauenswürdig«, er verteidigte sogar die Moskauer Prozesse der Dreißigerjahre, als Stalin Zehntausende Abweichler verhaften und nach erzwungenen Geständnissen hinrichten ließ. Das war der Beginn des »Großen Terrors« – alleine zwischen August 1937 und November 1938 starben 1,5 Millionen Sowjetbürger und Exilanten. In dem Film wird Leo Trotzki als Agent der Nazis dargestellt, andere Angeklagte bei den Moskauer Prozessen erscheinen als Fünfte Kolonne der Japaner.

Auch Roosevelt war in die Produktion des Films involviert. Der Präsident hatte Warner Bros. das Buch vorgeschlagen und traf sich während des Drehs mit Davies. Der wiederum stellte Roosevelt im Film als Friedenspräsidenten in der Nachfolge von Wilson dar. Auch das OWI mochte *Mission to Moscow*. Sherwood hielt es für das »Mutigste, was Hollywood jemals gedreht hatte«. Poynter fand, die Story helfe »Amerikanern, ihre russischen Alliierten zu verstehen«. Russische Führer würden als »verantwortungsbewusste Staatsmänner« dargestellt, mit denen es »nach dem Krieg Kooperationen geben« werde. Der Philosoph John Dewey und die Journalistin Suzanne La Follette (eine Cousine von Bob La Follette) nannten den Film »totalitäre Propaganda«.

Es folgte *The North Star* (Goldwyn/RKO), wo ukrainische Kommunisten in akzentfreiem Englisch und mit Cowboyhüten an der Seite ihrer sowjetischen Alliierten kämpfen und Erich von Stroheim einen Kinder mordenden Naziarzt gibt. 1957 wurde der Film umgeschnitten und zeigte nun Ungarn im Aufstand gegen die UdSSR. Insgesamt drehten die Hollywood Studios 136 Filme, in denen Russen als herzensgute christliche Bauern dargestellt wurden. Hollywood zeigte übrigens nie Schlachten zwischen der Roten Armee und der Wehrmacht, sondern nur Partisanenkämpfe. Wirklich schade ist allerdings, dass ausgerechnet bei *Mission to Moscow* Ronald Reagan nicht mitspielt. *Mission to Moscow* bescherte seinen Machern nach dem Krieg viel Ärger mit dem HUAC, dem Komitee für unamerikanische Umtriebe. Jack Warner – der aussagte, er sei von seinem Drehbuchautor hereingelegt worden – ließ alle Kopien des Streifens vorsichtshalber verbrennen.

Die Achsenmächte wurden natürlich viel unschmeichelhafter gezeichnet. Italiener waren feige und albern; erst nach dem Sturz Mussolinis wandelten sie sich in tapfere Freiheitskämpfer. Japaner wurden mit gelber Hautfarbe, vorstehenden Zähnen, strähnigen Haaren und lispelndem Englisch dargestellt, als »stinky Nips«. In *Menace of the Rising Sun* (1942) haben sie gar blutige Reißzähne. Dass japanische Soldaten ohne Wimpernzucken wie Ungeziefer umgebracht werden, versteht sich von selbst. Das sollte lange Schatten werfen. 1945 zeigte *Objective Burma* (Warner Bros., dt. *Der Held von Burma*) die blutige Invasion japanischer Inseln durch US-Streitkräfte.

Was die Deutschen betraf, so wurden natürlich alle Stereotype aus dem Ersten Weltkrieg wiederbelebt: Kurzhaarschnitt, Monokel, Schmisse, Kommandoton. »Damit Propaganda effektiv sein kann, muss sie auf einem kulturellen oder politischen Vorurteil des intendierten Publikums basieren«, schreibt Shull (*Hollywood War Films*). Anders als im Ersten Weltkrieg waren die Deutschen allerdings weniger blutrünstige Hunnen als eiskalte Killer und hundertprozentige Nazis. Während Amerikaner in Hollywoodfilmen gute Christen sind, verachten Nazis Familienwerte und ersetzen die Bibel durch *Mein Kampf*. Die Nazis verkörpern den »preußischen Militarismus im neuen Gewand«, wie das OWI es verfügte. Das Bild der Österreicher in den USA hingegen wird bis heute durch den Musikfilm *The Sound of Music* (dt. *Meine Lieder – meine Träume*) geprägt, wo eine tanzende, klampfende Nonne und ihre Lederhosen tragende angeheiratete Familie sich im Widerstandskampf durch die Alpen jodeln. Die bayerisch-österreichischen Bierzeltwurzeln der Nazis sind den Amerikanern bis heute unbekannt, Österreich galt als Opfer der Nazis.

Dazu passt auch, dass Hollywood niemals die Auswirkungen der amerikanischen und britischen Bombardements deutscher, italienischer oder japanischer Städte zeigt, weder Dresden noch Wien oder Tokio kommen in den Filmen vor. Allenfalls wird einmal ein »Präzisionsbombardement« erwähnt, das aber Zivilisten verschont. So werden in *Thirty*

Seconds Over Tokyo (dt. *Dreißig Sekunden über Tokio*) Bomben gezeigt, die nur militärische Anlagen treffen (während bei der Bombardierung Tokios tatsächlich 130 000 Zivilisten starben). In *Enemy of Women* hält Goebbels eine Rede, in der er sagt, die Bomben auf Berlin seien harmlos. Und in *This Land Is Mine* (dt. *Dies ist mein Land*) von 1943 sitzen Zivilisten in einem nicht näher bezeichneten besetzten Land in einem Keller, und eine Frau fragt: »Warum bombardieren die Alliierten nicht Deutschland?« Worauf die Lehrerin Louise Martin (Maureen O'Hara) erwidert: »Jede Fabrik und jede Bahnlinie in Europa ist Deutschland.«

Ohnehin spielten die meisten Kriegsfilme nicht in Deutschland, sondern in besetzten Ländern – in Holland, der Tschechoslowakei oder – wie in *The Moon is Down* – in Norwegen. Für das OWI präsentierten diese Widerstandsfilme ein Dilemma: Wenn sie erfolgreich sein sollten, mussten die Widerständler siegen, denn Filme ohne Happy End sind selten beliebt. Das aber unterminierte die gewünschte Botschaft der Brutalität des Besatzungsregimes. Zudem verlangt Filmdramaturgie nach Konflikten zwischen Widerständlern und Kollaborateuren; das OWI wollte aber auf Letztere ungern aufmerksam machen. Gelegentlich legte das OWI auch sein Veto ein, etwa bei *Passage to Marseille* (Warner Bros., 1944, dt. *Fahrkarte nach Marseille*): Humphrey Bogart als französischer Widerstandskämpfer schießt nicht nur ein deutsches Flugzeug ab, sondern tötet auch die Insassen, nachdem sie sich ergeben haben. So etwas taten in Hollywood nur Japaner, nicht aber Alliierte. Warner Bros. änderte die Szene, aber nur für den ausländischen Markt.

Der Klassiker der Widerstandsfilme ist *Casablanca,* den Hal B. Wallis für Warner Bros. produzierte. Hauptfiguren des Films sind der Amerikaner Rick Blaine (Humphrey Bogart), der in der marokkanischen Hafenstadt ein Café führt, seine frühere Geliebte Ilsa Lund (Ingrid Bergman), eine Norwegerin, die

Blaine in Paris kennengelernt hat, und ihr Mann Victor Laszlo (Paul Henreid), ein tschechischer Widerstandskämpfer. Es war die Rolle, die Bogart zum Star machte. Dabei hatte Jack Warner sie ursprünglich mit George Raft besetzen wollen.

Die Stärke von *Casablanca* rührt daher, dass der Film eine sentimentale Geschichte und einen ernsten politischen Hintergrund mit einem ironischen Ton, komischen Einlagen und flotten Sprüchen verwebt. Die *Los Angeles Times* nannte den Film eine »praktisch perfekte Balance von Komödie, Romanze und Thriller«. Weil viele Exilanten, die vor den Nazis aus Deutschland, Österreich oder Ungarn geflüchtet waren, kleine Rollen übernahmen, atmet der Film eine intensive Atmosphäre von Authentizität. Zu ihnen zählen Peter Lorre, Curt Bois, Trude Berliner, Ilka Grüning und Conrad Veidt als Major Heinrich Strasser, der an Max Reinhardts Deutschem Theater in Berlin aufgetreten war, und Helmut Dantine, der auch in *Mrs. Miniver* und *Botschafter in Moskau* mitwirkte.

Warum der Kultfilm – der in Culver City gedreht wurde – in Casablanca spielt, ist unklar; die wichtigen Flüchtlingshäfen waren damals Lissabon und Marseille. Für den Kassenerfolg war das allerdings ein Segen. Der Film wurde drei Wochen nach der Landung der Alliierten in Nordafrika fertig, was der Werbung ungemein half. Aber nur in den USA. Das OWI ordnete an, dass *Casablanca* in Nordafrika nicht gezeigt werden durfte, um die Vichy-Regierung nicht zu verärgern, die von den USA anerkannt wurde. Erst 1944 akzeptierte Roosevelt die »Freien Franzosen«, die mit Charles de Gaulle im Londoner Exil saßen, als legitime Vertreter Frankreichs.

Casablanca erhielt drei Oscars, darunter den für den besten Film. Aber zu einem großen internationalen Erfolg wurde der Film erst nach dem Krieg. Nach 1945 wurde *Casablanca* immer wieder umgeschnitten, eingeschlossen eine Version für den deutschen Markt ohne Nazis. Obwohl der Film mit

Frankreich eigentlich wenig zu tun hat, prägte er mit Sprüchen wie »Uns bleibt immer Paris« nicht nur das Frankreichbild der Amerikaner, sondern auch ihre Vorstellung vom Widerstand gegen die Nazis.

Das OWI behielt weiterhin Widerstandsfilme im Auge. So musste *The Moon is Down* (Twentieth Century Fox) nach dem gleichnamigen Bestseller von John Steinbeck (dt. *Der Mond ging unter*) umgeschnitten werden. Deutsche Soldaten, argumentierte die Behörde, würden nicht böse genug dargestellt. Das könnte in den USA den Eindruck vermitteln, wenn man nur Hitler und seine Kumpane beseitige, dann sei der Krieg schon gewonnen. Die Westalliierten forderten auf der Konferenz von Casablanca 1943 die bedingungslose Kapitulation Deutschlands (und Japans) und wollten sich daher weder auf Verhandlungen mit der Wehrmacht noch mit dem Widerstand einlassen.

Das war auch einer der Gründe dafür, dass der deutsche Widerstand im Hollywoodkino nicht stattfand. Roosevelt war dagegen – so Shull –, dass »gute Deutsche« auf die Leinwand gelangten. Er fürchtete, dass dies Sympathien in den USA wecken und zum vorzeitigen Frieden führen könnte. Erstaunlich ist allerdings, dass es selbst heute keine US-Filme über den deutschen Widerstand gibt, nicht einmal über Sophie Scholl (und schon gar nicht über die Rote Kapelle). Einzige Ausnahme ist *Valkyrie* (dt. *Operation Walküre – Das Stauffenberg-Attentat*), der erst spät, nämlich 2008 gedreht wurde, mit Tom Cruise als Claus Schenk Graf von Stauffenberg.

In *Hangmen Also Die* (dt. *Auch Henker sterben*) von Fritz Lang (1943) geht es um das Attentat auf Reinhard Heydrich, den Leiter des Reichssicherheitshauptamtes, und um die Auslöschung des Dorfes Lidice in der Tschechoslowakei. Einer der Drehbuchautoren, Bertolt Brecht, wollte in einer Szene zeigen, wie Juden misshandelt werden. Regisseur und Kodrehbuchautor Lang (dessen Mutter Jüdin war) war dagegen.

Am Ende wurde die Szene geschnitten. Homosexuelle oder Behinderte als Opfer oder deutsche Kommunisten waren völlig tabu. Daran hat sich bis heute nichts geändert: Als US-Präsident Barack Obama im Juni 2009 das ehemalige KZ Buchenwald besuchte, erwähnte er die politischen Gefangenen, die dort einsaßen, wie den KPD-Vorsitzenden Ernst Thälmann, den Sozialdemokraten Rudolf Breitscheid oder Léon Blum, den ersten sozialistischen Ministerpräsidenten Frankreichs, mit keinem Wort.

Dabei war der millionenfache Mord an den Juden ab Herbst 1942 in Amerika durchaus bekannt. Viele Amerikaner aber schenkten nach dem belgischen Babydebakel aus dem Ersten Weltkrieg entsprechenden Berichten keinen Glauben. Dazu kam, dass – nach einer Umfrage von 1942 – rund 40 Prozent der Amerikaner fanden, die Juden hätten in Amerika zu viel Einfluss, 18 Prozent befürworteten gar Hitlers antisemitische Politik. Und so dürften die Studiobosse von taktischen Überlegungen geleitet worden sein: Amerikaner waren motiviert, aus Rache für Pearl Harbor zu kämpfen und dafür, London, Paris oder Wien zu befreien, nicht aber für die Rettung von Juden, Homosexuellen oder Kommunisten.

»Wer das Kino kontrolliert, kontrolliert Deutschland«

Nach dem Sieg der Alliierten über Nazideutschland lud das Pentagon ein Team von Hollywoodproduzenten nach Deutschland ein, darunter Harry Cohn von Columbia, Darryl F. Zanuck, Chef der Twentieth Century Fox, und, natürlich, Jack Warner. Die Gruppe besichtigte mehrere zerbombte Städte, auch die Ruine des Braunen Hauses in München, den Bürgerbräukeller, wo der Hitler-Putsch stattgefunden hatte, sowie das KZ Dachau, wo Jack Warner ein paar Schnappschüsse machte. Man unternahm auch eine Rheinfahrt auf Hitlers Jacht, vorbei an der Loreley. Armee-General George Marshall ermunterte die versammelten Filmbosse, dies alles für künftige Filme zu nutzen. Die Mogule interessierten sich aber mehr dafür, wie sie ihre Marktmacht in Deutschland wieder etablieren könnten. Zanuck, schreibt Urwand (*The Collaboration*), hatte bereits 1944 einem Berater von Roosevelt erzählt, man wolle die deutsche Filmindustrie nach einem Sieg der USA komplett durch Dependancen der Hollywoodstudios ersetzen. Harry Warner machte 1945 einen ähnlichen Vorschlag. John McCloy, der frühere Black-Tom-Ermittler, der nun stellvertretender Pentagonchef war, wies das zurück. Das bedeutete, sagte er, eine vollständige Kontrolle der Alliierten über die deutsche Kultur.

Aber Warner blieb dabei: Die US-Filmindustrie besitze 1400 Filme, die noch nicht in Deutschland gezeigt worden seien, das sei genug; Filmaufnahmen in Deutschland sollten verboten werden. »Wer das Kino kontrolliert, kontrolliert Deutschland«, meinte Warner. »Die Alliierten sollten Deutschland nicht erlauben, eine Filmindustrie zu haben.« Doch das Pentagon erlaubte Deutschland immerhin, Filme für den deutschen Markt zu produzieren, nicht aber für den Export. Dieses Verbot wurde erst im Kalten Krieg aufgehoben.

Während das OWI im August 1945 von US-Präsident Harry S. Truman aufgelöst wurde, arbeitete die »First Motion Picture Unit« weiter. Der Drehbuchautor Owen Crump filmte den Schaden, den amerikanische und britische Bomber in europäischen Städten angerichtet hatten – in Farbe und unter dem Codenamen »Special Film Project 186«. Auch die Verhöre von führenden Nazis in US-Gefangenschaft, wie etwa Hermann Göring, wurden aufgenommen, außerdem die Befreiung des Konzentrationslager Buchenwald und seiner Außenstelle, des Zwangsarbeitslagers Ohrdruf, durch die U.S. Army. Es waren Hunderte von Stunden Filmmaterial, aber sie erreichten nie ein Publikum, weil die Armee den Geldhahn zudrehte. Der Schnitt hätte eine Million Dollar gekostet. Das machte »Special Film Project 186« zum teuersten ungesehenen Film aller Zeiten.

Ebenfalls 1945 produzierten Billy Wilder, George Stevens und Budd Schulberg im Auftrag des Pentagon drei Dokumentarfilme über die Konzentrationslager, die bei den Kriegsverbrecherprozessen in Nürnberg verwendet wurden. Aber der Holocaust blieb ein Tabu, von wenigen Ausnahmen abgesehen wie *The Stranger* von 1946 (dt. *Die Spur des Fremden*) von Orson Welles, bei dem Bilder aus den befreiten Konzentrationslagern verwendet wurden. Der einzige Holocaustfilm der unmittelbaren Nachkriegszeit, der ein breiteres Publikum erreichte, war *The Diary of Anne Frank* (dt. *Das Tagebuch der Anne Frank*) von 1959. Aber der eigentliche Durchbruch des Holocaustfilms im US-Kino fand erst nach dem Ende des verlorenen Vietnamkrieges statt, und das nicht zufällig.

Hingegen werden Deutsche heute oft noch genau so dargestellt, wie es Warner Bros. vorgemacht hat. »Der dienstbeflissene, sadistische, bösartige Nazi, der blind Befehlen gehorcht, ist ein fester Bestandteil populärer Kultur«, schreibt Birdwell (*Celluloid Soldiers*). Hollywood habe die »Nazis als die Inkarnation des Bösen« für die Ewigkeit perpetuiert.

Nazis und Amerikaner

»Wer die Vergangenheit kontrolliert, kontrolliert die Zukunft: wer die Gegenwart kontrolliert, kontrolliert die Vergangenheit.«
GEORGE ORWELL, *1984*

Die Foreign Policy Association (FPA) ist die älteste außenpolitische Denkfabrik der USA. Sie geht auf Woodrow Wilson und seine Völkerbund-Idee zurück. Präsidenten wie Franklin D. Roosevelt und Ronald Reagan haben hier Vorträge gehalten, zu ihren Mitgliedern zählen Wissenschaftler, Journalisten und Diplomaten. Für einen Abend im Februar 2014 hat die FPA Stephen Kinzer eingeladen. Kinzer spricht im Vortragssaal der Banco Santander über sein neuestes Buch, *The Brothers*. Darin geht es um Allen und John Foster Dulles, die Brüder, die lange die Außenpolitik der USA bestimmt haben und die, natürlich, ebenfalls Mitglieder der FPA waren.

Kinzer war Korrespondent für die *New York Times* in Nicaragua und Guatemala, er berichtete für die *Times* aus Berlin, als die Mauer fiel. Dann schrieb er über Iran. Es ist mehr oder weniger eine Karriere auf den Spuren der Dulles-Brüder, aber nicht aus Absicht, sondern weil die Brüder immer an den Brennpunkten der Weltgeschichte waren, wo auch die *Times* ihre Büros hat. Heute ist Kinzer, der an der Brown University lehrt, ein entschiedener Kritiker der US-Außenpolitik.

John Foster und Allen Dulles, sagt Kinzer, hätten vom Versailler Vertrag bis zum Kalten Krieg jene politische Landschaft geschaffen, in der wir heute noch leben. Dabei seien sie völlig verschieden gewesen. »John Foster war ein sauertöpfischer, arroganter Mann, den nicht einmal seine Freunde mochten«, sagt Kinzer. »Allen war der Mittelpunkt jeder Party. Er konnte hinreißend plaudern, er hatte Mätressen in der ganzen Welt, bis zur Königin von Griechenland.« Allens Lieblingsbuch war *Kim* von Rudyard Kipling, eine Hymne auf das britische Empire. Mit dem Buch im Gepäck hatte er Asien bereist – Bombay, Delhi, Singapur, Hongkong, Peking, Schanghai und Tokio. Als CIA-Chef sei er nicht nur der »Kopf der unsichtbaren Schattenregierung« der USA gewesen, sagt Kinzer, sondern auch der Botschafter dieser unsichtbaren Regierung zur sichtbaren Welt.

Die Karriere von Allen und John Foster Dulles begann mit dem Ersten Weltkrieg. Robert Lansing, der Onkel der beiden und Außenminister der USA, schickte den jungen Allen nach Bern, für das noch junge »Bureau of Secret Intelligence«, den Spionagedienst des State Department. Gelegentlich vernachlässigte der junge Anwalt seine Pflichten: Als er im April 1917 von einem Fremden angerufen wurde, der sich sofort mit ihm treffen wollte, lehnte er ab, da er einen Ausflug mit zwei Schweizerinnen plante. Später fand er heraus, dass der Fremde am nächsten Tag in einem verplombten Eisenbahnwagen nach Russland reiste. So verpasste er ihn. Der Fremde war Wladimir Iljitsch Uljanow, heute bekannt als Lenin. Von nun an, gelobte Dulles, würde er sich keine interessanten Kontakte mehr entgehen lassen.

Seine Schwäche für Frauen bescherte ihm bald noch mehr Probleme. Allen Dulles hatte eine tschechische Geliebte, die für ihn arbeitete und die wusste, wo er die Geheimcodes aufbewahrte. Eines Tages informierten ihn zwei britische Offiziere, dass sie Informationen an die Österreicher weitergebe. Es sei notwendig, sie zu liquidieren. Dulles führte seine Freundin zum Essen aus, aber statt sie nach Hause zu begleiten, lieferte er sie an die Briten aus. »Niemand hat je wieder von ihr gehört«, schreibt Kinzer.

John Foster Dulles' Mentor war der Banker Bernard Baruch, im Ersten Weltkrieg Vorsitzender des War Industries Board. Als Baruch 1919 als Delegierter für die USA nach Versailles ging, nahm er John Foster mit. Bald darauf folgte Allen seinem Bruder nach Paris. Die beiden trafen sich mit Diplomaten und Lords und machten Vorschläge zu den Verhandlungen. Es war die Idee von Allen Dulles, das Sudetenland der aus den Trümmern des Habsburgerreiches entstandenen Tschechoslowakei zuzuschlagen.

1920, nachdem in Berlin die Republik ausgerufen worden war, ging Allen für ein paar Monate in die deutsche Hauptstadt. In diesen Jahren betrieb er auch für das State Department und Standard Oil Kontaktpflege im Mittleren Osten. 1926 fing er bei der Wall-Street-Kanzlei Sullivan & Cromwell, an, wo John Foster Teilhaber war. Sullivan & Cromwell vertraten alles, was Rang und Namen hatte: General Electric, J. P. Morgan, U.S. Steel, den Eisenbahnkönig E. H. Harriman, aber auch französische Investoren, die Land in Panama für einen Kanal gekauft hatten. Als deren Finanzierung scheiterte, überzeugte Cromwell den US-Kongress, einzuspringen. Anschließend organisierte er in Panama eine Revolution, die das Land unter die Führung einer amerikafreundlichen Oligarchie brachte.

John Foster Dulles vertrat die Holland-Amerika-Linie, Bahngesellschaften in Brasilien, Minen in Peru und die United Fruit Company in Nicaragua. Allein in Kuba investierten Klienten von Sullivan & Cromwell 170 Millionen Dollar (heute rund drei Milliarden Dollar). Als in den Zwanzigerjahren eine liberale Regierung in Nicaragua an die Macht zu kommen drohte, veranlasste Foster, dass das State Department zwei Kriegsschiffe schickte, deren Soldaten solche Umtriebe unterbanden.

Beide Brüder waren Interventionisten in der Tradition von Wilson. Sie vertraten eine Politik der »offenen Tür«, die man eher als »Trete die Tür ein«-Politik bezeichnen solle, meint Kinzer – letztlich ging es darum, andere Länder zu zwingen, Handelsverträge im Interesse der USA zu akzeptieren. Die Brüder waren auch Gründungsmitglieder eines Clubs in New York: des Council on Foreign Relations. Der CFR ist noch ein bisschen einflussreicher als die Foreign Policy Association. Elihu Root, US-Kriegsminister unter Theodore Roosevelt, gehörte zu den Gründern, aber auch Wilsons Kriegsminister Newton Baker, der Presseagent Ivy Lee und Walter Lippmann. Erster Präsident wurde Norman Davis, Wilsons Unterstaatssekretär im State Department, der mit kubanischem Zucker reich geworden war. Chefredakteur der hauseigenen Zeitschrift *Foreign Affairs* wurde Hamilton Fish Armstrong. Auch John Foster Dulles schrieb in *Foreign Affairs*. Kinzer zufolge produzierte der CFR bis in die Vierzigerjahre mehr als 600 als geheim eingestufte Memos für das State Department.

John Foster Dulles verlagerte nun den Schwerpunkt seiner Tätigkeit von Südamerika auf Berlin. Er sollte für die Banken, die Sullivan & Cromwell vertrat – J. P. Morgan, Brown Brothers Harriman, Lazard Frères, Goldmann, Sachs – kapitalbedürftige Klienten suchen, darunter deutsche Firmen und die preußische Staatsregierung. Deutschland brauchte dringend Kapital, um seinen Reparationsverpflichtungen nachkommen zu können. Und John Foster, der diese Verträge mit ausgehandelt hatte, half. Auch den nach Charles Dawes, Vizepräsident unter US-Präsident Calvin Coolidge, so genannten Dawes-Plan von 1924 hatte John Foster konzipiert. Deutschland hatte nach der Besetzung des Ruhrgebiets durch französische Truppen und der Hyperinflation im Herbst 1923 quasi Konkurs angemeldet, und der Dawes-Plan sollte ihm die weitere Bezahlung der Reparationen ermöglichen. Dazu diente ein Milliardenkredit vom Morgan Guaranty Trust unter der Leitung von JP Morgan.

»John Foster wurde zum erfolgreichsten Verkäufer von deutschen Pfandbriefen in den USA«, schreibt Kinzer. Der Nebeneffekt war, dass US-Banken den deutschen Markt erobern konnten. 1929 wurde der Dawes-Plan vom Young-Plan abgelöst. Kurz darauf trieb der Schwarze Freitag an der Wall Street zuerst die amerikanischen, dann die österreichischen und deutschen Banken in den Abgrund. Der NSDAP, die bis dahin nur eine Splitterpartei gewesen waren, verschaffte das immensen Auftrieb; in ihrer Propaganda gaben die Nazis der vermeintlich jüdischen Wall Street die Schuld an der Krise. 1931 vermittelte John Foster der Reichsregierung einen neuerlichen Kredit von 500 Millionen Dollar, diesmal mithilfe von Hjalmar Schacht, der als Banker an der Wall Street gearbeitet hatte. Unter Hitler wurde Schacht bald darauf Chef der Reichsbank.

Derweil war Allen Dulles als Anwalt nach Paris gegangen. Er unterstützte W. Averell Harriman bei dem (erfolglosen) Versuch, das polnische Stromnetz zu kaufen, vertrat den schwedischen Streichholzkönig Ivar Kreuger und förderte den Aufstieg der J. Henry Schroder Bank zu einer globalen Finanzmacht. Er wurde auch selber Aufsichtsrat bei J. Henry

Schroder. Er sah regelmäßig bei seinem Bruder im Berliner Büro von Sullivan vorbei, das in einer Suite im Hotel Esplanade am Pariser Platz residierte.

Hitlers Klavierspieler. »Der Prototyp des kleinen Mannes«

Im Berlin der frühen Dreißigerjahre tummelten sich Künstler und Bohemiens, Schriftsteller und Journalisten, politische Aktivisten, Immigranten aus Osteuropa, aber auch Briten und Amerikaner. Die Weimarer Regierung wurde von Monat zu Monat instabiler, es gab mehrfach Neuwahlen. Auf der Straße lieferten sich Kommunisten und SA blutige Schlachten. Am 30. Januar 1930 ernannte Reichspräsident Paul von Hindenburg den Führer der NSDAP Adolf Hitler zum Reichskanzler und beauftragte ihn mit der Regierungsbildung. Im Februar 1933 brannte der Reichstag. Hauptverdächtiger war der holländische Kommunist Marinus van der Lubbe. Er wurde mit drei bulgarischen Kommunisten um Georgi Dimitrow vor Gericht gestellt. Noch heute wird darüber gestritten, ob Van der Lubbe oder die Nazis den Reichstag anzündeten – auf einem seinerzeit in London von dem nach Paris geflüchteten kommunistischen Verleger Willi Münzenberg organisierten Tribunal wurden die Nazis »verurteilt« –, in jedem Fall aber nutzten die neuen Machthaber den Brand gnadenlos aus zur Zerstörung der Weimarer Demokratie und zur Errichtung einer braunen Diktatur.

Die NS-Regierung verbot die KPD und die SPD, Bücher kommunistischer und jüdischer Intellektueller wurden auf dem Opernplatz in Berlin verbrannt. Linke wie Bert Brecht, Lion Feuchtwanger und Max Reinhardt flohen. Andere, wie der Schauspieler Hans Otto, wurden totgeschlagen. Alleine in den ersten Monaten nach dem Reichstagsbrand wurden 45 000 Regimegegner in Dachau, Buchenwald und andere Konzentrationslager eingeliefert, im ganzen Jahr 1933 waren es 100 000, darunter der Kommunistenführer Ernst Thälmann und der Journalist Carl von Ossietzky. Die Nazis veranstalteten Touren für ausländische Journalisten, denen Dachau gezeigt wurde; die *New York Times* schrieb von einem »Arbeitslager für Kommunisten«, die wohl bald wieder entlassen würden.

Alle großen Zeitungen der USA hatten damals Korrespondenten in Berlin: die *Washington Post*, das *Wall Street Journal*, die *Los Angeles Times*, die *Chicago Tribune*, der *Christian Science Monitor*, die *Los Angeles Times*, ebenso vertreten waren die Nachrichtenagentur UPI, die Rundfunkanstalten NBC und CBS und viele andere. Und der NS-Regierung war daran gelegen, bei den US-Medien einen guten Eindruck zu machen. Dafür war Ernst »Putzi« Hanfstaengl zuständig, der Auslandspressechef, ein umtriebiger Deutsch-Amerikaner, der in Harvard studiert hatte. Hanfstaengl arbeitete seit 1930 für die NSDAP, erst in München, dann in Berlin. Sein Urgroßvater war Generalmajor im Amerikanischen Bürgerkrieg gewesen, er besaß in New York eine Galerie (die im Ersten Weltkrieg beschlagnahmt worden war). Er war mit dem Zeitungszaren William Randolph Hearst und dem *Foreign Affairs*-Chefredakteur Hamilton Fish Armstrong befreundet.

Hanfstaengl hatte Hitler schon früh unterstützt: Während der Hyperinflation 1923 hatte er ihm 1000 Dollar gegeben. Damit kauften die Nazis in den USA Druckpressen für den *Völkischen Beobachter*. Nach dem gescheiterten Putsch im Bürgerbräukeller von 1923 hatte Hitler Zuflucht in Hanfstaengls Haus am Staffelsee gesucht, wo er verhaftet wurde. »Er hätte sich eine Kugel durch den Kopf geschossen, wenn die beherzte Frau Hanfstaengl, eine Amerikanerin, ihn nicht mit einem Jiu-Jitsu-Griff entwaffnet hätte«, schreibt der *Spiegel*. 1932 hatte Hanfstaengl versucht, ein Treffen zwischen Hitler und Churchill zu organisieren, als der britische Politiker München besuchte und – so Peter Conradi in *Hitler's Piano Player* (dt. *Hitlers Klavierspieler.*) – dem obersten Nazi eine Allianz vorschlagen wollte. Aber Hitler hatte keine Lust auf ein Treffen.

Anfang der Dreißigerjahre vermittelte Hanfstaengl Artikel aus der Feder Hitlers an amerikanische und britische Zeitungen, für saftige Honorare, von denen er selber Prozente einstrich. Dann ging er dazu über, Interviews mit Hitler zu organisieren. Er nahm auch einzelne Journalisten mit, wenn Hitler mit dem Flugzeug zu Veranstaltungen flog, etwa Denis Delmer vom britischen *Daily Express*. Der fand, der NSDAP-Chef wirke ohne die jubelnden Massen wie ein »müder, gelangweilter Handelsvertreter«.

Der erste US-Journalist, der mit Hitler sprach, war Louis Paul Lochner von Associated Press, ein deutschstämmiger Lutheraner aus Illinois. Er traf Hitler 1931 im Kaiserhof in Berlin. Die Pressekonferenz war von Hanfstaengl so gut vorbereitet, dass »die Weltpresse voller schlagfertiger, prägnanter, direkter Zitate von einem Mann war, der bis dahin als halb verrückter politischer Amokläufer galt«, erinnerte sich Lochner. Hitler habe den Journalisten erzählt, was die hören wollten – den US-Korrespondenten sagte er immer, Deutschland und Amerika hätten gemeinsame Interessen.

Hanfstaengl hatte mit seiner Strategie Erfolg, aber nicht überall. Als er im Juni 1934 zu einer Jubiläumsfeier nach Harvard fuhr, protestierten Linke am Kai in New York gegen die Inhaftierung von Ernst Thälmann in Buchenwald. Hanfstaengl sagte der Presse, Hitler wolle, wie Roosevelt, einen »New Deal«, ein Arbeitsprogramm. Das hatte Hitler bereits 1933 der *Times*-Reporterin Anne O'Hare McCormick erzählt, offenbar auf Rat von Hanfstaengl.

Zurück in Deutschland, vermittelte Hanfstaengl Hearst ein Interview mit Hitler. Hearst war davon anfangs nicht begeistert, aber sein Freund Louis B. Mayer, der Filmmogul, überzeugte ihn – vielleicht könne Hearst bei Hitler etwas für die Juden erreichen. Das Interview wurde gedruckt, aber der gute Eindruck wurde sofort wieder zunichte gemacht, als Dorothy Thompson von der *New York Post*, eine Hitler-Feindin der ersten Stunde, im August 1934 abgeschoben wurde. Sie hatte geschrieben, Hitler sei »formlos, fast gesichtslos, eine Karikatur«, der »Prototyp des kleinen Mannes«, und hatte das in ihrem Buch *I Saw Hitler* wiederholt.

Weniger feindlich eingestellt war die *New York Times*. Bei der *Times* in Berlin arbeiteten in diesen Jahren ein halbes Dutzend Korrespondenten, darunter Guido Enderis, Otto David Tolischus und Frederick Birchall, ein Engländer, der auch für *Foreign Affairs* schrieb. Birchall sagte Anfang 1933 auf CBS, Hitler sei kein Diktator, er sei Vegetarier, rauche und trinke nicht und habe sein Leben der nationalsozialistischen Bewegung gewidmet. Erst mit der Bücherverbrennung wurde er kritischer. Die *Times* allerdings achtete auf Ausgewogenheit zwischen nazikritischen und nazifreundlichen Artikeln. Hier hieß es oft auch, dass die Nazis Katholiken genauso verfolgten wie Juden. New Yorker Katholiken stellten einen guten Teil der *Times*-Leserschaft.

Noch problematischer waren die *Times*-Berichte aus Moskau. Walter Duranty hatte die von Stalin zu verantwortende Hungersnot in der Ukraine von 1932/33, die bis zu sieben Millionen Todesopfer forderte, in der *Times* heruntergespielt; die Deportation »konterrevolutionärer« Bauern rechtfertigte er mit dem Satz »Man kann kein Omelett machen, ohne Eier zu zerschlagen«. Er verteidigte auch die Moskauer Prozesse und den Großen Terror. 1933 reiste der walisische Journalist Gareth Jones in die Ukraine und brachte die Kunde von dem Grauen in den Westen. Ein Jahr später wurde er in der Mongolei ermordet, vermutlich von der sowjetischen Geheimpolizei NKWD. 2003 beauftragte die *Times* den Historiker Mark von Hagen, die Berichte von damals zu untersuchen. Hagen nannte Duranty ein »Sprachrohr Stalins«.

Amerika verschenkt eine Chance

Als Franklin D. Roosevelt Anfang 1933 US-Präsident wurde, sandte er Allen Dulles nach Berlin, zusammen mit Norman Davis, dem Präsidenten des Council on Foreign Relations.

Am 7. April wurden Allen Dulles und Davis von Hitler in der Reichskanzlei empfangen. Sie waren die ersten ausländischen Gäste des neuen Reichskanzlers. »Hitler sprach über die Ungerechtigkeit der Reparationszahlungen und sagte, er wolle weltweite Abrüstung, streifte kurz den Amerikanischen Bürgerkrieg und beschwerte sich über ›polnische Perfidie‹«, schreibt Kinzer (*The Brothers*). »Als er von Allen Dulles nach Zeitungsberichten über das harsche Vorgehen gegen Dissidenten gefragt wurde, sagte er, er versuche, die Millionen Dollar an ausländischem Kapital zu schützen, die in Deutschland investiert seien. Derweil schlugen Nazistrolche auf der Straße Juden zusammen.«

Aber das hielt John Foster Dulles nicht davon ab, nach Berlin zu reisen. Der strenggläubige Protestant bewunderte die Heimat von Martin Luther. Deutschland war für ihn ein dynamisches, kreatives, fleißiges Land, ein »Bollwerk gegen den Bolschewismus«, so Kinzer. Das glaubten viele Amerikaner. Vom Potsdamer Platz aus führte John Foster die Geschäfte der deutsch-amerikanischen Kartelle weiter. Er verkaufte in den USA Anleihen des Naziregimes im Wert von 1,5 Milliarden Dollar. Der Washingtoner Kolumnist Drew Pearson listete in seiner Kolumne einmal sämtliche Klienten von Sullivan & Cromwell auf, die Geld an die NSDAP gegeben hatten; er bezeichnete John Foster Dulles als den »wichtigsten Vermittler der Bankierskreise, die Hitler von der Pleite gerettet und die Nazipartei etabliert hatten«. John Foster Dulles, sagt Kinzer, sei sogar eifersüchtig gewesen, weil sein Bruder Allen Hitler persönlich getroffen hatte und er nicht.

Wenige Monate später, im Juli 1933, entsandte Roosevelt einen neuen Botschafter nach Berlin. William Dodd, der mit seiner Frau, seinem Sohn Bill und seiner lebenslustigen Tochter Martha kam, war ein ruhiger, professoraler Südstaatler, der in Leipzig studiert hatte; Martha heuerte später beim NKWD an, nachdem sie eine Affäre mit Boris Winogradow, einem Sekretär der sowjetischen Botschaft, angefangen hatte.

»Putzi« Hanfstaengl wollte Martha mit Hitler verkuppeln, um die deutsch-amerikanischen Beziehungen zu verbessern. Er organisierte sogar ein Treffen, das allerdings daran scheiterte, dass Martha kein Deutsch sprach und Hitler kein Englisch verstand.

Dodds wichtigste Aufgabe war, sich um die Interessen von US-Banken wie National City und Chase Manhattan zu kümmern, die Deutschland – dank John Foster Dulles – gewaltige Kredite gewährt hatten, die die NS-Regierung nun zurückzahlen sollte (wozu diese wenig Neigung zeigte). Doch schon bald verbrachte er mehr Zeit damit, deutschen Juden und Widerstandskämpfern zu helfen. Damals fand sich in Berlin eine Gruppe zusammen, die als »Rote Kapelle« berühmt werden sollte. Dazu zählten Arvid Harnack, ein Sozialdemokrat und ein Cousin von Dietrich Bonhoeffer, und seine amerikanische Frau Mildred Harnack-Fish. Arvid hatte Mildred als Rockefeller-Stipendiat in Madison, Wisconsin, kennengelernt. Mildred erkannte früh, dass die Nazis das Äquivalent zum Ku Klux Klan waren, schreibt Anne Nelson in *The Red Orchestra* (dt. *Die Rote Kapelle*). Zur Roten Kapelle gehörten auch Greta Lorke, die die Harnacks ebenfalls aus Wisconsin kannten, ihr Mann Adam Kuckhoff, die Kommunisten Hans und Hilde Coppi, John Graudenz und John Sieg, der in Detroit geboren war und für die Parteizeitung *Rote Fahne* schrieb. Kopf der Gruppe war der Luftwaffenoffizier Harro Schulze-Boysen. Seine Frau Libertas war in Berlin Presseagentin für Metro-Goldwyn-Mayer.

Arvid Harnacks Cousin Bonhoeffer – der sich später der Bekennenden Kirche um den evangelischen Theologen Martin Niemöller anschloss – lebte damals in New York und predigte an der Abyssinian Baptist Church in Harlem. Er kontaktierte Rabbi Stephen Wise, den Präsidenten des World Jewish Congress, um ihn zu warnen, dass Hitler für die deutschen Juden gefährlich sei. Danach reiste Bonhoeffer nach England, aber niemand interessierte sich für seine Warnungen vor Hitler. Damals war England alles andere als hitlerfeindlich. Winston Churchill, ein Tory, schrieb 1935 in *Great Contemporaries*, Hitlers *Mein Kampf* könne nicht gelesen werden ohne »Bewunderung für den Mut, die Ausdauer und die vitale Kraft, die es ihm möglich macht, alle Autorität und allen Widerstand, die sich ihm entgegenstellen, zu fordern, zu verwerfen, zu beschwichtigen oder zu überwinden«. Ähnlich dachte der britische Premier Neville Chamberlain. 1938, kurz vor der Annexion des Sudetenlandes, erwogen mehrere Generäle der Wehrmacht einen Putsch, weil ihnen klar war, dass dies der Auftakt zu einem blutigen Krieg war. Sie antichambrierten bei Chamberlain, die Annexion nicht zu akzeptieren, aber der lehnte ab.

Botschafter Dodd hingegen mochte die Nazis nicht. Er und seine Tochter Martha befreundeten sich bald mit Mildred Harnack. Arvid Harnack, der für das Reichswirtschaftsministerium arbeitete, war Informant des NKGB, aber eigentlich nur, weil die Briten ihn abgewiesen hatten, nicht etwa, weil er Sympathien für die Bolschewiken hatte. Arvid bot auch Dodd an, den Amerikanern Informationen zu liefern. Aber Dodds Berichte fanden in Amerika wenig Interesse. Im November 1934 traf er Frank Gannett, einen New Yorker Verleger. Gannett erzählte Dodd, dass in den USA »viele ›wohlsituierte Leute [...] für die Einführung eines faschistischen Systems plädierten, mit einer Art Hitler an der Spitze. Sie ziehen die Tatsache, dass in Deutschland absolute Ordnung herrscht und es keinerlei Verbrechen gibt, als Argument für einen solchen Schritt heran‹«, schreibt Nelson (*Die Rote Kapelle*). Dodd hingegen »verfolgte angewidert mit, wie amerikanische Geschäftsleute Abkommen mit den Nazis schlossen«.

Bald diente Dodds Berliner Salon am Pariser Platz als Treffpunkt für Antinazis, die Kontakte zu amerikanischen Journalisten suchten, wie etwa William Shirer, der für Hearst in Berlin arbeitete. 1935, auf einer Party zu Ehren des Schriftstellers Thomas Wolfe (*Schau heimwärts, Engel*), trafen sich die Harnacks, John Sieg sowie Greta und Adam Kuckhoff mit zwei Korrespondenten: Sigrid Schultz von der *Chicago Tribune* und Louis Lochner von Associated Press.

Als Dodd anfing zu kränkeln, rief Roosevelt ihn 1937 auf eigenen Wunsch zurück. Seine letzte Aktion war der Versuch, einen jungen deutsch-amerikanischen Juden namens Helmut Hirsch vor der Hinrichtung zu bewahren – vergebens. Hirsch wurde vorgeworfen, bei einer Nazikundgebung eine Bombe geworfen zu haben. Dodds Nachfolger war Hugh Wilson. Dessen erste Amtshandlung war der Besuch des Reichsparteitags in Nürnberg. Nach der »Reichskristallnacht« wurde auch Wilson abberufen.

Die Harnacks hatten aber Kontakt zu Wilsons Stellvertreter Donald Heath geknüpft, der sie ebenfalls unterstütze, auch er ohne Rückendeckung aus Washington. Harnack traf sich mit Heath auf der Straße, beim Spaziergang, weil das einen gewissen Schutz davor bot, dass die Gestapo ihre Gespräche abhörte. Heath sandte die Analysen an Sumner Welles im State Department. Im Mai 1939 berichtete er nach Washington, dass die deutschen Antifaschisten desillusioniert seien, was Frankreich und England betreffe, die sich nicht trauten, gegen Hitler aufzustehen. »Ihre einzige Hoffnung ist Roosevelt, auf dessen demokratische Ideale sie vertrauen«, schrieb Heath.

Im Sommer jenes Jahres beschloss Arvid Harnack, einen direkten Vorstoß zu machen. Er reiste mit seiner Frau Mildred in die amerikanische Hauptstadt, offiziell, um die Vorräte an Kupfer und Aluminium in Deutschland zu ergänzen. Dabei sandte er heimlich ein Memo an das State Department und traf sich mit Mitarbeitern des Finanzminsteriums, denen er Hilfe im Kampf gegen die Nazis anbot. Aber die Einzigen, die ihm Gehör schenkten, waren jüdische Exilanten aus Deutschland in New York. Die Amerikaner hingegen betrachteten die deutschen Dissidenten mit Misstrauen. Noch weniger Erfolg hatten die Deutschen in England. Der britische Geheimdienst »weigerte sich zu glauben, dass es eine deutsche Widerstandsbewegung gab«, schreibt Kinzer (*The Brothers*). Zu denen, die in England Gehör suchten, zählte Helmuth James Graf von Moltke, der mit dem Leipziger Oberbürgermeister Carl Goerdeler später den Kreisauer Kreis gründete. Moltke hatte eine schottische Mutter; von 1935 bis 1938 hatte er in England Jura studiert, aber niemand wollte seine Warnungen vor Hitler hören. Auch Goerdeler, der 1938 und 1939 in London war, erreichte nichts. Als der ehemalige Reichskanzler Heinrich Brüning einen Termin bei Churchill arrangierte, sagte der ab.

Noch ärger erging es Adam von Trott zu Solz, einem Diplomaten beim Auswärtigen Amt, der den Sozialdemokraten nahestand und mit der Roten Kapelle und den Verschwörern des 20. Juli verbunden war. Trott – ein Nachfahre von John Jay, einem amerikanischen »Gründervater« – hatte in Oxford studiert, wo er Gandhi getroffen hatte. Er unterhielt viele Kontakte zu Clubs, Labour-Politikern und Gewerkschaftern, die er vor Hitler warnte. Aber die britische Regierung, damals noch auf Appeasement-Kurs, traute ihm nicht. Das Außenministerium sah ihn als Verräter, schreibt Nelson.

1939 wurde Trott zu Solz eine Stelle beim Institute of Pacific Relations in New York angeboten. Er fuhr in die USA und versuchte – immer beschattet vom FBI, das ihn für einen Spion hielt –, Unterstützung für den Widerstand zu gewinnen. Trott glaubte, er könne mit der US-Regierung ein Abkommen aushandeln. Er wollte, dass Hitler gestürzt wurde, wollte aber sicherstellen, dass Roosevelt das Chaos nach einem Attentat auf Hitler nicht ausnutzte, um in Deutschland einzumarschieren (eine recht naive Sicht der US-Politik). Diese Reise sollte mehr Schaden als Nutzen anrichten. Die britische Regierung hatte Roosevelt vor Trott gewarnt, sodass dieser zunächst nicht den erhofften Termin beim Präsidenten bekam. Stattdessen traf er sich mit dem Verfassungsrichter Felix Frankfurter, einem Freund Roosevelts. Dem riet er, dass die amerikanischen Juden sich mit Äußerungen zurückhalten sollten, um der antisemitischen Propaganda der Nazis keinen Vorschub zu leisten. Für die damalige Zeit war das kein unvernünftiger Ratschlag – nicht nur Hollywood, sondern auch die *New York Times* beherzigte ihn –, aber Frankfurter fühlte sich schwer beleidigt. Er warf Trott nicht nur hinaus, sondern stellte ihn in den USA auch als Naziagenten dar.

Als Trott nach Hause fuhr, waren die Wehrmacht und die Rote Armee in Polen einmarschiert, England hatte dem Dritten Reich den Krieg erklärt, gefolgt von Frankreich. Kurz darauf pilgerte James Mooney, der Vorstand von General Motors, nach Berlin. Der Autokonzern hatte viel zu verlieren. Der »Opel Blitz«, das Rückgrat der Wehrmacht, rollte seit 1936 vom Band. Mooney traf sich mit Hermann Göring. Mooney wollte ausloten, ob ein Frieden zwischen Deutschland und England möglich sei. Göring sagte, für eine Allianz mit England, dieser »Bastion der weißen Rasse«, würden die Nazis Russland und Japan die kalte Schulter zeigen. Mooney pendelte eine Zeit lang zwischen Berlin und Washington hin und her. Roosevelt sagte, er wolle den Deutschen nicht erzählen, was sie mit Hitler tun sollten, wünsche sich aber, sie würden das mit der »Weltbeherrschung« tiefer hängen. Letztlich verlief die Aktion im Sande, und Mooney ist heute sehr umstritten.

Roosevelt bat damals Sumner Welles, den Stellvertreter seines Außenministers, um eine Lageeinschätzung. Welles beauftragte einen jungen Deutschlandexperten im State Department namens George Kennan mit einer Analyse. Kennan warnte vor den »Sirenengesängen« der deutschen Dissidenten, die sich, wie er sagte, an der Hoffnung festklammerten, Hitler zu stürzen und eine neue Regierung aus »vernünftigen Männern« zu installieren. Kennan, der nach dem Krieg US-Botschafter in Moskau wurde, bereute später in seinen Memoiren, dass Amerika eine »wichtige Chance« verschenkt habe. Es sei den USA und England damals darum gegangen, die Deutschen an ihren »angemessenen Platz« zu verweisen, und nicht etwa darum, mit deutschen Antifaschisten zusammenzuarbeiten, um Leben zu retten.

Europa in Flammen setzen

Und so vergingen Jahre, bis Hitler in Amerika kritisch gesehen wurde. Allen Dulles erkannte immerhin 1935, dass Sullivan & Cromwell keine Zukunft mit den Nazis hatten. Er reiste nach Berlin und bestand darauf, dass sein Bruder das Büro abwickelte. »John Foster soll geweint haben, besaß dann aber doch so viel Weitsicht, den Abwicklungsvertrag auf 1934 rückzudatieren«, schreibt Kinzer. Der Anwalt, selbstredend ein Unterstützer der »America Firsters«, reiste aber noch bis 1939 regelmäßig nach Berlin. So hielt er 1937 eine Rede vor der Handelskammer. Noch kurz nach dem Einmarsch der Wehrmacht in Polen beschimpfte er Roosevelt und Churchill als »Kriegstreiber«.

Allen Dulles hingegen hielt Hitler nun für den »schlauesten Tyrannen, die je ein Volk hypnotisiert haben«, wie er in *Germany's Underground* (dt. *Verschwörung in Deutschland*) schrieb. Er habe den Deklassierten und Entwurzelten Hoffnung gegeben. Er habe den Arbeitern und kleinen Leuten eingehämmert, dass ihr Unglück der Versailler Vertrag, die Juden und die Weimarer Republik seien. »In Wirklichkeit war der Nationalsozialismus eine Revolte gegen die Prinzipien der bürgerlichen Rechte und Verantwortlichkeit, gegen Aufklärung und menschlichen Fortschritt, gegen die Errungenschaften der Französischen und Amerikanischen Revolution.« Die Deutschen hätten sich von der Law-and-order-Politik gegen Nachtclubs, Alkohol und Zigaretten und der sinkenden Kriminalität beeindrucken lassen und nicht gemerkt, dass einer der skrupellosesten Polizeistaaten der Welt installiert wurde, der seine Techniken vom russischen Totalitarismus gelernt habe. Ausgerechnet Dulles erkannte früh die Gefahr eines Überwachungsapparats, als er aus einem Brief von Moltke zitierte: »Kannst Du Dir vorstellen, was es heißt, als eine Gruppe zu arbeiten, wenn Du das Telefon nicht benutzen kannst, keinen Brief aufgeben kannst, wenn Du nicht die Namen Deiner intimsten Freunde Deinen anderen Freunden nennen darfst, weil Du fürchten musst, einer von ihnen könnte gefasst und sie unter Druck preisgeben?«

Die Dulles-Brüder gehörten zum Adel New Yorks. Mit seinem kultivierten Charme, seinem Weinkeller, seinem Interesse an Frauen, seinem Reichtum, den schicken Anzügen und Schuhen hätte Allen Dulles direkt F. Scott Fitzgeralds *Großem Gatsby* entstiegen sein können, schreibt Kinzer. Allen gründete nun einen weiteren Verein: »The Room«, der Raum. Es war ein Apartment ohne Türschild in der East 62nd Street, wo sich Bankiers, Anwälte, Geschäftsleute und Geheimdienstler trafen, die an Außenpolitik interessiert waren. Winthrop Aldrich gehörte dazu, der Chairman von Chase Manhattan, der Milliardär Vincent Astor, Theodore Roosevelt jr., der Verleger Marshall Field III, William Wiseman von der Bank Kuhn, Loeb & Co., der im Ersten Weltkrieg britischer Spion gewesen war, und William »Wild Bill« Donovan.

Kurz darauf lud Donovan Allen Dulles zu einem Drink ein. Es war Mitte 1940. Die USA hatten das erste Ölembargo gegen Japan verhängt, und die Wehrmacht hatte angefangen, England zu bombardieren. Donovan war gerade von einer geheimen Mission für Roosevelt aus London zurückgekehrt. »Wir werden noch vor Ende 1941 im Krieg sein«, sagte er zu Allen. »Deshalb müssen wir uns vorbereiten.« Donovan – so schreibt Stephen Kinzer – hatte in England beobachtet, wie der britische Geheimdienst funktionierte, nun wollte er so etwas Ähnliches in den USA aufbauen. Allen fragte nur: »Wann fange ich an?« Die Antwort lautete: »Warten Sie die Präsidentschaftswahl ab.«

Der neue, mit 100 Millionen Dollar ausgestattete Geheimdienst hieß »Office of the Coordinator of Information« (COI). Er wurde im Juni 1941 gegründet, nach Pearl Harbor wurde

Allen Dulles dazugeholt. Anfang 1942 zog er ins Rockefeller Center, in den 36. Stock des International Building, wo Sir Willam Stephenson saß. Im Sommer 1942 ging Donovan nach England, um die Special Operations Executive zu studieren, die MI6-Abteilung für Sabotage. Die wollte »Europa in Flammen setzen«, um die Nazis zu besiegen.

Aus dem COI wurde das Office of Strategic Services (OSS), mit Donovan als Direktor. Das OSS war für Auslandsspionage zuständig, mit Ausnahme von Südamerika, das – dem Kontrollbedürfnis von J. Edgar Hoover geschuldet – dem FBI unterstand. Das OSS erstattete Bericht an die Joint Chiefs of Staff der U.S. Army und führte selber auch verdeckte paramilitärische Operationen durch. Damit gab es zum ersten Mal in den USA eine Spionageagentur, bei der das Nachrichtensammeln, die Gegenspionage, die Unterstützung des Widerstands, Sabotage, also alles unter einem Dach war. Das OSS belegte nach und nach vier Stockwerke alleine im Rockefeller Center sowie acht weitere Bürogebäude in Manhattan, darunter eines an den Docks. Bei Kriegsende verfügte es über 13 000 Mitarbeiter.

Die Nähe zwischen Donovan und Sir William war durchaus umstritten. Adolf Berle, ein Roosevelt-Berater im State Department, fand, Donovan sei eine Marionette der Briten. Er glaubte, der heimliche Chef des OSS sei Donovans britischer Assistent Nicholas Elliot, der vom MI6 kam. Elliot war ein Freund von Kim Philby, der später zu den Sowjets flüchtete.

Das OSS begann durchaus nicht als die semi-faschistoide Bastion des militärisch-industriellen Komplexes, als welche die CIA heute unter Linken verrufen ist. Anfangs arbeiteten beim OSS auch Linke und Intellektuelle. Als Donovan erst Hunderte, bald Tausende von Geheimagenten engagierte, waren viele davon keine professionellen Spione, sondern Anwälte, Bankiers, Diplomaten und Geschäftsleute, auch Wissenschaftler, Lehrer, Bibliothekare, Autoren, Missionare, Sportler und sogar Barmänner. Schriftsteller und Intellektuelle waren darunter, wie Lewis Mumford, Dorothy Parker, Dashiell Hammett und John Steinbeck, der Historiker Arthur Schlesinger oder der Bankier James Warburg. Zum OSS gehörte aber auch der »Morale Operations Branch« für psychologische Kriegsführung und schwarze Propaganda. Er war der britischen »Political Warfare Executive« nachgebildet. Beide waren für Demoralisierung in Feindstaaten zuständig, mit Flüsterkampagnen und Flugblättern, Zeitungen und Rundfunk.

Der »Political Warfare Executive« unterstand der Soldatensender Calais, der Europa und den Mittelmeerraum abdeckte und von den Nazis oft blockiert wurde. Calais war die wichtigste Quelle, die Deutsche über den Holocaust informierte. Der Sender spielte aber auch Lieder von Marlene Dietrich oder Bing Crosby. Calais hatte die gleiche »verheerende Auswirkung auf die Moral wie ein Luftangriff« befand die »United States Strategic Bombing Survey«, die die Bombenangriffe der Alliierten evaluierte.

Neben dem OSS, das sich um Spionage kümmerte, gab es eine Agentur, die für Rundfunkpropaganda zuständig war und zu der die *Voice of America* gehörte. Das war der Foreign Information Service, dem der Theaterautor und Roosevelt-Redenschreiber Robert Sherwood vorstand und der zum Office of War Information (OWI) gehörte. Zum OWI gehörte auch das »Office of Facts and Figures«, die Behörde für Fakten und Zahlen, die Archibald MacLeish unterstand, dem Direktor der Library of Congress.

Das OSS und das OWI waren angehalten zu kooperieren. Das OWI machte »weiße« Propaganda, bei der die Quelle ersichtlich war, während der »Morale Operation Branch« des OSS, der auf Armeebasen stationiert war, schwarze Propaganda produzierte – gefälschte Dokumente, Briefe, Todesanzeigen oder Reden von OSS-Agenten, die sich als Deutsche ausgaben. Bei der »Operation Sauerkraut« beispielsweise wurden Gerüchte gestreut, deutsche Soldatenfrauen hätten einen »Club der einsamen Herzen« gegründet. Im Sommer 1944 kreierte der »Branch« eine erfundene Widerstandsbewegung, »Das Neue Deutschland«, samt einer gleichnamigen Zeitung, die von umgedrehten deutschen Kriegsgefangenen verteilt wurde. Sie warfen falsche Postsäcke, gefüllt mit Zeitungen (und gefälschten Briefen), neben bombardierte Züge, sodass die Säcke von der echten Post aufgesammelt und weiterverteilt wurden.

Wie Kriegspropaganda aussehen sollte, wurde oft debattiert. Dulles warnte, man dürfe nicht wie Woodrow Wilson klingen, dem alle in Deutschland, »Mann, Frau und Kind«, misstrauten. Und Myron Taylor, OSS-Bürochef in Stockholm, fand, dass der Wechsel in der britischen Taktik von antinazi- zu antideutscher Propaganda »total falsch« sei. Es gebe eine Opposition in Deutschland, die bis zu 40 Prozent der Bevölkerung ausmache, die bräuchte einen »Führer im Ausland, am besten in den USA«.

Dulles fing bereits in New York an, Amerikaner zu befragen, die in Deutschland gelebt hatten oder die anderweitig als Informanten taugten, angefangen bei Seeleuten an den Docks bis zu Immigranten, die als »feindliche Ausländer« festgehalten wurden (Ellis Island diente als Internierungslager für Deutsche und Italiener). Er wollte jedes Detail über deutsche Städte, Häfen, Straßen, Bahnen, Flughäfen, Fabriken und Militärbasen wissen. Zudem kaufte er den Immigranten Kleidung, Schuhe, Bücher und Pässe ab, die seine Agenten zur Infiltrierung Deutschlands gebrauchen konnten.

Er sprach auch mit Hunderten, die vor dem Naziregime geflohen waren, um herauszufinden, wo die deutschen Widerständler waren. Eine dieser Flüchtlinge war Wolfgang Edler von Putlitz, der als deutscher Diplomat in Holland für die britische Spionage gearbeitet hatte und in die USA floh, als die Gestapo ihm auf die Spur kam (1945 ging er für den MI6 in die britische Besatzungszone, wurde Bürochef des schleswig-holsteinischen Ministerpräsidenten, setzte sich aber 1952 in die DDR ab). Er übergab Dulles lange Listen mit Namen von Nazifunktionären.

Das OSS setzte lange auf den deutschen Widerstand, vor allem aus der Gewerkschaftsbewegung. Diesbezügliche Aktivitäten wurden vom »Labor Desk« koordiniert, dem Arthur Goldberg vorstand, ein Jurist aus Chicago und späterer Verfassungsrichter. Viele deutsch-jüdische Intellektuelle, wie Herbert Marcuse und Max Horkheimer, die geflüchtet waren und die nun an der New School for Social Research in New York lehrten, arbeiteten für Goldberg. Gerade von geflüchteten deutschen Juden erhielt der Widerstand mehr Rückendeckung innerhalb des OSS als von allen anderen Beteiligten.

Goldbergs Leute hatten die Idee, ein Komitee von deutschen Exilanten zu organisieren, das als Anlaufstelle für den Widerstand in New York dienen sollte. Vorsitzender sollte Heinrich Brüning werden, der frühere Reichskanzler der Weimarer Republik und Fraktionschef des katholischen Zentrums. Den konservativen Flügel sollte Gottfried Treviranus bedienen, ein Deutschnationaler in Brünings Kabinett. Das linke Spektrum sollte Karl Borromäus Frank abdecken, ein österreichischer Kommunist, Psychoanalytiker und Journalist, der 1939 nach New York geflüchtet war. In einem Memorandum für das OSS vom 10. April 1942 plädierte Frank dafür, das »Anti-Nazi-Potenzial« in Deutschland zu nutzen. Man solle diese Leute aber nicht wie Agenten behandeln, sondern wie die Vorhut eines demokratischen Deutschlands. Irving Sherman, ein Banker von Brown Brothers Harriman, der für das OSS arbeitete, meinte, man müsse die »methodische Ordentlichkeit« der deutschen Psyche berücksichtigen; der Deutsche sei sentimental, aber nicht gefühlvoll (ähnlichen kryptorassistischen Unsinn verbreitete die CIA nach 9/11 über Araber). Das Projekt scheiterte daran, dass Frank dem FBI zu links war und Treviranus allen anderen zu reaktionär. Auch Hugh Wilson, der frühere Botschafter in Berlin, der nun für das National Republican Comittee (und das OSS) arbeitete, protestierte dagegen, Kommunisten zu beteiligen.

Für das OSS arbeiteten auch viele Journalisten, unter anderem Stewart Alsop von der *New York Herald Tribune,* der auf Geheiß Donovans über dem besetzten Frankreich mit dem Fallschirm absprang, um die Résistance zu unterstützen, und Thomas Braden, dem in der CIA noch eine interessante Karriere bevorstand. Auch Raymond Daniell und Tatjana Long vom Londoner Büro der *New York Times* traten in den Dienst des OSS.

Zensur und Todesstrafe

Tatjana »Tania« Long, die mit Daniell verheiratet war, war die in Berlin geborene Tochter eines irischen Journalisten und einer russischen Mutter. Long hatte 1938 aus Berlin berichtet, damals noch für die *New York Herald Tribune*, die Stadt aber mit Kriegsbeginn verlassen, als es zu gefährlich wurde. Auch die *Times* hatte alle Korrespondenten aus der Hauptstadt abgezogen: Frederick Birchall, der britischer Staatsbürger war, ging nach England, wo er für die Kriegshilfe arbeitete, Otto Tolischus wurde nach Tokio versetzt, und Guido Enderis ging in die Schweiz zurück, woher er stammte; der 66-Jährige starb bald darauf in Bern an einem Schlaganfall. Und so kümmerte sich das *Times*-Büro in London um die Deutschlandberichterstattung.

2012 schrieb Michael Strobl in der *Zeit*, dass alle US-Journalisten und Diplomaten im Lauf des Jahres 1940, spätestens 1941 Berlin verließen. Im Dezember 1940 kam William Shirer, der für Hearst und CBS berichtet hatte, in New York an, desillusioniert und deprimiert. Er hatte seine Freunde von der Roten Kapelle zurückgelassen, die nun keinen Amerikaner mehr in Berlin hatten, dem sie vertrauen konnten. Shirer war beim Feldzug der Wehrmacht gegen Holland, Belgien und Frankreich »eingebettet« gewesen. Anders wäre eine Berichterstattung auch nicht möglich gewesen, aber die Wehrmacht spannte die US-Reporter natürlich für Propagandazwecke ein: Sie zeigte ihnen Polen und Ukrainer, die angeblich von der Roten Armee getötet worden waren, und ließ sie Fotos von den Leichen machen.

Shirer hatte sich die ganze Zeit mit der Zensur der Nazis herumschlagen müssen, die Siegesparaden veranstalteten, während die meisten Deutschen »in Depressionen versunken waren«, was er nicht schreiben durfte (Goebbels las natürlich die Berichte der ausländischen Korrespondenten). Als die Briten anfingen, deutsche Städte zu bombardieren, wurde die Zensur der Nazis noch schärfer. Der ausländischen Presse war es nicht erlaubt, über die Auswirkungen der Bombardements zu berichten oder die beschönigenden Erklärungen des Reichspropagandaministeriums infrage zu stellen (und der deutschen Presse erst recht nicht). Im Spätsommer 1940 machte die NS-Regierung noch mehr Druck auf Shirer, schreibt Nelson. Nun musste er Berichte senden, von denen er wusste, dass sie falsch waren. Shirer sagte seinen Chefs in New York, er sei in Berlin für CBS nutzlos. Als er hörte, dass die Gestapo gegen ihn wegen Spionage ermittelte – worauf die Todesstrafe stand –, verließ er Deutschland. Bei sich trug er sein Tagebuch, das er fünf Jahre lang heimlich geführt hatte. Das *Berlin Diary*, das 1941 veröffentlicht wurde, galt lange als eines der wichtigsten Zeugnisse dieser Zeit. Erst vor Kurzem stellte sich heraus, dass Shirer es nachträglich verändert hatte.

Auch Donald Heath, der stellvertretende Botschafter in Berlin, hatte seinen Abschied herbeigesehnt, seit im Oktober 1940 eine britische Splitterbombe direkt neben seinem Schreibtisch eingeschlagen war. Am 8. Mai 1941 fragte das State Department beim US-Finanzminsterium an, ob Heath aus der deutschen Hauptstadt abgezogen werden könne – er sollte nach Santiago de Chile versetzt werden. Das Ministerium war einverstanden, was erstaunlich war, denn Heath war in einer Zeit, als halb Europa besetzt war, laut Nelson einer der wenigen US-Offiziellen mit Kontakten in Deutschland, auch zum Widerstand, der hätte berichten können, was die Nazis taten.

Andere US-Diplomaten gingen in die Schweiz, unter ihnen der Handelsattaché Sam Woods, der Generalkonsul in Zürich wurde. Woods hatte die US-Regierung über das deutsche Atomprogramm und »Unternehmen Barbarossa«, den Überfall auf die Sowjetunion im Juni 1941, informiert. Woods hatte die Informationen von einem Wirtschaftsprofessor namens Erwin Respondek, einem Mitglied der katholischen Zentrumspartei, der es wiederum von dem Wehrmachtsgeneral Franz Halder wusste. Halder gehörte zu der Gruppe von Generälen, die seit 1938 über einen Putsch gegen Hitler nachdachten. Woods traf sich mit Respondek, indem er zwei Kinoeintrittskarten für reservierte Plätze kaufte und ihm eine schickte – gegen den ausdrücklichen Wunsch der Botschaft übrigens.

Woods schickte trotzdem Berichte an das State Department in Washington. Und Roosevelt warnte Stalin tatsächlich vor der bevorstehenden Invasion der Wehrmacht, wie übrigens auch Churchill, der sich auf Agenten des MI6 stützte. Aber der gewählte Zeitpunkt war ungünstig: Rudolf Heß, Hitlers Stellvertreter, war damals gerade nach England geflogen, um mit Churchill-Gegnern zu sprechen, und prompt verhaftet worden. Lord Beaverbrock, der britisch-kanadische Pressebaron, der inzwischen Rüstungsminister war, streute nun auf Befehl Churchills Gerüchte, dass England mit Deutschland um Frieden verhandele. Deshalb glaubte Stalin den Geheimdienstlern nicht und hielt die Warnung vor »Barbarossa« für eine »britische Provokation« (wie aus den Memos von Kim Philby, dem legendären Doppelagenten, hervorgeht).

Nach Pearl Harbor ließ Roosevelt die deutschen Journalisten und Diplomaten in den USA festsetzen. Daraufhin internierten die Nazis die letzten amerikanischen Korrespondenten und Botschaftsmitarbeiter in Berlin. Sie wurden im Sommer 1942 gegen die Deutschen in Amerika ausgetauscht.

Die US-Regierung »tauschte« sogar nach Südamerika geflüchtete deutsche Juden gegen Amerikaner in Deutschland. Der amerikanische Militärattaché Colonel W.D. Hohenthal verteilte damals Fragebögen an das internierte US-Pressecorps. Er wollte erfahren, wie die Journalisten die Kriegspropaganda der USA einschätzten und ob die Deportationen und Massenhinrichtungen von Juden thematisiert werden sollten. Die meisten Journalisten rieten ab. Durch die Propaganda im Ersten Weltkrieg sei das diskreditiert.

Ähnlich sah man das bei der *New York Times*. Der Zeitung wird deshalb vorgeworfen, dass sie über den Holocaust spät und unzureichend informiert hat. Laurel Leff, eine Professorin an der Northwestern University, schreibt, die *Times* habe sich nach dem Office of War Information gerichtet. »Dessen wichtigstes Ziel war es, den Krieg so schnell wie möglich zu gewinnen«, schreibt sie in *Buried by The Times*. »Das Office of War Information sorgte sich, wenn Zeitungen besonders viel über Juden schrieben, würde das die Unterstützung in der Bevölkerung für den Krieg reduzieren.« Der Washingtoner Büroleiter der *Times* Arthur Krock habe zudem gefürchtet, zu viele Berichte über den Holocaust könnten die Aufmerksamkeit auf seine jüdischen Wurzeln lenken und seinen Zugang zur »High Society« gefährden.

Auch Cyrus Leo Sulzberger, genannt C. L. Sulzberger, der Neffe des Verlegers, der 1939 Auslandskorrespondent wurde und nebenbei für das OSS arbeitete, hielt sich an diese Vorgaben. Sulzberger wurde von den Sowjets nach der Befreiung von Auschwitz in die Todesfabrik eingeladen – als erster westlicher Journalist. Gestützt auf sowjetische Dokumente und die *Prawda* schrieb er im Mai 1945, dass hier vier Millionen »Personen« umgebracht worden seien – Polen, Ungarn, Franzosen, Tschechen, Holländer, Jugoslawen, Italiener, Griechen, Rumänen und Belgier. Er schrieb nichts über ermordete Juden. Nicht nur, dass man ihm das später zum Vorwurf machte, sondern auch heute werden solche Artikel gerne von

Holocaustleugnern zitiert. Dabei folgte die *Times* nur der Weisung des Office of War Information, das nicht wollte, dass der Zweite Weltkrieg wie eine Rettungsaktion für die Juden wirkte – denn damit hätten die USA die Nazipropaganda bestätigt.

Die Sowjets hingegen verfolgten eine andere Strategie: Sie wollten die Welt auf den Holocaust aufmerksam machen, weil sie glaubten, das werde den Widerstand gegen die Nazis stärken. Stalins Chefpropagandist Ilja Ehrenburg sammelte 1943 und 1944 Material für das »Schwarzbuch über den Völkermord an den sowjetischen Juden«, wo es um das Wüten der Wehrmacht und ihrer ukrainischen, baltischen, kroatischen und rumänischen Alliierten in Osteuropa ging. Das Schwarzbuch entstand mithilfe jüdischer Organisationen in den USA. Von Teilen erlangten Roosevelts Finanzminister Henry Morgenthau und Rabbi Stephen Wise vom World Jewish Congress Kenntnis. Veröffentlicht wurde das Schwarzbuch aber erst 1946 und in der Sowjetunion überhaupt nicht, da Stalin zunehmend antisemitischer wurde. Zudem hätte es der Parteilinie widersprochen, die ukrainischen und baltischen »Brudervölker« zu kritisieren.

Ein Hitler-Imitator in Nordafrika

Am 2. März 1942 traf noch ein alter Bekannter auf dem amerikanischen Kontinent ein: Ernst Hanfstaengl, Hitlers früherer Auslandspressechef. »Putzi« war bereits 1937 beim »Führer« in Ungnade gefallen und hatte sich – da er um sein Leben fürchtete – nach England abgesetzt. Dort beauftragte ihn William Randolph Hearst mit einem Artikel, einer Abrechnung mit Nazideutschland. Nach Kriegsausbruch im September 1939 allerdings internierten ihn die Briten als feindlichen Ausländer. Dabei hatte Hanfstaengl noch Glück; nach einiger Zeit wurde er in ein Lager nach Kanada geschafft. Das hatte er seinem Sohn Egon zu verdanken, der schon zuvor in die USA gegangen war und sich freiwillig zur Armee gemeldet hatte.

Der Mann, der Hanfstaengl von Kanada in die USA brachte, war John Franklin Carter, ein Washingtoner Journalist, der für die Spionageabteilung des State Department arbeitete. Carter kannte den in Ungnade gefallenen Pressechef aus München, wo Hanfstaengl versucht hatte, ihm ein Interview mit Hitler zu vermitteln. Mit der Erlaubnis von FBI-Chef Hoover fuhr Carter nach Kanada. Aber die Aktion war komplizierter, als gedacht. Die Briten mochten Hanfstaengl nicht entlassen, weil sie ihn für einen Agenten der Nazis hielten und ihn zudem verdächtigten, homosexuell zu sein, was in Großbritannien strafbar war. Auch Hoover hatte Bedenken.

Roosevelt allerdings war dafür. Damals unterschied die US-Kriegspropaganda noch zwischen der NS-Regierung und dem deutschen Volk – Roosevelt erkundigte sich bei Hanfstaengl, wie man den »Deutschen klarmachen solle, dass die Alliierten gegen das Naziregime kämpften und nicht massenweise Deutsche massakrieren wollten«, schreibt Joseph Persico in *Roosevelt's Secret War.* Die Briten hingegen machten den preußischen Militarismus, der dem deutschen Volkscharakter eigen sei, für den Nationalsozialismus verantwortlich, weshalb sie für einzelne Deutsche keine Ausnahme machen wollten. Carter schaltete schließlich den britischen Botschafter in Washington, D.C., ein. Der stimmte zu, nachdem Carter versprochen hatte, alles geheim zu halten.

Hanfstaengl erschreckte Carter gleich am ersten Tag, als er vorschlug, die U.S. Army solle einen Brückenkopf in Casablanca errichten – genau das hatten die Amerikaner auch vor, aber der Plan, den Hanfstaengl schlicht erraten hatte, war streng geheim. Im Oktober 1942 brachte Carter ihn in einer Washingtoner Vorstadtvilla unter. Dort lauschte Hanfstaengl (über Kurzwelle) dem deutschen Rundfunk. Sein täglicher Bericht wurde in vierfacher Ausfertigung an Carter, den Präsidenten, Sumner Welles vom State Department und »Wild Bill« Donovan übergeben. Wenn Hitler sprach, gingen seine Analysen auch an die Abteilung für psychologische Kriegsführung des OSS, die diese an das Desinformationsprogramm der BBC im Ausland weitergab.

Die Analysen dienten der Propaganda. Einmal warf die U.S. Air Force aber auch Zehntausende Single-Schallplatten über Deutschland ab, auf denen Hanfstaengl Hitler aufforderte, sich zu ergeben, unterlegt von Klaviermusik. Roosevelt betraute ihn auch mit einer Kampagne, wie man die deutsche Bevölkerung ansprechen könne. Hanfstaengl schlug vor, die Invasion in Nordafrika abzuwarten; danach sollten die Generäle Dwight D. Eisenhower und George C. Marshall in einer Rundfunkansprache den deutschen Soldaten erklären, ihre Opfer seien vergeblich gewesen und sie sollten sich gegen Hitler erheben. Die deutsche Wehrmacht sei die einzige Institution, die den Nazis etwas entgegensetzen könne. Die Briten waren allerdings wenig begeistert, und so unterblieb die Ansprache.

Die Briten störten sich an Hanfstaengls allzu lautem Antikommunismus, da sie auf Stalin angewiesen waren. Und so schrieb die britische Botschaft einen geharnischten Brief an Carter: Hanfstaengl sei nutzlos, man werde seinem Verbleib in den USA nur noch auf Monat-zu-Monat-Basis zustimmen. Carter ignorierte das Schreiben. Nun steckten die Briten der US-Presse, dass ein hochrangiger Nazi in Washington lebe. Carter, der über die britischen Intrigen verärgert war, beschwerte sich bei Roosevelt. Zudem überzeugte er die Journalisten, mit der Story über den »Nazi auf amerikanischem Boden« hinter dem Berg zu halten, bis Hanfstaengls lange geplante Geschichte für Hearst fertig war.

Die erschien einen Monat später tatsächlich im *Cosmopolitan*. Sie enthielt viele Aufsehen erregende Details, unter anderem war dort zu lesen, dass Hitler seine Nichte Geli Raubal erschossen habe. Charlie Chaplin fragte beim FBI an, ob United Artists mit Hanfstaengl wegen eines Filmprojekts sprechen könne, was abgelehnt wurde. Derweil arbeitete Hanfstaengl an einem Dossier über Hitler für die US-Regierung.

Darin führte er aus, dass Rüstungsminister Albert Speer vorgeschlagen habe, Kirchen wieder aufzubauen, die bei den Bombardements der Alliierten zerstört worden waren, um die Kooperation des Vatikans zu gewinnen. Roosevelt las die Hanfstaengl-Berichte gerne, er nannte sie seine »Hitler-Gute-Nacht-Geschichten«.

Hanfstaengl schlug vor, nach dem D-Day – der Invasion in der Normandie im Juni 1944 – ein Hitler-Double eine Rede halten zu lassen, wonach sich die Westalliierten mit Deutschland verbündet hätten, um die »jüdisch-asiatisch bolschewistischen Horden« von Europa fernzuhalten. Wie zu erwarten, lehnte Roosevelt ab. Noch entsetzter über diesen Vorschlag waren die Briten, die fürchteten, Stalin könne das glauben. Hanfstaengl hatte noch mehr solche Ideen: Er wollte nach England fliegen, um mit Heß zu sprechen, was Roosevelt gleich ablehnte, weil Churchill dem niemals zustimmen würde.

Auch Hanfstaengls Sohn Egon, der Offizier in der U.S. Army war, begann Ideen zu entwickeln, um den Krieg abzukürzen, unter anderem wollte er mit dem Fallschirm über Berchtesgaden abspringen, sich gegenüber den Nazis als Überläufer ausgeben, zu Hitler vordringen und ihn ermorden. Auch diese Idee habe Roosevelt abgelehnt, schreibt Conradi (*Hitlers Klavierspieler*), mit der Begründung, dass es nicht üblich sei, Oberhäupter anderer Staaten umbringen zu lassen.

Manches von dem, was Hanfstaengl analysierte, wurde ignoriert, weil es nicht ins politische Kalkül der Westalliierten passte. Im April 1943 entdeckte die Wehrmacht das Massengrab von Katyn in Polen mit etwa 4400 Toten. Insgesamt hatte der sowjetische NKWD bis zu 25 000 polnische Offiziere erschossen, Hanfstaengl diagnostizierte ganz richtig, dass dies Stalins Handschrift sei. Intern stimmten die Briten zu – sie waren bereits über Owen O'Malley, den britischen Gesandten bei der polnischen Exilregierung in London, im Bilde. Und Roosevelt hatte George Earle, den Balkanbeauftragten der U.S. Army, mit einer Untersuchung beauftragt, die zu dem gleichen Schluss kam. Aber Churchill und Roosevelt brauchten Stalin noch. Dazu kam, dass die Nazipropaganda Katyn ohnehin ausnutzte, um Stimmung gegen die Sowjets zu machen. Roosevelt verbot Earle den Mund. »FDR war zum faustischen Handel bereit: Lasst die Sowjets auf unserer Seite sein und weiter Deutsche umbringen, sagt nichts zu Stalins Verbrechen«, schreibt Persico. Erst lange nach dem Krieg würden die westlichen Alliierten eingestehen, was sie gewusst hatten.

Irgendwann wurde Hanfstaengl nicht mehr als nützlich angesehen. Am 1. Juli 1944 ließ Roosevelt ihn zurück nach England in ein Kriegsgefangenenlager schaffen (was bemerkenswert ist, denn immerhin war er US-Staatsbürger, und sein Sohn diente in der U.S. Army). 1946 kehrte Hanfstaengl nach Deutschland zurück und wurde entnazifiziert.

Allen Dulles war derweil im November 1942 in der Schweiz eingetroffen. Für die Rote Kapelle allerdings kam er zu spät. Arvid und Mildred Harnack, Harro und Libertas Schulze-Boysen, Hans und Hilde Coppi, John Graudenz, Adam Kuckhoff, John Sieg und viele andere waren im September 1942 verhaftet worden, nachdem die Gestapo den Funkverkehr zwischen ihnen und einer belgischen Gruppe abgehört hatte. Die meisten wurden noch im selben Jahr zum Tode verurteilt. Nur Greta Kuckhoff, die wegen Beihilfe angeklagt war, kam mit zehn Jahren Zuchthaus davon. Bei Kriegsende wurden sie und Siegs Frau Sophie von der Roten Armee befreit.

Ob Allen Dulles der Roten Kapelle geholfen hätte, ist ohnehin fraglich. Er nannte Harro Schulze-Boysen in *Germany's Underground* 1947 das »typische Produkt der deutschen Jugendbewegung« im »schwarzen Sweater«, der mit »Revolutionären, Surrealisten und den Bohemiens der ›verlorenen Generation‹« herumgelaufen sei. Ähnlich dachten viele Amerikaner. Nach dem Krieg stufte das Counter Intelligence Corps der U.S. Army Mildred Harnack, die Amerikanerin im deutschen Widerstand, als Kommunistin ein und lehnte eine Rehabilitierung ab. Heute ist sie in den USA vergessen.

Der Spion und der Widerstand

»Wenn Deutschland gewinnt, sollten wir Russland helfen, und wenn Russland gewinnt, sollten wir Deutschland helfen. So können beide so viele Menschen wie möglich umbringen.«
HARRY S. TRUMAN, späterer Präsident der USA

In der Bar Pitti ist Agostino von Hassell bekannt wie ein bunter Hund. Der Maître bringt Brot, Olivenöl und Salz zu seinem Stammplatz, mit Blick auf die sonnige Sixth Avenue. Die Bar Pitti liegt im alten italienischen Viertel von Manhattan um die »Our Lady of Pompeii Church« an der Carmine Street. Der deutsch-amerikanische Militärhistoriker stammt von berühmten preußischen Vorfahren ab. Sein Urgroßvater war Großadmiral Alfred von Tirpitz, der vor dem Ersten Weltkrieg die treibende Kraft hinter der deutschen Flottenrüstung war, mit der das Kaiserreich Großbritannien auf den Weltmeeren Paroli bieten wollte. Sein Großvater war Bogislav von Studnitz, der im Zweiten Weltkrieg die Besatzungstruppen in Paris kommandierte und 1943 in Griechenland umkam. Der andere Großvater, Ulrich von Hassell, gehörte dem Widerstand um Claus Schenk Graf von Stauffenberg an, er wurde am 8. September 1944 in Plötzensee gehenkt. Zwei Familienmitglieder überlebten in der sogenannten Sippenhaft.

Agostinos Vater Wolf Ulrich von Hassell war einer der ersten Botschafter der Bundesrepublik Deutschland bei den Vereinten Nationen in New York. Hier lebt heute auch Agostino, der an der Columbia University studiert hat. Der frühere Geheimdienstler, dessen Firma Washington Square Analytics

Konzerne oder Polizeidezernate in Sachen Terrorismusbekämpfung berät, ist Mitglied bei allerlei Organisationen aus dem Spionagemilieu, von der National Defense Industrial Association bis zur OSS Society. Zusammen mit Sigrid MacRae hat er ein Buch über den deutschen Widerstand geschrieben und darüber, wie die Widerstandskämpfer von den Amerikanern im Stich gelassen wurden: *Alliance of Enemies.* Darin geht es auch um einen Amerikaner, der versucht hat, dem Widerstand Gehör zu verschaffen: Allen Dulles. Sein Vater hatte den OSS-Spion in Bern, der die CIA leiten sollte, gekannt; auch Agostino von Hassell traf ihn als Kind, »aber ich habe daran nur eine leise Erinnerung«.

Der deutsche Widerstand habe mehr als 50 Mal versucht, Hitler umzubringen, sagt von Hassell. Die meisten Versuche kamen vom Offizierskorps. Keiner gelang. »Das sprach wohl eher nicht für den preußischen Generalstab«, fügt er mit einem Lächeln hinzu. Aber Franklin D. Roosevelt, US-Präsident im Krieg, habe keine Sympathien für Preußen gehabt. Er habe »massenweise Propaganda über die Hunnen« im Ersten Weltkrieg aufgesaugt und schimpfte »auf Preußen als die Quelle des Bösen in den Nazis«. Diese Haltung prägte auch die damalige US-Politik.

Dulles allerdings knüpfte schon früh Kontakte zum Widerstand. Aber der OSS-Bürochef in Bern wurde von Washington alleingelassen. »Die Untergrundorganisationen in den von Deutschland besetzten Ländern bekamen gewaltige Unterstützungen von mächtigen Verbündeten«, schreibt er in *Germany's Underground.* »Waffen und Material wurden ihnen zugeschmuggelt, sie hatten mehr oder weniger gut organisierte Verbindungen mit ausländischen Mächten oder mit ihren eigenen Exilregierungen, die ihnen helfen konnten, sich zu organisieren, zu informieren und zu belehren, und die ihnen finanzielle Hilfe zukommen lassen konnten.« Nicht aber der deutsche Widerstand. »Vor dem Krieg nahm man im Westen die Hilferufe der deutschen Antinazis, die bemüht waren, zu warnen und aufzuklären, nicht allzu ernst. Damals war es die Politik der meisten Länder, den Teufel selbst ›um des Friedens in unserer Zeit‹ willen zu befrieden«, schreibt Dulles. »Nachdem Hitler zum Krieg schritt und der Westen endlich den wahren Charakter der Hitlerei erkannte, wollte niemand mehr etwas mit Deutschen zu tun haben, ob sie Nazi waren oder nicht. Jetzt traute man keinem mehr.«

Die ersten Putschpläne gegen Hitler wurden von Generälen wie Ludwig Beck und Kurt von Hammerstein-Equord geschmiedet, später kamen Offiziere wie Claus Schenck Graf von Stauffenberg hinzu. Zu diesen Kreisen gehörte auch Ulrich von Hassell. Von Hassell, ein Deutschnationaler, war deutscher Botschafter in Italien, wandte sich aber, wie die anderen auch, 1938 mit der Annexion des Sudetenlandes ab. Es war Beck, der Hitler-kritische Wehrmachtsoffiziere mit Zivilisten wie Helmuth James Graf von Moltke in der Berliner Villa von Hammerstein zusammenbrachte. Moltke gehörte mit seiner Frau Freya und Peter Graf Yorck von Wartenburg später zu den Köpfen des nach Moltkes Gut in Schlesien so genannten Kreisauer Kreises, einer konservativ-liberalen Widerstandsorganisation, deren bekanntestes Mitglied der Leipziger Oberbürgermeister Carl Friedrich Goerdeler war.

Aber der Mann, der schließlich den Kontakt zwischen dem deutschen Widerstand und Dulles knüpfte, war Wilhelm Canaris, der Chef der Abwehr, der Auslandspionage des Dritten Reiches. Er tat das indirekt; die beiden Meisterspione sind sich, soweit man weiß, nie begegnet. Ende 1942 schickte Canaris einen seiner Männer in die Schweiz, einen Juristen namens Hans Bernd Gisevius, offiziell als Vizekonsul. Gisevius war in den kommenden Jahren der Verbindungsmann zwischen Canaris und Dulles.

Canaris ist bis heute ein »mysteriöser Mann«, schreibt Agostino von Hassell. »Manche feiern ihn als großen Beschützer der deutschen Opposition gegen Hitler, andere nennen ihn einen Verräter und Doppelagenten, und manche verachten ihn als Diener der Nazimordmaschine.« Der ehemalige U-Boot-Kommandant Canaris bekämpfte in der Weimarer Republik die Spartakisten (angeblich steckte er hinter dem Mord an Rosa Luxemburg) und unterstützte die Franquisten im Spanischen Bürgerkrieg. Anfangs teilte er das Ziel der NS-Regierung, den Versailler Vertrag zu beseitigen. Erst mit dem deutschen Einmarsch in Prag 1938 fing er an, Kontakt zu den Alliierten zu suchen.

Aber weder Canaris noch Beck noch Stauffenberg fanden ein Echo bei den Westalliierten. Der gesamte deutsche Widerstand gegen Hitler sei für die Engländer eine »Landschaft des Verrats« gewesen, sagt Agostino von Hassell. Und Canaris war der Erzfeind, vor allem für Sir William Stephenson von der British Security Coordination und für MI6-Chef Stewart Menzies. Sir William habe alle Annäherungsversuche von Canaris mit Verachtung abgewiesen, heißt es in *A Man Called Intrepid*. Nach *The Secret History of Americas First Central Intelligence Agency* von Richard Harris Smith hielt das MI6 Canaris für ein »teuflisches Genie« (und den Widerstand für eine »Verschwörung egoistischer, desillusionierter preußischer Generäle«).

Natürlich war die Abwehr Teil des NS-Apparats. Aber der Geheimdienst mit seinen Auslandskontakten war die einzige Organisation, die ihre Tätigkeit effektiv vor der Gestapo verstecken konnte. So rettete Canaris Hunderte von Juden, darunter den legendären Rabbi Joseph Isaac Schneersohn in Warschau. Die orthodoxen Chabad-Lubavitcher wollen, dass Canaris von der Gedenkstätte Yad Vashem zum »Gerechten der Völker« erklärt wird. Aber angesichts seiner Funktion ist dies umstritten.

Schlapphüte in der Herrengasse

Allen Dulles erreichte Bern am 9. November 1942. Er sollte das Büro des OSS in der Schweiz leiten, des Auslandsspionagedienstes der USA, aus dem nach dem Krieg die CIA wurde.

Er war damals 49 Jahre alt und hatte bereits eine erfolgreiche Karriere hinter sich. Eigentlich hatte William »Wild Bill« Donovan, der OSS-Chef in New York, ihn nach London schicken wollen, aber Dulles fand, in Bern sei er näher an der Front. Er hatte New York am 2. November 1942 verlassen und reiste, mit einer Zwischenlandung auf den Azoren, erst nach Lissabon. Von dort ging es nach Barcelona und Portbou zur französischen Grenze. Kurz bevor er in den Zug stieg, erfuhr er, dass die Wehrmacht gerade den Süden von Frankreich besetzt hatte. Dulles hatte geheime Dokumente bei sich und eine Million Dollar in bar (wie er schreibt; von Hassell spricht von 10 000 Dollar). Er fürchtete, dass die Vichy-Polizei den Zug durchsuchen könnte. Tatsächlich winkte ihn in Annemasse, der letzten Station in Frankreich, ein Gestapo-Offizier heraus: Er habe Befehl, alle Briten und Amerikaner festzunehmen und sie den Vichy-Behörden zu überstellen. Dulles wurde einem französischen Gendarmen zur Bewachung überlassen, den er aber überreden konnte, ihn laufen zu lassen. Kurz nach Mittag am 9. November 1942 langte er in Bern an.

Der Spionagechef mietete eine Wohnung in der Herrengasse 23, einem mittelalterlichen Stadthaus, und fand recht schnell eine Geliebte, Mary Bancroft. Bancroft war Journalistin und die Tochter des Verlegers des *Wall Street Journal*; sie sprach Englisch, Deutsch und Französisch und führte einen Salon. Damit die Affäre zwischen ihr und dem verheirateten Dulles weniger auffiel, beschäftigte er sie als Analystin. Bancroft, eine Hobbypsychologin, war Anhängerin des Psychologen Carl Gustav Jung.

Bern war die Hauptstadt einer Insel mit vier Millionen Einwohnern, umgeben von den Achsenmächten, ein Tummelplatz für Spione und Geheimpolizisten. Es gab in der Schweiz, wie in allen neutralen Ländern Europas, eine faschistische Splitterpartei, die Nationale Front. Sie löste sich 1940 auf, als ihr Führer verhaftet wurde. Neben deutschen (und französischen) Geschäftsleuten, Bankiers und Diplomaten lebten in Bern und Zürich Zehntausende von Flüchtlingen – Sozialisten, Gewerkschafter und Kirchenleute, Deserteure, entlaufene Kriegsgefangene und Juden.

Dulles' Aufgabe war es, herauszufinden, was in Deutschland passierte. Dazu war die Schweiz hervorragend geeignet. Sie unterhielt diplomatische Beziehungen zu Berlin, und Dulles konnte deutsches Radio hören. Fast täglich setzte er verschlüsselte Telegramme an Donovan ab. Das OSS schickte aber auch Waffen und Geld an den Widerstand in Frankreich, Polen und der Tschechoslowakei, setzte Agenten per Fallschirm über besetzten Ländern ab, dirigierte Partisanen-Attacken und schuf ein Netzwerk von Spionen. Zu ihnen zählte Noel Field, ein Kommunist und Quäker, der vom State Department kam und Agenten der kommunistischen Internationale in Frankreich betreut hatte. Dulles veranlasste außerdem das Board of Economic Warfare in der Schweiz dazu, mit dem OSS zu kooperieren. Und er rekrutierte Vertreter von US-Konzernen wie Standard Oil und National City Bank, die er von Sullivan & Cromwell her kannte.

Und so gingen in der Herrengasse 23 Diplomaten, Geschäftsleute und Journalisten, Offiziere und Schlapphüte ein und aus. Dulles traf sich mit Agenten des unter Vichy aufgelösten Deuxième Bureau, mit Österreichern im Widerstand wie Fritz Molden und Franz Josef Messner – ein Industrieller, der ihm Details über den Bau der V2-Rakete lieferte –, und mit Wilhelm Hoegner, einem Sozialdemokraten, der als Staatsanwalt in München in Sachen Hitler-Putsch ermittelt hatte und 1933 flüchten musste. Auch Hjalmar Schacht, der in Ungnade gefallene Hitler-Finanzier, gehörte zu den Informanten des OSS, desgleichen Fritz Kolbe vom Auswärtigen Amt und Eduard Schulte, der Manager der New Yorker Bank Brown Brothers Harriman in Schlesien, der die Kunde von den Gaskammern in Auschwitz in die USA brachte, die davon nichts wissen wollten.

Auch das ebenfalls neutrale Schweden und Portugal waren

für die Alliierten bei der Informationsbeschaffung immens wichtig. So habe ein Wissenschaftler beim OSS namens Frederick Kilgour in neutralen Ländern Bürger rekrutiert, um technische Fachzeitschriften aus Deutschland zu abonnieren, die Details des deutschen Atomprogramms veröffentlichten, schreibt Joseph Persico in *Roosevelt's Secret War*. Die Artikel wurden zu den lokalen OSS-Büros gebracht, dort auf Mikrofilm aufgenommen und zum Manhattan Project nach New York geflogen, wo Wissenschaftler an der Entwicklung einer Atombombe forschten. Ähnlich arbeitete die »Insurance Intelligence Unit« des OSS, die Cornelius Starr leitete, der nach dem Krieg zum Vorstand von AIG aufstieg, des größten Versicherers der Welt. Starr besorgte sich auf dem internationalen Markt die Baupläne für deutsche und japanische Waffenfabriken und gab sie an die U.S. Air Force weiter; auch die Pläne von Bahnlinien und sogar die von Chemiefabriken, in denen Giftgas für die Ermordung der Juden produziert wurde, leitete er weiter.

Aus Stockholm sandte auch Willy Brandt, der spätere westdeutsche Bundeskanzler, Berichte an das OSS (sie wurden in dem von Jürgen Heideking und Christoph Mauch herausgegebenen Band *American Intelligence and The German Resistance to Hitler* veröffentlicht). So schrieb Brandt in einem Memorandum von 25. September 1943, dass es in der Wehrmacht zwar Antinazis gebe, dass die aber trotzdem für die Wiederaufrüstung einträten. Die deutschen Generäle seien schlechte Politiker. Außerdem könne die SS eine Million gut bewaffneter Männer gegen die Wehrmacht aufstellen, die, anders als die italienischen Milizen, auch tatsächlich kämpfen würden.

Um zu erfahren, was in Deutschland vor sich ging, hatten die Alliierten noch eine weitere Quelle: General Hiroshi Oshima, den japanischen Botschafter in Berlin. Wenn Oshima sich mit Naziobéren traf, sandte er danach Berichte nach Tokio. Den Dechiffrierspezialisten der U.S. Army und des MI6 war es gelungen, seinen Code zu knacken.

Aber zum wichtigsten Spion für die Amerikaner wurde Hans Bernd Gisevius, der Vizekonsul des Deutschen Reiches, der auf Betreiben von Abwehrchef Wilhelm Canaris nach Zürich geschickt wurde. Der Mann, der ihn Allen Dulles vorstellte, war Gero von Schulze-Gaevernitz, ein deutsch-amerikanischer Banker. Dessen Vater, Gerhart von Schulze-Gaevernitz, war in der Weimarer Republik Reichtagsabgeordneter der Deutschen Demokratischen Partei gewesen, seine Mutter Johanna Hirsch war Jüdin, was ihren Sohn Gero nach den Rassegesetzen der Nazis zum Halbjuden machte. Schulze-Gaevernitz' Schwager war Edmund Stinnes, ein Sohn des Industriellen Hugo Stinnes, des 1924 verstorbenen Vorstands der Stinnes AG.

Edmund Stinnes hatte kurzzeitig Sympathien für die Nazis gehegt, emigrierte aber Mitte der Dreißigerjahre in die USA, wo er eingebürgert wurde. Das Gleiche tat Gero von Schulze-Gaevernitz, dessen Frau Amerikanerin war. Er war Manager der New Yorker Frachtlinie Transmares, die bei den Briten nicht sonderlich beliebt war, weil sie die Blockade gegen Deutschland auf der Südamerikaroute durchbrochen hatte. Der MI6 hielt Schulze-Gaevernitz für den langen Arm von Canaris (vermutlich mit Recht). Als er sich der britischen Botschaft in Bern als Spion anbot, wiesen sie ihn ab. Laut Richard Harris Smith nannte Dulles ihn einen »eloquenten Advokaten der amerikanisch-britisch-deutschen Verständigung als sichersten Weg, den Weltfrieden zu sichern«.

Auch Vizekonsul Gisevius, ein Deutschnationaler, der »aus einer alten deutschen Beamtenfamilie« stammte, wie Dulles schrieb, hatte sich Mitte der Dreißigerjahre von den Nazis abgewandt. Dulles verpasste Gisevius den Spitznamen »Tiny« (winzig); der stark kurzsichtige Mann war riesig gebaut. Gisevius konnte, anders als Schulze-Gaevernitz, zwischen Deutschland und der Schweiz hin und her reisen und Dulles berichten: über den Kreisauer Kreis um Moltke und Goerdeler, über die Männer um Canaris und seinen Vertrauten Hans Oster, die 1943 einen Anschlag auf Hitler versuchten, über Trott zu Solz und eine Gruppe, die der OSS-Spion »Breakers« nannte und die heute als die Verschwörer des 20. Juli bekannt sind. Dulles schickte am 13. und 14. Januar 1943 die ersten Telegramme an Donovan. Die deutsche Opposition sei »sehr enttäuscht«, dass sie von den Westalliierten keine Ermunterung bekäme. Viele glaubten, die Angloamerikaner seien Heuchler und voller Vorurteile.

Dulles' Kontaktpflege stieß in den US-Regierung nicht auf Gegenliebe und bei der britischen Botschaft in Bern schon gar nicht. 1939 hatten zwei Männer der Abwehr, die sich als Antinazis ausgaben, zwei britische Agenten im holländischen Venlo gefangen genommen, was das britische Spionagenetz in Westeuropa empfindlich traf. Und 1941, mit dem deutschen Überfall auf die Sowjetunion, hatte Churchill die Parole ausgegeben, den Widerstand zu ignorieren, um Stalin nicht zu provozieren. Das hatte bereits Adam von Trott zu Solz zu spüren bekommen, der beim Auswärtigen Amt für Propaganda gegen England und Amerika zuständig und – wenngleich nur der Tarnung wegen – der NSDAP beigetreten war. Sein neuerlicher Versuch im Jahr 1941, in England Gehör zu finden, scheiterte. Ähnlich erging es Dietrich Bonhoeffer. Der Theologe arbeitete als Kurier für die Abwehr, was ihm erlaubte zu reisen. Im Mai 1942 trafen er und Helmuth James von Moltke in Stockholm den anglikanischen Bischof George Bell of Chichester. Bell war, wie Bonhoeffer, Mitglied der Bekennenden Kirche und saß im britischen Oberhaus. Auf Bitten von Bonhoeffer kontaktierte der Bischof den britischen Außenminister Anthony Eden, der ihn jedoch wissen ließ, der Kontakt liege nicht im britischen Interesse.

Moltke arbeitete in der völkerrechtlichen Abteilung der Abwehr, was auch ihm zu reisen erlaubte. Er hatte britische Freunde wie Michael Balfour, der im Ausschuss für politische Kriegsführung saß, sowie Lionel Curtis von der außenpolitischen Denkfabrik Chatham House. »1943 übermittelte

Moltke über amerikanische Diplomaten in der neutralen Türkei unter konspirativen Umständen Memoranden an die Regierung Roosevelt«, schreibt Ulrich Schlie, ein Historiker im deutschen Verteidigungsministerium, im Januar 2009 im Berliner *Tagesspiegel*. Schlie hat das erst 2007 freigegebene »Moltke-Dossier« im britischen Nationalarchiv gesichtet. Nachdem Moltke Curtis einen Brief mit Informationen über den Widerstand geschickt hatte (der beim MI6 landete), schlug dieser intern vor, Moltke nach dem Krieg beim Wiederaufbau einzusetzen. Aber britische Politiker sorgten sich, ob er »irgendwie mit Spionage, Gegenspionage oder anderen subversiven Aktivitäten in Verbindung gebracht werden« könnte. Als Moltke sich mit Balfour in Schweden treffen wollte, um ihn darüber zu informieren, was in den Konzentrationslagern geschah, erhielt Balfour keine Reiseerlaubnis.

Für Roosevelt hatte ein gutes Verhältnis zu Stalin Priorität. Da Dulles gelegentlich verdächtigt wurde, dieses Verhältnis zu unterlaufen, fand er im Weißen Haus nicht immer Gehör. Zudem wurde Dulles vorgeworfen, seine Widerständler seien zu systemnah. William Langer von der »Research and Development«-Abteilung des OSS stufte die »deutschen Konterrevolutionäre« als »Armeeführer, Konzerne, ostelbische Junker und hohe Staatsbeamte« ein, die nicht unterstützenswert seien. Auch Roosevelt sagte, beim deutschen Widerstand seien ihm zu viele »Vons« und zu viele Preußen. Andererseits hatten die linken Widerständler der Roten Kapelle von den Westalliierten erst recht keine Unterstützung erhalten. Am ehrlichsten hat Harry S. Truman die Linie der USA beschrieben, der Senator von Missouri, der von Januar bis April 1945 als Roosevelts Vizepräsident amtierte, bevor er nach dessen Tod selber die Präsidentschaft übernehmen musste. Nach dem deutschen Einmarsch in die Sowjetunion sagte er laut der *New York Times*: »Wenn Deutschland gewinnt, sollten wir Russland helfen, und wenn Russland gewinnt, sollten wir Deutschland helfen. So können beide so viele Menschen wie möglich umbringen – wobei ich auf keinen Fall möchte, dass Hitler gewinnt.«

Wilde Gerüchte, geschürt von jüdischen Ängsten

Schulze-Gaevernitz stellte Dulles auch Eduard Schulte vor, einen Freund aus Breslau. Schulte war Manager des größten Kohlebergwerks in Schlesien, Georg von Giesche's Erben, das bei Kattowitz lag. Giesche's Erben gehörte der Bank Brown Brothers Harriman. Deren Teilhaber waren W. Averell Harriman, US-Botschafter in Moskau, George Herbert Walker und sein Schwiegersohn Prescott Bush, der Großvater von George W. Bush. Sie hatten die Zeche 1926 zusammen mit der Anaconda Mining Company der Rockefellers erworben. Den Vertrag hatte John Foster Dulles ausgehandelt.

Nach Pearl Harbor verbot Roosevelts Finanzminister Henry Morgenthau den New Yorkern, Geschäfte in Nazideutschland zu machen. Die Anwälte fanden eine juristische Konstruktion, wonach ein Schweizer Bankenkonsortium die Aktien halten sollte. Es folgten lange Verhandlungen, zu denen Schulte regelmäßig in die Schweiz fuhr. Diese Reisen nutzte er dazu, die USA über Morde an Juden im besetzten Polen zu informieren. Schulte – der nicht enttarnt werden durfte, sonst hätten die Nazis ihn eingesperrt – wandte sich dabei an Schulze-Gaevernitz, der diese Informationen an Georg Messersmith vom State Department und Botschafter Leland Harrison weitergab.

Im Juli 1942 erfuhr Schulte von der geplanten »Endlösung der Judenfrage«. Giesche besaß eine luxuriöse Villa nahe dem KZ Auschwitz. Brown Brothers Harriman hatte sie Fritz Bracht zur Verfügung gestellt, dem Gauleiter von Schlesien. Bei einem seiner gelegentlichen Besuche lauschte Schulte dort einem Gespräch, das Bracht mit Heinrich Himmler führte, dem allmächtigen Reichsführer SS. Himmler sagte zu Bracht, die SS plane, in Auschwitz Gaskammern und ein Krematorium zu errichten und Juden massenweise mit Blausäure zu töten. Er wolle selbst dabei sein, wenn demnächst holländische Juden vergast würden.

Schulte war alarmiert. Bei seiner nächsten Reise in die Schweiz berichtete er zwei Bankern seines Konsortiums davon, Isidor Koppelmann und Jacques Rosenstein. Die beiden alarmierten einen ebenfalls jüdischen Bekannten, und der benachrichtigte Gerhart Riegner, den Abgesandten des World Jewish Congress in der Schweiz. Riegner schickte ein Telegramm an Sidney Silverman vom World Jewish Congress in London und wandte sich auch an die US-Botschaft, aber Leland Harrison hielt das Ganze für »wilde Gerüchte«, geschürt von »jüdischen Ängsten«, und ignorierte die Sache.

Silverman aber war es gelungen, Rabbi Stephen Wise in New York zu erreichen. Aber erst Monate später gab das State Department grünes Licht. Nun lud Wise im November 1942 zu einer Pressekonferenz, auf der er die Mordpläne der Nazis öffentlich machte. Doch die meisten Zeitungen behandelten das als Kurzmeldung.

Nachdem Dulles in Bern angekommen war, wurde Schulte einer seiner besten Spione. Er berichtete über die Wehrmacht in Italien und an der Ostfront, den Afrikafeldzug und die Auswirkungen des alliierten Angriffs auf die V2-Fabrik in Peenemünde. Zuletzt wäre er fast von der Gestapo geschnappt worden: Eine Schweizer Sekretärin von Dulles übergab ihrem deutschen Freund, einem SS-Offizier, heimlich Dokumente aus Dulles' Schreibtisch, darunter auch einen von Schultes Berichten aus Polen. Der SS-Offizier reichte den Bericht an die Abwehr weiter, und dort landete er zum Glück bei Gisevius. Der wiederum warnte Schulte, der sich rechtzeitig in die Schweiz absetzen konnte.

»Ein vollständiges Propagandadesaster«

Anfang 1943 vertraute Gisevius Dulles einen Plan an: Er sei in Kontakt mit einer Widerstandsgruppe, die aus mehreren Offizieren der Wehrmacht bestehe, darunter Claus Schenk

Graf von Stauffenberg, Ludwig Beck und Hermann von Tresckow. Sie planten, Hitler zu töten und ein Friedensabkommen zu schließen, aber nur mit den Westalliierten. Ein solcher Separatfrieden solle die Rote Armee davon abhalten, die östlichen Teile von Deutschland zu besetzen. Goerdeler solle Kanzler werden. Ob Amerika ein solches Vorhaben unterstützen würde? Das gleiche schlug Trott zu Solz bei einem Besuch in Bern wenige Wochen später einem Verbindungsmann von Dulles vor. Wenn die Amerikaner zögerten, werde das den deutschen Widerstand in die Arme der Sowjets treiben, sagte er.

Dulles sandte ein Telegramm nach Washington, aber Roosevelt lehnte ab. Roosevelt und Churchill (und General Charles de Gaulle) hatten sich im Januar 1943 in Casablanca auf die Forderung nach der bedingungslosen Kapitulation des Dritten Reichs geeinigt. Das bedeutete, dass Italien, Japan und Deutschland vor allen drei Alliierten kapitulieren mussten. Man werde Deutschland die gleichen strengen Konditionen auferlegen, unabhängig davon, ob die Kapitulation von Deutschen komme, die es »gewagt hätten, Hitler zu widerstehen, oder von Hitlers Schergen«, hieß es in Casablanca (schreibt Richard Harris Smith in *The Secret History of Americas First Central Intelligence Agency)*. Der Vorschlag stammte von Roosevelt.

Dies war vor allem notwendig, um das taktische Binnenverhältnis der drei Alliierten zu stabilisieren. Roosevelt wollte das Vertrauen von Stalin oder, wie er ihn nannte, »Uncle Joe« nicht verlieren, denn die Rote Armee war für die Westalliierten unverzichtbar. Churchills Rolle ist weniger klar. Er soll sich – schreibt Persico – sowohl bei Robert Sherwood als auch bei Eden beschwert haben, überrumpelt worden zu sein, denn seine Strategie war es, einen Keil zwischen die drei Achsenmächte zu treiben. Offiziell bestand allerdings auch Churchill auf der Forderung nach bedingungsloser Kapitulation.

Die Interessen von Churchill und Roosevelt deckten sich nur bedingt. Roosevelt, ein linker Demokrat, hatte persönlich wenig Probleme mit Stalin, dem Historiker Kai Bird zufolge überlegte er sogar, dem sowjetischen Diktator nach dem Krieg die gemeinsame Besetzung nicht nur Deutschlands, sondern auch Frankreichs anzubieten – er hielt die Franzosen, die vielfach bereitwillig mit den Deutschen kollaborierten, für Nazisympathisanten. Noch sowjetfreundlicher waren seine Berater, etwa Harry Hopkins, der die Lend-Lease-Militärhilfe für die Sowjets durchsetzte, und Alger Hiss. Hiss wurde 1948 – als sich der politische Wind drehte – als sowjetischer Spion verurteilt. Roosevelt hoffte zudem auf Stalins Unterstützung im Kampf gegen Japan und auf eine Zusammenarbeit danach, deswegen wollte er das »kuschelige Bündnis« stützen, schreibt Agostino von Hassell. Andererseits kämpften die USA offiziell nur gegen die NS-Regierung, nicht gegen deutsche Zivilisten. Noch heute behaupten US-Militärhistoriker, die Bomben auf Wohngebiete seien von den Briten zu verantworten, während die U.S. Air Force ihre Angriffe auf militärische Ziele beschränkt habe.

Für den konservativen Churchill hingegen ging es darum, Deutschland und Preußen als Konkurrenz zu eliminieren. Ob Deutschland von den Nazis, dem Kaiser oder von sozialdemokratischen Widerständlern regiert wurde, war ihm ziemlich egal. Und dazu brauchte er Stalin. Auf der anderen Seite aber fürchtete der britischen Premier, wenn die Rote Armee zu große Landgewinne machte, könnte sie am Ende vor den Toren Londons stehen, sodass er sich lieber die Tür für Alternativen offen hielt.

Die Beziehungen zwischen den drei Alliierten waren brüchig. So sandte Churchill einen Wissenschaftler namens Klaus Fuchs nach New Mexico, wo die Atombombe entwickelt wurde, weil er unbedingt in das Atomprogramm involviert sein wollte. Fuchs war ein deutscher Kommunist, der vor den Nazis nach London geflohen war. In Los Alamos angekommen, begann er, den Sowjets Informationen über die Bombe zu liefern, zusammen mit Julius Rosenberg, einem New Yorker Kommunisten. Noch heute sind US-Geheimdienstler den Briten gram, die sie für den Verrat verantwortlich machen.

Beim OSS war die auf der Konferenz von Casablanca gefasste Kapitulationsforderung umstritten. Donovan war dagegen, übrigens auch Dwight D. Eisenhower, der Oberkommandierende der US-Truppen, der fürchtete, dass die harte Linie zu mehr Widerstand der Wehrmacht führen werde. William Langer vom OSS schrieb in einem Memo, die Alliierten sollten den Deutschen das Recht auf Selbstbestimmung lassen, wie es auch in der Atlantik-Charta vorgesehen sei, das würde die echten Nazis von der Masse trennen. Und Dulles hielt Casablanca für ein »vollständiges Propagandadesaster«. Die Forderung werde die Opposition völlig demoralisieren, zumal Goebbels nicht zögerte, die neue Lage auszunutzen. Der Reichspropagandaminister erklärte, bedingungslose Kapitulation meine die Vernichtung und Versklavung aller Deutschen, deshalb müsse der Krieg unbedingt gewonnen werden. Im Februar 1943, nach Stalingrad, legte er nach: In seiner berüchtigten Sportpalastrede, die im Radio übertragen und in den Wochenschauen der Kinos gezeigt wurde, rief er vor ein paar Tausend jubelnden Menschen – größtenteils Parteigenossen – zum totalen Krieg auf.

Trotz Casablanca beschloss die Gruppe um Stauffenberg, das Attentat vorzubereiten, in der Hoffnung, dass die Westalliierten einlenken würden. Stauffenberg übermittelte Dulles im Mai 1943 via Gisevius einen Vorschlag: Die Wehrmacht werde vor den Westmächten kapitulieren. Deutschland wolle aber nicht nur die im Ersten Weltkrieg verlorenen Gebiete – vor allem die in Polen – behalten, sondern auch das Sudetenland, Österreich und Südtirol. Für Churchill war das vollkommen unannehmbar.

Auch Wilhelm Canaris versuchte noch einmal, Kontakt

mit den Briten aufzunehmen. Angeblich traf er sich in Nordfrankreich in einem Nonnenkloster mit Claude Olivier, dem lokalen Chef des Deuxième Bureau, schreibt Robert Lyman in *The Jail Busters*. Man habe Canaris mit einer Augenbinde dorthin geführt. Er ließ Churchill eine Nachricht mit der Frage übermitteln, welches die Bedingungen für einen Frieden seien, worauf der britische Premier erwiderte: »bedingungslose Kapitulation«. Im April 1943 klopfte Canaris bei George Earle an, dem Repräsentanten der USA für den Balkan, der im neutralen Istanbul stationiert war. Er fragte, ob es möglich wäre, eine geordnete Kapitulation mit den Amerikanern auszuhandeln. Earle sandte eine Nachricht via Diplomatentasche nach Washington, bekam aber keine Antwort. Im Juli 1943 soll es noch ein weiteres Treffen zwischen Canaris, Menzies und Donovan in Santander, im neutralen Spanien, gegeben haben.

Das OSS beobachtete den deutschen Widerstand weiterhin minutiös. In einem namentlich nicht gezeichneten Memo vom September 1943 werden Aktvitäten aufgelistet, darunter Sabotageakte im Kieler Hafen, in den Leuna-Werken in Merseburg, bei BMW in München und in Fabriken in Frankfurt. In der Auto-Union in Zwickau seien Flugblätter verteilt worden, auch in Leipzig, auf denen es hieß: »Sei kein Sklave von Hitler.« In Bremen habe sich ein Netz von Widerstandszellen gebildet, die Schiffe sabotierten. In München seien 17 Frauen aus Stuttgart, Ulm und Freiburg verurteilt worden. Sie hätten Flugblätter verteilt, in denen zur Sabotage in Rüstungsfabriken aufgefordert wurde. In Essen seien 63 Arbeiter wegen illegaler Gewerkschaftsarbeit verurteilt worden. Zwei Sozialdemokraten, Franz Künstler und Max Westphal, seien als Revolutionsführer hingerichtet worden, dazu 14 Kommunisten in Mannheim. Dulles fügte in einem späteren Telegramm hinzu, es gebe auch eine starke kirchliche Opposition, auf welche die USA setzen sollten, darunter der Bischof von Münster, Clemens August Graf von Galen.

Der »Morale Operations Branch« des OSS in London schlug den »Hamilton Plan« vor: Deutschen Oppositionellen – Militärs, Sozialdemokraten, Katholiken – sollte »aktiver Widerstand« ermöglicht werden. Sie sollten sich aber zuvor schriftlich dazu bekennen – vielleicht auf Postkarten, die sie einander schickten –, damit man nach dem Krieg wisse, wer dazugehört habe. Der Plan, der die gesamte Infrastruktur des Widerstands an die Nazis verraten hätte, wurde von der Politik nicht genehmigt.

Nun unternahm Donovan einen Vorstoß, obwohl Roosevelt ihm verboten hatte, mit »ostdeutschen Junkern« zu sprechen. Er sandte einen OSS-Agenten namens Theodore Morde nach Istanbul, um mit Hitlers Botschafter Franz von Papen zu verhandeln. Morde versicherte Papen, dass Amerika die Nazis hasse, aber nicht die Deutschen (was Teil der OSS-Strategie war). Als OWI-Chef Robert Sherwood davon erfuhr, bekam er einen Tobsuchtsanfall und forderte, Morde den Pass abzunehmen. Aber das OSS in Istanbul machte weiter. Es propagierte – zusammen mit Helmuth James von Moltke – den »Herman Plan«, der vorsah, nach einem Attentat auf Hitler die Westfront für die Alliierten zu öffnen; die Besetzung Deutschlands nach dem Krieg sollte nur durch Amerikaner und Briten erfolgen. OSS-Mann Langer, der den Plan für Donovan evaluierte, war skeptisch. Es sei »kaum zu glauben«, dass eine solche Gruppe von Widerständlern in Deutschland existiere. Um Stalin nicht zu brüskieren, müsse der Diktator zuvor informiert werden. Donovan zog letztlich den Stecker.

Auch Goerdeler streckte noch einmal die Fühler aus: Er traf den schwedischen Bankier Jacob Wallenberg in Stockholm, dessen Bruder Marc in London war. Goerdeler bat Marc, mit Churchill zu reden; er verfasste auch ein Memorandum, wie die Umstürzler gedächten, mit Kriegsverbrechern, Reparationen und Entwaffnung umzugehen. Der frühere Oberbürgermeister bat, Leipzig nicht zu bombardieren, wo viele Verschwörer untergetaucht seien. Das Memorandum erreichte Churchill tatsächlich. Die gleiche Bitte richtete Trott zu Solz an die Briten, als er sich mit Vertretern von Scottland Yard in Stockholm traf. Die Westalliierten flogen gleichwohl im Dezember 1943 einen Bombenangriff auf Leipzig, bei dem Carlo Mierendorff starb, ein zum Kreisauer Kreis gehörender Sozialdemokrat.

»Alles, was wir wollen, ist Hilfe danach«

Im August 1943 kam ein Mann aus Berlin nach Bern, der eine andere Strategie verfolgte: Fritz Kolbe. Er wurde zu »einem der besten Geheimagenten, den nicht nur wir, sondern jeder andere Geheimdienst jemals hatte«, sagte Dulles (laut Greg Bradsher, der für die National Archives in Washington, D.C., über Kolbe recherchiert hat). Kolbe war Beamter im Auswärtigen Amt und die rechte Hand von Karl Ritter, dem Verbindungsbeamten zur Wehrmacht. Er verfolgte eine andere Strategie: Er wollte die deutsche Niederlage beschleunigen, um den Krieg zu beenden. Weder glaubte er, dass die Alliierten von der Forderung der bedingungslosen Kapitulation abrücken würden, noch traute er den Attentätern einen erfolgreichen Anschlag zu. Erst im April 1943 hatte die Gestapo Hans von Dohnanyi verhaftet, einen Hamburger Justizbeamten, der dem Kreis um Canaris angehörte. Dohnanyi, Canaris, Hans Oster und Henning von Tresckow hatten in Smolensk eine Bombe in ein Flugzeug geschmuggelt, mit dem Hitler fliegen sollte. Aber der Zündmechanismus versagte. Auch ein zweites Attentat eine Woche später schlug aus technischen Gründen fehl. Kurz darauf wurde Dietrich Bonhoeffer, der als Kurier für die Abwehr arbeitete, festgenommen; Oster wurde unter Hausarrest gestellt. Auch Gisevius galt nun als verdächtig. Er musste vorerst in der Schweiz bleiben; stattdessen fungierte der Deutsch-Amerikaner Eduard Waetjen, ebenfalls ein Abwehrmann, als Kurier zum OSS.

Kolbe arbeitete seit 1925 in Madrid, Kapstadt und Berlin für das Auswärtige Amt. Als die Nazis an die Macht kamen, trat er, trotz Drucks von oben, nicht der NSDAP bei. Seine Vorgesetzten in Berlin tolerierten das als »Ausdruck seiner exzentrischen Persönlichkeit und auch, weil er meistens den Mund hielt und seinen Job gut machte«, schreibt Greg Bradsher. Kolbes Aufgabe war es, Telegramme und Berichte der deutschen Botschaften und der deutschen U-Boot-Flotte zu sichten und alles, was wichtig war, an Ritter weiterzuleiten. Ritter saß in einem Büro nahe der Wolfsschanze, dem Führerhauptquartier in Ostpreußen. Kolbe begann nun, sich im Widerstand zu engagieren. Zusammen mit Freunden verteilte er Flugblätter, die darüber informierten, was die Nazis vorhatten.

Die Gruppe flog auf, aber Kolbe wurde nicht entdeckt. Doch in Berlin wurde es zunehmend gefährlicher. Die Stadt wurde bombardiert, zudem verhafteten die Nazis Regimegegner; alleine 1942 wurden mehr als 3000 von ihnen hingerichtet. Anfang 1943 lernte Kolbe den Chirurgen Ferdinand Sauerbruch kennen. Sauerbruch besaß noch das Vertrauen der Nazis, anders als Kolbe durfte er in die Schweiz fahren. Kolbe gab ihm Informationen für das OSS über die drohende Verhaftung französischer Widerstandskämpfer mit. Im Juli 1943 eroberten die Alliierten Sizilien; Mussolini wurde gestürzt. Kurz darauf lernte Kolbe Stauffenberg kennen, der nach einer Verwundung in Nordafrika von Sauerbruch operiert worden war. Und er schaffte es, mithilfe einer Freundin, die für den Kurierdienst des Auswärtigen Amtes arbeitete, eine Reiseerlaubnis in die Schweiz zu bekommen. Von dieser Freundin bekam er den Auftrag (und das Visum), eine Diplomatentasche zur deutschen Botschaft in Bern zu bringen.

Kolbe überquerte die Grenze mit dem Zug in Basel, die Dokumente, die er Dulles übergeben wollte, hatte er um seine Beine gewickelt. Auch in der Schweiz musste er vorsichtig sein, da die Gestapo, aber auch die Schweizer Geheimpolizei ein waches Auge auf Spione hatte. Deshalb kontaktierte er zunächst einen deutsch-jüdischen Geschäftsmann namens

Ernst Kocherthaler, den er aus Madrid kannte. Kocherthaler unternahm mehrere – vergebliche – Anläufe, der britischen Botschaft ein Telegramm von Kolbe vorzulegen. Auf Vermittlung von Paul Dreyfus, einem Schweizer Bankier, bekam Kocherthaler einen Termin bei Gerald Mayer vom Office of War Information, das sich mit dem OSS ein Büro teilte. Er hatte ein Dutzend Telegramme von der Abwehr dabei, aus Istanbul, Paris, Prag, Sofia und Dublin. Mayer war begeistert, und ähnlich ging es Dulles. Obwohl er sich sorgte, dass Kocherthaler (oder Kolbe) ein Agent Provocateur der Schweizer Polizei (oder der Abwehr) sein könnte, beschloss er, das Risiko einzugehen. Um Mitternacht empfing er Kolbe in seinem Büro.

Das Treffen dauerte fast drei Stunden. Kolbe brachte Protokolle von Treffen zwischen Hitler und seinen Vertrauten mit, darüber hinaus Berichte über die Schäden alliierter Luftangriffen auf deutsche Städte, er berichtete, dass die Moral in Berlin am Boden sei und viele Berliner »Feindsender« hörten. Er berichtete, wo Hitler, Himmler und Ribbentrop in Ostpreußen untergekommen waren, welche Pläne die Wehrmacht zur Invasion in der Normandie hatte, wie der neue Messerschmitt-Bomber ME 262 funktionierte und welche Geheimcodes die Abwehr dechiffrieren konnte. Er berichtete über die Stellungen der Wehrmacht in Griechenland und Italien und dass Deutschland die argentinische Regierung bestach, damit das Land neutral blieb. Und er machte Vorschläge: Die Alliierten sollten das Telefunken-Werk in Berlin bombardieren, das Radargeräte produziere, die Bomber bei Nacht entdecken könnten. Die Ölförderung im rumänischen Ploiești müsse zerstört werden. Zudem sollten Fallschirmspringer in der Nähe von Konzentrationslager abspringen und die Zwangsarbeiter dort befreien.

Einer seiner Berichte interessierte Dulles besonders: über einen deutschen Versuch, Indien in seinem Unabhängigkeitskampf gegen Großbritannien zu unterstützen. 1940 war Subhas Chandra Bose, Sozialist und Vorsitzender des Indian National Congress, aus britischer Haft nach Berlin geflüchtet (mit seiner Frau Emilie, die er in Wien kennengelernt hatte). In Berlin gründete er mithilfe von Trott zu Solz das »Zentrum für ein freies Indien«. In Deutschland gab es damals Tausende indischer Kriegsgefangener, die von den Briten in die Armee gepresst worden waren; sie waren der Waffen-SS unterstellt worden. Und die sollten in Indien eingesetzt werden. Als daraus nichts wurde, schmuggelte man Bose zurück nach Indien, wo er eine Rebellenarmee aufstellte – die von den Briten vernichtet wurde. Bose starb bei einem Flugzeugabsturz in Taiwan, es gibt aber auch Gerüchte, er sei nach Sibirien verschleppt worden.

Die Nazis wollten auf diese Weise das britische Empire schwächen. Ähnliches geschah im Mittleren Osten, wo die NS-Regierung Freunde in Ländern suchte, die sich gegen eine britische (oder französische) Besatzung wehrten, darunter Irak, Syrien, Libanon und Ägypten. Als der Großmufti von Jerusalem, Amin al-Husseini, aus dem von Großbritannien besetzten Palästina nach Berlin flüchtete – wo er im Hotel Adlon untergebracht wurde –, sorgte Goebbels dafür, dass die Presse ein Foto von al-Husseini und Hitler veröffentlichte. Es sei ein »großer Propagandaerfolg« gewesen, wie er sich in einem Tagebucheintrag vom Januar 1942 brüstete.

Dulles verpasste Kolbe den Codenamen George Wood. Kolbe fuhr noch sechs Mal nach Bern, mit Hunderten von Telegrammen, Bildern und Filmrollen im Gepäck. Es war Kolbe, der die Alliierten über die geplante Ermordung der Juden von Rom informierte – vergebens, die Warnung wurde nicht weitergegeben. Einzig als Dulles von Kolbe erfuhr, dass 300 000 ungarische Juden nach Auschwitz deportiert werden sollten, drängte er Roosevelt per Telegram, das zu veröffentlichen.

Bis Mitte 1945 brachte Kolbe mehr als 1600 Dokumente aus 30 Ländern in die Schweiz – aus Japan und dem fernen Osten, aus Spanien, Schweden, England und der Türkei. Seine Informationen halfen den britischen Dechiffrierern, den deutschen Code zu knacken, und den Amerikanern, Luftangriffe auf deutsche Städte zu planen. Von Kolbe erfuhren die Alliierten auch, dass Wernher von Braun in Peenemünde eine neuartige Langstreckenrakete plante, die Amerika erreichen könne.

»Wild Bill« Donovan allerdings argwöhnte, dass es sich bei Kolbes Informationen um Gegenpropaganda handeln könne – um den Feind zu verwirren. Es dauerte ein halbes Jahr, bis sich der OSS-Chef dazu durchrang, Kolbes Berichte zu lesen. Kolbe war nach dem Krieg entsetzt, dass die Alliierten seine Vorschläge für militärische Ziele ignoriert und stattdessen flächendeckend Wohngebiete bombardiert hatten.

Dulles fragte Kolbe, warum er den Alliierten all das erzählte und ob er Geld wolle. Aber Kolbe lehnte ab. Er hoffe, sagte er, wenn er den Amerikanern helfe, dass diese Deutschland nach dem Krieg gegen die Russen beistehen würden. »Ich bin ein patriotischer Deutscher, und ich hasse die Nazis«, sagte er dem OSS-Chef (laut Greg Bradsher von den National Archives). »Sie sind für mich der Feind. Und die Bolschewisten hasse ich genauso. Aber wir sind mitten im Krieg, das ist nicht die Zeit, zu verhandeln. Alles, was wir wollen, ist Hilfe danach.« Aber Dulles konnte ihm das nicht versprechen. »Wir wissen nicht, was nach dem Krieg passiert«, sagte er. »Und ohnehin muss der erst gewonnen werden.«

Im November 1943 trafen sich Roosevelt, Churchill und Stalin in der persischen Hauptstadt Teheran – Persien war damals von Großbritannien und der Sowjetunion besetzt, die auch den Schah, Reza Pahlavi, installiert hatten. Es ging um die Neuordnung Deutschlands nach dem Sieg. Für den US-Präsidenten war es das erste Zusammentreffen mit Stalin, und er bemühte sich um den Schulterschluss. Als Stalin vorschlug, 50 000 bis 100 000 Deutsche zu erschießen und den östlichen

Teil von Polen Russland zuzuschlagen, war Roosevelt damit einverstanden. Churchill hingegen sorgte sich zunehmend, ob eine Pufferzone bliebe, die Russland von Westeuropa trennte. Dulles erfuhr später von Kolbe, dass die Nazis einen Agenten in der britischen Botschaft in der Türkei hatten, der sie über die Ergebnisse der Konferenz von Teheran auf dem Laufenden hielt.

Wenig später besuchte der iranische Botschafter in Schweden Berlin und sandte dem OSS einen Bericht über die zerbombte Stadt. Alle Bahnhöfe und die Hälfte der Gebäude seien zerstört, die Bevölkerung lebe unter der Erde. 40 000 polnische und russische Zwangarbeiter, die nicht in die Luftschutzkeller dürften, seien in einer einzigen Bombennacht umgekommen. Kolbe ergänzte dies in einem Bericht an Dulles: Die Moral der deutschen Zivilbevölkerung sei nicht beeinträchtigt durch die Luftangriffe, denn es gebe keine Moral mehr, schreibt Bradsher. »Es gibt in Deutschland Millionen von müden, entmutigten, desillusionierten, trotzdem hartnäckig gehorchenden Leuten, die keine Alternative haben, als den Kampf fortzusetzen.« Die US-Militärspionage meldete, dass in Deutschland überlegt werde, abgeschossene Bomberpiloten als Kriegsverbrecher vor Gericht zu stellen. General George Marshall, der Stabschef der Armee, schlug für einen solchen Fall »unmittelbare Vergeltungsmaßnahmen« vor.

Ende 1943 traf sich der OSS-Agent Abram Stevens Hewitt in Stockholm mit Dr. Felix Kersten, dem finnischen Leibarzt von Himmler. Hewitt gab sich als »Abgesandter Roosevelts« aus. Er sagte zu Kersten, der US-Präsident wolle, dass Himmler gegen Hitler putsche, er werde dann mit Himmler eine antirussische Allianz schließen. Doch daraus wurde auch nichts. Kersten erzählte Hewitt allerdings etwas, das das OSS alarmierte: Es gebe geheime Verhandlungen zwischen Stalin und den Nazis, wonach die Armeen beider Staaten sich zurückziehen würden und die Diktatoren Polen und das Baltikum unter sich aufteilen wollten. Hewitt sandte einen Bericht an den US-Präsidenten, der ihn ignorierte. »Während FDR Friedensgespräche mit Deutschland für Verrat gehalten hatte, bewies Hewitts Bericht, dass Stalin durchaus bereit war, seine westlichen Alliierten zu betrügen«, schreibt Persico. »Aber seit der Konferenz von Teheran hatte FDR sich davon überzeugt, dass er mit Stalin arbeiten konnte. Und er glaubte, die Russen würden die Deutschen vernichten.« Roosevelt hatte bis zum Ende seines Lebens keine Zweifel an Stalin: Als George Earle – der den Bericht über Katyn verfasst hatte – schreiben wollte, dass in Russland 15 Millionen Menschen im Lager säßen und Juden und Gewerkschafter misshandelt würden, versetzte Roosevelt den langjährigen Vertrauten von einem Tag auf den anderen nach Samoa.

Im Januar 1944 sandte Dulles – gestützt auf Gisevius – ein mit höchster Sicherheitsstufe verschlüsseltes Telegramm nach New York, gefolgt von drei weiteren im Februar, in denen er über deutsche »Intellektuelle aus dem Militär und der Regierung« berichtete, die putschen wollten und deren Mehrheit sich am Westen orientiere. Am 4. Februar schickte er Namen: Wilhelm Leuschner, Oster, Goerdeler. Er warnte, dass Himmler den Abwehrchef Canaris kaltgestellt habe und Helmuth James von Moltke verhaftet worden sei. Und er bat darum, den MI6 nicht zu informieren. In einem weiteren Telegramm schrieb er: »Die Situation in Deutschland nähert sich einer Klimax … das Ende des Krieges in Europa ist in Sicht. Eine Widerstandsgruppe, geführt von Goerdeler und General Beck, sagte, sie sei bereit, Hitler zu beseitigen und die Nazis zu stürzen. Dies ist die einzige Gruppe, die über Autorität in der Armee verfügt, Zugang zu Naziführern hat, auch zu Hitler, und Waffen besitzt.« Aber, so Dulles weiter, die Gruppe wolle nur handeln, wenn sie sicher sei, dass sie nach dem Sturz der Nazis mit den Angelsachsen verhandeln könne. »Ihr Ziel ist der verzweifelte Wunsch, Zentraleuropa davor zu bewahren, unter die Kontrolle der Russen zu kommen. (…) Dann würde man die Nazis nur gegen eine andere Diktatur tauschen.«

Nach dem ursprünglichen Plan wollten die Verschwörer am 13. März 1944 losschlagen, aber der Termin wurde verschoben, weil die Bombe nicht funktionierte. Am 16. Mai 1944 bekam US-Außenminister Cordell Hull ein Memo von Donovan, das ihn auf das »Angebot deutscher Generäle« aufmerksam machte. Canaris und Goerdeler wollten nur mit dem Westen verhandeln, nicht mit den Bolschewiken. Die Gruppe sei die einzige, die Waffen habe und Zugang zu Hitler. Es sei allerdings fraglich, ob die Gruppe entschlossen genug und vernünftig genug sei, Rücksicht auf die Russen zu nehmen. Sie sei aber nützlich, um die Moral der Wehrmacht zu unterminieren.

Wenige Wochen vor dem D-Day, der Invasion in der Normandie am 26. Juni 1944, machte Gisevius einen weiteren Vorschlag, den Dulles ebenfalls telegrafisch Donovan übermittelte: Einige aufständischen Generäle, darunter Generalfeldmarschall Gerd von Rundstedt, der deutsche Oberbefehlshaber beim Feldzug gegen Frankreich, Holland und Belgien, der später die Abwehrschlacht in der Normandie befehligte, seien zur Kooperation mit den Westalliierten bereit. Rundstedt würde den Westalliierten keinen Widerstand leisten. Im Gegenzug wolle man, dass die Westalliierten drei Divisionen per Fallschirm nahe Berlin absetzten, bei Bremen und Hamburg landeten und Hitler auf dem Obersalzberg festsetzten. Eine tollkühne Idee – selbst wenn die Westalliierten keine politische Bedenken gehabt hätten, wäre es militärisch riskant gewesen, sich auf die Schlagkraft der aufsässigen Wehrmachtsgeneräle zu verlassen.

Gisevius hatte noch etwas hinzugefügt: Graf von Stauffenberg, der inzwischen von den Westalliierten enttäuscht sei, habe Kontakt zur Roten Armee aufgenommen. Es gebe Verhandlungen um eine Kapitulation gegenüber Stalin, um ein sozialistisches Deutschland für »Arbeiter und Bauern« zu schaffen. Zudem wollten die Verschwörer nicht mehr Goerdeler als Kanzler, der zu alt und zu konservativ sei, sondern den Sozialdemokraten Wilhelm Leuschner. Leuschner war hessischer Innenminister gewesen und hatte mehr als ein Jahr im KZ gesessen. Als Innenminister hatten die Verschwörer Julius Leber vorgesehen, ebenfalls ein Sozialdemokrat.

Ähnliches berichtete Trott zu Solz (via Schulze-Gaevernitz). Damals gab es in Moskau das »Nationalkomitee Freies Deutschland«. Es bestand aus Exilkommunisten, darunter Walter Ulbricht, Wilhelm Pieck, der Dichter Johannes R. Becher und der spätere Stasichef Markus Wolf, die sich mit kriegsgefangenen deutschen Offizieren zusammengetan hatten, darunter Walther von Seydlitz-Kurzbach, einer der gescheiterten Generäle von Stalingrad. Das Komitee rief die Wehrmacht zum Aufstand gegen Hitler auf. Die Sowjets hatten bemerkt, dass die Westalliierten ein ewiges Schlachten zwischen Deutschland und Russland wollten. Die Russen wollten Deutschland nach dem Krieg wiederaufbauen, was die Westalliierten nicht täten, sagte Trott. Er fügte hinzu: Die Westalliierten sollten nach dem Sieg nicht Hitler nachahmen und ein Marionettenregime von »deutschen Quislings« installierten, um ihre Interessen gegen die Bevölkerung durchzusetzen.

Den Westalliierten war das Nationalkomitee durchaus bekannt. William Langer vom OSS hatte schon im November 1943 davor gewarnt, dass Moskau einen Putsch gegen Hitler unterstützen wolle und die sowjetische Propaganda sehr geschickt sei. Er sorge sich, ob das Komitee womöglich ein »Instrument für einen Separatfrieden« zwischen Deutschland und der UdSSR sei. Aber Washington ignorierte auch diese Warnung.

Der kommende Blutrausch wird umbarmherzig sein

Während sich die Verschwörer auf den Putsch vorbereiteten, waren die Westalliierten vollauf damit beschäftigt, die Invasion in der Normandie zu planen. Das Gleiche galt für die

Abwehr. Deutsche Agenten sammelten sich in Irland, unterstützt von der angeblich neutralen irischen Regierung, um die britischen D-Day-Vorbereitungen auszuspionieren (berichtete Kolbe an Dulles). Roosevelt machte Druck auf den irischen Präsidenten, das zu unterbinden, mit gemischtem Erfolg. Immerhin gelang es den Alliierten, ein Gespräch zwischen Hitler und dem japanischen Botschafter Oshima abzuhören. So erfuhren sie, dass Hitler glaubte, dass die Invasion über die Straße von Dover und die westliche Atlantikküste erfolgen würde, den kürzesten Seeweg.

Am 12. Juli 1944 kämpften US-Truppen noch in der Normandie, als Dulles ein weiteres Telegramm an Donovan schickte: Ein »dramatisches Ereignis« im Norden stünde bevor, ein Anschlag auf Hitler. Auch der frühere Polizeichef von Berlin, Wolf-Heinrich Graf von Helldorf, sei dabei. Goerdeler sei untergetaucht. Am nächsten Tag kabelte Dulles noch einmal; er fürchte, dass die Gestapo die »Breaker« beobachte. Gisevius beschloss, trotz der Gefahr nach Berlin zu gehen. Donovan sandte einen Bericht an Hull, die Joint Chiefs of Staff und das Weiße Haus: Die Nazigegner glaubten, dass die nächsten Wochen ihre letzte Chance seien zu beweisen, dass das deutsche Volk Hitler stürzen und eine respektierte Regierung installieren könne.

Am Nachmittag des 20. Juli plauderte Dulles in seinem Büro mit Elizabeth Wiskemann von der britischen »Political Warfare Executive«. Mitten im Gespräch, erinnert sie sich in ihren Memoiren *The Europe I Saw*, klingelte das Telefon. »Er antwortete sehr kurz, als habe er die Nachricht erwartet. Dann legte er auf und sagte zu mir, es habe einen Anschlag auf Hitler in seinem Hauptquartier gegeben. Ich war nicht überrascht, aber aufgeregt, wir wussten beide nicht, ob er Erfolg gehabt hatte.« Erst als Dulles um Mitternacht Hitlers Stimme im Radio hörte, wusste er, dass das Attentat gescheitert war.

Einen Tag später kabelte er nach London: Der kommende Blutrausch werde umbarmherzig sein. Donovan sandte einen

Bericht an den Präsidenten, dem er vorschlug, ein paar Worte an das deutsche Volk zu richten, falls die Aufständler sich doch durchsetzten. Aber FDR wusste ohnehin Bescheid. Die Codebrecher in der U.S. Army hatten auch diesmal Botschafter Oshima abgehört, der wenige Tage nach dem gescheiterten Attentat mit Ribbentrop gesprochen hatte. Oshima (schreibt Joseph Persico) war erstaunt, dass Hitler den Anschlag fast unverletzt überlebt hatte. »Ich glaube, bei dem Plan ging es darum, einen Kompromiss mit England und Amerika zu finden, sobald seine« – Stauffenbergs – »Leute die Macht übernommen hätten«, sagte der Botschafter. Die Nazis würden sich fragen, ob Stauffenbergs Bombe von den Briten hergestellt worden sei (was nicht der Fall war) und ob Beck in Kontakt mit England und Amerika gestanden habe. Danach setzte Donovan noch ein Kabel zum OSS-Büro in London ab: Man dürfe die Russen auf keinen Fall die Korrespondenz mit den »Breakers« sehen lassen.

Der missglückte Anschlag hatte blutige Konsequenzen. Stauffenberg und ein paar andere – darunter General Ludwig Beck und Peter Graf Yorck von Wartenburg – wurden sofort erschossen. Andere wurden wenige Wochen später hingerichtet, darunter Polizeipräsident Helldorf und Ulrich von Hassell. Henning von Tresckow beging Selbstmord. Adam von Trott zu Solz wurde vor dem Volksgerichtshof von Roland Freisler zum Tode verurteilt, Helmuth James Graf von Moltke, der bereits im Januar verhaftet worden war, wurde noch im selben Monat von Freisler zum Tode verurteilt und in Plötzensee erhängt. Das OSS und das State Department hatten erwogen, bei der NS-Regierung gegen die Todesurteile zu protestieren, aber ob das geschah, ist ungewiss. Im September 1944 wurde auch Carl Goerdeler gefasst, zum Tode verurteilt und im Februar 1945 in Plötzensee hingerichtet; Fritz Kolbe hatte noch versucht, ihm zur Flucht zu verhelfen.

Hitler nannte die Verschwörer eine »ganz kleine Clique ehrgeiziger, gewissenloser und zugleich unvernünftiger, verbrecherisch-dummer Offiziere«, und Goebbels schwadronierte über die »beinahe göttliche Rettung« des Führers. Ähnlich dachten die Westalliierten. Churchill sagte vor dem Parlament, es handele sich um »Ausrottungskämpfe unter Würdenträgern des Dritten Reiches«. In New York freute sich die *Herald Tribune*: Das erspare den Alliierten den Ärger, all diese Militaristen zu vernichten. Walter Lippmann schrieb in *der Washington Post*, die Alliierten hätten überhaupt keinen Grund, diesen internen deutschen Konflikt zu verkürzen. Und Walter Winchell stärkte ebenfalls Roosevelt den Rücken: keine Verhandlungen um Frieden! Noch bizarrer war ein Kommentar in der *New York Times*, der die Linie der US-Regierung vertreten haben dürfte: »Die Details der Verschwörung erinnern eher an die schmutzige Unterwelt von Gangstern als an das, was man von einem Offizierskorps erwarten würde. Die höchsten Offiziere der deutschen Armee planten ein Jahr lang, einen Staatschef und Oberbefehlshaber zu entführen. (…) Der Anschlag geschah mit einer Bombe, eine typische Unterweltwaffe, und mit Nazimethoden.«

Es blieb nicht bei Worten. Der Deutschlandfunk der BBC sendete am 22. Juli 1944, zwei Tage nach dem Attentat, einen Bericht, in dem die Verschwörer namentlich genannt wurden, die noch nicht verhaftet worden waren, um der Gestapo die Arbeit zu erleichtern. Der Leiter des Deutschland-Service war damals Hugh Greene, der nach dem Krieg den Rundfunk in der britischen Besatzungszone aufbaute und 1960 Vorstand der BBC wurde. Die Liste der Widerständler stammte von der britischen »Political Warfare Executive« für schwarze Propaganda, wo auch BBC-Angestellte arbeiteten. Am 26. Juli 1944 erließ auch der »Morale Operations Branch« eine Direktive an alle OSS-Posten, der SS möglichst viele Namen von »deutschen Offizieren und Nazis« zu geben. Es gehe darum, »Misstrauen zu erzeugen und fähige hochrangige Deutsche zu eliminieren«, heißt es vonseiten der CIA. Daraufhin gab der Soldatensender Calais, der dem »Morale Operations Branch«

unterstand, mehrere Namen von Personen bekannt, die angeblich mit dem 20. Juli zu tun hatten. Eine Woche später hieß es, man solle der Gestapo Listen von angeblichen Verschwörern schicken. CIA-Archiven zufolge hat die Gestapo danach 2500 Deutsche hingerichtet, was die Moral in Deutschland nachhaltig beschädigt habe.

Niemand weiß wirklich, wer diese Listen zusammenstellte. Vermutlich wurden Informationen von Widerständlern verwendet, die in England vorstellig geworden waren, vielleicht stammten sie von Goerdeler, den die Briten anfangs im Glauben ließen, sie würden ihm helfen. Einer der Hauptverdächtigen ist John Wheeler-Bennett, ein britischer Historiker, der lange in Berlin lebte und mit Goerdeler und Moltke befreundet war (von dem er später sagte, er sei kein »richtiger Engländer« gewesen). Wheeler-Bennett traf Trott zu Solz 1939 in New York. Kurz darauf wurde er von Sir William angeworben. 1941 fing er an, für das Political Warfare Department in London zu arbeiten. Er wurde zum Gegner des Widerstands, in einer der »beweglichsten politischen Kehrtwenden auf den Korridoren der Macht, die jemals beobachtet wurden«, schrieb der *New Statesman*.

Bereits 1943 schrieb Wheeler-Bennett in einem Memo Lord Halifax, dem früheren britischen Botschafter in Washington, die Alliierten sollten bei Säuberungen tatenlos beiseite stehen. »Totale Okkupation soll nicht versucht werden, bevor ein nutzbringender Grad von Liquidation erreicht wurde.« Fünf Tage nach dem Attentat freute er sich: »Es ist besser für uns, dass der Anschlag vom 20. Juli nicht geglückt ist und Hitler nicht getötet wurde. Das hat uns und den USA einige Peinlichkeit erspart, außerdem entfernt die Gestapo nun zahlreiche Individuen von der Szene, die uns Probleme bereitet hätten, wenn der Anschlag gelungen wäre, nach dem Sieg über Nazideutschland. (...) Die Gestapo und die SS haben uns einen klaren Gefallen getan, indem sie die beseitigt haben, die sich nach dem Krieg als ›Gute Deutsche‹ ausgegeben hätten. Für uns ist es gut, dass diese Leute verfolgt werden, denn wenn Deutsche Deutsche umbringen, wird uns das von künftigen Unannehmlichkeiten bewahren.«

Vielleicht besaß der MI6 die Namenslisten aber auch, weil die Telegramme von Dulles an Donovan im Rockefeller Center mitgelesen wurden, und zwar von Nicholas Elliot, dem Verbindungsoffizier zwischen OSS und BSC. Jedenfalls kurz darauf schlug der »Morale Operations Branch« des OSS vor, über Kanäle der schwarzen Propaganda die Nachricht zu verbreiten, dass die (von der OSS erfundene) Widerstandspartei »Das Neue Deutschland« hinter dem Anschlag stecke. Und im Oktober 1944 verbreitete der Radiosender Calais eine Botschaft des (getöteten) Generals Beck, der die Deutschen zur Rebellion aufforderte. Tatsächlich war das die Stimme eines deutschen Kriegsgefangenen.

Zwei Monate nach dem Attentat erfuhr das OSS die letzten Details. Die Abwehr hatte einen Agenten namens Otto John, einen Anwalt bei der Lufthansa, der auch für das OSS arbeitete (John wurde nach dem Krieg Präsident des Bundesamtes für Verfassungsschutz). Sein Chef war Klaus Bonhoeffer, er und sein Bruder Hans waren in das Attentat verwickelt. Hans John wurde von der Gestapo verhaftet, aber Otto John floh nach Madrid. Dort lieferte er beim OSS-Stationschef einen Bericht ab. Er erzählte, dass die Verschwörer darauf hofften, dass Hitlers Rüstungsminister Albert Speer überlaufen würde. Auch John dachte zuerst – wie viele –, Hitler sei tot und seine Stimme im Radio komme von einem Double. John gab dem Büro in Madrid eine Liste der Verschwörer und ihrer Sympathisanten und bat darum, diese streng geheim zu halten. »Bei diesen Leuten ist noch unklar, was ihnen passiert ist; sie würden riskieren, dem Terror der Nazis ausgesetzt zu sein«, sagte er laut Persico. Ob das OSS auch diese Liste nutzte, um Widerstandsmitglieder ans Messer zu liefern, ist nicht bekannt.

Immerhin: Gisevius überlebte. Nur Stunden bevor Stauffenberg verhaftet wurde, verließ er den Bendlerblock; er versteckte sich bei seiner Freundin. Erst im Januar 1945 schaffte er es zurück nach Bern. Er hatte Dulles seine Berliner Adresse zukommen lassen, und das OSS-Büro in London schickte ihm per Kurier einen gefälschten Gestapo-Dienstausweis mit seinem Foto, aus einem Gruppenbild herauskopiert, und einen Pass auf den Namen Dr. Hoffmann. Er sagte Dulles, dass der Anschlag vom 20. Juli bereits der dritte in jenem Monat gewesen sei – am 6. Juli sei eine Bombe in München gelegt worden, aber ein alliierter Luftangriff habe den Plan zunichte gemacht. Am 16. Juli habe ein General eine versteckte Bombe in die Wolfsschanze gebracht, aber die Nerven verloren. Die Bombe sei nicht gezündet worden.

Gisevius war allerdings gegenüber den Westalliierten nicht so vertrauensselig gewesen wie Moltke oder Trott zu Solz: Erst nach dem gescheiterten Attentat des 20. Juli und nachdem Canaris in Haft war, berichtete er Dulles, dass die Nazis einen Spion im Weißen Haus hatten: Roosevelts Vizepräsident Henry Wallace hatte einen Schwager, Charles Bruggmann, dem er vieles anvertraute. Bruggmann war der Vertreter der Schweiz in Washington. Er kabelte alles an seine Vorgesetzten in Bern, und da die Leitung von den Deutschen abgehört wurde, landeten die Informationen auch auf den Schreibtischen der Abwehr. Dabei galt ausgerechnet Wallace als Ultralinker; als er 1944 eine vom NKWD gesponserte Reise zu einem sibirischen Lager des Gulag unternahm, ließ er sich weismachen, die Arbeiter seien alles »Freiwillige«. Roosevelt ließ Wallace als Vize fallen; er wurde Chefredakteur der *New Republic*. Neuer Vize wurde Harry S. Truman.

In den Monaten nach dem missglückten Attentat verhaftete die Gestapo noch Zehntausende von Widerständlern und deren Familienangehörige. In den folgenden Schauprozessen wurden fast 5000 von ihnen verurteilt und von den Nazis ermordet. Ein spätes Opfer des 20. Juli war Canaris. Der Admiral selbst war nicht in das Attentat verwickelt gewesen, er wurde aber zusammen mit Hans Oster verhaftet, nachdem einer der Verschwörer ihn unter Folter als geistigen Kopf des Widerstands bezeichnet hatte. Er gestand nicht – bis die Gestapo in einem Bunker bei Zossen Unterlagen über das Attentat des 20. Juli und ein Dutzend weitere Anschläge fand (die Dohnanyi hätte vernichten sollen). Zwar wurde Canaris am Leben gelassen, weil Himmler glaubte, er könne bei Kontakten zu den Briten noch nützlich sein, als aber Anfang April 1945 sein Tagebuch in einem Safe gefunden wurde, war sein Schicksal besiegelt. Am 9. April wurden Canaris, Oster, Bonhoeffer, von Dohnanyi und andere im KZ Flossenbürg hingerichtet. Zum Leidwesen der Forscher ist das Tagebuch von Canaris bis heute verschollen.

Bis heute ist nicht bekannt, wie viele Widerständler das NS-Regime inhaftiert oder umgebracht hat. Alleine bis 1939 hatten die Nazis – schreibt Agostino von Hassell – 162 734 Menschen aus politischen Gründen in Konzentrationslager verschleppt, mehr, als in der französischen Résistance waren. Bis 1945 waren fast drei Millionen Deutsche irgendwann einmal zumindest für kurze Zeit im KZ, im Gefängnis, oder in U-Haft gewesen. 800 000 von ihnen hatten etwas gegen die Nazis gesagt oder getan, stellte Eric Boehm dem Buch *The Red Orchestra* zufolge fest. Boehm war ein deutscher Jude, der vor den Nazis geflüchtet und mit der U.S. Army als Verhörspezialist zurückgekommen war. Nur 300 000 von ihnen überlebten den Krieg.

Noch viel mehr Menschenleben hat der Krieg im letzten, blutigsten Jahr nach dem gescheiterten Attentat gekostet. »Zwischen dem 20. Juli 1944 und dem Kriegsende starben mehr Menschen als in all den Jahren zuvor«, sagt Agostino von Hassell. Die Alliierten verloren Millionen von Soldaten, die meisten die Sowjets, aber auch die USA hatten zahllose Opfer zu beklagen. Die Ardennenoffensive, die letzte große Schlacht an der Westfront, kostete 20 000 amerikanische GIs das Leben. Aufseiten der Achsenmächte dürfte allein die Zahl der deutschen Zivilisten, die 1945 beim Bombardement Dresdens, auf der Flucht, in Gemetzeln an der Ostfront, im Kältewinter 1944/45 und während der Hungersnot nach dem Krieg und im Zuge der Vertreibung umkamen, bei drei bis fünf Millionen liegen. Auch die Todesfabriken von Auschwitz und Majdanek liefen erst zuletzt auf vollen Touren – die Hälfte der Juden, die im Holocaust umkamen, starben 1944 und später. »Jeder Tag, um den der Krieg hätte verkürzt werden können, hätte Tausende von jüdischen Leben gerettet«, schreibt William Rubinstein in *The Myth of Rescue*. »Wenn der Putsch vom 20. Juli 1944 gelungen wäre, hätte das die Leben von Tausenden alliierter Soldaten gerettet, und die Sieger hätten Deutschland und Europa in einer viel besseren Verfassung vorgefunden«, schrieb Frederick Sternberg im September 1945 in einer Analyse für das OSS.

Der Widerstand war unsichtbar

Nur vier Wochen nach dem gescheiterten Anschlag übergab Finanzminister Henry Morgenthau dem Präsidenten den berüchtigten »Morgenthau-Plan« (dessen eigentlicher Architekt Morgenthaus rechte Hand war, Harry Dexter White; auch er wurde, wie so viele, nach dem Krieg vom FBI als sowjetischer Agent enttarnt). Der Plan ging weit über die Deindustrialisierung Deutschlands hinaus. »Wir sollten uns an Hitler ein Beispiel nehmen, alle deutschen Kinder ihren Eltern wegnehmen und sie von britischen, amerikanischen und russischen Offizieren erziehen lassen«, schlug Morgenthau vor. Auch Roosevelt wollte »hart mit Deutschland sein, und ich meine das deutsche Volk, nicht die Nazis«, zitiert Persico den US-Präsidenten. »Wir sollten die deutschen Männer kastrieren oder sie zumindest so behandeln, dass sie nicht reproduzieren können.« Nahrungsproduktion sei nicht nötig, es reiche, die Deutschen mit Suppe aus Armeeküchen zu füttern, sobald die U.S. Army Deutschland besetzt habe. Das sei nicht so hart, wie sie in die Gaskammer zu schicken, meinte Roosevelt (der bis dato die Gaskammern ignoriert hatte). Churchill stimmte zögernd zu, aber der Plan, obgleich streng geheim, gelangte an die *Washington Post*, wo Drew Pearson darüber schrieb (der ihn vermutlich von Kriegsminister Henry Stimson hatte, einem entschiedenen Gegner des Plans), es folgten die *New York Times* und die *Washington Post*. Selbstredend nutzte Goebbels die Steilvorlage, um zum Kampf bis zum Ende aufzurufen – Tod sei besser als Sklaverei. Was wiederum Thomas Dewey aufgriff, Roosevelts Gegner im anstehenden Wahlkampf, der sagte, nun würden Zehntausende von GIs unnötig sterben, weil Roosevelt dem Feind einen brutalen Frieden aufzwingen wolle. Der Plan sei das Äquivalent von »zehn frischen deutschen Divisionen«. Roosevelt vollzog eine öffentliche »180-Grad-Wende«, schreibt Persico: Niemand habe die Absicht, Deutschland in einen Agrarstaat zu verwandeln.

Nach Casablanca war der Morgenthau-Plan das zweite Propagandadesaster. Die Naziführer stellten die Kapitulation als »Exil in Sibirien, ewige Sklaverei, Deindustrialisierung, die Teilung Deutschlands und nun sogar Sterilisierung dar«, beklagte sich Donovan in einem Telegramm vom 27. November an die Armeeführung. Der OSS-Chef schlug eine schwarze Propagandakampagne vor, getragen vom »Neuen Deutschland«, die die bedingungslose Kapitulation erstrebenswert machen solle. Den Deutschen solle vermittelt werden, dass damit nur das Militär gemeint sei, nicht die Zivilbevölkerung; Letzterer solle versprochen werden, dass Häuser, Fabriken, Wohlstand und die Armee nicht angetastet würden. »Gebt den Deutschen eine vage, total fadenscheinige Vorstellung davon, was der Begriff meint«, schlug Donovan vor. Allerdings solle auch klargemacht werden, dass, je länger der Krieg dauere, die Alliierten umso rachsüchtiger würden.

Derweil kämpfte sich die U.S. Army durch Frankreich, unterstützt von der Résistance, die sich mit dem Vormarsch der angloamerikanischen Truppen spontan vervierfachte. Nun fing das OSS an, auch Agenten in Deutschland einzusetzen, meist geflüchtete Kommunisten. Etwa 200 von ihnen sprangen mit dem Fallschirm hinter den deutschen Linien ab, um Berichte von der Front zu liefern. Donovan fragte auf Bitten von Allen Dulles bei Roosevelt nach, ob man diesen Agenten zusichern könne, dass Amerika sie nach dem Krieg aufnehmen werde, aber der Präsident lehnte ab. »Ich glaube nicht, dass wir den Schutz von Deutschen in der Nachkriegszeit garantieren sollten«, schrieb er dem OSS-Chef. Damit würde man nur noch mehr Deutsche anlocken, die ihre Haut retten wollten. Vor allem aber wollte der Präsident, schreibt Persico, sich nicht noch mehr Ärger mit amerikanischen Rechten einhandeln, denn die meisten dieser Agenten waren deutsche Kommunisten. Ähnlich sah es das State Department: keine sichere Zuflucht für Antinazis, egal, wie nützlich sie seien. Was das OSS allerdings nicht davon abhielt, Kriegsgefangenen, die man umdrehen wollte, einen amerikanischen Pass zu versprechen.

Schulze-Gaevernitz schlug damals vor, deutsche Generäle zu suchen, die sich freiwillig ergeben wollten, um den Krieg abzukürzen, aber Roosevelt legte auch hier sein Veto ein: Von »höchster Stelle«, schreibt Richard Harris Smith in *The Secret History of Americas First Central Intelligence Agency*, sei zu hören, dass Washington nicht deutsche Militaristen benutzen wolle, um den deutschen Militarismus zu besiegen. Außerdem müssten dazu die Sowjets konsultiert werden, und die seien schon misstrauisch genug.

Nun unternahm Kolbe in Bern einen Anlauf: Er war mit einer Gruppe Sozialisten verbunden, dem »Reichsbanner«, die einen Putsch versuchen wollten, falls eine Einheit von US-Fallschirmspringern über Berlin abspringen und zur Hilfe eilen würde. So sollte Berlin in amerikanische Hände gelangen, bevor die Rote Armee kam. Dulles telegrafierte die Idee nach Washington, aber auch dieser Vorschlag wurde abgelehnt. Es gab längst eine Absprache zwischen den Alliierten, dass die Sowjets Berlin alleine einnehmen sollten. Genauso ging es Noel Field, der eine – ebenfalls unrealistische – Allianz mit deutschen Kommunisten plante, die in Frankreich saßen.

Im Januar 1945 warnte das OSS vor einem »bolschewisierten Deutschland«; Dulles machte Vorschläge, den »Freien Deutschen« in Moskau etwas entgegenzusetzen. Die Nazis versuchten ebenfalls, die Sowjets zu stoppen. Ribbentrop sandte eine Nachricht an die Botschaften aller neutralen Länder: Deutschland sei das einzige Land, das zwischen der Sowjetunion und dem Westen stehe, die Sowjets würden Rumänien, Bulgarien, Mazedonien, Griechenland, Serbien und Ungarn besetzen. Italienische, österreichische und deutsche Würdenträger antichambrierten bei Dulles, erneut mit Himmler zu verhandeln. Der sei »ein kundiger und unversöhnlicher Feind des Bolschewismus«. Der Gestapo-Chef hätte den Amerikanern auch etwas zu bieten: Er würde dem OSS die gesamten umfangreichen Dossiers der Abwehr über Japan übergeben, falls die Alliierten ihren Vormarsch an der Westfront stoppten. Roosevelt lehnte ab; in Amerika wurde längst mit Hochdruck an der Atombombe gearbeitet.

Im Februar 1945 fuhren Roosevelt, Stalin und Churchill nach Jalta, um Europa und Asien aufzuteilen. Churchill war bemüht, das britische Empire zu erhalten, während Roosevelt wollte, dass Stalin in den Krieg gegen Japan eintrat. Derweil führte Dulles – via Schulze-Gaevernitz – Gespräche über die Kapitulation Italiens, die sogenannte Operation Sunrise. Er verhandelte mit Karl Wolff, dem obersten SS-General in Italien, den er in Ascona in der Schweiz traf. Wolff war nach Italien geschickt worden, um den von Partisanen gestürzten Mussolini zu befreien, und schlug Partisanenaufstände blutig nieder (Wolff war es auch, der die Deportation von 300 000 Juden aus dem Warschauer Ghetto nach Theresienstadt befohlen hatte). Seit 1943 aber plante der SS-General den Seitenwechsel; so verhinderte er eine von Hitler geplante Entführung von Papst Pius XII.

Aber Roosevelt zögerte lange, grünes Licht zu geben, während Churchill bereits extrem besorgt war, dass die Sowjets bis zur Adria durchmarschieren könnten. Am 12. April 1945 starb Roosevelt, nach einem letzten Telegramm an Stalin – und Dulles bekam von seinem Nachfolger Harry S. Truman die Genehmigung. Am 29. April unterzeichneten Wolff und Dulles die Kapitulationsurkunde. Wenig später fiel Berlin.

Auch Himmler hatte ein letztes Mal versucht, seine Haut zu retten. Am 24. April 1945, zwei Wochen vor Kriegsende, sandte er den Leiter des Auslandsnachrichtendienstes im Reichssicherheitshauptamt, Walter Schellenberg, der Himmlers Vorhaben unterstützte, zu Folke Bernadotte vom Schwedischen Roten Kreuz und versprach ihm die Freiheit aller skandinavischen Juden, wenn er einen Termin mit Eisenhower bekäme. Diesem gegenüber würde er im Namen des Reiches kapitulieren. Die Alliierten gaben das an die Presse; Hitler entließ Himmler in einem letzten Tobsuchtsanfall. Der floh, wurde von der britischen Militärpolizei gefangen genommen und biss auf eine Zyankalikapsel.

Allen Dulles kam im Juni 1945 im ausgebombten und von den Russen besetzten Berlin an, kurz vor dem Einmarsch der amerikanischen Truppen und elf Monate nach dem gescheiterten Hitler-Attentat. Dort arbeitete er ein paar Monate im Dienst des amerikanischen Militärkommandanten Lucius D. Clay, bevor er nach Washington ging.

Tanja Long, die *Times*-Journalistin, die für das OSS arbeitete, kehrte im Juli 1945 nach Berlin zurück, in eine Stadt, die sie »nie besonders mochte« und die sie in den kommenden Monaten für die Leser in Amerika beschreiben sollte. In Berlin, schreibt sie, gebe es keinen Groll der Bevölkerung gegenüber den Amerikanern, sie zeige nicht die »Verdrossenheit und Impertinenz« der Bayern, die Berliner seien freundlich und kooperativ. »Man fragt sich, ob das nicht das gesunde Ergebnis einer rein russischen Besatzung von zwei Monaten ist«, schreibt sie. So schlimm, andererseits, fand Long diese Besatzung nicht. Zwar hätten die Russen geplündert und vergewaltigt – wohl mehr als die Amerikaner und die Briten in ihren Zonen, schrieb sie –, aber immerhin würden sie nicht absichtlich Menschen umbringen und Häuser niederbrennen.

Das OSS wurde im Oktober 1945 von Truman offiziell aufgelöst. Nur vier Monate später wurde die Central Intelligence Group gegründet, aus der die CIA wurde, zunächst unter Admiral Roscoe H. Hillenkoetter, einem Überlebenden des Angriffs auf Pearl Harbor. 1953 bekam sie einen neuen Direktor: Allen Dulles. Aber seine Berner Spione kamen nicht mehr auf die Beine. Eduard Schulte wurde die Entnazifizierung verweigert, weil er als Wirtschaftführer eingestuft war. Er ging in die Schweiz zurück, wo er blieb. Hans Bernd Gisevius musste sich – ausgerechnet – von den Amerikanern Vorwürfe anhören, er habe beim Anschlag des 20. Juli nicht aktiv mitgemacht. Er trat als Zeuge bei den Nürnberger Prozessen auf, wo er sagte, zehn SA-Männer hätten den Reichstag angezündet, den Plan habe sich Goebbels ausgedacht, und Göring habe ihn gedeckt (was unter Historikern umstritten ist). 1950 ging Gisevius – trotz heftigen Widerstands aus dem State Department – nach Texas und zog dann ebenfalls in die Schweiz.

Fritz Kolbe arbeitete für das Office of Military Government in Berlin, wo er sich um eine Einreisegenehmigung in die USA bemühte, die er erst nach vier Jahren bekam. Er fand sich in New York nicht zurecht und kehrte nach Berlin zurück. Da er im Auswärtigen Amt als Verräter galt, wurde seine Wiedereinstellung hintertrieben. Auch er ging in die Schweiz, wo Dulles ihm eine kleine Pension auszahlen ließ. »Vom Widerstand wollte damals niemand etwas wissen«, schreibt Agostino von Hassell – die Deutschen nicht und die Amerikaner, die die Deutschen nun als Bollwerk gegen die Sowjets brauchten, erst recht nicht. Als die Erben Ulrich von Hassells seine Tagebücher verlegen lassen wollten, mussten sie in die Schweiz gehen. Selbst Schulze-Gaevernitz hatte Probleme. Das State Department versuchte, ihm die US-Staatsbürgerschaft zu entziehen, weil seine Frau mit dem kurzzeitigen Nazisympathisanten Edmund Stinnes verwandt war. Erst unter der Präsidentschaft Dwight D. Eisenhowers wurde ihm die U.S. Medal of Freedom für seinen Einsatz bei der Kapitulation Italiens verliehen. Schulze-Gaevernitz arbeitete danach noch weiter für Dulles.

Walter Schellenberg wurde im Nürnberger Wilhelmstraßenprozess angeklagt. Er bekam nur sechs Jahre Haft. Das Urteil fiel so milde aus, weil er als Zeuge aussagte und weil er Dulles und dem MI6 geheime Informationen geliefert hatte. Er saß krankheitsbedingt nur zwei Jahre ab und starb kurz darauf an Krebs. Auch SS-General Wolff wurde von den Amerikanern verhaftet, aber in Nürnberg nicht angeklagt, weil die Alliierten nicht wollten, dass die Details der »Operation Sunrise« bekannt wurden. Er blieb aber in Haft. Später wurde er vor einem deutschen Gericht zu vier Jahren verurteilt, die durch die Untersuchungshaft abgegolten waren. 1962 wurde er erneut verhaftet, zwei Jahre später erhielt er –wegen Beihilfe zum Mord an mehr als 300 000 Juden in Warschau – 15 Jahre Zuchthaus, wurde aber 1969 wegen Haftunfähigkeit entlassen.

Wie Deutsche heute in Amerika und England gesehen werden und wie sie sich selber sehen, ist von Hollywood geprägt, aber auch von der Nazipropaganda, von den Fotos begeisterter Menschen, die Goebbels an die Presse gab. Die Amerikaner, schreibt Anne Nelson in *The Red Orchestra* (dt. *Die Rote Kapelle)*, kennen nur diese Nazijubelbilder und die US-Propaganda. Der Widerstand sei unsichtbar gewesen. Und er blieb unsichtbar. Bis heute gibt es keinen amerikanischen Film über Sophie Scholl oder Mildreck Harnack.

Die Westalliierten spielten die ganze Zeit ein böses Doppelspiel. Die Amerikaner ignorierten den Widerstand und beklagten sich gleichzeitig, dass es in Deutschland keine Opposition gegen die Nazis gebe. Sie unterstützten die Attentäter nicht, um eine Dolchstoßlegende zu verhindern, und beschwerten sich, dass sich die Deutschen nicht selbst von den Nazis befreiten. Noch perfider allerdings verhielt sich die britische Regierung: Sie sabotierte den Widerstand aktiv, um gleichzeitig mit Krokodilstränen alle Deutschen zu Nazis erklärten, die man flächendeckend bombardieren dürfe.

Heute heißt es, es sei darum gegangen, den deutschen Militarismus mit den Nazis vollständig auszurotten – ein friedliches Deutschland sei letztlich die vielen Opfer Wert gewesen. Dass Deutsche das glauben, ist verständlich. Es ist viel ehrenwerter und tröstlicher, Millionen von Menschen verloren zu haben, um ein friedliches Deutschland zu schaffen, als diesen Verlust der taktische Rankūne des Kriegsgegners zuzuschreiben. Ähnlich geht es den Amerikanern. Für die USA ist der Zweite Weltkrieg der einzige unbestrittene »gute Krieg« und nach den Schlappen in Korea, Vietnam und Irak nötiger denn je. Die Erstürmung der Strände der Normandie gehört zu den Heldensagen der amerikanischen Geschichte; dass sich die Wehrmacht eventuell auch ergeben hätte, wenn die USA nicht ängstlich auf Stalin geschielt hätten, passt nicht ins Selbstbild.

Aber dass die meisten Opfer der letzten Kriegsjahre Nazis waren, ist Legende. Die meisten Opfer waren Juden, Polen, Russen und Ukrainer, deutsche Wehrpflichtige, Kriegsgefangene, verheizte Hitlerjungen, Flüchtlinge aus Ostpreußen und Zivilisten in Großstädten. Das NS-Beamtenheer wurde zügig rehabilitiert, desgleichen die Offiziere, von ein paar Hundert Regierungsmitgliedern und Generälen abgesehen, die in Nürnberg verurteilt wurden (und von denen nur zwölf den Tod fanden). SS-Spione wie Reinhard Gehlen bauten den Bundesnachrichtendienst auf, Naziwissenschaftler aus Peenemünde gingen in die USA und arbeiteten bei der NASA.

Abgesehen davon war eine Kollaboration zwischen den Deutschen und den Westalliierten, um den Sowjets Paroli zu bieten, genau das, was kurze Zeit nach dem Krieg sowieso passiert ist – sogar auf heftiges Betreiben der Amerikaner. Und heute ist das amerikanische Bedürfnis nach deutschem Pazifismus ohnehin begrenzt. Viel lieber wäre den USA, wenn Deutschland endlich einmal Truppen zu US-Einsätzen schicken würde, mit denen sich auch etwas anfangen ließe.

Viel geschickter haben die Sowjets taktiert: Sie haben den kommunistischen deutschen Widerstand frühzeitig gepflegt und nach dem Krieg zügig ein neues, vermeintlich besseres Deutschland aufgebaut, komplett mit antifaschistischen Dichtern, Theaterregisseuren und FDJ. Natürlich war die DDR weder ein demokratisches noch ein antifaschistisches Wunderland, aber von der Propagandaanstrengung her war das konsequent, stimmig und nachhaltig.

Immerhin können sich die Amerikaner zugute halten, im Zweiten Weltkrieg ihre wirtschaftliche Dominanz über Europa und den Rest der Welt etabliert zu haben. Sicher, das Stück vom Kuchen hätte bereits 1945 deutlich größer sein können, aber dazu hätte Roosevelt das Risiko eingehen müssen, Stalin zu verärgern. Für die Briten hingegen hat sich ihr Engagement unter dem Strich nicht gelohnt. Letztlich opferten sie ihr Imperium, um Preußen zu vernichten. Das war für die Briten ein Pyrrhussieg. Schuld daran sind aus britischer Sicht die Amerikaner, die Großbritannien nicht halfen, an seinem Empire festzuhalten, wie es Joseph Persico in *Roosevelt's Secret War* schreibt. »Wir waren länger im Krieg mit Deutschland als jede andere Macht, wir haben mehr gelitten, und wir haben mehr verloren«, sagte damals Sir Ronald Wingate, ein Stabsoffizier von Churchill. »Und dann kommen diese furchtbaren amerikanischen Akademiker und reden von Freiheit.« Und mit Freiheit meinten die furchtbaren Amerikaner die der Kolonien.

»Der Widerstand, das waren alle großen Namen der preußischen Geschichte«, sagt Agostino von Hassell in der Bar Pitti. »Kleist, Moltke, York von Wartenburg, Hammerstein. Die meisten davon wurden ausgerottet. In meiner Familie gab es 21 Männer, davon sind 19 gefallen.« Auch Ulrich von Hassells Frau wurde verhaftet, ebenso ein Sohn und seine beiden Töchter. Die beiden Söhne der jüngsten Tochter wurden in ein Umerziehungslager der SS gebracht; erst nach dem Krieg wurden sie gefunden.

Hätten die Amerikaner, hätte das OSS oder Allen Dulles mehr tun können? Agostino von Hassell zuckt mit den Schultern. »Dem OSS waren die Hände gebunden, weil das System in Washington dagegen war, den Widerstand zu stützen«, sagt er. Damit meint er Roosevelt. Es habe drei Gründe für die Zurückhaltung des Präsidenten gegeben: Er wollte sich nicht in innenpolitische deutsche Angelegenheiten mischen, und ein Anschlag auf Hitler sei eine »Regelverletzung« gewesen. Zwar sei ein solcher Schritt erwogen worden, »aber es gab eine Executive Order des Präsidenten, keine Staatschefs umzubringen«. Vor allem aber wollte er die »Vons« nicht unterstützen. »Amerikanische Jungen sterben für die Demokratie, nicht für die Aristokratie«, sagte er einmal.

Was hätten die Westalliierten für den Widerstand tun können? »Sie hätten einen scharfen Zünder für eine der Bomben liefern können, der funktioniert hätte«, sagt Hassel. Sie hätten mit Geld und Waffen helfen können. Der französische Widerstand bekam nicht nur Waffen von der U.S. Army – Bomben, Gewehre, Maschinenpistolen, Munition, auch Pistolen mit Schallschutz, die für Attentate nützlich waren –, sondern auch Geld, viel Geld; vier Millionen Dollar im Monat alleine vom OSS.

Aber Hassell gibt nicht den Amerikanern die Schuld; zumindest nicht denen aus den Geheimdiensten wie Allen Dulles. Die Männer vom Widerstand des 20. Juli seien auch im Deutschland der Nachkriegszeit unbeliebt gewesen. »Meine Großmutter hat erst 1960 eine Pension bekommen, weil ihr Mann, mein Großvater Ulrich von Hassell, ›zu Recht‹ umgebracht wurde, hieß es. Sie sagten, er war ein Verräter.«

Einer breiten Öffentlichkeit in Amerika wurde der deutsche Widerstand erst 2009 bekannt, als Tom Cruise in dem Film *Walküre – Das Stauffenberg-Attentat* Claus Schenk Graf von Stauffenberg verkörperte. Aber einer derjenigen, die schon vorher über den deutschen Widerstand nachgrübelten, ist Daniel Ellsberg, ein früherer Berater des Pentagon, der berühmt wurde, als er die »Pentagon Papers« über den Vietnamkrieg an die *New York Times* gab. Ellsberg sagt, er habe lange überlegt, was Stauffenberg wohl falsch gemacht habe und wie der Anschlag hätte gelingen können. Er sei zu dem Schluss gekommen, Stauffenberg hätte die Bombe nicht liegen lassen und den Raum nicht verlassen dürfen. »Er hätte sich selber mit in die Luft sprengen müssen.«

Vielleicht aber war der eigentliche Fehler die naive Pfadfindertreue der Verschwörer zu den Westalliierten, anstatt gleich mit den Russen zu verhandeln. Offenbar haben ausgerechnet die Deutschen, die Amerikanern und Engländern über Universitäten und Clubs nahestanden, nicht begriffen, dass Deutschland sich im Krieg mit den Westalliierten befand – die kein Interesse an einem Frieden ohne Beute hatten.

3 Der Kalte Krieg

Der tote Präsident und die Mauer

»Ich kannte Allen Dulles gut, aber ich verstehe ums Verrecken nicht, warum er ernannt wurde, den Mord an Kennedy zu untersuchen, der Mann, der ihn gefeuert hat.«
AGENT X alias Fletcher Prouty in dem Oliver-Stone-Film *JFK*

New York am Vorabend des 22. November 2013. Im International Center of Photography an der Sixth Avenue drängeln sich die Fans von Oliver Stone. Das ICP hat den Filmemacher eingeladen, um über einen Mord zu sprechen, der 50 Jahre zurückliegt, den Mord an John F. Kennedy, dem demokratischen Präsidenten, der möglicherweise den Vietnamkrieg beendet hätte. Das ICP zeigt auch Schnappschüsse, die Passanten in Dallas von der Präsidentenlimousine gemacht haben, auch den berühmten Super-8-Film von Abraham Zapruder mit dem »Magic Bullet«, der vielleicht, vielleicht aber auch nicht beweist, dass es einen zweiten Schützen gab.

Noch am Tag des Attentats wurde Lee Harvey Oswald verhaftet, ein enttäuschter Kommunist, der in Russland gelebt und einst Fidel Castro unterstützt hatte. Zwei Tage später, auf dem Weg von der Polizeistation zum Gefängnis, wurde Oswald von Jack Ruby erschossen. Ruby war ein Nachtclubbesitzer, der wie Oswald aus New Orleans kam. Stones Film *JFK* taucht tief ein in die Verschwörungstheorien, die sich um die Mafia, die Exil-Kubaner, Kennedys Nachfolger Lyndon B. Johnson, die CIA, die Armee, die Ölmillionäre in Texas und den militärisch-industriellen Komplex drehen.

Endlich kommt Oliver Stone. Applaus. Er setzt sich und fängt an zu erzählen. 1959, als Dwight D. Eisenhower, der ehemalige Oberkommandierende der alliierten Streitkräfte in Westeuropa im Zweiten Weltkrieg, Präsident war, stürzten Castro, sein Bruder Raúl und Che Guevara das Regime von Fulgencio Batista auf Kuba. Batista war ein Verbündeter der USA. Unter ihm war Kuba von der Zuckerindustrie und anderen US-Konzernen ausgeplündert worden. Die Mafia von Las Vegas – Meyer Lansky und Lucky Luciano – hatte die Casinos und das Drogengeschäft kontrolliert und aus Havanna das Bordell der USA gemacht. Batistas faschistische Geheimpolizei, trainiert von der CIA, hatte 20 000 Dissidenten umgebracht. John F. Kennedy, damals Senator für die Demokraten, nannte das Regime eine der »blutigsten und repressivsten Diktaturen in Lateinamerika«.

Aber Batista hatte zwei amerikanische Freunde: John Foster und Allen Dulles. John Foster war Eisenhowers Außenminister und Allen Dulles Direktor der CIA. Die beiden hatten schon zuvor Jacobo Árbenz Guzmán in Guatemala gestürzt, der die United Fruit Company verstaatlichen wollte. Aber Castro galt als gefährlicher als Guzmán: Er rief eine sozialistische Republik aus und knüpfte Kontakte zu Kommunisten und aufständischen Dritte-Welt-Ländern auf der ganzen Welt, zu Indiens Premier Nehru, Ägyptens Staatschef Nasser, zu Bulgarien, Polen, China und natürlich zur UdSSR. Umjubelt von Linken, besuchte er den Black-Panther-Führer Malcolm X. in New York. Bald begann Castro, Hunderte Millionen Dollar von amerikanischen Konzernen zu konfiszieren.

Allen Dulles schlug Eisenhower vor, Castro zu töten. Der auserkorene Attentäter war der Mafiosi Johnny Roselli. Dulles' Stellvertreter Richard Bissell und sein Assistent E. Howard Hunt planten damals die Invasion in der Schweinebucht auf Kuba, und bei der Gelegenheit sollte Castro beseitigt werden. Die Invasion fand aber erst am 16. April 1961 statt – bereits unter John F. Kennedy. Die CIA setzte 1500 Exil-Kubaner per Fallschirm über Kuba ab, unterstützt von acht B-26-Bombern der US-Nationalgarde, in kubanischen Farben gestrichen. Aber die Kubaner setzten sich erfolgreich zur Wehr. Trotz vieler Bitten seiner Generäle weigerte sich Kennedy, die U.S. Army zu Hilfe zu schicken. Danach feuerte er Dulles.

Es folgten die »Operation Mongoose« und die »Operation Northwoods«, die 1962 von den Joint Chiefs of Staff unter Lyman konzipiert wurde. Die CIA sollte Terroranschläge in den USA verüben und diese Castro in die Schuhe schieben, um Kriegsstimmung zu erzeugen. Eine Idee war, ein Kriegsschiff der U.S. Navy in Guantanamo Bay zu attackieren, ein »Remember the Maine«-Vorfall, wie es in einem Memo heißt, sowjetische MIGs unter kubanischer Flagge auf US-Dronen schießen zu lassen oder Castros Zigarren zu vergiften. Sogar James-Bond-Autor Ian Fleming steuerte Vorschläge bei. Kennedy untersagte zwar Anschläge auf US-Ziele (er feuerte sogar Armeechef Lyman L. Lemnitzer für die Idee), genehmigte aber Sabotageakte auf Kuba. Die »Operation Northwoods«, an der 2500 Agenten arbeiteten, kostete insgesamt 50 Millionen Dollar.

Die Feindseligkeiten gipfelten in der Kubakrise vom Oktober 1962, als die Sowjetunion Atomraketen auf der Insel stationierte. Kennedy verhandelte die Raketen weg, im Gegenzug musste er den Sowjets versprechen, auf eine Invasion Kubas zu verzichten. Ein Jahr später war er tot. Oswald sei der alleinige Täter gewesen, stellte 1963 die Warren Commission fest, die Kennedys Nachfolger Lyndon B. Johnson eingesetzt hatte. Die graue Eminenz in der Warren Commission war Allen Dulles.

Viele Amerikaner, darunter auch die Stone-Fans im International Center of Photography, haben Zweifel am Warren Report. Ein Mann im Publikum sagt, er habe Oswalds W2-Steuerformular gesehen, mit dem Stempel »Bundesministerium für Justiz« als Arbeitgeber. Ein anderer erzählt, Ruby seien nach der Ermordung Oswalds alle Steuerschulden erlassen worden. Stone sagt, Kennedy, der sich dem militärisch-industriellen Komplex entgegengestellt habe, sei von mehreren Scharfschützen ermordet worden, die Befehl von »ganz oben« gehabt hatten. Aber von wem kam der Befehl? Stone zögert einen Moment, aber er weiß, er muss Namen nennen. »Allen Dulles«, sagt er, und irgendwie ist keiner im Raum so richtig überrascht.

Kennedy gilt als Lieblingspräsident der Berliner – oder genau genommen, der Westberliner –, seit er im Juni 1963 auf dem Balkon des Rathauses Schöneberg einer Million Menschen versicherte: »Ich bin ein Berliner.« Der Sohn von Joe Kennedy hatte schon 1936 eine Deutschlandreise unternommen und war in seinen Tagebüchern begeistert: »Die Deutschen sind einfach zu gut – deshalb rotten sich andere Länder zusammen, um sich gegen sie zu schützen«, schrieb er. Kennedys Rede auf dem Höhepunkt des Kalten Krieges, zwei Jahre nach dem Bau der Mauer, zementierte die neue Freundschaft der ehemaligen Weltkriegsfeinde. Aber Kennedy wollte keine Konfrontation mit den Sowjets. Die Rede war ein Stunt an der Propagandafront.

Leichen, Knochen, Totenschädel

Wann hat der Kalte Krieg angefangen? Viele glauben, als die Rote Armee 1948 Westberlin abriegelte und die U.S. Army Lebensmittel in die Halbstadt flog. Aber das war eher das Ende vom Anfang. Tatsächlich begann der Kalte Krieg zwischen dem 22. Mai 1945, als Reinhard Gehlen, Chef der Abteilung Fremde Heere Ost im Generalstab des Heeres, der anrückenden U.S. Army sein Wissen über die Sowjetunion anbot, und dem 6. August 1945, als auf Befehl von U.S. Präsident Harry S. Truman die Atombombe auf Hiroshima fiel und drei Tage später eine zweite auf Nagasaki.

Die Atombombe, das streng geheime »Manhattan Project« war unter der Leitung des Physikers J. Robert Oppenheimer entwickelt worden. Hiroshima wurde ausgewählt, weil es dort keine militärischen Ziele gab. Deshalb war die Stadt fast unzerstört, und die U.S. Army konnte die Auswirkungen der Bombe studieren. Die Amerikaner hatten damit kein Problem, schon deshalb, weil Hollywood die Japaner stets als mordende Untermenschen dargestellt hatte. Für Amerika ist Hiroshima die Rache für Pearl Harbor, so, wie die Bomben auf Bagdad 2003 die Rache für 9/11 waren.

Auch nach dem Krieg ging die Propaganda weiter. »Über Jahrzehnte haben die USA alle Filme aus Hiroshima und Nagasaki restlos unterdrückt«, schreibt Greg Mitchell in *Atomic Cover-Up*. Zwei japanischen Produzenten, die verbrannte Menschen in Krankenhäusern aufnahmen, verbot die U.S. Army das Fotografieren, ihr Material wurde beschlagnahmt. 1946 filmte Daniel McGovern von der »First Motion Picture Unit« der Armee die Auswirkungen der Bombenabwürfe im Auftrag des Pentagon – ausgebrannte Gebäude, Leichen, Knochen, Totenschädel. Auch dieser Film wurde unter Verschluss gehalten, während das Pentagon begann, Atomwaffen anzuhäufen.

Als das Smithsonian Institute in Washington, D.C., für das Jahr 1995 eine Ausstellung über die Atombombe plante, protestierten Veteranenverbände und Politiker. Charles Krauthammer sprach in der *Washington Post* von einem »peinlichen Amalgam aus revisionistischem Händeringen, Schuldkult und politischer Korrektheit«. Um einem Verbot zu entgehen, wurden Objekte entfernt, darunter ein geschmolzener Rosenkranz, ein Marienbild, verkohlte Kinderkleider und eine von den USA abgeworfene Mess-Sonde, schreibt Peter Bürger in *Hiroshima, der Krieg und die Christen*. Als dem Museum mit Mittelstreichungen gedroht wurde, sagte es die Ausstellung ab.

US-Militärs behaupten, die Alternative wäre eine Eroberung Japans gewesen, die das Leben unzähliger GIs gekostet hätte – Truman sprach von einer halben Million, sein Kriegsminister Henry Stimson von einer Million und Churchill von anderthalb Millionen (im gesamten Zweiten Weltkrieg starben 400 000 GIs). Die Heerführer Eisenhower und Douglas MacArthur aber glaubten, aus militärischen Gründen sei die Bombe nicht notwendig. Truman habe drei Tage vor dem Abwurf gewusst, dass Japan den »Frieden suche«, wie es in einem Vermerk des State Department hieß.

Beim Abwurf der Bombe sei es viel eher darum gegangen, die Sowjetunion zu beeindrucken, meinen die Historiker Mark Selden und Peter Kuznick, die diplomatische Depeschen ausgewertet haben. Roosevelt habe vorgehabt, seine Kooperation mit Stalin fortzusetzen. Die UdSSR sollte nach der deutschen Kapitulation in Japan einmarschieren. Deshalb wollten die USA auch keinen Frieden mit Deutschland ohne die Sowjets. Roosevelts Vertrauter Harry Hopkins kabelte im Mai 1945 aus Moskau an den frischgebackenen Präsidenten Truman, dass Stalin zum Einmarsch bereit sei.

Truman ließ die Bombe abwerfen, weil er die von seinem Vorgänger vereinbarte Expansion der UdSSR unterbinden wollte. Und so zerfiel Roosevelts neue Weltordnung bereits wenige Monate nach seinem Tod. Ohne Truman, sagt Oliver Stone im ICP, hätte es kein Hiroshima und keinen Kalten Krieg gegeben, stattdessen wäre die konstruktive Zusammenarbeit von Roosevelt und Stalin fortgesetzt worden.

Auge und Ohr im Ostblock

1945 war Deutschland besetztes Feindesland. Truman, Stalin und Churchill beschlossen in Potsdam die Vertreibung der Ostpreußen, Schlesier und Sudetendeutschen. Alliierten Soldaten war die Fraternisierung verboten, sie durften nicht einmal Lebensmittel an hungernde Kinder verteilen. In Kriegsgefangenenlagern in den Rheinauen starben Tausende von deutschen Soldaten, auch Hitlerjungen, während die U.S. Army dem Roten Kreuz den Zugang zu den Lagern verwehrte. Alleine in den westlichen Besatzungszonen wurden Hunderttausende Deutsche zur Zwangsarbeit und zum

Minenräumen verpflichtet. Von den zehn bis zwölf Millionen deutschen Kriegs- und Nachkriegstoten entfällt fast die Hälfte auf die Zeit nach der Kapitulation.

Nun begann der Alliierte Kontrollrat mit der Entnazifizierung. Von 1945 bis 1947 leiteten die Alliierten Verfahren gegen 2,5 Millionen Deutsche ein. Rund 250 000 wurden für Monate und manchmal Jahre in Lagern interniert, 5000 verurteilt und fast 500 hingerichtet, viele von ihnen ehemalige SS-Männer, Wehrmachtsoffiziere oder NSDAP-Mitglieder. Der sowjetische Geheimdienst NKWD inhaftierte aber bald auch ukrainische Zwangsarbeiter, die als Kollaborateure galten, und Sozialdemokraten, die sich in der sowjetischen Besatzungszone der Zwangsvereinigung mit den Kommunisten widersetzten. Alleine in den sowjetischen Lagern starben 40 000 bis 80 000 Internierte. Die Briten sperrten verdächtige Nazis, aber auch Kommunisten in geheime Folterlager.

Am systematischsten gingen die Amerikaner vor. Zuständig war das »Office of Military Government for Germany« (OMGUS) unter General Lucius D. Clay in Berlin. Im Rahmen der Entnazifizierung wurden Millionen von mehrseitigen Fragebögen ausgegeben. Aber die Militärs plädierten schon bald dafür, es angesichts der Gefahr aus dem Osten ruhiger angehen zu lassen. General George S. Patton, der oberste Militärbefehlshaber in Bayern – der im Dezember 1945 bei einem Autounfall starb, um den sich viele Verschwörungstheorien ranken –, wollte gar mit der Wehrmacht gleich weiter gen Russland ziehen.

Clays Politik wurde von seinem Nachfolger John McCloy fortgesetzt, der von 1949 bis 1952 Hochkommissar für Deutschland war. McCloy hatte im Ersten Weltkrieg im Zusammenhang mit der Explosion des Munitionsdepots Black Tom ermittelt. Als Unterstaatssekretär im Kriegsministerium war er für die Internierung der Amerikaner japanischer Herkunft zuständig gewesen. Er war Chairman von Chase Manhattan, Präsident der Weltbank und Aufsichtsrat der Rockefeller Foundation – als Student in Harvard hatte er den Rockefeller-Kindern das Segeln beigebracht. McCloy begnadigte Ernst von Weizsäcker, Hitlers Botschafter in Rom, sowie zwei SS-Offiziere, die US-Kriegsgefangene hatten erschießen lassen. Zudem gab er Krupp und Flick ihren Besitz zurück.

Für die USA war es nun wichtiger, brauchbare Deutsche zu engagieren, deren NS-Vergangenheit angesichts des aufziehenden Kalten Krieges nun nicht weiter thematisiert wurde. Und der brauchbarste von ihnen war Reinhard Gehlen. Gehlen war von einem alten Bekannten rekrutiert worden: Allen Dulles, Bürochef des OSS in Berlin. Gehlen, ehemals Chef der Heerespionage-Organisation Fremde Heere Ost, hatte mit Walter Schellenberg vom Sicherheitsdienst der SS unter sowjetischen Kriegsgefangenen eine antikommunistische Widerstandsgruppe gründen wollen. Nach der deutschen Niederlage half er Alois Brunner, der rechten Hand von Adolf Eichmann, zur Flucht nach Syrien.

Schon im März 1945, als klar war, dass der Krieg verloren war, kopierte Gehlen alle geheimdienstlichen Erkenntnisse von der Ostfront auf Mikrofilm und vergrub sie in Fässern in den bayerischen Alpen. Zwei Monate später stellte er sich der U.S. Army. Den Amerikanern war zunächst nicht klar, wen sie vor sich hatten. Erst als »Wild Bill« Donovan informiert wurde, setzte sich der Apparat in Bewegung. Im September 1945 wurde Gehlen in die USA geflogen, zur Armeebasis Fort Hunt. Die Unterlagen über seine Vernehmung, rund 3000 Seiten, sind noch nicht ausgewertet, aber klar ist, dass er in Fort Hunt als der lange Arm des OSS in Deutschland aufgebaut wurde. Als er ein knappes Jahr später zurückkehrte, gründete er die »Organisation Gehlen«, aus welcher später der Bundesnachrichtendienst wurde.

Gehlen wurde auf einer US-Armeebasis in Oberursel untergebracht, wo er 350 Mitarbeiter rekrutierte, meist alte Kontakte aus der Wehrmacht oder der SS. Geführt wurde Gehlen von der Geheimdienstabteilung G2 der U.S. Army.

1947 übernahm die CIA diese Aufgabe, deren »Auge und Ohr im Ostblock« Gehlen wurde. Offiziell war die Organisation ein deutscher Geheimdienst, aber sie war gehalten, mit den USA zusammenzuarbeiten. Dulles habe Gehlen sechs Millionen Dollar im Jahr bezahlt, schreibt Stephen Kinzer in seinem Buch *The Brothers*. Dass Dulles nicht wusste, dass die Organisation mehr oder weniger aus Altnazis bestand, ist unwahrscheinlich.

Etwa gleichzeitig brachte die Joint Intelligence Objectives Agency, die sich aus OSS und G2 rekrutierte, in der sogenannten Operation Paperclip 1500 Wissenschaftler in die USA, darunter Wernher von Braun, Hubertus Strughold und Arthur Rudolph. Die Liste hatte die U.S. Army im März 1945 bekommen, und zwar vom britischen Geheimdienst MI6, der sie von einem polnischen Spion hatte. Die meisten dieser Wissenschaftler hatten in Peenemünde an der V1 und der V2 gearbeitet. Rudolph und Strughold hatten zudem medizinische Experimente in Dachau durchgeführt, etwa wie lange der menschliche Körper Überdruck, Unterdruck und Sauerstoffmangel ertrug. Weil Truman befohlen hatte, keine Parteimitglieder in die USA zu bringen, ließ der Militärgeheimdienst neue Lebensläufe und Papiere anfertigen.

Die Peenemünder wurden im September 1945 nach New York geflogen und kurz darauf nach White Sands bei Alamogordo verfrachtet, in die Einsamkeit von New Mexico, nicht weit von Trinity, wo die Atombomben getestet wurden. Dort wurden rund 500 mitgebrachte V2-Raketen abgefeuert, um deren Reichweite zu testen. Heute gibt es in White Sands ein Militärmuseum samt einer Ausstellung mit den Alltagsgegenständen der Raketenforscher, einer aufgebockten, schwarzgelb gestrichenen, originalen V2-Rakete und natürlich einem Andenkenladen, wo es etwa eine kleine silberne V2 als Christbaumschmuck gibt. Die Crew wurde bald nach Huntsville, Alabama, verlegt, dann nach Cape Canaveral, Florida, und Houston, Texas, wo sich das Kontrollzentrum der NASA befindet. Dort entwickelten sie die Pershing-Raketen und die Saturn V, welche die Apollokapsel zum Mond brachte.

Zu den »nützlichen Nazis« zählte auch Kurt Blome, ein Arzt, der im Dritten Reich Karriere gemacht und es bis zum Leiter für »Erb- und Rassenpflege« im Reichsforschungsrat gebracht hatte. Er war an einem Plan beteiligt gewesen, tuberkulosekranke Polen mit Giftgas zu ermorden, hatte medizinische Experimente in den KZs durchgeführt und Biokampfstoffe wie Sarin entwickelt, das Jahrzehnte später von Saddam Hussein gegen die Kurden eingesetzt wurde und zuvor wahrscheinlich bereits von der U.S. Army in Vietnam verwendet worden war. Blome wurde 1947 von einem US-Militärgericht freigesprochen, danach arbeitete er für das Counter Intelligence Corps der Amerikaner in Oberursel. Es wurde gemutmaßt, dass er der Todesstrafe entging, weil er sich der U.S. Army zur Verfügung stellte. Die wollte ihn auch in die Staaten fliegen, aber der US-Konsul verweigerte ihm das Visum.

1948 organisierte die CIA die »Operation Bloodstone«, in deren Rahmen ehemalige Nazisympathisanten rekrutiert wurden, vor allem in Lagern für Displaced Persons in der sowjetischen Besatzungszone, die zumeist aus dem Baltikum, Kroatien, Ungarn, Rumänien und der Ukraine stammten. Sie sollten zunächst als Guerillas gegen die UdSSR weiterkämpfen, aber letztlich gelangten viele von ihnen in die USA. Einem Bericht des Office of Special Investigations (OSI) des US-Justizministeriums zufolge, der 2014 von der *New York Times* veröffentlicht wurde, kamen im Kalten Krieg mehr als 1000 hochrangige Nazis nach Amerika. Der Kolumnist Walter Winchell protestierte dagegen, dass die USA diese »Nazimörder« aufnahmen, aber Hoovers FBI winkte sie durch.

Der Prominenteste war Otto von Bolschwing vom Sicherheitsdienst-Hauptamt, der mit Adolf Eichmann an der »Endlösung der Judenfrage« gearbeitet hatte, die Anfang 1942 in einer Villa in Berlin-Wannsee beschlossen wurde. Bolschwing kommandierte die faschistische Eiserne Garde in Rumänien und war Teilhaber einer holländischen Bank, die von der Arisierung profitierte. Kurz vor Kriegsende, in Salzburg, lief er zum Counter Intelligence Corps der U.S. Army über und half, österreichische Nazis festzunehmen. Danach heuerte er bei der Organisation Gehlen an, in deren Auftrag er kommunistische Umtriebe in Griechenland bekämpfte. Als er 1959 Amerikaner wurde, schrieb die CIA an die Einwanderungsbehörde, er sei unbelastet.

Im Kalten Krieg war es unpopulär, Antikommunisten abzuschieben. Erst in den Achtzigerjahren wendete sich das Blatt. So wurde der Kroate und Ustaša-Minister Andrija Artuković 1984 nach Jugoslawien deportiert. Artuković war für die Ermordung Zehntausender Serben verantwortlich. 1987 deportierte das OSI zwei baltische Naziverbrecher in die Sowjetunion. Beide wurden zum Tode verurteilt.

Die Wolken sprengen, die Sterne verminen und die Engel schlachten

Truman löste das OSS bereits drei Monate nach Kriegsende auf. »Er fürchtete, dass die unheimliche Macht, die das Amt im Krieg errungen hatte, im Frieden die amerikanische Demokratie bedrohen könnte«, schreibt Kinzer. Aber bereits im Januar 1946 schuf der Präsident die Central Intelligence Group, aus der 1947 die CIA wurde. Sie saß in Washington, D.C., nahe dem Capitol Hill. Gerne wäre Donovan Direktor geworden, aber er stolperte über seine vielen Feinde, allen voran J. Edgar Hoover. Stattdessen berief Truman Admiral Roscoe Hillenkoetter. Auch Allen Dulles, der nun wieder bei Sullivan & Cromwell arbeitete, unterstützte den neuen Geheimdienst heimlich. Offiziell kam er aber erst wieder 1950 an Bord, als Leiter für verdeckte Operationen.

Die CIA geht, wie das OSS, auf Intellektuelle aus Harvard und Yale zurück, Banker und Anwälte, und nicht, wie das FBI, auf Polizisten und kleine Beamte. Die frühen CIAler sahen sich nicht als Finsterlinge im Dienst des militärisch-industriellen Komplexes, sondern als Helden à la James Bond, die mit unorthodoxen Methoden für das Gute kämpften und gegen das Böse. Noch 1945 hatte das OSS den vietnamesischen Kommunistenführer Ho Chi Minh gegen die französische Kolonialmacht unterstützt. Aber nun übernahmen Antikommunisten das Ruder. Zu ihnen zählte James Jesus Angleton, der die *Ratline* organisierte, die Nazis mithilfe des Vatikans nach Südamerika brachte, sowie Richard Helms, der als CIA-Direktor später zur treibenden Kraft hinter dem Putsch in Chile wurde, und Frank Wisner, Chef des OSS in Südosteuropa.

»Die Männer, die Dulles rekrutiert hatte, teilten seinen Ehrgeiz, einen globalen Krieg gegen den Kommunismus zu führen«, schreibt Kinzer. Wisner, ein Wall-Street-Anwalt aus den Südstaaten, wurde zum rabiaten Antikommunisten, als er sah, wie Sowjetsoldaten in Rumänien schreiende Mädchen in Schlafanzügen in Viehwaggons trieben, um sie in sibirische Arbeitslager zu verschleppen (als Wisner nach dem Ungarnaufstand glaubte, die CIA habe die Befreiung Osteuropas nie ernst gemeint, brachte er sich um). Wisner stand ursprünglich dem 1947 gegründeten Office of Policy Coordination vor, das dem State Department unterstand. Die Behörde war für »Propaganda, wirtschaftliche Kriegsführung, Sabotage, Zerstörung und Evakuierung, Subversion gegen feindliche Staaten und Hilfe für Widerstand im Untergrund« zuständig, kurz, für schmutzige Tricks. Wisner koordinierte auch die Zusammenarbeit mit Gehlen. 1950 wurde sie an die CIA angegliedert und mit ihr Wisner.

Ilja Ehrenburg, Stalins Chefpropagandist, schrieb damals in der *Prawda* über Allen Dulles, falls der versehentlich in den Himmel komme, würde er die Wolken sprengen, die Sterne verminen und die Engel schlachten. Aber die Wende entsprach durchaus der Stimmung vieler Amerikaner. Denen wurde erst nach dem Krieg bewusst, dass Stalin in Osteuropa

Marionettenregimes installierte, angefangen mit der Tschechoslowakei. Und so erließ der US-Präsident die »Truman-Doktrin«, die auf die Eindämmung der UdSSR zielte. Er machte Druck auf Stalin, die Rote Armee aus Iran abzuziehen, stützte die Junta in Griechenland und schickte Truppen nach Korea.

Zur »Truman-Doktrin« gehörte auch der Marshallplan, benannt nach Trumans Außenminister, dem Armeegeneral George C. Marshall. Der Plan sah 17 Milliarden Dollar an Krediten und Sachleistungen für Europa vor (heute etwa das Zehnfache). Davon gingen 3,5 Milliarden Dollar an Großbritannien, 2,8 Milliarden an Frankreich, 1,4 Milliarden an Deutschland (als Kredit) und 700 Millionen an Österreich (als Geschenk). Auch neutrale Staaten wie Schweden, Irland oder Island bekamen Geld. Damit verbunden war die Verpflichtung, Waren aus den USA zu kaufen. Auch den osteuropäischen Staaten wurden Mittel angeboten, aber Stalin verbot deren Annahme.

Als Nächstes vergaben die Alliierten Presselizenzen. »Belastete« aus der Nazizeit sollten eigentlich davon ausgeschlossen sein, aber nur die Sowjets hielten sich daran. Die erste Lizenzzeitung war am 21. Mai 1945 die *Berliner Zeitung*. Deren erster Chefredakteur war Rudolf Herrnstadt, der vor dem Krieg Korrespondent für das *Berliner Tageblatt* von Theodor Wolff gewesen war. Am 13. Juni lizenzierten die Sowjets die KPD-eigene *Deutsche Volkszeitung*, aus der das *Neue Deutschland* wurde.

In der US-Besatzungszone erschien ab August 1945 die *Frankfurter Rundschau* und ab Oktober die *Süddeutsche Zeitung*. Am nächsten aber stand den Amerikanern der *Tagesspiegel* aus Berlin. Zu den Erst-Herausgebern zählten Erik Reger, der während der Nazizeit beim arisierten Ullstein-Verlag untergekommen war, und Edwin Redslob, ein Kunsthistoriker, der im Dritten Reich in der »inneren Emigration« gewesen war. Redslob wechselte bald zur neuen Freien Universität im Westteil der Stadt, zu deren Gründung Amerika ebenfalls zwei Millionen Westmark beisteuerte.

Aber das neue Zentrum der deutschen Presse wurde Hamburg. Am 11. Dezember 1945 erhielt ein ambitionierter Hamburger Journalist und Sohn eines Verlegers von den Briten eine Lizenz für Bücher, dann für die Programmzeitschrift *HörZu*: Axel Cäsar Springer. Springer war ein Beispiel dafür, wie die alten Eliten sich wieder durchsetzten. Zwar war er kein NSDAP-Mitglied, aber Chef vom Dienst bei den väterlichen *Altonaer Nachrichten* gewesen. 1938 ließ er sich von seiner Frau Martha scheiden, die eine jüdische Mutter hatte, wie die *taz* schrieb. Ein »Schriftleiter«, verfügte Joseph Goebbels, dürfe nicht mit einer »Halb-Arierin« verheiratet sein. Marthas Mutter wurde nach Theresienstadt deportiert.

Der Durchbruch kam für Springer 1950 mit der *Bild*-Zeitung. 1953 kaufte er für zwei Millionen Mark auch die seriösere, aber dauerdefizitäre *Welt* von den Briten. Graue Eminenz bei Springer war Ernst Cramer, ein Journalist aus Augsburg. Nach der »Reichskristallnacht« war Cramer in Buchenwald interniert worden, 1939 nach Amerika geflüchtet und 1945 mit der U.S. Army zurückgekehrt. Er arbeitete erst bei einer Armeezeitung in München und fing 1958 bei Springer an, wo er zum Mitglied des Aufsichtsrats und Vorstand der Axel-Springer-Stiftung aufstieg. Cramer, schreibt Michael Jürgs in *Der Verleger. Der Fall Axel Springer*, war ein Konservativer mit den besten Verbindungen ins freundliche Ausland, den es nicht störte, wenn man ihm Nähe zur CIA nachsagte.

Es war auch Cramer, der 1966 Springers erste Israelreise vorbereitete. Springer fühlte sich zeitlebens Israel verpflichtet, vielleicht auch ein Versuch der Wiedergutmachung gegenüber seiner ehemaligen Frau. Er war mit Teddy Kollek befreundet, dem Bürgermeister von Jerusalem, das er als geteilte Stadt sah, so wie Berlin. Und seine Liebe wurde erwidert. Jürgs schreibt, dass Springer für Israel einer der drei wichtigsten Deutschen der Nachkriegszeit gewesen sei – neben Adenauer, dessen Wiedergutmachung den Aufbau des Landes finanziert habe, und Franz Josef Strauß, der dem jungen Staat Waffen besorgt habe. In den Statuen von Springer, denen jeder Journalist bis heute zustimmen muss, heißt es, Springer-Mitarbeiter träten für das Lebensrecht Israels ein, die Unterstützung des transatlantischen Bündnisses und die Solidarität mit den Vereinigten Staaten von Amerika. Dafür wird Springer von Linken oft kritisiert, aber immerhin ist der Verlag diesbezüglich offen und ehrlich.

Springers erster Partner war der Verleger John Jahr, der in der Weimarer Republik Anzeigen für den kommunistischen Zeitungszaren Willi Münzenberg akquiriert hatte. Jahr gründete bald darauf mit Gerd Bucerius den Verlag Gruner & Jahr, der auch den *Stern* übernahm, den Henry Nannen gegründet hatte. Bucerius war unbelastet: Er war mit einer Jüdin verheiratet und deshalb von der Wehrmacht nicht eingezogen worden. Bei Nannen sah die Sache etwas anders aus: Er hatte für Leni Riefenstahl gearbeitet und danach Propaganda für die Luftwaffe gemacht.

Bucerius' Name ist aber viel mehr mit einer anderen Publikation verbunden, die im Februar 1946 ebenfalls von den Briten lizenziert wurde und die für das transatlantische Verhältnis mindestens ebenso wichtig werden sollte wie Springer, der Wochenzeitung *Die Zeit*, die erstmal im Februar 1946 erschien. Bucerius hatte vier Mitstreiter als Herausgeber; erster Leitartikler der *Zeit* war Ernst Friedlaender, der Sohn eines jüdischen Arztes. Er hatte den Krieg als Direktor einer I.G.-Farben-Niederlassung in den USA verbracht.

Aber die eigentliche Stimme der *Zeit* wurde Marion Gräfin Dönhoff. Sie hatte dem Kreisauer Kreis nahegestanden und wurde nach dem Stauffenberg-Attentat ebenfalls kurzzeitig inhaftiert (ihr Cousin Heinrich von Lehndorff wurde in Plötzensee gehängt). Im Januar 1945 war die junge Frau vor der Roten Armee aus Ostpreußen geflüchtet, zu Pferd, in einem Gewaltritt über zwei Wochen. Im Westen angekommen, schickte sie zwei Berichte über den Widerstand an die U.S. Army. Dort wurde – laut dem Dönhoff-Biografen Klaus Harpprecht – vermerkt, Dönhoff böte ihre Dienste »in jeder Weise an, in der sie den Alliierten von Nutzen sein könnten«.

Als die *Zeit* einen Artikel des umstrittenen NS-Völkerrechtlers Carl Schmitt druckte, ließ sie sich beurlauben und verbrachte ein paar Jahre in England und den USA. Sie fand viele amerikanische Freunde: George Kennan; Eric M. Warburg aus der gleichnamigen Bankiersfamilie, der, in Hamburg geboren, 1938 in die USA emigriert und 1945 zurückgekehrt war; Henry Kissinger, der damals in Harvard lehrte; und John McCloy. Dönhoff war allerdings mitnichten eine Jasagerin gegenüber den Westalliierten. Die *Zeit* wurde ein paar Mal fast verboten, weil sie zu kritisch über die Besatzungspolitik der Briten schrieb. Dönhoff machte auch keinen Hehl daraus, dass der deutsche Widerstand von den Amerikanern verraten worden sei.

Aus diesem Kreis entstand 1952 die »Atlantikbrücke«, ein privater gemeinnütziger Verein, eine Brücke zwischen Deutschland und Amerika. Die Atlantikbrücke wollte nach eigenem Bekunden »das Vertrauen der Amerikaner in die Deutschen wieder aufbauen und so den Grundstein für ein gutes transatlantisches Verhältnis legen«. Dönhoff war Gründungsmitglied, ebenso Warburg, Friedlaender, McCloy und Erik Blumenfeld. Blumenfeld war der Sohn eines Hamburger Reeders jüdischen Glaubens, der 1941 nach Buchenwald deportiert worden war, 1944 entlassen wurde und beinahe sofort wieder verhaftet worden wäre, wenn Bucerius ihn nicht versteckt hätte. Er war Gründungsmitglied der Hamburger CDU. US-Schwesterverein der Atlantikbrücke ist der »American Council on Germany«, der ebenfalls von McCloy, Warburg und Lucius D. Clay gegründet wurde. Beide dienen der transatlantischen Kontaktpflege zwischen Führungskräften, Akademikern und Journalisten.

Die Anfänge der Atlantikbrücke waren durchaus ehrenwert und vor allem der deutsch-jüdischen Aussöhnung gewidmet. Aber bald übernehmen die Machtmenschen das Ruder. Arend Oetker, Erbe der Puddingfirma und früherer Vorsitzender, sagte einmal, »die USA werden von 200 Ostküsten-Familien regiert, und zu denen wollen wir gute Kontakte haben«. Heute ist bei der Atlantikbrücke alles versammelt, was in Politik und Presse Rang und Namen hat, bis zum heutigen *Zeit*-Herausgeber Josef Joffe.

Nicht alle deutschen Blätter verstehen sich als Brückenbauer. Der *Spiegel* hält sich eher zurück. Gegründet wurde das Wochenmagazin 1946 in Hamburg, zunächst als *Die Woche*, von dem britischen Verleger John Seymour Chaloner und zwei deutsch-jüdischen Immigranten, Harry Bohrer und Henry Ormond. Sie gaben das Blatt nach wenigen Wochen an ihren Protegé Rudolf Augstein weiter. Während die *Zeit* immer ein feuilletonistisches Blatt blieb, mauserte sich der *Spiegel* zum »Sturmgeschütz der Demokratie« (Eigenwerbung) nach US-Vorbild. Als das Blatt 1962 einen Bericht über die mangelnde Verteidigungsbereitschaft der Bundeswehr veröffentlichte, ließ Verteidigungsminister Franz Josef Strauß Augstein verhaften. Strauß, der letztlich über die *Spiegel*-Affäre stürzte, nannte das Magazin damals die »Gestapo unserer Tage«, da jeder – der Nazivergangenheit geschuldet – etwas zu verbergen habe.

»Uncle Sam« und »Captain America«. Schwarze GIs und Bonbons für weiße Kinder

Die endgültige Wende im deutsch-amerikanischen Verhältnis brachte die Berliner Luftbrücke. Die Sowjets hatten Anfang Mai 1945 die zerbombte Stadt eingenommen, wie es zwischen den drei Alliierten vereinbart worden war. Sie brachten deutsche Exilanten aus Moskau unter Führung des späteren Staats- und Parteichefs Walter Ulbricht mit, die den Magistrat übernahmen. Im Juni 1945 gründeten Wilhelm Pieck und Johannes R. Becher die KPD; unter Otto Grotewohl entstand die SPD neu, gefolgt von den Blockparteien.

Die Amerikaner und Briten rückten erst Anfang Juli nach und vier Wochen später die Franzosen. Nun wurde Berlin vom Alliierten Kontrollrat verwaltet. Aber intern zeigten sich bald Risse, übrigens nicht nur in Berlin; die Sowjets stritten sich mit den Westalliierten auch um eine gemeinsame Kontrolle des Ruhrgebiets. Lucius D. Clay, der alliierte Stadtkommandant der Amerikaner, hörte 1946 auf, den Sowjets beim Abtransport von Industrieanlagen zu helfen. Als Ernst Reuter zum Berliner Bürgermeister gewählt wurde, erkannten die Sowjets den Antikommunisten nicht an. Und als die Westalliierten am 20. Juni 1948 eine neue Währung einführten, gaben die Sowjets in ihrem Sektor die Ostmark heraus. Gleichzeitig schlossen sie alle Straßen, Eisenbahnlinien und Binnenschifffahrtswege in den Westteil der Stadt. Damit waren nicht nur die Westberliner, sondern auch die Westalliierten von der Versorgung abgeschnitten.

Für die U.S. Army kam die Blockade überraschend. CIA-Chef Hillenkoetter hatte erst am 9. Juni ein Memo an Truman geschrieben, dass er nach der Währungsreform keine »abrupte Verhaltensänderung« der Sowjets erwarte. Clay erwog zunächst, die Blockade mit Armeepanzern zu durchbrechen. Das lehnte Truman ab, der keinen Krieg riskieren wollte. Zudem gab es nur noch gut 20 000 Soldaten der Westalliierten in Berlin, umringt von der Roten Armee. Die Amerikaner setzten inzwischen auf die neue Wunderwaffe Atombombe statt auf Infantrie. Truman wies das State Department an, eine (streng geheime) Note an die Sowjets zu schicken und sie daran zu erinnern, dass die gemeinsame Kontrolle Berlins nur der Politik der bedingungslosen Kapitulation gegenüber Deutschland zu verdanken sei. Das beeindruckte Stalin nicht.

Nun schlug Clay vor, die Luftkorridore zu nutzen. Da dieser Zugang (anders als der Landweg) vertraglich festgelegt war, konnten die Sowjets das nicht verweigern. Clay versicherte sich allerdings vorher der Unterstützung der Westberliner. Er rief Ernst Reuter an und dessen rechte Hand Willy Brandt und bat beide um die Zusicherung, dass die Berliner hinter Amerika stünden, auch wenn manche wohl trotzdem hungern und frieren müssten. Reuter versprach ihm das. Am 8. September 1948 hielt er seine berühmte Ansprache an die »Völker der Welt«, diese Stadt nicht preiszugeben.

In den kommenden 14 Monaten (drei Monate länger, als die Blockade dauerte) flogen amerikanische und britische Bomber Mehl, Getreide, Kartoffeln, Trockenmilch, Medikamente und Kohlen in die Halbstadt, bald unterstützt von Fliegern aus Kanada, Australien, Neuseeland und Südafrika. Dafür bauten die Westalliierten den Flughafen Tempelhof aus; der Flughafen Tegel wurde in nur drei Monaten aus dem Boden gestampft, wobei man praktischerweise auch gleich den Sendemast des sowjetisch kontrollierten Berliner Rundfunks absägte. Die U.S. Army entwickelte ein ausgeklügeltes System aus Starts und Landungen im Minutentakt; die »Rosinenbomber« flogen zuletzt mehr als 8000 Tonnen an Hilfsgütern täglich (und nächtlich) nach Westberlin. Die Luftbrücke war nicht ungefährlich; 83 Menschen starben, die meisten davon Piloten.

Berlin war nach wie vor eine Trümmerwüste. Vor dem Krieg hatte die Stadt 4,3 Millionen Einwohner gehabt. Nach den Nazis, den Bomben, der Evakuierung und dem Hungerwinter von 1945/46 lebten hier nur noch 2,8 Millionen, darunter Hunderttausende von gestrandeten Flüchtlingen. Berlin war auf Lebensmittel von außerhalb angewiesen, aber nicht unbedingt aus dem Westen. Die Westberliner konnten mit der S-Bahn ins Umland fahren – die Mauer stand ja noch nicht. Der Magistrat verteilte Lebensmittelkarten auch an Westberliner. Verglichen mit dem Hungerwinter von 1945/46, als die Säuglingssterblichkeit bei 50 Prozent lag, war die Blockade weit weniger dramatisch. Wenn es die Luftbrücke nicht gegeben hätte, wären die Westberliner nicht verhungert, aber sie wären wohl zwangsweise in die im Oktober 1949 gegründete DDR integriert worden.

Aus Westberliner Sicht wäre das natürlich unschön gewesen, aber die Amerikaner hatten drei Jahre vorher ja auch Leipzig und Thüringen (und damit das Herz der protestantischen Kirche) den Sowjets überlassen. Die Verlierer wären die Westalliierten gewesen, die ihre Truppen hätten abziehen müssen. Damit hätten sie nicht nur Prestige eingebüßt – wie Clay an Truman schrieb –, sondern auch einen Spionageposten. Kein Wunder also, dass die Luftbrücke in den USA enthusiastisch unterstützt wurde. Zudem war sie eine vergleichsweise ungefährliche Chance, sich im Ersatzkrieg gegen Stalin zu profilieren. Die Demokraten standen genauso dahinter wie die Republikaner. In einem Vermerk des State Department hieß es, fast alle Zeitungen plädierten dafür, dass sich die USA nicht aus Berlin drängen ließen.

Auch in der *New York Times* war der schnodderige Ton von 1945 vergessen. Nun warnte das Blatt, die Russen würden damit drohen, die Menschen in Berlin verhungern zu lassen. Allerdings seien nicht alle Deutschen »unsere Alliierten im politischen Kampf gegen den Kommunismus«. Es bestünde die Gefahr, dass sich manche mit den Russen arrangierten. Die *Times* berichtete auch, wie der Luftbrücken-Pilot Gale Halvorsen Bonbons an Taschentücher band und diese wie kleine Fallschirme über Berlin abwarf. »Deutsche Jungen und Mädchen schrieben Dankesbriefe an Halvorsen und nannten ihn ›Uncle Sam‹ und ›Captain America‹.« Daraufhin riefen die Bürger von Mobile, Alabama – wo Halvorsen stationiert war –, dazu auf, Bonbons zu spenden; Amerikaner schickten schließlich 368 Pfund Süßigkeiten nach Berlin. Selbstverständlich war Halvorsen ehrlich bemüht, Berliner Kindern zu helfen. Dennoch ist verwunderlich, dass die US-Presse vergessen hatte, was sie noch 1945 über Berlin schrieb. Nur Henry Morgenthau bat Truman, die Flugzeuge lieber einzusetzen, um jüdische Überlebende nach Palästina zu fliegen (vor der Gründung Israels). Truman entgegnete, erst müsste Frieden mit den Palästinensern geschlossen werden.

Die Luftbrücke änderte das Verhältnis beider Länder: Die Amerikaner sahen die Deutschen nun als Alliierte im Kalten Krieg gegen die Sowjets. Und die Westberliner fingen ebenso wie die Westdeutschen an, die Amerikaner als Befreier zu sehen. Als mit dem Irakkrieg in Deutschland Kritik an den USA laut wurde, meckerten hiesige Amerikafreunde: Die Deutschen seien nur deswegen amerikakritisch, weil sie es nicht verwinden könnten, von schwarzen GIs befreit worden zu sein. Eine unhistorische Sicht – tatsächlich herrschte bis 1948 in der U.S. Army Rassentrennung, Kontakte zwischen schwarze GIs und weißen Deutschen, vor allem Frauen, waren aus US-Sicht verpönt. In Hollywood verstieß es in der Nachkriegszeit gegen den Code, auf der Leinwand schwarze GIs zu zeigen, die Bonbons an weiße Kinder verteilten.

Er starb an einer Überdosis Digitalis

Als die Luftbrücke begann, hatte Truman bereits eine republikanische Mehrheit im Kongress gegen sich. Deren starker Mann war der New Yorker Gouverneur Thomas Dewey, der 1944 und 1948 als Präsidentschaftskandidat antrat und zuletzt nur knapp verlor. Dewey hatte einen Berater, der Truman oft attackierte, weil dieser den Kommunisten gegenüber zu nachgiebig sei: John Foster Dulles. Dulles – interessanterweise ein scharfer Kritiker des Atombombenabwurfs von Hiroshima – war damals damit beschäftigt, zusammen mit Nelson Rockefeller die Vereinten Nationen nach New York zu holen.

Nun tagte auch wieder das HUAC, das House Committee on Un-American Activities. Verbunden ist der Ausschuss für unamerikanische Aktivitäten heute mit dem Namen des Kommunistenjägers Joseph McCarthy, aber die treibende Kraft war ein anderer Mann: J. Edgar Hoover. Hoovers FBI operierte wie ein interner Geheimdienst: gegen deutsche und sowjetische Spione, die Mafia, aber auch gegen echte und vermeintliche Kommunisten. Schon 1946 hatte Hoover eine Liste »illoyaler Amerikaner« angelegt, die in Kriegszeiten interniert werden sollten; zu Beginn des Koreakriegs war sie auf 12 000 Namen angewachsen, darunter Intellektuelle, Künstler, Journalisten und Wissenschaftler, die im Zweiten Weltkrieg beim Kampf gegen die Nazis dabei gewesen waren.

Hoovers wichtigste Informantin war Elizabeth Bentley, eine Spionin für die Sowjets, die zu den Amerikanern überlief. Sie hatte dem FBI Ende 1945 eine Liste mit den Namen von 80 Spionen für Stalin übergeben. Darauf standen Roosevelts Berater Alger Hiss, der in Jalta dabei gewesen war, und Morgenthaus Vize Harry Dexter White, der Architekt des Morgenthau-Plans. Das wurde aber erst bekannt, als Bentley 1948 vor dem HUAC aussagte. White wurde am 13. August 1948 vorgeladen. Er schwor, niemals Kommunist gewesen zu sein, erlitt noch am gleichen Abend einen Herzinfarkt und starb drei Tage später an einer Überdosis Digitalis. Hiss wurde verurteilt.

Auch der United States Army Signal Intelligence Service, der Vorläufer der NSA, hatte den Funkverkehr der Sowjets abgehört und konnte Namen dechiffrieren: White, Hiss, Julius und Ethel Rosenberg sowie Klaus Fuchs, übrigens auch Kim Philby. Während sich Philby nach Moskau absetzen konnte, wurde Fuchs zu einer Haftstrafe verurteilt, die Rosenbergs landeten auf dem elektrischen Stuhl. Dieses Urteil, das für weltweite Empörung sorgte, galt lange Zeit als Justizirrtum. Heute wissen wir, dass Julius Rosenberg, aber nicht seine Frau Ethel, Atomgeheimnisse an die UdSSR verraten hatte.

White hatte auch dafür gesorgt, dass die Sowjets die originalen Druckplatten des Schatzamts für die Alliierte Militärmark bekamen. Mit dieser Militärmark wurden die US-Truppen in Westdeutschland nach dem Krieg bezahlt. Die Sowjets druckten damit 78 Milliarden Militärmark, was de facto hieß, dass der US-Steuerzahler die Besatzungstruppen der UdSSR in Osteuropa finanzierte. White wollte damit auf eigene Faust die Politik von Roosevelt fortsetzen. Als die KGB-Archive nach dem Kalten Krieg geöffnet wurden, konnten noch weitere NKWD-Spione enttarnt werden.

1953 war die Ära Truman zu Ende. Mit Eisenhower wurde nach 20 Jahren wieder ein Republikaner Präsident. Er berief Allen Dulles als CIA-Chef und John Foster Dulles als Außenminister. Die Brüder waren auf dem Höhepunkt ihrer Macht. Unter ihnen wurden nicht nur die NATO und das südostasiatische Bündnis SEATO geschaffen, das von Australien bis Pakistan reichte, sondern mit ihnen erlebte auch die Interventionspolitik der USA jenen Aufschwung, dessen Spätfolgen noch heute spürbar sind. Zu dieser Interventionspolitik gehören der Putsch gegen Mohammed Mossadeq, den Premierminister des Iran, der die BP-Ölfelder verstaatlichen wollte, der (gescheiterte) Putsch gegen den indonesischen Staatsführer Sukarno, die Stützung von Anastasio Somoza in Nicaragua, der Mord an Patrice Lumumba, den Premier des Kongo, und natürlich Guatemala und Kuba.

Derweil war 1949 die Bundesrepublik Deutschland gegründet und Konrad Adenauer zu ihrem ersten Kanzler gewählt worden. Lawrence de Neufville, ein Mitarbeiter der US-Botschaft in Bonn, der später zur CIA wechselte, unterstützte den Aufbau der Adenauer-Regierung organisatorisch und half auch bei der Formulierung des Grundgesetzes. Die frühe CDU war heterogen; die Partei bot sowohl Altnazis (wie Kanzleramtschef Hans Globke, der an den Nürnberger Gesetzen mitgearbeitet hatte) Unterschlupf als auch Verfolgten des NS-Regimes wie Andreas Hermes, der ihr erster Vorsitzender wurde.

Adenauer war in der Weimarer Republik Oberbürgermeister in Köln für das katholische Zentrum gewesen, er hatte damals die Ford-Werke in die Stadt geholt. In der Nazizeit arrangierte er sich mit dem Regime, kam aber ein paar Mal kurzzeitig in Haft. Natürlich standen US-Firmen wie Ford der

CDU näher als der SPD, aber Adenauer mochten die Amerikaner besonders – mit ihm hatten sie endlich einen jener ominösen, von den Nazis verfolgten Katholiken gefunden. Unter Adenauer begann 1951 der Aufbau der Bundeswehr, nachdem Eisenhower eine Ehrenerklärung für Wehrmachtsveteranen abgegeben hatte – sonst hätte die neue Armee nicht genug Soldaten gehabt (die formale Gründung erfolgte 1955).

John Foster Dulles, Eisenhowers Außenminister, sah Adenauer als Seelenverwandten. Der strenge, religiöse Adenauer sei der einzige Politiker gewesen, mit dem Foster befreundet war, sagt Kinzer. »Kein Staatsmann kam Foster jemals so nahe.« Die beiden vereinte eine Abscheu vor dem »gottlosen Totalitarismus« der Sowjetunion, und Adenauer fand, Deutschland solle alles für die Westbindung an Amerika tun. 1953 stand Adenauer zur Wiederwahl an, und Dulles warnte, dass eine Niederlage der deutschen Christdemokraten »verheerend« für den Westen wäre.

Adenauer kannte natürlich auch Allen Dulles. »Mit dem Segen von Adenauer sorgte Allen für die enge Verbindung zwischen der CIA und den westdeutschen Geheimdiensten«, schreibt Kinzer. Die Organisation Gehlen saß inzwischen mit 4000 Mann in Pullach. Mit ihrer Hilfe machte Dulles Westberlin zum Tummelplatz der Spione. Damals waren 800 CIA-Agenten im Westberliner Stadtteil Dahlem stationiert, die Telefone abhörten und Briefe öffneten; nach dem Aufstand vom 17. Juni 1953 waren es doppelt so viele. Ihre spektakulärste Aktion war ein Tunnel, der von einem Armeekaufhaus aus, das als Tarnung diente, bis Treptow gegraben wurde, um Telefonleitungen anzuzapfen. Dafür wurde sogar ein »Testtunnel« in New Mexico gebuddelt. Die Sowjets wussten allerdings bald Bescheid, da sie einen Doppelagenten beim MI6 hatten. Nach und nach wurde Westberlin als Hauptquartier der Spione ausgebaut, deren sichtbarstes Zeichen noch heute die Anlage auf dem Teufelsberg ist.

Aufständische und Märtyrer

Dennoch wurde die CIA durch den Aufstand vom 17. Juni 1953 kalt erwischt. Eleanor Dulles, die damals als Schwester des Außenministers einen inoffiziellen »Berlin Desk« im Dienst des State Department hatte, erinnerte sich in ihren Memoiren, wie sie Arbeiter beobachtete, die »Ulbricht raus!« und »Wir wollen Freiheit!« riefen. Als sowjetische Panzer auffuhren, fragten einige Ostberliner die Amerikaner, ob sie ihnen nicht Waffen geben könnten. »Wenn Eisenhower jemals einen antikommunistischen Aufstand gewollt hätte, hier war die Chance«, schreibt Kinzer. Aber trotz aller Befreiungsrhetorik wurde um Mitternacht in Washington entschieden, sich zurückzuhalten. »Das Risiko eines Nuklearkriegs angesichts der Stärke der Sowjets machte klar, dass jede Hilfe für diese aufständischen Arbeiter die Gefahr eines Dritten Weltkriegs beschworen hätte.« Hätte man den Aufständischen Waffen gegeben, wäre Blut geflossen.

Erst nach dem 17. Juni debattierten CIA, State Department und das Weiße Haus, ob man den Aufstand als Initialzündung für einen größeren Aufstand gegen die Sowjetunion nutzen sollte. John M. Anspacher, der für das Psychological Strategy Board der CIA in Berlin arbeitete, schrieb ein Memorandum für Eisenhower. Darin riet er davon ab, »Chaos« zu schaffen; er warnte vor einen »Bumerang-Effekt«: die DDR könne zu Demonstrationen gegen (den in Berlin nicht sonderlich beliebten) Adenauer aufrufen. Außerdem könnten die Sowjets den Aufstand als Vorwand nutzen, ihre Zone vom Westen abzutrennen. Eisenhower solle in einer Rede klarmachen, dass Frieden und Einheit in Deutschland nicht mit Gewehren erzwungen werden könnten. Falls es aber tote Aufständische gäbe, sollten sie zu Märtyrern erklärt werden.

Es gab allerdings durchaus Vereine, die Sabotage in der DDR betrieben. Der bekannteste war die 1948 in Westberlin gegründete »Kampfgruppe gegen Unmenschlichkeit« (KgU), die Tausende von Sympathisanten in der DDR hatte. Sie verübte Sabotageakte gegen Stromleitungen, Telefonkästen und Transformatoren sowie Brandanschläge auf HO-Kaufhäuser in Leipzig und plante die Sprengung von Schleusen und Eisenbahnbrücken. Zunächst wachte die Organisation Gehlen über die Gruppe, aber 1950 fing die CIA an, die KgU zu finanzieren. »Der Leiter der CIA-Osteuropa-Division, John Bross, bezeichnete die administrativen Störungen der KgU als eines der wirkungsvollsten Instrumente«, erzählte der Historiker Enrico Heitzer dem MDR. »Für die CIA war das relativ komfortabel. Sie rekrutierten für relativ geringe Geldbeträge viele Zuträger, die praktisch jeden Bereich abdeckten.« Lange habe die CIA auch den Kurs bestimmt, aber 1959 drehte sie den Geldhahn zu, damit löste sich die KgU auf.

Die DDR ging erbittert gegen die Saboteure vor und verhaftete über 1000; mindestens 126 von ihnen wurden erschossen. Hunderte wurden aus Westberlin entführt. Die beiden bekanntesten Fälle waren der Journalist Heinz Brandt und Walter Linse, ein Anwalt beim »Untersuchungsausschuss Freiheitlicher Juristen«. Linse wurde am 8. Juli 1952 von der Stasi vor seinem Haus zusammengeschlagen und per Auto ins Stasigefängnis in Hohenschönhausen gebracht. Er gestand unter Folter und wurde anderthalb Jahre später –trotz Protesten im Westen – in Moskau hingerichtet.

Einer der seltsamsten Fälle jener Jahre war Otto John, Chef des Bundesamtes für Verfassungsschutz. Dulles kannte John noch aus Bern; der Anwalt hatte im Krieg für das OSS gearbeitet. Er flüchtete nach dem Stauffenberg-Attentat, arbeitete in London für den Propagandafunk Soldatensender Calais und war Zeuge bei den Nürnberger Prozessen. Am 20. Juli 1954, zehn Jahre nach dem Stauffenberg-Attentat, veranstaltete die Bundesregierung eine Gedenkfeier im Bendlerblock in Berlin. John, der gerade von einem Besuch im CIA-Hauptquartier in den USA zurückgekommen war, nahm daran teil. Am Abend nahm ihn ein Bekannter namens Wolfgang Wohlgemuth im Auto mit. Wohlgemuth allerdings arbeitete für den KGB, und er fuhr mit dem Verfassungsschutzchef nach Ostberlin. Kurz darauf sprach John im DDR-Rundfunk; er sagte, er sei übergelaufen, weil Adenauers Remilitarisierung und Westbindung die deutsche Einheit gefährdeten. Er beklagte sich auch, dass sich in Westdeutschland wieder Nazis tummelten, und er nannte dabei insbesondere Gehlen. In den kommenden Monaten hielt er in der DDR Vorträge über die BRD und schrieb Artikel.

Anderthalb Jahre später floh John nach Westberlin. Dort wurde er von der Polizei verhaftet. Er beteuerte, er sei damals entführt worden, aber man glaubte ihm nicht. In einem spektakulären Indizienprozess wurde John wegen Landesverrats zu vier Jahren Zuchthaus verurteilt. Über den Fall streiten sich noch heute die Historiker.

»Eine Mauer ist verdammt noch mal besser als ein Krieg«

In Rapid City, South Dakota, mitten in Prärie, zwischen Sioux-Reservaten und dem Missouri River, steht die Berliner Mauer. Es ist ein Mahnmal: Originalteile in einem kleinen Park, dazu ein Gedenkstein, der an Senator William Fulbright erinnert, den außenpolitischen Berater von John F. Kennedy. Eine Tafel erzählt von der Berlin-Krise, als jeden Tag Tausende flohen, der sowjetische Staatschef Nikita Chruschtschow Truppen zusammenzog, Kennedy die U.S. Army verstärkte und die Chancen für ein Armageddon eins zu fünf standen. Am 30. Juli 1963 aber habe Fulbright die rettende Idee gehabt: Man könne die Krise lösen, indem man Westberlin abriegele. »Eine Woche später erzählte der ostdeutsche Staatschef Walter Ulbricht Chruschtschow von Fulbrights Vorschlag. Er gewann das Einverständnis der Sowjets und baute die Berliner Mauer. Sieben Tage später ging die Barriere hoch.« Die Schrift auf dem Gedenkstein lässt einen ratlos zurück.

Fulbright war der wichtigste US-Außenpolitiker der Nachkriegszeit. Er stand dem Auswärtigen Ausschuss des Senats vor. Kennedy wollte ihn zum Außenminister machen, aber der liberale Demokrat, der gegen McCarthy Stellung bezogen hatte, galt als zu links. Am 30. Juli 1961, zwei Wochen vor dem Bau der Mauer, sagte Fulbright im US-Fernsehen: »Ich verstehe nicht, warum die ostdeutsche Grenze nicht einfach zugemacht wird. Die Russen haben ohnehin die Macht, dies zu tun. Wir würden nicht viel aufgeben, denn wenn die Russen nächste Woche die Grenze schließen würden, könnten sie das tun, ohne einen einzigen Vertrag zu verletzen. Und auch die Ostdeutschen hätten das Recht dazu.«

Fulbrights Worte schmückten die Titelseite des *Neuen Deutschland.* Weniger begeistert war man in Bonn. Die US-Botschaft kabelte nach Washington, es passiere selten, dass eine Erklärung eines US-Politikers so viel Entsetzen, Ärger und Wut hervorrufe wie die von Fulbright. Egon Bahr, Pressesprecher von Berlins Regierendem Bürgermeister, soll gesagt haben: »Privat nennen wir ihn Fulbricht.« Kennedy aber rief Fulbright nicht zurück. Damit habe der Präsident Chruschtschow das Signal gegeben, dass die USA mit dem Mauerbau keine Probleme hätten, glaubt der Journalist Frederick Kempe, der ein Buch über die Mauer schrieb; *Berlin 1961.* Kennedy selbst sagte damals: »Eine Mauer ist verdammt noch mal besser als ein Krieg.«

Erst 2013 haben die National Archives in Washington, D.C., einige Dokumente zum Mauerbau freigegeben. Und die erzählen eine andere Geschichte als die von einem Präsidenten, der ein Berliner war. Kennedy hatte die Berlin-Krise von Eisenhower geerbt oder, genau genommen, von John Foster Dulles. Seit 1958 gab es das Chruschtschow-Ultimatum. Der sowjetische Staatschef wollte der DDR die Kontrolle über den Zugang zu Westberlin überlassen. Und Llewellyn Thompson, der US-Botschafter in Moskau, warnte Dulles im März 1959: Er befürchte, dass die Deutschen die Vereinigung mit Waffengewalt erzwingen würden. Man könne nicht immer darauf vertrauen, dass Deutschland so einen weisen Kanzler habe wie Adenauer, der nur von Wiedervereinigung rede, sie aber nicht wolle. Allerdings könne man mit den Sowjets reden. »Wir können recht sicher sein, dass Chruschtschow keinen totalen Krieg wegen Berlin riskiert, und das Gleiche denkt er wahrscheinlich über uns.«

Kennedy traf Chruschtschow im April 1961 auf einem Gipfel in Wien, aber er erreichte keine Lösung in der Berlin-Frage. Noch Wochen vor dem Mauerbau wurden im State Department Planspiele debattiert: US-Botschafter Walter Dowling sagte, wenn es in der DDR wieder einen Volksaufstand gäbe, sollten die USA diesmal nicht zugucken, sondern ihn unterstützen. Hingegen warnte John Ausland vom »Berlin Desk«, Berlin sei »ein Vulkan«. Letztlich stellte das State Department fest, dass »eine Revolte in Ostdeutschland nicht im Interesse der USA« liege.

Kennedys Außenminister Dean Rusk, der sich Tage vor dem Mauerbau mit seinen französischen, britischen und westdeutschen Kollegen in Paris traf, sagte, für die USA sei die Präsenz ihrer Truppen in Westberlin wichtig, sie seien der »physische Zugang zur Stadt«. Dabei wäre eine Mauer sogar hilfreich, denn sie garantierte, dass sich die Sowjets nicht nach West-Berlin ausdehnten. Die Sicherheit der Westberliner spielte eine gewisse Rolle, nicht aber die Bewegungsfreiheit der DDR-Bürger. Ähnlich dachte die Adenauer-Regierung, die nicht weiterhin Millionen neuer Flüchtlinge aus dem Osten aufnehmen wollte. Die letzte Warnung kam von der CIA am 10. August 1961, drei Tage vor dem Mauerbau: Die DDR plane »harsche Maßnahmen, um den Flüchtlingsstrom abzuschneiden«, hieß es. Der Einzige, der danach überrascht reagierte, war Kennedy, der fragte: »Warum wussten wir davon nichts?«

Nur in Westberlin war die Empörung groß. Der Regierende Bürgermeister Willy Brandt forderte, dass die Westalliierten den Mauerbau vor die Vereinten Nationen bringen sollten. Botschafter Dowling warnte vor »Ärger und Empörung« bei den Deutschen über das Ausbleiben westlicher Gegenwehr. Washington müsse etwas »Dramatisches« unternehmen, um das »psychologische Klima« zu verbessern. Daraufhin geißelte Außenminister Rusk den Mauerbau als »Verletzung des Rechts auf freie Bewegung in der Stadt durch die Kommunisten«. Allerdings, fügte er hinzu, verletzte das nicht die Präsenz der Westalliierten in Berlin und damit die vitalen Interessen der USA. Intern sagte er, die Mauer sei »kein Grund zu schießen«.

Um die Stimmung in Westberlin zu verbessern, verstärkten die USA ihre Garnison. Überdies sandte der Präsident seinen Vize Lyndon B. Johnson zu einem Goodwill-Besuch in die nun geteilte Stadt. Als Johnson vor dem Berliner Abgeordnetenhaus sprach, nahm er den beliebten Lucius D. Clay mit. Am 25. Oktober 1961 sattelte die U.S. Army noch eins drauf, als sie eine Panzereinheit zum Checkpoint Charlie schickte, um zwei Dutzend sowjetischen T-54-Tanks Paroli zu bieten. Der Anlass war banal: Allen Lightner, Chef der US-Mission, der sich in Ostberlin ein Theaterstück hatte ansehen wollen, war von DDR-Grenzern der Einlass verweigert worden. Drei Tage lang standen die Panzer am Checkpoint Charlie, dann wurden sie zurückgezogen. Mit den dramatischen Bildern, die auf den Titelseiten der Zeitungen erschienen waren, war den Deutschen, aber auch den Amerikanern klargemacht worden, dass die USA Westberlin nicht aufgeben würden – und ihren vom Viermächtestatus garantierten Zugang zum Osten auch nicht. In einer Studie aus dem Jahr 1970 stellte das State Department fest: »Die Vertrauenskrise wurde überwunden.«

Die Haltung der USA war doppelzüngig, aber nicht unvernünftig. Als Eisenhower im Januar 1961 abtrat, warnte er das Land in einer berühmten Rede vor der wachsenden Aufrüstung und dem »militärisch-industriellen Komplex«. Im November deselben Jahres trafen sich Kennedy, Rusk, Allen Dulles, Armeechef Lemnitzer, Verteidigungsminister Robert

McNamara, sein deutscher Amtskollege Franz Josef Strauß und Adenauer im Weißen Haus, um »Notfallpläne für Berlin« zu besprechen. Adenauer warnte davor, dass die Sowjets binnen Kurzem Westberlin, Hamburg und München einnehmen könnten; Kennedy erwiderte, diese würde einen Atomkrieg auslösen. »Was würden die Deutschen sagen, wenn sie begreifen, dass es die totale Zerstörung von Deutschland bedeutet, wenn die USA Atomwaffen einsetzen würden?«, fragte er. Würden die Europäer unter diesen Bedingungen kämpfen?

Mitten in Downtown Dallas, zwischen den Hochhäusern, liegt das Schoolbook Depository, das Schulbuchlager, von dem aus Kennedy erschossen wurde. Das Gebäude ist die wichtigste Touristenattraktion von Dallas (zusammen mit der Southfork Ranch aus der TV-Serie *Dallas*). Das Fenster im sechsten Stock bietet einen Blick auf die Dealey Plaza, wo die Präsidentenlimousine am 23. November 1963 einbog, und auf den Grashügel, auf dem vielleicht, vielleicht aber auch nicht, ein zweiter Schütze stand. Jeder Besucher (auch ich) probiert im Geiste aus, ob es möglich ist, von diesem Fenster aus das Ziel zu treffen. Möglich wäre es wohl schon. Aber nicht einfach.

Kennedy hatte zweimal ein potenzielles Weltkriegsfeuer ausgetreten. Aber aus Sicht seiner Feinde in den USA hatte er zweimal bewiesen, dass er zu schwach war, dem Sowjetkommunismus entgegenzutreten: in Kuba und in Berlin.

Ende der Siebzigerjahre untersuchte ein Gremium des Repräsentantenhauses nochmals die Kennedy-Ermordung. Das Committee, sagte Oliver Stone, habe bemängelt, dass FBI-Chef Hoover nur die Einzeltäterthese untersucht habe. Es gebe aber Indizien, wonach drei CIA-Agenten am Tag der Ermordung in Dallas waren: E. Howard Hunt und Frank Sturgis, die später beide am Watergate-Einbruch beteiligt waren, und Edward Lansdale. Stone stützt sich auf den früheren Agenten Fletcher Prouty, aber vermutlich handelt es sich auch um ein Gerücht, das der KGB in die Welt gesetzt hat. Als das Committee den Mafioso Johnny Roselli ein zweites Mal vorladen wollte, war er verschwunden. Seine Leiche wurde im Hafen von Miami gefunden.

Stephen Kinzer ist, was die Dulles-Brüder angeht, ein Experte. Er ist ihren Spuren nachgereist, nach Washington, Moskau und Berlin. Und er ist ein etablierter Journalist, der für die *New York Times* gearbeitet hat. Auf die Frage, was er von Stones Theorie halte, denkt er ein wenig nach und schüttelt dann den Kopf: »Dulles war damals schon zu alt. Er litt an Alzheimer und lief meist orientierungslos in Washington herum.« Dulles saß zwar in der Warren Commission, um Spuren zu verwischen, und nicht, um welche aufzudecken, aber was er unter der Decke halten wollte, war die Rolle der CIA in Kuba. »Aber ich sitze demnächst mit Oliver Stone in Washington auf einem Podium«, sagt er. »Ich kann ihn ja noch mal fragen.«

Der Fall der Mauer

»Es wurde notwendig, die Stadt zu zerstören, um sie zu retten.«
AP-KORRESPONDENT PETER ARNETT, der einen Major der U.S. Army in Vietnam zitiert

Henry Kissinger hat immer noch einen deutschen Akzent, auch nach vielen Jahrzehnten in Amerika. Amerikas berühmtester Kalter Krieger ist 91 Jahre alt, das heißt aber nicht, dass er langsamer tritt. Im Herbst 2014 spricht er im Council on Foreign Relations an der East 68th Street in New York über den Fall der Berliner Mauer. Der Saal ist bis auf den letzten Platz besetzt. Vor Kissinger sprach Philip Zelikow, Direktor des Untersuchungsausschusses zu 9/11. Auch Kissingers

Buch wird verkauft, *Word Order* (dt. *Weltordnung*). Es beschreibt die Kontrolle der Welt durch eine geheime Schattenregierung, die – je nach politischer Ausrichtung – bei den Vereinten Nationen oder beim militärisch-industriellen Komplex verortet wird. Merkwürdigerweise ist »New World Order – Trilateral Commission« auch das, was Google Maps anzeigt, wenn man »Council on Foreign Relations« angibt.

Kissinger wird von Richard Haass interviewt, dem Präsidenten des Council. Dem erzählt Kissinger, wie er 1938 aus Fürth nach Amerika kam, mit seinen Eltern. Sie zogen nach Washington Heights, ein Viertel in New York, das der vielen jüdischen Emigranten wegen *Fourth Reich* genannt wurde. 1945 kehrte er zurück, als Soldat, mit der 84. Division der U.S. Army. Dort lernte er seinen Mentor kennen: Fritz Kraemer, einen 15 Jahre älteren Armeeoffizier, ebenfalls Flüchtling aus Deutschland. Kraemer habe Kissinger »gefunden, geformt und erfunden«, schreibt Peter Drucker 1979 in der *New York Times*.

Kraemer war der stereotype, Monokel tragende Preuße, ein Deutschnationaler und Offizier. Er hatte in Berlin, Genf, London und Rom studiert und verließ Deutschland 1933, weil er Hitler, den »böhmischen Gefreiten«, verachtete. Bei der 84. Division verhörten die beiden Exdeutschen Wehrmachtsoffiziere. An der Elbe trafen sie auf die Rote Armee. »Wir dachten damals, dass die Russen auf Dauer unsere Alliierten sein werden«, sagt Kissinger. Warum das nicht passiert sei, fragt Haass, ob es unterschiedliche geopolitische Ziele oder ideologische Differenzen gegeben habe. »Beides«, sagt Kissinger.

Kissinger wurde Militärverwalter von Krefeld, spürte Gestapo-Männer in Hannover auf und kümmerte sich um die Entnazifizierung in Hessen. Kraemer ging nach Berlin. Beide wurden vom Counter Intelligence Corps der U.S. Army angeworben. Zurück in Amerika, gelangte Kissinger mithilfe von Kraemer nach Harvard. Er machte Karriere, angefangen mit dem National Security Council, der Eisenhower beriet, über den Council on Foreign Relations und die Stiftung der Rockefellers bis zum State Department. 1968 wurde er Sicherheitsberater, dann Außenminister von Richard Nixon, stets beraten von Kraemer.

Der blieb im Hintergrund. 40 Jahre lang stand er in Diensten eines Dutzends Amtsträger, bis zu Donald Rumsfeld, dem Pentagonchef von George W. Bush. Zu den Protegés von Kraemer zählten die Kabinettsmitglieder Alexander Haig und James Schlesinger, Edward Lansdale, der CIA-Chef in Vietnam, der (glaubt Oliver Stone) in Dallas war, als JFK erschossen wurde, und Vernon Walters, US-Botschafter in Deutschland bis um Mauerfall. Kraemers Leitsatz lautete, dass Außenpolitik wichtig sei, und dazu brauchten die USA »politische Stärke und ultimative militärische Macht«, schreibt Drucker.

Kraemer sah die Berlin-Blockade von 1948/49 als Niederlage, da die U.S. Army de facto Ostberlin aufgegeben hatte. Als die Berliner Mauer errichtet wurde, forderte er, diese noch während des Baus bis auf den letzten Stein abreißen zu lassen (schreibt die *Los Angeles Times*). »Kraemer ist ein Patriot und ein zäher Preuße«, sagte Walter Judd, ein Republikaner aus Minnesota. »Er weiß, dass Kissinger psychologisch immer noch unter dem Fluch der Gestapo ist, und das macht den unsicher und vorsichtig gegenüber Kritik.«

Haass fragt Kissinger nun, was er von der russischen Politik halte. Er habe sich einmal mit Andrei Gromyko, dem Außenminister der UdSSR im Kalten Krieg, getroffen, sagt Kissinger, und habe ihn gefragt, wie das Politbüro während der Luftbrücke debattiert habe. »Stalin sagte, die Amerikaner werden niemals einen Nuklearkrieg wegen Berlin anfangen«, so Gromyko. »Aber wenn sie uns angegriffen hätten, dann hätten wir Widerstand geleistet.« Auch Kissinger ist eher gegen einen Nuklearkrieg, findet allerdings, man müsse den Gegner im Glauben lassen, man werde seine Atomwaffen einsetzen. »Wenn man die nie benutzen würde, würde man sie als Druckmittel verlieren.« Zu forsch dürfe man aber auch nicht auftreten. »Sonst besteht die Gefahr, dass die andere Seite ausrastet.«

Der Flüchtling, der Musiker und der Extrotzkist

Der Kalte Krieg wurde nicht nur mit Waffen geführt, sondern auch mit Worten und Ideen. »Ground Zero« war das besetzte, geteilte Berlin. Die Amerikaner hatten dort 1945 OMGUS eingesetzt, das »Office of the Military Government for Germany« unter General Lucius D. Clay. Für OMGUS arbeitete – schreibt Frances Stonor Saunders in *Who Paid the Piper* (dt. *Wer die Zeche zahlt …*) – Michael Josselson. Josselson war ein Este russisch-jüdischer Herkunft, dessen Familie nach Lenins Machtübernahme von den Bolschewisten umgebracht worden war. Er war nach Berlin geflüchtet und 1936 nach Amerika emigriert. Nach dem Krieg war er bei der Spionageabteilung der Psychological Warfare Division in Berlin dafür zuständig, Journalisten, Radio- und Filmleute zu verhören, um Nazis zu finden.

Dort lernte er Nicolas Nabokov kennen, einen weiteren russischen Emigranten mit US-Pass. Nabokov – ein Cousin Vladimirs, Autor des weltberühmten Romans *Lolita* – hatte in New York Stücke fürs Ballett geschrieben. In Berlin arbeitete er für die Information Control Division der U.S. Army und entnazifizierte deutsche Musiker (er sorgte dafür, dass Wilhelm Furtwängler und Herbert von Karajan Persilscheine bekamen).

Anfangs war die Zusammenarbeit von OMGUS mit den Sowjets gut. Aber als die Rote Armee anfing, Lager einzurichten, und die alten kommunistischen Netzwerke in Osteuropa, in Deutschland, Frankreich und Italien erstarkten, wandten sich die Amerikaner gegen ihren früheren Alliierten, sehr zum Ärger von linken US-Intellektuellen. Der Schriftsteller Arthur Miller sagte damals, es unterminiere die Idee von

Moral, einer Nation mal eben das Etikett »gut« oder »böse« abzureißen und es auf eine andere Nation zu kleben.

Um sowjetischer Propaganda zu begegnen, wurden die sogenannten Amerikahäuser eröffnet, mit Büchern von Ernest Hemingway oder Mark Twain. Leonard Bernstein und George Gershwin eroberten mithilfe der U.S. Army deutsche Konzerthallen, auch Theaterautoren wie Tennessee Williams, John Steinbeck und Robert Sherwood reüssierten (während Heinrich von Kleist, Leo Tolstoi und Knut Hamsun verboten wurden). Schwarze Musiker wurden nach Berlin geflogen, um zu beweisen, dass Schwarze in den USA nicht diskriminiert wurden.

Moskau gründete nun Kominform, das Informationsbüro der Kommunistischen Arbeiterparteien. Als das Büro einen Kongress im Deutschen Theater in Berlin organisierte, sei ein streitlustiger, furchtloser New Yorker – so Saunders –auf die Bühne gestürmt und habe den Polizeistaat der Nazis mit dem der Kommunisten verglichen: Melvin Lasky.

Lasky war ein wortgewaltiger jüdischer Intellektueller aus der Bronx. Mit den Moskauer Prozessen war der Trotzkist zum Antikommunisten geworden. Michael Naumann, lange Jahre Herausgeber der *Zeit,* nannte ihn in seinem Nachruf von 2004 einen »klaren, niemals reaktionären konservativen Feuerkopf«, der »Redakteur, Reporter, Stilist, Gelehrter« gewesen sei. Lasky war 1944 mit der U.S. Army nach Deutschland gekommen. Er berichtete für den *New Leader* und die *Partisan Review* in New York. 1945 verglich er Berlin mit einem von Indianern belagerten Frontier Town des Wilden Westens. Als er anfing, für OMGUS zu arbeiten, fand er jemanden, der seine Ansicht teilte: Lucius D. Clay. Im Dezember 1947 sandte er Clay das »Melvin Lasky Proposal«. Darin warnte er davor, dass die sowjetische Propaganda dabei sei, die Welt zu übernehmen, während Amerika noch schliefe. Damit begann der kulturelle Kalte Krieg.

Lasky gründete 1948 die Debattenzeitschrift *Der Monat.*

Für den *Monat* schrieben Edelfedern wie Hemingway, Golo Mann, Heinrich Böll, Siegfried Lenz, Günter Grass, John LeCarré, Christopher Isherwood, Max Frisch, Theodor W. Adorno, Albert Camus, Hannah Arendt, die mit ihrem Buch über Adolf Eichmann berühmt wurde, und George Orwell, der Autor von *1984* und *Farm der Tiere* (das erst nach dem Krieg in England veröffentlicht wurde, um Stalin nicht zu verärgern). »Ein glanzvolleres Ensemble von streitbaren Autoren sollte es nie wieder geben«, begeisterte sich Naumann. »Kein Feuilleton leuchtete heller in der geistigen Finsternis jener Nachkriegsjahre als Laskys.«

Finanziert wurde der *Monat* zunächst von OMGUS. Aber Lasky hatte größere Pläne: Er wollte eine paneuropäische antikommunistische Organisation gründen, den Congress for Cultural Freedom. Saunders glaubt, dass die Idee von Josselson kam. Die Idee war eine Reaktion auf eine Konferenz für den Weltfrieden im New Yorker Waldorf Astoria im März 1949, hinter der Kominform steckte. Die CIA hatte Provokateure geschickt, die die Redner aufmischten, darunter Nicolas Nabokov. Auch Lasky war im Waldorf Astoria, ebenso Josselson, der sagte: »Wir sollten so etwas in Berlin machen.«

Josselson war inzwischen beim Office of Policy Coordination der CIA für verdeckte Operationen und psychologische Kriegsführung zuständig. Das Berliner Büro, das am Flughafen Tempelhof saß, beschäftigte zuletzt 1400 Agenten. Chef des Office war Frank Wisner, der Mann hinter Dulles in der CIA, und an den wandte sich Josselson.

Der Congress for Cultural Freedom fand unter der Schirmherrschaft des Regierenden Bürgermeisters Ernst Reuter ein paar Monate später statt. Er begann am 26. Juni 1950. Tage zuvor waren nordkoreanische Truppen in den Süden der koreanischen Halbinsel einmarschiert. Lasky lud in das Westberliner Kino Titania Palast. Zu den Veranstaltern gehörte auch Arthur Koestler, ein Romanautor aus Budapest, der vom kommunistischem Glauben abgefallen war, als »bis zur Unterzeichnung des Hitler-Stalin-Pakts über dem Moskauer Flughafen zu Ehren von Ribbentrops Ankunft das Hakenkreuz wehte und die Kapelle der Roten Armee das Horst-Wessel-Lied spielte«, schreibt Saunders.

Der Congress war nicht nur eine Organisation, sondern zunächst ein dreitägiger Marathon aus Vorträgen, Debatten und Aufrufen, bei denen sich – wie es Hugh Wilford in *The Mighty Wurlitzer* beschreibt – hitzköpfige Exkommunisten in die Haare gerieten. Viele Autoren des *Monat* kamen, auch der Friedensaktivist Bertrand Russell, der Historiker Arthur Schlesinger, Tennessee Williams, George F. Kennan, dazu Berliner Sozialdemokraten wie Otto Suhr, Willy Brandt und Carlo Schmid. Ein Teilnehmer war Irving Kristol, ebenfalls ein Extrotzkist, der heute als »Pate der Neokonservativen« gilt, jener außenpolitisch aggressiven Intellektuellen, die (neben der Ölindustrie) für den Irakkrieg verantwortlich gemacht werden. Am letzten Tag des Kongresses las Koestler aus dem »Freedom Manifesto« vor (der Text war mit der britischen Militärregierung abgestimmt). Er sprach vor 15 000 jubelnden Westberlinern am Funkturm.

Wisner bat Lasky um Zurückhaltung, denn in der DDR zirkulierten bereits Gerüchte, dass der Congress eine Veranstaltung der CIA sei. Aber Zurückhaltung war Laskys Sache nicht. Wisner verfügte, dass er im Herbst 1950 vom Vorstand des Congress zurücktrat; er verlegte auch das Generalsekretariat nach Paris. Neuer Vorstand wurde Nabokov. Und Dulles engagierte einen Mann in Washington für den Congress: Thomas Braden.

Thomas Braden, ein gelernter Drucker, hatte im Zweiten Weltkrieg im besetzten Frankreich für das OSS gegen die Nazis gekämpft. Er entwickelte die Idee einer von der CIA gesponserten weltweiten Propagandakampagne, die sich an antisowjetische Linke, Gewerkschafter und Sozialdemokraten wandte. Er wurde Chef der International Organizations

Division der CIA, an die der Congress for Cultural Freedom angedockt wurde.

Bald machte Braden noch weitere Gelder locker. Als die USA die finanziellen Mittel des Marshallplans in Europa verteilten, war es Bedingung, dass jedes Land noch einmal den gleichen Betrag auf ein Konto einzahlte. Davon wurden 95 Prozent für Marshallplan-Zwecke verwendet, 5 Prozent flossen an die CIA. Das summierte sich 1950 zu 200 Millionen Dollar. Das war Saunders zufolge die Kriegskasse der CIA. Eine zusätzliche Geldquelle war die Ford Foundation. Ford war, neben der Rockefeller Foundation, die größte Stiftung der USA, mit damals drei Milliarden Dollar. Damaliger Vorstand war Henry Ford jr., der 1953 von John McCloy abgelöst wurde.

Ford hatte einen Direktor für das Internationale Programm, Shepard Stone. »Immer war Shep für irgendeine good cause engagiert, immer galt sein Interesse und sein Einsatz dem Ganzen«, schrieb Marion Gräfin Dönhoff, ebenfalls Mitglied des Congress for Cultural Freedom, in der *Zeit*. Stone war in den Zwanzigerjahren in Berlin gewesen, danach arbeitete er für die *New York Times*. 1945 kehrte er für den Geheimdienst der U.S. Army in die zerstörte Stadt zurück, wo er Medienbeauftragter von OMGUS wurde. Er sorgte dafür, dass nicht nur der Congress via Ford CIA-Mittel erhielt, sondern auch der *Monat* und die Freie Universität. Ford und die Rockefeller Foundation finanzierten auch das Magazin *Perspectives*, das in vier Sprachen erschien, die Hamburger Zeitschrift *Science and Freedom* sowie Bücher, die Lasky an die Amerikahäuser verschenkte.

Auch Stone soll für die CIA gearbeitet haben. Das behauptete der verstorbene Stasichef Markus »Mischa« Wolf. Übrigens soll auch Wolf selbst der CIA ausgeholfen haben. Das sagt der frühere KGB-Chef Jewgeni Primakow, der seinerseits heute in den USA das Department for Homeland Security berät. Wolf stritt das damals ab, räumte aber ein, er habe ein Angebot von der CIA bekommen.

Eine Strategie der konstruktiven Subversion

Parallel dazu begann auch das State Department, Stimmung für Amerika zu machen. 1953 wurde die United States Information Agency (USIA) gegründet, die für »Public Diplomacy« zuständig war. Anfangs bescheiden, wuchs die USIA unter dem populären Rundfunkjournalisten Edward R. Murrow zu einer stattlichen Behörde an. In den Neunzigerjahren hatte sie einen Etat von zwei Milliarden Dollar. Ihr wurden die Amerikahäuser unterstellt; sie veranstaltete Ausstellungen, produzierte Filme und gab Bücher heraus, dazu 66 Zeitschriften mit einer Gesamtauflage von 30 Millionen im Jahr.

Am wichtigsten aber war die Voice of America (VOA), im Zweiten Weltkrieg gegründet, um Nazipropaganda zu begegnen. Ab 1945 beschallte die VOA den Ostblock. 1949 und 1950 kamen Radio Liberty und Radio Free Europe hinzu, die in Berlin gegründet wurden. Dahinter stand das »National Committee for a Free Europe«, dessen Vorsitzender Allen Dulles war. Finanziert wurden beide Sender von der CIA. Einer der Sprecher war ein Schauspieler, der Jahrzehnte später nach Berlin zurückkehren sollte: Ronald Reagan.

In Berlin gab es zudem den RIAS, den »Rundfunk im Amerikanischen Sektor«. Der RIAS wurde von der US-Militärverwaltung gegründet, nachdem die Sowjets, ihrem zweimonatigen Vorsprung geschuldet, sich des Berliner Rundfunks an der Masurenallee bemächtigt hatten. Das Funkhaus war in Schöneberg. Die erste Chefin des RIAS war Ruth Norden, eine frühere Lektorin des S. Fischer-Verlags, die als Jüdin vor den Nazis in die USA flüchten musste und gute Kontakte zur russisch lizenzierten Presse hatte. Nach dem republikanischen Rollback löste Clay sie ab. Es kam Bill Heimlich, ein Offizier der U.S. Air Force. Im US-Handbuch der Psychologischen Kriegsführung für 1958 hieß es, dass der RIAS eine »Strategy of Constructive Subversion« verfolge. Der Sender war Anlaufstelle für DDRler, die dort Berichte ablieferten, die an das Ostbüro der Berliner SPD gelangten und natürlich an die CIA. Die SED versuchte mit mäßigem Erfolg, den RIAS mit Störsendern zu übertönen. Auch der RIAS wurde 1965 von der USIA übernommen.

Derweil hatte sich der Congress for Cultural Freedom international ausgebreitet. Er unterhielt Büros in 35 Ländern, beschäftigte Hunderte von festen und Tausende von freien Mitarbeitern und stemmte immer größere Veranstaltungen. So wurden mit CIA-Geldern Tourneen des Boston Symphony Orchestra, des RIAS-Orchesters und der Wiener Philharmoniker in Europa finanziert. Die CIA sandte auch moderne Kunst, etwa Werke von Jackson Pollock, nach Übersee, unterstützt vom Museum of Modern Art in New York. Die CIA finanzierte sogar eine Zeichentrickversion des Orwell-Buches *Farm der Tiere*, wenngleich mit kleinen Änderungen. So gab es im Film eine kapitalistische Farm, der es gut ging. Als der Produzent Peter Rathvon auch Orwells düsteren Roman *1984* verfilmte, wurde er von Sol Stein beraten, dem Direktor des American Committee for Cultural Freedom, des US-Schwestervereins des Congress for Cultural Freedom. Stein schlug ein weniger depressives Ende vor.

In Deutschland verlegte Joseph C. Witsch, Gründer des Verlags Kiepenheuer und Witsch, Bücher für den Congress for Cultural Freedom. Über Tom Braden verteilte die CIA Gelder an deutsche Sozialdemokraten, Labour-Politiker in England und antikommunistische Gewerkschaften in Italien und Frankreich – allein Letztere bekamen zwei Millionen Dollar im Jahr. Auch Zeitschriften wurden gesponsert, darunter die *Partisan Review* in New York, die 3000 Dollar im Jahr erhielt, und die Pariser *Preuves*, die versuchte, den Über-Intellektuellen Jean-Paul Sartre zu konterkarieren.

Das wichtigste Blatt aber war der *Encounter* in London. Michael Josselson berief zwei Chefredakteure, Irving Kristol und den britischen Dichter Stephen Spender. Spenders Gehalt wurde von der British Society for Cultural Freedom bezahlt, einer Frontorganisation des MI6. »Die Funktion des *Encounter* war, Antiamerikanismus zu bekämpfen, indem das Gehirn derer, die unentschieden waren, mit proamerikanischen Artikeln gewaschen wurde«, schreibt Andrew Roth im *Guardian*. Die Artikel seien doppelt und dreifach so gut bezahlt worden wie in anderen Blättern, zudem wurden Akademikern kostenlose USA-Reisen und bezahlte Vorträge angeboten. Die Glücklichen vermuteten, das Geld stamme von Philanthropen in den USA. Als Kristol 1958 abgelöst wurde, zog Lasky nach London und übernahm seinen Posten.

Die kulturfördernde Hand der CIA wirkte auch in Amerika: 1951 lud Harvard zu einer internationalen Sommeruniversität ein, bei der brillante Köpfe – wie die Präsidentenwitwe Eleanor Roosevelt – Studenten aus aller Welt die Vorzüge der USA nahebrachten, mit diskreter finanzieller Unterstützung der CIA. Organisator war ein talentierter Student mit schwerem deutschem Akzent: Henry Kissinger. Kissinger, der bald darauf Rockefeller-Berater wurde, traf immer noch regelmäßig Fritz Kraemer. Seine Besuche im Hause des Älteren im Nordwesten von Washington waren fast »wie Seminare«, schreibt die *Washington Post*. »Kraemer drängte Kissinger, stark zu sein, sich nicht von der ›Tyrannei des Moments‹ beeindrucken zu lassen. Man würde das heute ›militaristisch‹ nennen und ›chauvinistisch‹. Die Unterhaltungen fanden auf deutsch statt.«

Die stillen Amerikaner

Dies waren die Jahre des HUAC, das den Höhepunkt des Antikommunismus in Amerika markierte. In Deutschland wurden die Bücher von Autoren aus den Amerikahäusern entfernt, die als zu links galten. Nach Saunders sank die Zahl der Bücher, die von der USIA nach Europa verschifft wurden, von 119 913 im Jahr auf 314. Das traf selbst Autoren, die von den Nazis verbrannt worden waren: Thomas Mann, Albert Einstein und Sigmund Freud.

In den USA wurden Linksintellektuelle vom FBI bespitzelt, auch Flüchtlinge aus Nazideutschland. Alexander Stephan, ein Deutschprofessor an der Ohio State University, hat die Akten nach dem »Freedom of Information Act« angefordert; danach wurden nicht nur Brecht und Adorno beobachtet, sondern auch Einstein, Herbert Marcuse, Erich Maria Remarque, Lion Feuchtwanger und Erika Mann. In ihrer FBI-Akte hieß es, sie sei mit der Revuetruppe *Peppermill*, Pfeffermühle, assoziiert, deren Mitglieder der »hebräischen Rasse« angehörten. Sogar auf Anna Seghers in Mexiko hatte das FBI ein waches Auge. Brecht, Adorno, Thomas Mann und Charlie Chaplin kehrten nach Europa zurück.

Das HUAC sorgte auch dafür, dass (echte oder vermeintliche) Kommunisten in Hollywood auf die schwarze Liste kamen. Viele Antikommunisten unterstützten nun McCarthy, unter anderem Ronald Reagan, allerdings auch Walter Winchell, der sogar anbot, Namen zu liefern (desgleichen *New York Times*-Herausgeber Arthur Hays Sulzberger). Und die 20th Century Fox drehte 1951 *The Desert Fox – The Story of Rommel* (dt. *Rommel, der Wüstenfuchs)*, der den deutschen Generalfeldmarschall als tapferen Kämpfer gegen die Kommunisten zeigte.

Thomas Braden und seine Frau Joan unterhielten damals einen Salon in Washington. Dort waren Prominente wie Katharine Graham, die Verlegerin der *Washington Post*, zu Gast. Der Salon wurde zur Keimzelle der »Operation Mockingbird«, der Infiltration der Medien durch die CIA. Die Manager von NBC, CBS, ABC und Hearst machten mit. Die *New York Times* habe sogar elf CIA-Agenten engagiert, die mit *Times*-Presseausweisen ins Ausland geschickt wurden, schrieb der Watergate-Reporter Carl Bernstein 1977 im *Rolling Stone*. Und Henry Luce von *Time-Life* half, CIA-Gelder zu waschen. Sein Chef vom Dienst war Charles Douglas Jackson, der direkt von der CIA kam.

Bei den Journalisten machten die üblichen Verdächtigen

mit: Edward R. Murrow, Joseph und Stewart Alsop, Drew Pearson und Walter Lippmann. »Es gab eine Gang, die im Zweiten Weltkrieg zusammengearbeitet hat und die sich immer danach zurücksehnte«, sagte ein CIA-Agent zu Bernstein. Den Journalisten wurden geheime CIA-Berichte zugespielt, in denen genau das stand, was die CIA veröffentlicht sehen wollte.

Auch Hollywood kooperierte mit der CIA. 1958 verfilmte der Drehbuchautor Joseph Mankiewicz – der Bruder von Herman Mankiewicz, der durch *The Mad Dog of Europe* und *Citizen Cane* bekannt war – Graham Greens Buch *The Quiet American* (dt. *Der stille Amerikaner)*, wo es um die Anfänge des Vietnamkriegs geht. Die CIA sorgte dafür, dass Mankiewicz nach Vietnam flog und sich mit dem Agenten Edward Lansdale traf, der das Vorbild für Greenes Helden Alden Pyle gewesen sein soll. In einer Szene explodiert eine Bombe der CIA auf einem Marktplatz in Saigon, aber Lansdale überredete Mankiewicz, dies im Film als Terrorakt der Nordvietnamesen darzustellen. Greene schäumte vor Wut.

Die Kommunistenjagd hörte erst auf, als McCarthys Chefjurist Roy Cohn anfing, gegen die CIA zu ermitteln. Nun brachte Braden seine Freunde in der Presse dazu, McCarthy anzugreifen. Und Dulles erklärte seinen Männern, dass jeder, der mit dem HUAC kooperierte, gefeuert werde. Danach rief er bei Eisenhowers Vize Nixon an: Nixon solle »Joe« ruhigstellen. Von da an wurde kein CIA-Agent mehr vor das HUAC geladen. Endgültig das Genick brach es McCarthy, als er beziehungsweise Roy Cohn sich mit der U.S. Army angelegte. Wenige Jahre später sollte sich McCarthy zu Tode saufen. Cohn starb an Aids.

Der lange Arm der »Operation Mockingbird« in Deutschland war John McCloy, wie Kai Bird in *The Chairman* schreibt. McCloy – damals Chairman des Council on Foreign Relations – machte im Sommer 1959 Urlaub in Europa. Damals fand in Wien das Weltjugendfestival statt, organisiert vom kommunistisch dominierten Weltbund der demokratischen Jugend, zu dem auch die FDJ gehörte. Zehntausende von Studenten aus aller Welt kamen. *Time*-Chef vom Dienst Jackson bat McCloy, dazu einen Artikel über die »freundliche und konstruktive« Besatzung Deutschlands durch die USA zu verfassen. Der Artikel sollte in Zeitungen in fünf Sprachen erscheinen. McCloy engagierte dafür eine Studentin namens Gloria Steinem. Sie gründete später das feministische Magazin *Ms.*

Eine der letzten Veranstaltungen fand 1964 statt: die Berliner Festwochen. Der Congress for Cultural Freedom finanzierte die Auftritte von zwei Dutzend Künstlern, darunter Günter Grass. Organisiert wurden die Festwochen von Nabokov. Nabokov war, auf Wunsch des Regierenden Bürgermeisters Willy Brandt, Kulturberater des Senats geworden. Der britische Philosoph Stuart Hampshire, der nebenbei für den MI6 arbeitete, erzählte Saunders, dass Brandt von den Amerikanern finanziert werde, und das Gleiche gelte für das Berliner Kulturprogramm. Brandt sei damit vollkommen einverstanden.

»Hirnverbranntes Geschwätz«

Kurz darauf sickerte durch, woher das Geld für all diese Festivitäten kam. 1965 erschien das Buch *The Invisible Government* (dt. *Die unsichtbare Regierung*) von Thomas Ross und David Wise, den Washingtoner Bürochefs der *Chicago Sun-Times* und des *New York Herald Tribune*. Wise und Ross schrieben von 200 000 Agenten, die weltweit für den Sicherheitsapparat der USA arbeiteten. Bei der CIA wurde erst erwogen, die gesamte Auflage aufzukaufen. Dann wurde beschlossen, das Buch in der Presse verreißen zu lassen. Tatsächlich erschien eine negative Besprechung – im *Spiegel*. Sie stammte von Günther Nollau, einem leitenden Beamter beim Bundesamt für Verfassungsschutz, der später dessen Präsident wurde. Nollau, ein Flüchtling aus der DDR, schrieb, die

Autoren würden einen Geheimnisverrat begehen, über den sich die Sowjets freuen würden. Zudem sei die CIA gar kein Staat im Staate: Die US-Regierung sei immer über alles informiert gewesen, was die Behörde tat.

Bald darauf griffen das Magazin *Ramparts* und die *New York Times* die Geschichte auf. »Unabhängig von den Fakten ist der Ruf der CIA in der Welt so schrecklich und ihre Rolle so überzogen, dass sie für die amerikanische Außenpolitik eine Belastung ist und nicht die Geheimwaffe, die sie sein sollte«, schrieb die *Times.* Im Mai 1967 widmete sich der Washingtoner Bürochef der *New York Times* Max Frankel – auch er ein Flüchtling aus Nazideutschland – dem Congress for Cultural Freedom. Die CIA habe nicht nur Geld an Gewerkschafter, etwa die skandinavischen Hafengewerkschaften, gegeben, sondern auch an Studenten und Professoren, »praktisch jeden«, der gegen den Kommunismus kämpfte, schrieb er. So bekam Walter Reuther, der Präsident der Automobilgewerkschaft in Detroit, 50 000 Dollar. Reuther gab das Geld an westdeutsche Gewerkschaften weiter.

Beim Congress for Cultural Freedom brach allenthalben Entsetzen aus, *Encounter*-Chefredakteur Stephen Spender, der nichts von der CIA-Finanzierung gewusst hatte, trat zurück. Aber nun ließ Braden eine Bombe platzen: In der kalifornischen *Saturday Evening Post* beschimpfte er die Kritiker als kleingeistig und neidisch. Mehr noch: Er habe noch niemals so ein hirnverbranntes Geschwätz gelesen. »Entweder wir gewinnen den Krieg, oder wir verlieren ihn.« Die Sowjetunion habe 250 Millionen Dollar im Jahr aufgewendet, um die Welt gegen Amerika aufzuhetzen – alleine 50 Millionen Dollar für den Berliner Weltjugendkongress von 1951, wohin »25 000 junge Menschen aus der ganzen Welt kamen, um sich Tiraden über amerikanische Kriegsverbrechen anzuhören«.

Saunders vermutet, gestützt auf CIA-Quellen, dass Braden bewusst die Flucht nach vorne antrat. Die CIA habe die nichtkommunistische Linke loswerden wollen, die mehr Ärger bereitet habe, als sie wert war. Aber Lasky und Kristol blieben unbeeindruckt. Beide erzählten der *New York Times*, dass sie ihre »eigenen Herren seien, nicht Teil von irgendjemandes Propaganda«. Lasky verwahrte sich explizit dagegen, dass die CIA die Berichte im *Monat* und im *Encounter* beeinflusst habe. Was Braden – von dem er noch niemals gehört habe – in der *Saturday Evening Post* geschrieben habe, sei »unverantwortlich und verleumderisch«. Richard Helms hingegen, Lyndon B. Johnsons CIA-Direktor, entschuldigte sich und sagte, so etwas werde nie wieder vorkommen.

1967 wurde der *Monat* an die *Zeit* verkauft, die ihn vier Jahre später einstellte. 1978 erschien er neu, unter Michael Naumann, für weitere neun Jahre. Auch der Congress formierte sich neu als »International Association for Cultural Freedom« unter Shep Stone, gewann aber derart geldbefreit nie mehr richtig Einfluss. Nur in Hamburg hielt ein Trupp von *Zeit*-Redakteuren unter Gräfin Dönhoff noch ein paar Jahre das Fähnlein hoch.

Auf Frances Stonor Saunders' Buch reagierten die deutschen Freunde von Lasky in dem beleidigten Duktus eines alt gewordenen Karriere-Grünen, der seinen einstigen Trip zum Festival des Weltbundes der demokratischen Jugend verteidigt, weil es da Bier, Mädchen und Gitarrenmusik gab. Klaus Harpprecht, *Zeit*-Journalist, der für den *Monat* arbeitete, nennt das Saunders-Buch eine »monströse Polemik«. Dass das Geld vom US-Geheimdienst gekommen sei, ändere nichts an der Liberalität des *Monat*. CIA-Mann Josselson – ein »gebildeter, toleranter Weltbürger« – habe niemals Einfluss ausgeübt. Der *Monat* und *Encounter* »öffneten uns, den jungen Zeitgenossen, die 1945 in die Freiheit entlassen wurden, die Fenster zur Welt. Wir wollten die Freiheit des Wortes, der Kunst, der Gedanken. Wir wollten Weltluft.« Und Josef Joffe, der später neben Michael Naumann Herausgeber der *Zeit* wurde, bemerkte in der *New York Times Book Review* (unter Berufung auf George F. Kennan), dass die USA kein

Kulturministerium hätten. »So war die CIA verpflichtet, alles zu tun, diesen Mangel auszugleichen. Sie sollte dafür gepriesen werden.«

Ein Che-Guevara-Plakat und »Ho, Ho, Ho Chi Minh«-Rufe

Inzwischen hatte sich der Wind wieder gedreht. Der Protest gegen den Vietnamkrieg trieb Hunderttausende von Studenten in Amerika auf die Straßen, in New York, Chicago und Berkeley, Kalifornien, angeführt vom SDS, den Students for a Democratic Society. Die USA sollten den Vietnamkrieg auch an der Propagandafront so gründlich verlieren, dass sie sich bis heute nicht davon erholt haben. Und dieser Krieg ist vor allem mit dem Namen eines Mannes verbunden, der aus Deutschland geflohen war: Henry Kissinger.

Mit dem Vietnamkrieg – eigentlich ein Stellvertreterkrieg der USA gegen die Sowjets – wurde der Kalte Krieg ganz heiß. Angefangen hatte auch er mit einem Schiff, der *USS Maddox*. Die *USS Maddox* kreuzte im August 1964 vor der vietnamesischen Küste, im Golf von Tonkin. Am 2. August traf sie auf drei nordvietnamesische Torpedoboote. Es hieß, sie hätten die *USS Maddox* angegriffen. Das US-Kriegsschiff schoss zurück. Vier Vietnamesen wurden getötet. Nach dem »Tonkin-Zwischenfall« erhielt Präsident Lyndon B. Johnson die Erlaubnis des US-Kongresses, gegen die »kommunistischen Aggressoren« vorzugehen.

Die Informationen über den Zwischenfall am Golf von Tonkin kamen von einer neuen Agentur, die für technologische Spionage und das Abhören von Radiosignalen zuständig war und deren Jahresetat damals bereits viermal so hoch war wie das Budget der CIA: der National Security Agency (NSA). Truman hatte die NSA am 24. Oktober 1952, in seinen letzten Monaten, geschaffen, sie ging auf den United States Army Signal Intelligence Service zurück. Die NSA war streng geheim, intern hieß sie lange »No Such Agency«, es gebe »keine solche Agentur«. Erst im Jahr 2005 stellte ein deklassifizierter Bericht der NSA fest, dass die *USS Maddox* die Vietnamesen angegriffen hatte und nicht umgekehrt.

Johnsons Nachfolger war Richard Nixon, und sein Außenminister wurde Henry Kissinger. Mit ihm kam Fritz Kraemer, der Nixon einmal bei einem Besuch im Oval Office mit fester Stimme belehrte, dass er mit den vietnamesischen Kommunisten strenger verhandeln müsse (so die *Washington Post*). Danach seien Kraemer und Kissinger zum Lunch gegangen. Sie sprachen über das Flächenbombardement von Hanoi, das Kissinger angeordnet hatte. Kraemer sagte ihm, er solle sich nicht schuldig fühlen.

Studenten protestierten auch in Paris, London und Rom gegen den Vietnamkrieg. In Berlin demonstrierten sie vor dem Springer-Hochhaus und wären auch vor US-Kasernen gezogen, wenn die Westberliner Polizei das nicht verboten hätte. Die Wirkung der vielen Millionen Dollar, welche die CIA zur Imagepflege ausgegeben hatte, verpuffte über Nacht. Der Sozialistische Deutsche Studentenbund (SDS) wurde damals von Rudi Dutschke angeführt, der mit der Amerikanerin Gretchen Klotz verheiratet war. Das war nicht die einzige Verbindung nach Amerika. US-Professoren, auch ehemalige Flüchtlinge vor den Nazis wie Herbert Marcuse, sprachen an deutschen Unis gegen den Krieg. Der linke Verleger KD Wolff, der auch Gründer des Black-Panther-Solidaritätskomitees in Frankfurt war, wurde vom amerikanischen SDS in die USA eingeladen. Dort nannte er Strom Thurmond, einen Südstaatensenator, der für die Rassentrennung eintrat, einen »rassistischen Banditen«. Danach wurde er erst vor den HUAC einbestellt und bekam dann Einreiseverbot.

Aber auch unter deutschen Konservativen war der Vietnamkrieg unpopulär. 1966 hatte US-Präsident Johnson Bundeskanzler Ludwig Erhard gedrängt, Soldaten zu schicken. Der CDU-Kanzler versprach seine Hilfe, schickte aber keine

Soldaten, sondern die *Helgoland*, ein Lazarettschiff des Roten Kreuzes, das für vier Jahre im Hafen von Saigon andockte. 50 Ärzte sorgten in drei Operationssälen für Hunderttausende von Kriegsverletzten – Kinder, von Napalm verbrannt, verwundete Frauen, angeschossene Männer –, allesamt Vietnamesen. US-Soldaten zu behandeln hätte die Genfer Konvention nicht erlaubt. Das war für die U.S. Army, die genug Ärzte hatte, kein Problem. Allerdings wurden auf der *Helgoland* auch Nordvietnamesen behandelt, sodass sich nicht nur der praktische, sondern auch der propagandistische Wert für die Amerikaner in engen Grenzen hielt.

Am 2. Juni 1967, als der Schah von Persien Westberlin besuchte, artete eine Anti-Schah-Demonstration in Schlägereien zwischen Studenten und Exil-Persern aus; es gab Übergriffe der Polizei, die mit Schlagstöcken auf Studenten einschlug und Tränengas sprühte. An diesem Tag erschoss der Polizist Karl-Heinz Kurras den Studenten Benno Ohnesorg. Berlins Regierender Bürgermeister Heinrich Albertz trat zurück.

Die Studentenbewegung radikalisierte sich. Im Februar 1968 luden Dutschke und KD Wolff zum Internationalen Vietnamkongress an der TU Berlin ein. Die amerikatreue FU hatte ihnen keine Räume gegeben; auch der SPD-geführte Senat versuchte, die Konferenz zu verhindern, während die Springer-Presse Amok lief. Das Audimax war in den Farben des Vietkong geschmückt, an der Wand prangte ein Che-Guevara-Zitat. Tausende begrüßten Wolff mit »Ho, Ho, Ho Chi Minh«-Rufen. Prominente wie Daniel Cohn-Bendit, Peter Weiss, Erich Fried und Bahman Nirumand sprachen. Auf dem Kongress, den auch die DDR-Jugendorganisation FDJ unterstützte, wurde die Zerschlagung der NATO gefordert.

Überall, wo Urbach war, erschien am nächsten Tag die Polizei

Die Geheimdienste sorgten sich nun mehr um Vietnamkriegsgegner als um den Ostblock. Das FBI legte das COIN-

TELPRO (Counter Intelligence Program) auf, um Bürgerrechtler zu diskreditieren – den SDS und Black-Panther-Aktivisten wie Stokely Carmichael und Eldridge Cleaver, aber auch Albert Einstein, John Lennon und Martin Luther King, der als »gefährlicher Neger« dargestellt und in den Selbstmord getrieben werden sollte, und sogar Robert Kennedy. Heraus kam all das 1971, als acht Amerikaner, die sich »Citizens Commission to Investigate the F.B.I.« nannten, in ein FBI-Büro in Philadelphia einbrachen, sämtliche Akten mitnahmen und Kopien an die Presse schickten (man würde sich wünschen, dass deutsche Journalisten so etwas auch einmal tun, statt Psychobabble über Verschwörungstheorien abzusondern).

Auch die CIA ging gegen Vietnamkriegsgegner vor. Dahinter steckte auch diesmal wieder den Mann für schmutzige Tricks: E. Howard Hunt. Es war Hunt, der bei dem Psychiater von Daniel Ellsberg hatte einbrechen lassen, um ihn als Verrückten zu diffamieren. Ellsberg hatte die »Pentagon Papers«, geheime Unterlagen über den Vietnamkrieg, an die *New York Times* gegeben. Die CIA rief »MH/CHAOS« ins Leben, die Überwachung von ausländischen Regierungen, die die Antivietnamkriegsbewegung in den USA oder schwarze Bürgerrechtler unterstützten. Auch US-Bürgerrechtler, die ins Ausland reisten, wurden bespitzelt. Nach einem Vermerk vom 8. Mai 1973 gingen die Informationen aus MH/CHAOS an CIA, FBI und das Weiße Haus, auch an Henry Kissinger.

Als der SDS in Berlin 1969 ein Solidaritätskomitee für die Black Panther gründete, geriet auch die deutsche Studentenbewegung ins Visier der CIA, schreibt der CIA-Agent Frank Rafalko in *MH/CHAOS: The CIA's Campaign Against the Radical New Left and the Black Panthers.* Das Komitee – dem KD Wolff vorstand – lud Black-Panther-Aktivisten nach Deutschland ein, darunter Elbert »Big Man« Howard und Kathleen Cleaver, die Frau von Eldridge Cleaver. Sie besuchten Universitätsstädte wie Berlin, München, Erlangen und

Freiburg. Der SDS rief zu Demonstrationen vor Standorten der U.S. Army auf, dabei wurden Flugblätter verteilt, auf denen die USA als »faschistisch und rassistisch« bezeichnet wurden. Die Studenten versuchten auch, GIs zur Desertion zu bewegen, und forderten, sogar unterstützt durch Amerikaner, die in Deutschland lebten, die Amerikahäuser abzubrennen, schreibt Rafalko. Die Bundesregierung war fest auf der Seite der USA: Im Dezember 1969 verwehrte sie »Big Man« Howard die Einreise über den Frankfurter Flughafen. Daraufhin blockierten 150 Aktivisten unter der Führung von Daniel Cohn-Bendit das Rollfeld.

Die Bewegung wurde nun offen gewalttätig. Im Dezember 1971 wurde Georg von Rauch, ein Vietnamkriegsgegner und Haschrebell, der versucht hatte, ein Auto zu klauen, von der Polizei erschossen. Rauch war einem Kreis von Gleichgesinnten verbunden, darunter Michael »Bommi« Baumann, Tommy Weisbecker, Dieter Kunzelmann, Fritz Teufel und Rainer Langhans von der Kommune 1. Dort wurde auch das (erfolglose) »Pudding-Attentat« auf den US-Vizepräsidenten Hubert Humphrey während dessen Berlin-Besuch ausgebrütet. Nach den Schüssen auf Rauch bildete sich die Bewegung 2. Juni, die Anschläge auf Häuser der Westalliierten in Berlin verübte sowie auf das Berliner Polizeipräsidium und das Jüdische Gemeindehaus in der Fasanenstraße. Höhepunkt war die Entführung des CDU-Politikers Peter Lorenz.

Die Revoluzzer, die damals Bomben warfen, waren durchaus gewaltbereit und nicht von außen gesteuert, aber trotzdem fragen sich heute manche, allen voran »Bommi« Baumann: Steckte bei einigen Anschlägen vielleicht der BND oder die CIA dahinter? Wir wissen heute beispielsweise, dass Kurras, der Mörder von Ohnesorg, bei der Stasi war. Die Bombenbastler hatten damals einen Helfer namens Peter Urbach, einen Arbeiter, der eines Tages im Büro des SDS stand, wie der damalige SDS-Vorstand Tilman Fichter dem *Tagesspiegel* erzählt hat. Er sagte, Horst Mahler – der RAF-Anwalt, der heute zu den Rechtsradikalen abgedriftet ist – habe ihn geschickt. Er behauptete, er sei Rohrleger bei der (von der DDR betriebenen) S-Bahn, und bot seine Hilfe an. Urbach habe den Studenten bei den Anti-Springer-Demos gezeigt, wie man Lastwagen umkippt und Molotowcocktails hineinwirft. »Er besorgte alles, Rohre, Kabel, Krähenfüße«, erzählte Fichter. Mahler, der mit Urbach zur Waffenbeschaffung nach Palästina reiste, war begeistert. Aber überall, wo Urbach war, erschien am nächsten Tag die Polizei.

Im Februar 1969 kam US-Präsident Nixon nach Berlin. Urbach sei mit einem Koffer voller Brandbomben aufgetaucht, die er an SDSler verteilen wollte. »Aber damit wollten wir nichts zu tun haben«, erzählte Fichter. Urbach lieferte auch die Bombe für den Anschlag auf das Jüdische Gemeindehaus. Gelegt wurde sie von Kunzelmann und Albert Fichter, dem Bruder von Tilman Fichter. Die Bombe funktionierte nicht, wie alle Bomben, die Urbach lieferte. Kein Wunder: Sie kamen vom Landesamt für Verfassungsschutz. Als Urbach im Frühjahr 1971 als V-Mann enttarnt wurde, verschwand er spurlos. Langhans versuchte später, Urbach für ein Filmprojekt zu kontaktieren, und wandte sich an das Landesamt für Verfassungsschutz. Urbach – vom Landesamt benachrichtigt – rief Langhans an, sagte ihm aber, er könne nicht sprechen. Das war das letzte Lebenszeichen von ihm.

Urbach war im gelobten Land gelandet: Kalifornien. Er heiratete noch zweimal und arbeitete wieder als Rohrleger. *Der Tagesspiegel* wurde auf ihn aufmerksam, aber erst, als im Mai 2011 seine Todesanzeige erschien, in einer kleinen Zeitung in Santa Barbara, der Stadt, in der auch Ronald Reagan seinen Lebensabend beschloss. »Seine Tätigkeit bei der Polizei begann als Wachmann und führte ihn in die dunklen Gefilde der Spionageabwehr, wo er zur Festnahme von Führern des berüchtigten Baader-Meinhof-Komplex' beitrug«, hieß es in seinem Nachruf. Sicherlich war Urbach beim Verfassungsschutz und nicht bei der CIA, aber die Wahrscheinlichkeit, dass die US-Behörden nicht wussten, wem sie die Staatsbürgerschaft gaben, ist gleich null.

»Bommi« Baumann schrieb später in *Wie alles anfing* – und das wiederholte er auch in Interviews –, man sei Handlanger einer bestimmten »Bullenstrategie« gewesen und »Marionetten ganz anderer Interessen«. Die 68er-Bewegung sollte als »Irre, die wahllos Bomben schmeißen« kriminalisiert werden, was letztlich dazu geführt habe, dass der Sicherheitsapparat und der Überwachungsstaat ausgebaut wurden.

Wäre das möglich? Die CIA sponserte Attentäter in Europa seit der »Operation Gladio« in den Fünfzigerjahren, als »Stay-Behind«-Kämpfer gegen eine mögliche sowjetische Invasion rekrutiert wurden. Die Idee stammte von dem OSS-Veteranen Frank Lindsay, dem zweiten Mann nach Wisner. Lindsay – der 1953 zur Ford Foundation ging – blieb ein Kalter Krieger; 2011, kurz vor seinem Tod, wurde er Militärberater in der Ukraine.

Wichtigster Tummelplatz für »Gladio« war Italien. Die CIA hatte bereits in der Fünfzigerjahren im Wahlkampf zehn Millionen Dollar ausgegeben, um die Democrazia Cristiana ins Amt zu hieven. Danach verübten »Gladio«-Kämpfer Attentate, um die Machtübernahme der Sozialisten zu verhindern. Die Bomben kamen aus Deutschland, geliefert von der CIA, schrieb der *Guardian* 2001 unter Berufung auf Gianadelio Maletti, den Exchef der italienischen Gegenspionage, der nach Südafrika geflüchtet war (die CIA stritt alles ab). »Gladio« soll laut Maletti auch hinter der Entführung und Ermordung des christdemokratischen Ministerpräsidenten Aldo Moro 1978 stecken, für die man die Roten Brigaden verantwortlich machte. Moro war dabei, eine Regierungsbeteiligung der Kommunisten zu verhandeln. Moros Witwe erzählte dem US-Journalisten Arthur Rowse, ihr Mann sei gewarnt worden, nicht mit den Kommunisten zu kollaborieren, sonst werde er teuer dafür bezahlen. Die Warnung soll – sagte die Witwe – von Henry Kissinger gekommen sein.

Es gab auch ein deutsches »Gladio«-Netzwerk. Offiziell wurde es 1953 aufgelöst, aber noch in den Siebzigerjahren besuchten britische und französische Politiker ein mit US-Geld eingerichtetes Trainingslager im britischen Sektor Berlins. Das Buch *Das RAF-Phantom* von Wolfgang Landgraeber, Ekkehard Sieker und Gerhard Wisnewski legt nahe, dass die späteren RAF-Attentate von westlichen Geheimdiensten inszeniert wurden. Mehrere der mutmaßlichen RAF-Opfer seien womöglich zu erfolgreich dabei gewesen, deutsche Firmen als Konkurrenz zu US-Unternehmen zu positionieren, allen voran Alfred Herrhausen, der bei einem professionell organisierten, bis heute nicht aufgeklärten Attentat umkam, aber auch der ehemalige Treuhand-Chef Detlev Rohwedder. Die Autoren finden es erstaunlich, dass praktisch alle RAF-Opfer der Atlantikbrücke angehörten. Als Hauptverdächtigen machen sie Vernon Walters aus, Geheimdienstler seit der Ära Truman bis zum stellvertretender CIA-Direktor, der zur Wendezeit US-Botschafter in Deutschland war. Walters hatte schon 1961 vorgeschlagen, die USA sollten in Italien einmarschieren, falls dort die Sozialisten an die Macht kämen. Als Kissinger in Paris mit den Nordvietnamesen verhandelte, brachte Walters ihn heimlich dorthin, in einem Privatflugzeug. »Er war unser James Bond, er gab uns sogar Codenamen«, schwärmte danach Winston Lord, einer der Begleiter Kissingers (und Präsident des Council on Foreign Relations), laut *New York Times*. Es versteht sich von selbst, dass auch Walters ein Protegé von Fritz Kraemer war.

Als im Herbst 2013 erneut über das Münchner Oktoberfestattentat von 1980 debattiert wurde – insbesondere darüber, ob es Mithelfer aus Kreisen der Geheimdienste gegeben habe –, fragte die Linke im Bundestag, was die Regierung über »Gladio« wisse. In der Antwort hieß es, der BND habe an sechs »Stay-Behind«-Operationen teilgenommen. Man dürfe aber keine Auskünfte erteilen, da dies »Einzelheiten zu ehemaligen Kooperationen mit ausländischen Stellen« betreffe. »Eine unabgestimmte Bekanntgabe solcher Informationen gegenüber Unbefugten kann dazu führen, dass die Verlässlichkeit des BND als Partner auch aktuell infrage gestellt würde. In der Folge wären negative Auswirkungen auf die Kooperationsmöglichkeiten für den BND zu befürchten. (…) Dies kann zu einer Verschlechterung der Abbildung der Sicherheitslage durch den BND führen, die Sicherheit der Bundesrepublik gefährden oder ihren Interessen schweren Schaden zufügen.«

Der Geist von Hoover nahm Rache

Anfang der Siebzigerjahre brodelte nicht nur Berlin, sondern auch Washington, D.C. Im Juni 1972 fand ein Einbruch ins Watergate-Hotel statt, die Wahlkampfzentrale der Demokraten. Das FBI fand heraus, dass die CIA, namentlich E. Howard Hunt, damit zu tun hatte – im Auftrag des Präsidenten. Was aber erst öffentlich wurde, als Carl Bernstein und Bob Woodward in der *Washington Post* darüber berichteten, gestützt auf die Quelle »Deep Throat«. Heute wissen wir, dass diese Quelle Mark Felt war, der zweite Mann beim FBI. Kurz zuvor hatte Felt die geheimen Dossiers des im Mai 1972 verstorbenen J. Edgar Hoover vernichtet. So nahm der Geist von Hoover Rache an der CIA. Vernon Walters gelang es, den Verdacht von der CIA abzuwenden, aber Nixon musste zurücktreten.

Watergate löste in den USA einen Aufruhr sondergleichen aus. Das Church Committee untersuchte die Machenschaften von FBI, CIA und NSA (auch dessen Vorsitzender, Senator Frank Church, wurde vom FBI bespitzelt). Die CIA musste sich verpflichten, keine Reporter mehr zu engagieren, die heimlich für US-Medien arbeiteten, und dafür zu sorgen, dass schwarze Propaganda, die im Ausland verbreitet wurde, nicht von der US-Presse aufgegriffen werden konnte. Der neue Präsident, Gerald Ford, löste auf den Rat von Henry Kissinger hin William Colby als CIA-Direktor ab. Neuer Direktor der CIA wurde George H. W. Bush. Der versprach, das so etwas nie wieder vorkommen werde.

Aber auch Kissingers Regierungskarriere neigte sich dem Ende zu. Einer der letzten Akte fand in Chile statt, wo am 9. September 1973 Präsident Salvador Allende ermordet wurde, in einem Putsch, hinter dem die unsichtbare Hand von Kissinger und der CIA steckte. Im Dezember 1973 bekam Kissinger den Friedensnobelpreis für die geheimen Pariser Verhandlungen, die zu einem Friedensvertrag mit Nordvietnam führten, wenngleich der Krieg danach noch zwei Jahre weiterging, zusammen mit Lê Đức Thọ, dem nordvietnamesischen Führer. Fritz Kraemer war schwer enttäuscht, er fand, dass Kissinger – der auch Nixons Tauwetterpolitik gegenüber dem Ostblock unterstützt hatte – zu weich geworden war. Kissinger, so glaubte Kraemer, unterschätzte die Fähigkeit der Kommunisten zu »schmutzigen Tricks«. Am 30. April 1975 stand der Vietkong vor Saigon. Amerika sah im Fernsehen, wie die Hubschrauber der U.S. Army vom Dach der Botschaft abhoben. Sie nahmen die letzten Soldaten mit, ließen aber die Südvietnamesen, die gegen die Kommunisten gekämpft hatten, zurück. Kraemer sollte fast drei Jahrzehnte nicht mehr mit Kissinger reden.

Kissinger ging als Professor an die Georgetown University in Washington und gründete danach die Beratungsfirma Kissinger Associates. Heute ist er Mitglied des Aspen Instituts, der Bilderberger und, natürlich, des Council on Foreign Relations.

Eine völkerrechtlich verbindliche geheime Zusatznote

Am 12. Juni 1987 hatte Ronald Reagan seinen berühmten Auftritt in Berlin, auf der Westseite des Brandenburger Tors, wo er rief: »Mister Gorbatschow, reißen Sie diese Mauer nieder.« Zwei Jahre später fiel die Mauer tatsächlich. Wodurch der Fall der Mauer letztlich bewirkt wurde, will nun Richard Haass vom Council on Foreign Relations in seinem Gespräch mit Henry Kissinger wissen. »Ich denke heute, dass den Sowjets klar war, dass ihr System nicht funktioniert«, sagt Kissinger. Sogar Leonid Breschnew habe das schon geahnt, aber der frühere Staats- und Parteischef habe nicht gewusst, wie dem zu begegnen sei. »Vielleicht war Breschnew sogar weiser als Gorbatschow, da er wusste: Wenn man versucht, das System anzupassen, dann bricht es zusammen.« Er denke auch, fügt Kissinger noch hinzu, dass die Sowjets vom Kalten Krieg erschöpft waren.

Mit dem Zwei-plus-Vier-Vertrag, den im September 1990 in Moskau Deutschland und die vier Sieger des Zweiten Weltkriegs unterzeichneten, wurde Deutschland in die Unabhängigkeit entlassen – gegen den erbitterten Widerstand der Briten. Margaret Thatcher bat Gorbatschow, alles in seiner Macht Stehende zu tun, um die deutsche Einheit zu verhindern, wie aus den Kreml-Protokollen in Gorbatschows privatem Archiv hervorgeht. Thatcher glaubte damals, dass US-Präsident George H. W. Bush so dächte wie sie – eine grobe Fehleinschätzung.

Aber ist Deutschland wirklich von den USA unabhängig? Das bezweifelt etwa der Freiburger Historiker Josef Foschepoth, Autor des Buches *Überwachtes Deutschland.* Es erschien just zu dem Zeitpunkt, als bekannt wurde, dass die NSA das Handy von Bundeskanzlerin Angela Merkel abhörte. Die flächendeckende Überwachung durch die NSA habe bereits in den Fünfzigerjahren mit dem Deutschlandvertrag begonnen, sagte Foschepoth der *Zeit.* Das sei mit Kenntnis aller Bundesregierungen geschehen. »Die Interessen der ehemaligen Alliierten sind in deutschen Gesetzen verankert.« Die Rechtsgrundlage dazu sei im Zusatzvertrag zum NATO-Truppenstatut von 1959 gelegt worden. 1968 wurde zudem das im Grundgesetz garantierte Post- und Fernmeldegeheimnis durch das G-10-Gesetz durchlöchert, etwas, das die Alliierten gefordert hätten. Nun dürften Verdächtige nicht nur abgehört werden, sie würden nicht einmal davon erfahren. »Und nach der Einheit wurde kein Vertrag und kein Geheimabkommen gekündigt«, sagt Foschepoth.

Die USA dürften auch Verdächtige in Deutschland verhören und gegebenenfalls sogar mitnehmen, ohne dass die Polizei einschreiten dürfe. Es gebe auch – so Foschepoth zur *Süddeutschen Zeitung* – eine »völkerrechtlich verbindliche geheime Zusatznote vom 27. Mai 1968«, die immer noch gelte. Sie berechtige die Westalliierten im »Falle einer unmittelbaren Bedrohung ihrer Streitkräfte« zu eigenen Überwachungsmaßnahmen in Deutschland von ihren Militärbasen aus. Und eine Bedrohung ist schnell konstruiert. Nicht zuletzt deshalb plant Amerika ein neues NSA-Zentrum in Wiesbaden.

Akten im Reißwolf

Trotz des milliardenschweren Spionageapparats war die CIA vom Fall der Mauer kalt erwischt worden – wie übrigens auch der KGB und die Stasi. Zwar schaffte es die Stasi noch, die wichtigsten Akten durch den Reißwolf zu drehen, aber ein Backup blieb erhalten, auf Mikrofilm gespeichert, verpackt in hitzesichere Stahldosen. Darauf waren die Namen aller Stasispitzel, 280 000 insgesamt, darunter 50 000 Westdeutsche. Das war die sogenannte Rosenholz-Datei. Die CIA – enthüllte der *Spiegel*, aber erst 2005 – habe die Mikrofilme 1992 von einem KGB-Offizier erworben, der seinerseits eine Kopie vom Geheimdienst des ostdeutschen Brudervolks hatte. Der KGBler hatte sich an die US-Botschaft in Warschau gewandt und 75 000 Dollar für die gesamte Lieferung verlangt. Zunächst wurden die Listen in der CIA-Zentrale in Langley auf Verräter aus den eigenen Reihen durchsucht. Dann wurde erwogen, Stasispitzel im Westen einzusetzen, ohne Bonn Bescheid zu sagen. Aber Bush entschied, das Wissen zu teilen.

Allerdings nicht sofort. Das Bundesamt für Verfassungsschutz bekam nur Auszüge, und erst nach ein paar Jahren wurde den Beamten gestattet, sich das Material in Langley anzusehen. Mehrere Stasispitzel wurden auf diese Weise enttarnt, auch Prominente – beim BND, der NATO und in den Parteien, vornehmlich der SPD. Die Rückgabe der Rosenholz-Datei an Deutschland erfolgte erst 2003, aber nur in Kopien, und auch die waren nicht vollständig. Damit haben die US-Behörden nach wie vor ein erhebliches Erpressungspotenzial in der Hand, je nachdem, was die in Amerika zurückgebliebenen Akten noch zutage fördern.

Paranoia lässt Verschwörungstheorien gedeihen

Mitten in der Wüste von Nevada liegt »Area 51«, eine streng geheime US-Militärbasis bei einem Salzsee, dem Groom Lake, wo der Tarnkappenbomber entwickelt wurde. Man erreicht Area 51 auf dem Highways 375, den ein Witzbold »Extraterrestrial Highway« getauft hat. Zäune, Verbotsschilder und Selbstschussanlagen im weiten Umkreis verwehren Zivilisten den Zutritt. Area 51 war die Idee von Richard Bissell, Frank Wisners Nachfolger bei der CIA. Annie Jacobsen schreibt in ihrem Buch *Area 51*, dass hier, Gerüchten zufolge, das UFO aufbewahrt wurde, das bei Roswell abstürzte. Das »UFO« sei von Stalin zur Spionage in die USA geschickt worden. Die Insassen, allesamt tot, seien zwergwüchsig gewesen – an ihnen sei vorher in deutschen Konzentrationslagern experimentiert worden. Der Kalte Krieg ist immer noch für Verschwörungstheorien gut.

2001 flog ein Passagierflugzeug auf das World Trade Center zu – bevor es in letzter Sekunde gestoppt wurde. Dahinter steckte das Pentagon, das die Boeing per Fernsteuerung kontrollierte. Der Kongress sollte Waffenkäufe genehmigen, um einen bösen Diktator zu beseitigen. Natürlich passierte das nicht wirklich, es ist die Pilotfolge von *The Lone Gunmen*, einer Serie in der Nachfolge von *Akte X*. Als wenige Monate später tatsächlich zwei Flugzeuge in die Zwillingstürme des World Trade Center krachten, saß Chris Carter, der Schöpfer beider Serien, in seinem Büro in Santa Monica fassungslos vor dem Fernseher. »Wir waren alle schockiert«, sagt er. »Aber wir konnten ja nicht wissen, dass das wirklich passiert.«

Im Juni 2008 sitzt Carter in einem Coffeeshop am Sunset Boulevard in Hollywood. Anders als der düstere Oliver Stone ist er ein kalifornischer Sonnyboy, aber einer, dessen Serien sich um die Area 51 und Roswell drehen. Warum sind Amerikaner so fasziniert von Verschwörungstheorien? »Das ist das Erbe von Watergate«, sagt er. »Watergate war eine Verschwörung, in die sogar der Präsident verwickelt war, Nixon. Und wir haben den Mord an den Kennedys und an Martin Luther King erlebt, die Pentagon Papers, wo enthüllt wurde, dass die Regierung in Vietnam gelogen hatte. Und natürlich gibt es diese schwer durchschaubaren Konglomerate des militärisch-industriellen Komplexes. Und die Verbindung zwischen denen, dem Militär und dem Weißen Haus macht vielen Amerikanern Angst.« Und dann komme noch diese mythologisch-subversive CIA dazu, auch das rege die Fantasie an. »Diese Geheimnistuerei schafft Paranoia, und Paranoia lässt Verschwörungstheorien gedeihen.« Ja, sage ich, in Deutschland gebe es das nicht. »Oh doch, das gibt es«, sagt er. »Sie kennen doch den Film *Das Leben der Anderen*? Da ging es doch auch darum, wie die Regierung Leute bespitzelt. Ich fand diesen Film sehr beeindruckend, wie er sich in diesem Zwischenreich von Politik und Moral bewegt.«

Nach 9/11 ist Carter erst einmal die Lust auf Verschwörungstheorien vergangen. »Viele Amerikaner wollen zuallererst, dass die Regierung uns beschützt. Und bei der inneren Sicherheit hat sich tatsächlich viel verbessert. Das haben mir auch meine Kontaktleute beim FBI gesagt.« Kontaktleute beim FBI? »Natürlich«, sagt Carter.

Mit vielen Kalten Kriegern nahm es ein trauriges Ende. Frank Wisner brachte sich 1965 um. Michael Josselson fiel bei der CIA in Ungnade, er starb verarmt. Nicolas Nabokov hatte keine großen Erfolge mehr als Komponist. Tom Braden allerdings, der die kalifornische Zeitung *Blade-Tribune* übernommen hatte, startete durch: Er wurde CNN-Kommentator und schrieb eine Fernsehserie. Fritz Kraemer erreichte ein gesegnetes Alter von 95 Jahren. In der *Washington Post* beschrieb Helmut Sonnenfeldt – ebenfalls ein Flüchtling aus Nazideutschland –, wie »mehrere Generationen von Offizieren und Zivilisten zu Fritz' Füßen saßen und seinen Sichtweisen, Weisheiten und Warnungen gelauscht haben«.

Melvin Lasky ging nach Berlin zurück und zog wieder in die Mommsenstraße. Dort, schreibt Michael Naumann in der *Zeit*, »trafen sich die Überlebenden der heroischen Anfangsjahre, schlugen bisweilen alte Schlachten – mit dem spöttischen Unterton jener Veteranen des Kalten Krieges, die ihn zwar ›gewonnen‹ haben, die aber zugleich ahnten, dass politische Dummheit nicht nur komisch und gefährlich, sondern auch unausrottbar ist«. Lasky starb 2004, er wurde auf dem Waldfriedhof beigesetzt.

Fünf Jahre später starb Irving Kristol, der nach Washington zurückgekehrt war. Er hatte dort bei einer Denkfabrik geforscht, die unter George W. Bush einige Berühmtheit erlangen sollte: das American Enterprise Institute. Und er gründete die Zeitschrift *The National Interest*, deren Ehrenvorsitzender Henry Kissinger ist. Viele prominente Konservative schrieben für das Blatt, darunter *Zeit*-Herausgeber Josef Joffe. 2005 verkaufte Kristol die Zeitschrift an das – realpolitisch orientierte – Nixon Center. Daraufhin gründeten Joffe, Francis Fukuyama und ein paar andere neokonservative Abweichler die Zeitschrift *The American Interest*.

Nur Tage nach dem Symposium im Council on Foreign Relations, im Herbst 2014, spricht Kissinger im Leo Baeck Institute in Midtown Manhattan. Das Institut ist dem aus Berlin stammenden Rabbiner gewidmet, dem letzten spirituellen Führer der deutschen jüdischen Gemeinde, der Theresienstadt überlebte und nach New York emigrierte. Kissinger spricht die Laudatio auf Joffe, dem die Leo-Baeck-Medaille verliehen wird. Joffe und Kissinger sind Seelenverwandte. »Wir sind beide Intellektuelle, die sich im Aufruhr der Sechzigerjahre auf der anderen Seite wiederfanden, wie viele jüdische Flüchtlinge«, sagt Kissinger. Er meint damit die Seite, die den Vietnamkrieg unterstützte. »Wir wussten, Amerika ist nicht ideal, aber es ist wichtig für die Welt. Es ist das Land, das die Freiheit garantiert. Dafür habe ich in Deutschland gekämpft, dafür kämpfe ich hier.«

Ebenfalls gegen Ende des Jahres 2014 hat der American Council on Germany, die kleine Schwester des Council on Foreign Relations, eingeladen, in eines jener glatten Hochhäuser in Midtown Manhattan, die von Anwälten, Bankern und Finanzberatern bevölkert werden. Mitveranstalter sind die »American Friends of Bucerius«. Es geht um den Konflikt in der Ukraine. Paula Dobriansky spricht, eine frühere Unterstaatssekretärin im State Department und Fulbright-Studentin, die nun in Harvard lehrt. Ihr Vater, Lev Dobriansky, dessen Familie aus der Ukraine stammt, war unter Eisenhower ein antikommunistischer Aktivist. Dobriansky ruft dazu auf, Putins Propaganda etwas entgegenzusetzen. Die Ukraine könne sich selber helfen, aber dazu bräuchte es Geld, amerikanisches und deutsches. Überall in New York treten in diesen Wochen und Monaten aus der Ukraine stammende Amerikaner auf, die gegen Putin mobil machen.

Die USA sind immer noch dabei, nicht nur die Weltordnung von Jalta rückgängig zu machen, sondern das gesamte 20. Jahrhundert bis zurück zum Frieden von Brest-Litowsk. Fritz Kraemer würde sich freuen, wenn er das noch erleben könnte.

4 Krieg im Mittleren Osten

Das neue Pearl Harbor

»Ich habe weder die Zeit noch die Absicht, meine Motive einem Mann zu erklären, der unter der Decke der Freiheit schläft, für die ich sorge, und der dann infrage stellt, mit welchen Methoden ich dafür sorge.«
COL. NATHAN JESSUP in *Eine Frage der Ehre* von Aaron Sorkin

Vor dem Manhattan Center, einen Block vom Empire State Building entfernt, stehen die Polizisten des NYPD in schwarzer Uniform. Drinnen, in dem Opernsaal aus der Jahrhundertwende, tummeln sich Verschwörungstheoretiker, Aktivisten, Demokraten und Libertäre, New Yorker und Besucher – darunter viele aus Deutschland – sowie Angehörige von Opfern der Anschläge von 9/11. Es ist der 9. September 2004, drei Jahre danach. Über 1000 Leute sind hier. Flugblätter von 911Truth.org und Citizenwatch liegen aus, Bücher von Skeptikern wie Ray McGovern, einem früheren CIA-Analysten, oder David Ray Griffin, der *The New Pearl Harbor* schrieb.

Der prominenteste Redner ist Michael Ruppert, ein früherer Polizist aus Los Angeles. Sein Newsletter *From the Wilderness* hatte die Verwicklungen der CIA in den Drogenhandel beleuchtet. Ruppert erzählt von Übungen der US-Flugabwehr NORAD am 11. September, die seiner Ansicht nach beweisen, dass das Pentagon die Anschläge inszenierte. 9/11 habe den Vorwand für einen Krieg ums Öl liefern sollen. Der Hauptverdächtige sei Dick Cheney, der Vize von US-Präsident

George W. Bush. Einwände, dass man für eine derartige Intrige unzählige Beteiligte gebraucht hätte, die nicht alle geschwiegen hätten, lässt Ruppert nicht gelten. Beim Manhattan Project, dem Bau der Atombombe, seien noch mehr Menschen beteiligt gewesen, und die Sache blieb geheim, bis die Bombe auf Hiroshima fiel.

Drei Jahre vor der Versammlung im Manhattan Center ist das World Trade Center zerstört worden. Zig Millionen Menschen sahen live in Fernsehen, wie am 11. September 2001 zwei Boeing 767 im Abstand von mehr als einer Stunde erst in den Nordturm, dann in den Südturm krachten. Eine Flammenwolke stob aus den Wolkenkratzern. Beide Türme sackten auf ihrem Grundriss zusammen. Ein weiteres Flugzeug schlug ins Pentagon ein, und ein viertes zerschellte auf einem Acker in Pennsylvania. Am späten Nachmittag stürzte auch das Hochhaus 7 des World Trade Center ein. An diesem Tag starben 2996 Menschen, darunter 2610 Amerikaner; 243 in den Flugzeugen, 125 im Pentagon, 343 Feuerwehrmänner, 73 Polizisten sowie die 19 Entführer. New York war in Schockstarre.

Die Entführer waren schnell ausgemacht: Mohammed Atta, ein Ägypter, und Ziad Jarrah, ein Libanese. Sie kamen aus Hamburg und gehörten zur später so genannten Hamburger Terrorzelle. Der größte Teil der 19-köpfigen Gruppe stammte aus Saudi-Arabien. Von dort kam auch der Mann, der den US-Geheimdiensten bald als der Planer des Anschlags galt: Osama bin Laden, der Sprössling einer Ölfamilie am Golf.

Schon Tage nach den Anschlägen kursierten die ersten Verschwörungstheorien. Nico Haupt ist einer der Deutschen, die viele Monate damit zubrachten, verdächtiges Material zu sammeln. Er ist an diesem Abend ebenfalls im Manhattan Center. Er ist nicht in guter Form. Es dauert eine Stunde, bis er es schafft, auf die Bühne zu stürmen, den Kopf kahl rasiert, mit flatterndem Blick und zuckender Stimme. Er warnt vor der CIA, dem Pentagon und dessen Geheimdienst, der DIA, und vor verdecktem Terror. Er wird schnell unterbrochen. »Aber ich bin es doch, euer Nico«, ruft er noch, bevor zwei Ordner ihn an den Armen packen und wegschleppen. Danach geht die Debatte weiter.

Von der BCCI-Bank in Pakistan ist die Rede, über die CIA-Gelder für die afghanischen Mudschaheddin liefen, und die in die Iran-Contra-Affäre verwickelt war. Dann spricht Michael Springmann, ein früherer Konsularbeamter der USA im saudischen Dschidda, wo die meisten Hijacker ihre Visa bekamen. Er sei gefeuert worden, weil er sich bei seinen Vorgesetzten beklagt habe, dass er Visa auch an »unqualifizierte« Bewerber vergeben müsse, um den Saudis einen Gefallen zu tun. Er sagt auch, dass die CIA, zusammen mit Osama bin Laden, Terroristen für den Krieg gegen die Sowjets in Afghanistan rekrutiert und trainiert hätte. Über diese »Saudi Connection« hatte sich schon John O'Neill beklagt, der FBI-Agent, der versuchte, Osama bin Laden zu fangen, und der im World Trade Center starb.

Als Michael Ruppert redet, beklagt er die »eklatanten Ungereimtheiten, den Pfusch an Beweisen und das gesetzwidrige Verhalten« im Bericht der 9/11-Kommission. Die Kommission des US-Kongresses hat 2003 unter Chairman Thomas Kean getagt, dem früheren Gouverneur von New Jersey. Ursprünglich hatte US-Präsident George W. Bush Henry Kissinger berufen wollen, entschied sich dann aber für Kean, weil Kissinger zu tief mit den Saudis verstrickt war. Direktor der Kommission war Philip Zelikow, der zuvor für Bushs Außenministerin Condoleezza Rice gearbeitet hatte. Kritiker werfen Zelikow vor, dass der Ausschuss nicht »Able Danger« untersucht habe. Das war eine Operation des Pentagon, um al-Qaida-Zellen in den USA zu finden. Es ist umstritten, ob »Able Danger« Mohammed Atta aufgespürt hat. Inzwischen wurden die »Able Danger«-Akten auf Befehl des Pentagon vernichtet. Zelikow ging 2009 als Axel Springer Fellow der von Henry Kissinger mitbegründeten American Academy, einer Institution für den deutsch-amerikanischen Kulturaustausch, nach Berlin.

Sehr viele Akten gingen im World Trade Center 7 verloren

Wenige Ereignisse der Weltgeschichte haben mehr Verschwörungstheorien provoziert als die Anschläge auf das World Trade Center. Nicht nur ist schwer vorstellbar, dass eine Handvoll Dritte-Welt-Terroristen den Sicherheitsapparat der USA ausgetrickst hat, dazu kommt noch, dass eben dieser Sicherheitsapparat aus den Anschlägen die Rechtfertigung für einen unendlichen Eroberungskrieg im Mittleren Osten fabriziert hat. Schon bald wurden die gleichen üblichen Verdächtigen präsentiert wie bei der Kennedy-Ermordung: die CIA, das Pentagon, der militärisch-industrielle Komplex und der Mossad. Merkwürdigkeiten und Ungereimtheiten gibt es viele. Wie kann es sein, dass Leute mit Handys aus Flugzeugen anrufen? Wurde die Maschine, die in Pennsylvania niederging, womöglich abgeschossen, damit sie nicht ins Weiße Haus flog? Warum ist Mahmoud Ahmad, der Chef des pakistanischen Geheimdienstes ISI, Tage vor dem 11. September 2001 nach Washington geflogen? Von wem stammen die Anthrax-Briefe mit den weißen, tödlichen Milzbrandsporen, die unter anderem bei der *New York Times*-Reporterin Judith Miller auf dem Schreibtisch landeten (das FBI verdächtigte den Wissenschaftler Bruce Edwards Ivins, der sich 2009 umbrachte).

Eine der ungeklärten Fragen betrifft die Zerstörung des World Trade Center 7. World Trade Center 7, halb so hoch wie die Twin Towers, wurde 1987 errichtet, neben den Doppeltürmen. Es hat mit dem World Trade Center nur den werbeträchtigen Namen gemeinsam. American Express und die Citibank-Tochter Salomon Brothers saßen in dem Gebäude. Interessanter aber sind die Behörden, die sich hier eingemietet hatten, darunter das (streng geheime) New Yorker Büro der CIA.

Dieses Büro war der *New York Times* zufolge dafür zuständig, ausländische Diplomaten zu bespitzeln oder als Spione zu rekrutieren. Es ermittelte auch bei den Anschlägen auf zwei US-Botschaften in Ostafrika und auf die *USS Cole* im Jemen kurz vor 9/11. Hinter beiden Anschlägen soll Osama bin Laden stecken. Für die Agenten war es ein Schock, von ihren Schreibtischen aus den Einschlag der Flugzeuge zu beobachten. Auch das Pentagon, der Secret Service und die Securities and Exchange Commission SEC, die Börsenaufsicht, lagerten hier Akten. Die SEC ermittelte damals wegen Aktienbetrug in Milliardenhöhe gegen die Telekommunikationsfirmen WorldCom, Qwest Communications und Global Crossing. Sehr viele Akten gingen im World Trade Center 7 verloren, auch solche der SEC.

Das brennende Gebäude brach gegen halb sechs Uhr nachmittags zusammen, oder es wurde, anderen Quellen zufolge, auf Anweisung seines Erbauers Larry Silverstein gesprengt, um einem Einsturz zuvorzukommen. Es hieß auch, das Sprinklersystem habe nicht funktioniert. Opfer gab es keine. Silverstein hatte acht Wochen vor dem Anschlag die Twin Towers von der Hafenbehörde, der Port Authority of New York and New Jersey, gepachtet. Er stritt sich danach jahrelang mit seinen Versicherungen um die Höhe der Entschädigung. Letztlich zahlte die Hafenbehörde den Wiederaufbau. World Trade Center 7 aber war voll versichert; überdies bekam Silverstein die Erlaubnis, den Neubau aufzustocken. Warum auch immer World Trade Center 7 einstürzte, mit den eigentlichen Anschlägen hat das relativ wenig zu tun. Es wäre gut möglich, dass sich 9/11 exakt so abgespielt hat, wie die Kommission es behauptet, und dass trotzdem später an diesem Tag die Gelegenheit genutzt wurde, das benachbarte, beschädigte Gebäude zu sprengen, um Akten zu beseitigen.

Eine der ernsthafteren Verschwörungstheorien behauptet, dass der 11. September ein »Blowback« war. Von einem »Blowback« spricht man, wenn die Aktivitäten eines Geheimdienstes unschön auf das Ursprungsland zurückfallen. Demnach wäre 9/11 der Nebeneffekt einer Kollaboration der USA mit islamischen Terrornetzwerken in Pakistan und Saudi-Arabien gewesen, die nicht zuletzt deswegen entstanden ist, um die saudische Herrscherfamilie zu bekämpfen, die ihrerseits mit der US-Ölindustrie Geschäfte macht. Mehrere Mitglieder der Bin-Laden-Familie wurden kurz nach 9/11 aus den USA ausgeflogen. Die Geheimnistuerei, die verschwundenen Akten, die vertuschten Begegnungen, die ungehörten Zeugen, die rätselhaften Selbstmorde und die Diskreditierung von Kritikern gehörten demnach zum Versuch, diese Zusammenarbeit zu verheimlichen.

Nach 9/11 stand ganz Amerika hinter George W. Bush. Als der Präsident im Oktober 2001 Truppen nach Afghanistan schickte, hatte er eine Zustimmungsrate von 90 Prozent. Dabei waren die Taliban gar nicht in den Anschlag involviert. Der Einmarsch war erfolgt, weil sie Osama bin Laden nicht ausliefern wollten, ohne zuvor Beweise zu sehen. Und als es dem al-Qaida-Führer gelungen war, über die Bergfestung Tora Bora nach Pakistan zu entkommen, schickte Bush keineswegs Truppen über die Grenze, sondern konzentrierte sich darauf, Afghanistan zu stabilisieren. Derweil war das Pentagon dabei, eine weitere Verschwörungstheorie zu inszenieren, und zwar direkt vor unseren Augen.

Denn der Anschlag auf das World Trade Center geschah mitnichten, weil sich ein paar religiös fanatische Islamisten auf 72 Jungfrauen im Paradies gefreut hätten. Bin Laden hatte schon früh dargelegt, warum die arabische Welt über Amerika empört war. Es ging um US-Truppen auf heiligem Boden in Saudi-Arabien, um die Sanktionen gegen Irak, die (laut Bill Clintons Außenministerin Madeleine Albright) eine halbe Million Kinder das Leben gekostet hatten, und um die israelische Besatzung der Westbank und des Gaza-Streifens. Gleichwohl fabrizierte eine beim Pentagon angesiedelte Clique aus

Neokonservativen – allen voran Donald Rumsfelds Staatssekretär Paul Wolfowitz, dessen Stellvertreter Douglas Feith und Pentagon-Berater Richard Perle – mit medialer Unterstützung von Rupert Murdoch bis zur *New York Times* die Verschwörungstheorie, dass Osama bin Laden mit dem irakischen Herrscher Saddam Hussein unter einer Decke stecke, der seinerseits Massenvernichtungswaffen besitze, mit denen er die USA angreifen wolle. Damit begann ein Krieg mit dem Ziel, eine neokolonialistische US-Interventionspolitik durchzusetzen, die – als Nebeneffekt – den Mittleren Osten sicher für Israel machen sollte.

Dabei saßen CIA und Pentagon keineswegs in einem Boot. Hinter den Kulissen beharkten sie einander heftig. Es waren die Neokonservativen im Pentagon, die Gerüchte gestreut hatten, dass die CIA vielleicht nicht direkt hinter 9/11 stecke, aber doch versäumt habe, vor dem Anschlag zu warnen, und nun den Krieg gegen den Terror sabotiere. Hingegen sind Insider, die sich in der Presse über die Kriegstreiber im Pentagon echauffieren, oft ehemalige Mitarbeiter der CIA (und der NSA). Es war die CIA, die Präsident Bush am 6. August 2001 die Warnung übermittelte, dass »Bin Laden entschlossen [sei], in den USA zuzuschlagen«, während die Neocons den säkularen Herrscher des Irak stürzen wollten.

Die Befreiung der Westbank

Lawrence Wright, Reporter beim *New Yorker*, war schon oft im Mittleren Osten, von Israel bis Afghanistan. An diesem Abend im Herbst 2014 stellt er in der Fordham University in New York sein neues Buch vor, *Thirteen Days in September*. Darin geht es um die Camp-David-Verhandlungen unter Jimmy Carter, die 1979 Frieden zwischen Israel und Ägypten brachten. Wright glaubt, dass der Bruch zwischen den USA und der muslimischen Welt auf den Sechs-Tage-Krieg von 1967 zurückgeht. Damals eroberte Israel – oder, wie der spätere Ministerpräsident Menachem Begin es nannte, befreite –

die Westbank, die zu Jordanien gehörte. Für die USA war der Sechs-Tage-Krieg ein Paradigmenwechsel. Traditionell waren die Amerikaner immer aufseiten der Araber gewesen, schon im Interesse von US-Konzernen wie Standard Oil; im Suezkrieg hatten sie Ägypten gegen Israel unterstützt. Nun aber wechselten sie zwar nicht militärisch, aber doch moralisch die Seiten – und das, obwohl Israel ein amerikanisches Kriegsschiff versenkt hatte, die *USS Liberty*.

Für die Araber bedeutete der Sechs-Tage-Krieg eine Abkehr vom prowestlichen Kurs. »Damals hat der radikale Islam Fuß gefasst«, sagt Wright. »Die Muslime dachten, sie hätten den Krieg verloren, weil sie nicht gläubig genug waren.« Bald darauf übernahmen die Mullahs auch im Iran die Macht. Dort hatten die Dulles-Brüder 1953 den Schah installiert. Damit hatte sich der »Blowback« offen manifestiert. »Von da an war der Mittlere Osten unser Problem«, meint Wright. Die Feindschaft zu den Mullahs hielten Präsident Reagan und seinen CIA-Chef George H. W. Bush allerdings nicht davon ab, mit gewaschenen Geldern aus dem Iran Waffen für die konterrevolutionären Contras in Nicaragua zu kaufen.

Die USA näherten sich erst wieder in den Achtzigerjahren an die muslimische Welt an, als Ronald Reagan die Mudschaheddin in Afghanistan unterstützte, die gegen die sowjetischen Besatzer kämpften. Damit aber wurde der Dschihad nach Pakistan importiert. Zehntausende Schüler in Pakistans Medressen hätten sich ihr ideologisches Rüstzeug mithilfe von Büchern angeeignet, die mit CIA-Geldern gedruckt worden waren, schreibt Ulrich Ladurner in der *Zeit*. Die Universität von Nebraska habe von der staatlichen Hilfsagentur USAID 51 Millionen Dollar erhalten, um Schulbücher zu entwickeln, die den Heiligen Krieg als zentrale Tugend eines jeden Muslims propagierten. 13 Millionen »Dschihad-Schulbücher« seien verteilt worden. Auch Osama bin Laden kämpfte gegen die Sowjets in Afghanistan. Zusammen mit dem pakistanischen Geheimdienst ISI gründete er Ausbildungslager im

Grenzgebiet, unterstützt mit CIA-Milliarden, schreibt Ladurner. Dass Osama bin Laden – der sich durchaus in der westlichen Welt bewegen konnte – die 9/11-Anschläge aus einer Höhle in Afghanistan geplant hat, ist völliger Unsinn.

Auch Saddam Hussein hatte die Unterstützung der USA, als er gegen den Iran kämpfte. Das Foto, auf dem er Rumsfeld die Hand schüttelt, hat sich ins Gedächtnis der Welt eingebrannt. Dabei war Saddam ein Gewaltherrscher, der – unter anderem – rund 5000 Kurden mit Giftgas töten ließ. In Ungnade fiel er erst nach dem Einmarsch in Kuwait, im Streit um ein Ölfeld. Das verschreckte die islamischen Fundamentalisten, allen voran das saudische Königshaus – und damit auch dessen wichtigsten Verbündeten, die USA.

Damals versuchte ein junger Araber, eine panarabische Armee gegen Saddam Hussein aufzustellen: Osama bin Laden. Die saudische Herrscherfamilie aber wollte den Kampf um Kuwait lieber der U.S. Army überlassen. Präsident George H.W. Bush jedoch musste erst das Wahlvolk daheim davon überzeugen und, mehr noch, den Kongress, der die Gelder bewilligen musste, denn Saddam konnte nicht mal eben durch einen Staatsstreich beseitigt werden.

Die Sache war gar nicht so einfach. Kuwait, eine winzige, aber ölreiche Enklave zwischen dem Irak und Saudi-Arabien, ist eine Monarchie, kontrolliert von der al-Sabah-Familie, drei Viertel der Bevölkerung sind rechtlose ausländische Fremdarbeiter; Frauenrechte gibt es keine. Um das Image des Emirats aufzupolieren, engagierte der Herrscher 20 PR-Firmen aus den USA, darunter die Rendon Group, die alleine 100 000 Dollar pro Monat bekam, so John Stauber und Sheldon Rampton in *Toxic Sludge is Good for You* (dt. *Giftmüll macht schlank).* Geleitet wurde die Kampagne von Hill + Knowlton, einer der größten PR-Agenturen der Welt. Hill + Knowlton hatten seit jeher einem guten Draht zur CIA, schreibt Susan Trento in *The Power House*. Robert Keith Gray, Leiter des Washingtoner Büros, rühmte sich, ein Freund nicht nur des ehemaligen

CIA-Direktors William Casey zu sein, sondern auch von Sektenführer San Myung Moon, dem die *Washington Times* gehört. Laut dem früheren CIA-Mann Robert Crowley waren die Auslandsbüros von Hill + Knowlton auch das »perfekte Cover für eine expandierende CIA«, so Trento.

Hill + Knowlton setzten 119 Mitarbeiter an die Öffentlichkeitsarbeit für Kuwait, von denen viele aus den Regierungsapparaten von Ronald Reagan und George H.W. Bush kamen. Aber auch Demokraten machten mit, wie Frank Mankiewicz, zuvor Pressesprecher von Robert Kennedy und Präsident des öffentlich-rechtlichen National Public Radio (und Sohn des Filmemachers Herman Mankiewicz). Hill + Knowlton gründeten die Gruppe »Citizens for a Free Kuwait«, riefen einen »National Free Kuwait Day« aus, ließen für Kuwait beten, organisierten Demonstrationen, gaben Briefe aus Kuwait an die Medien, kreierten ein Rundfunkprogramm für den arabischen Raum und produzierten Berichte für US-Sender, schreiben Stauber/Rampton. Für die U.S. Army wurde das Buch *Die Vergewaltigung von Kuwait* in einer Auflage von 200 000 Exemplaren gedruckt. Der Emir ließ 11,9 Millionen Dollar für die Kampagne springen. Weitere 7,7 Millionen, so Stauber, gab Bahrain aus, ein mit Kuwait verbündeter Golfstaat. Das Geld sei über die Frontorganisationen »Freedom Task Force« und die »Coalition for Americans at Risk« gelaufen, die schon bei der Iran-Contra-Affäre aktiv gewesen waren.

Am 10. Oktober 1990 fand in Washington eine Sitzung des »Congressional Human Rights Caucus« statt, ebenfalls eine Frontorganisation von Hill + Knowlton. Die 15-jährige Kuwaiterin Nayirah erzählte, sie habe gesehen, wie irakische Soldaten frühgeborene Babys aus Brutkästen holten, die Brutkästen stahlen und die Säuglinge zum Sterben auf dem kalten Fußboden zurückließen. Es war die moderne Variante der abgehackten belgischen Babyhände. Die Geschichte wurde oft wiederholt, von Bush, vor dem US-Kongress, vor der UNO. Erst später stellte sich heraus, dass »Nayirah« die Tochter von

Saud Nasir al-Sabah war, dem Botschafter von Kuwait, und dass die Story von Hill + Knowlton erfunden worden war.

Es war nicht die einzige PR-Lüge: Das Pentagon behauptete, 250 000 irakische Soldaten und 1500 Panzer stünden an der Grenze zu Saudi-Arabien. Die *St. Petersburg Times*, die sich die Satellitenbilder ansah, erkannte darauf nur leere Wüste. Als der Feldzug begann, stellte das Pentagon sicher, dass keine unautorisierten Bilder auf die TV-Bildschirme gelangten. Stattdessen zeigte ein neuer Nachrichtensender, CNN, Bilder eines klinisch sauberen Kriegs, in dem nur Präzisionsbomben fielen. Die Zehntausende toten Iraker sah die Welt nicht. Der Pentagonchef von Präsident George H. W. Bush, in dessen Verantwortung die »Operation Desert Storm«, fiel, wurde unter Bushs jr. Vizepräsident: Dick Cheney.

Ähnliches passierte in den Balkankriegen. Die kroatische und die bosnische Führung engagierten die PR-Agentur Ruder Finn gegen Serbien. Ruder-Finn-Direktor James Harff gelang es, die wichtigsten jüdischen Organisationen – B'Nai B'rith, die Anti-Defamation League und den American Jewish Congress – »auszutricksen«, wie er dem französischen Reporter Jacques Merlino erzählte. »Wir haben eine einfache Geschichte von Gut und Böse erzählt, und wir haben gewonnen, indem wir ein jüdisches Publikum erfolgreich angesprochen haben«, sage Harff. Man habe Worte wie »ethnische Säuberung« und »Konzentrationslager« verwendet und mit Bildern an die Gaskammern von Auschwitz erinnert. So wurde etwa ein Foto von Bosniern im Lager hinter Stacheldraht veröffentlicht, das aber von der anderen Seite aufgenommen wurde – die Bosnier waren gar nicht eingesperrt. So konnte Harff die Serben mit den Nazis gleichsetzen. Ein erstaunlicher Erfolg: Im Zweiten Weltkrieg hatten Bosnien und Kroatien auf der Seite der echten Nazis gestanden. Der bosnische Führer Alija Izetbegović – der die Waffen-SS unterstützt hatte – wollte einen muslimischen Staat nach dem Modell von Pakistan. 1992 hatte Izetbegović die bosnische Unabhängigkeit von Serbien erklärt, was den Krieg überhaupt erst ausgelöst hatte. Im bosnischen Zenica – »Klein Teheran« genannt – seien bewaffnete Mudschaheddin in Pick-Ups herumgefahren, erzählt Thomas Deichmann, ein Journalist in Bosnien. Auch Osama bin Laden war in Bosnien und brachte al-Qaida nach Europa. Heute weiß man, dass etwa 60 000 Bosnier getötet wurden, davon die Hälfte Zivilisten, was bei einer Gesamtbevölkerung von vier Millionen weit von einem Völkermord entfernt war.

Die US-Regierung unterstützte Bosnien, um Serbien, einen Verbündeten Russlands, zu schwächen, auch mithilfe des »Psychological Operations Command« der U.S. Army, das für psychologische Kriegsführung zuständig ist. Wenige Jahre später wiederholte sich das Szenario im Kosovo. Madeleine Albright sandte den Diplomaten William Walker zur »Wahrheitssuche« auf den Balkan, und er erzählte CNN-Journalisten von Massakern, unter anderem von einem Massenmord an 20 Lehrern in einem winzigen Dorf namens Racak, und von schwangeren Frauen, die ermordet worden seien, deren Bäuche man aufgeschlitzt habe, und von gegrillten Föten (was die *Zeit* heute als Ente bezeichnet). Walker steckte auch hinter der Mär des »Hufeisenplans«, einem angeblichen Plan der Serben zur Ausrottung der Kosovaren.

Der *Los Angeles Times* zufolge spielte Walker auch eine »wichtige Rolle« dabei, den serbischen Staatschef Slobodan Milošević erst an den »Friedenstisch« zu zwingen und dann die Luftangriffe der NATO auszulösen, die ohne UN-Mandat erfolgten. Die kosovarische UCK war von den USA zuvor als terroristische Gruppe eingestuft worden; nun mutierten ihre Angehörigen zu Freiheitskämpfern. Deutschland – unter Rot-Grün – setzte in Bosnien und im Kosovo zum ersten Mal seit dem Zweiten Weltkrieg die Bundeswehr ein – bei den Luftschlägen der NATO und im Rahmen der anschließenden KFOR-Mission.

Auch im Irakkrieg wollte George W. Bush möglichst viele

Alliierte im Boot haben, aus Kostengründen, aber auch, damit der Krieg nicht wie ein Kreuzzug der USA gegen die islamische Welt aussah.

Aber Deutschland, der selbst ernannte Hort des Pazifismus, weigerte sich. Nun begann eine Zuckerbrot-und-Peitsche-Strategie. Eine gut geölte Propagandamaschine lief an, um die Freunde auf der anderen Seite des Atlantiks davon zu überzeugen, beim Kampf gegen die »Achse des Bösen« (Bush-Redenschreiber David Frum) mitzumachen. Das Pentagon warnte vor Massenvernichtungswaffen, die Neokonservativen verkauften den Irakkrieg als humanitäre Aktion. Und parallel dazu versuchten amerikanische Medien, Schröder und sein Kabinett mittels transatlantischer Intrigen abzusägen.

Das Vorbild für Dr. Seltsam

In Washington, D.C., an der 17th Street NW, residiert das American Enterprise Institute (AEI). Die Denkfabrik liegt nahe der K-Street, im Nordwesten der National Mall, wo Martin Luther King seine berühmte »Ich habe einen Traum«-Rede hielt. Das AEI gilt als die Heimstatt der Neokonservativen, jener Bewegung ehemaliger Trotzkisten und Demokraten, die heute zum Interventionsflügel der Republikaner gehören. Als ihr geistiger Vater gilt Leo Strauss, ein Philosoph, Nietzsche-Verehrer, und, wie Fritz Kraemer, Offizier der kaiserlichen Armee im Ersten Weltkrieg. Strauss flüchtete vor den Nazis erst nach Paris, dann nach London und zuletzt nach New York.

Gegründet wurde das AEI von Lewis Brown, einem Asbestfabrikanten und einer der Architekten des Marshallplans. Zu den ehemaligen »Fellows«, Wissenschaftlern, zählt neben Irving Kristol auch Lynne Cheney, die Frau des Vizepräsidenten. In ihrem Bücherregal steht *Study of Revenge* von Laurie Mylroie, ebenfalls Fellow und frühere Clinton-Beraterin in Sachen Irak. Ihrem Buch zufolge steckte Saddam hinter der Attacke auf das World Trade Center von 1993 und, wie Mylroie später schrieb, auch hinter 9/11. In *Study of Revenge* geht es um Ramzi Yousef, der für den Anschlag von 1993 verurteilt wurde und den die Autorin für einen Iraker hält. Tatsächlich ist Ramzi ein in Kuwait geborener Pakistani. Paul Wolfowitz, der Vize von Pentagonchef Donald Rumsfeld, drängte die CIA, Mylroies Theorien nachzugehen, aber die stellte fest, dass nichts dran war. Das hielt Philip Zelikow aber nicht davon ab, sie vor den 9/11-Ausschuss zu laden. James Woolsey, der frühere CIA-Direktor, der heute Vizepräsident bei Booz Allen Hamilton ist, wo Edward Snowden und Richard Perle arbeiteten, hat das Buch gelobt.

Der 74-jährige Perle, dessen Eltern aus der Sowjetunion in die USA flüchteten, wird »Prince of Darkness« genannt, Fürst der Dunkelheit. Er sitzt (oder saß) in mehreren einschlägigen Gremien, darunter das Jewish Institute for National Security Affairs (JINSA) und die Foundation for the Defense of Democracies. Er war auch Aufsichtsrat beim konservativen Medienimperium Hollinger, das inzwischen in Konkurs gegangen ist. Und er saß im Defense Policy Board, welches das Pentagon in Sicherheitsfragen berät. 2003 beriet Perle – für 750 000 versprochene Dollar – die Kommunikationsfirma Global Crossing, die einen Verkauf an chinesische Investoren plante. Aber das Pentagon und das FBI legten Einspruch ein, aus Sicherheitsgründen. Seymour Hersh warf Perle im *New Yorker* einen Interessenkonflikt vor, Perle musste vom Defense Policy Board zurücktreten. Global Crossing ist übrigens einer der Konzerne, deren Ermittlungsakten beim Einsturz des World Trade Center 7 verloren gingen.

Perle und Wolfowitz haben bei Henry »Scoop« Jackson ihre Karriere begonnen, einem Senator der Demokraten, der glaubte, Eisenhower, Nixon und Kissinger seien zu weich gegenüber den Sowjets. Wie Jackson sind auch Perle und Wolfowitz Falken, die mit der CIA im dauernden Kleinkrieg liegen. Die CIA, glauben sie, sei nicht wachsam genug, was den unaufhaltsamen Vormarsch der Sowjets auf dem Weg zu

Weltherrschaft angehe. Nach 9/11 warfen sie der CIA vor, keine Beweise für die irakischen Massenvernichtungswaffen zu liefern. Auch andere Neokonservative kommen aus dem Stall von Jackson, darunter Douglas Feith, der unter Bush der Stellvertreter von Wolfowitz im Pentagon war.

Das AEI sieht sich als Debattenforum. »Wir wollen Brücken bauen und Verständnis für Amerika vermitteln«, sagt Sprecherin Karlyn Bowman. »Wir laden deutsche Politiker ein, und zwar aller Parteien.« Auch der deutsche Botschafter komme gerne zum Lunch. Das AEI habe sogar eine »Neue Atlantische Initiative« ins Leben gerufen. AEI-Fellows arbeiteten in Deutschland, etwa Jeffrey Gedmin, der das Aspen-Institut in Berlin leitet (das von Shepard Stone vom Congress for Cultural Freedom gegründet wurde). Gedmin lädt auch gerne Amerikaner nach Deutschland ein, etwa Richard Perle.

Wenn es all diese transatlantischen Bemühungen gibt – wo liegt dann die Ursache für das schlechte Ansehen der USA in Deutschland? »An der feindseligen Berichterstattung der liberalen Presse über Bush, insbesondere in der *New York Times*«, sagt Bowman. Dann lädt sie mich zu einem Briefing ein. Mit Richard Perle. Es findet im Wohlstetter Institute statt. Der 1996 verstorbene Albert Wohlstetter war ein Militärstratege, der das Konzept »Sicherheit durch Atomwaffen« entwickelte, und er ist der Schwiegervater von Perle. Wohlstetter war angeblich das Vorbild für Stanley Kubricks Dr. Seltsam (*Dr. Seltsam oder: Wie ich lernte die Bombe zu lieben*). Für den gibt es aber noch andere Kandidaten, darunter Fritz Kraemer oder Wernher von Braun, aber auch Leo Strauss.

Im Büro unterhalb des AEI residierte bei meinem Besuch im Frühjahr 2003 noch das »Project for The New American Century«, kurz PNAC, der intellektuelle Arm der Neokonservativen. PNAC wurde von William Kristol und Robert Kagan gegründet. William ist der Sohn von Irving Kristol und Chefredakteur des *Weekly Standard,* dem Sprachrohr der Neokonservativen. PNAC trat für die »amerikanische Führung in der

Welt ein«, sprich: für mehr Rüstungsausgaben, für Konfrontation mit feindlichen Regimes, um die Freiheit zu verbreiten, und für eine internationale Ordnung. Bei PNAC hatte sich alles versammelt, was unter Neokonservativen Rang und Namen hat: Richard Perle, Paul Wolfowitz, Douglas Feith, Dick Cheney, Donald Rumsfeld, James Woolsey und Lewis »Scooter« Libby, der es zu nationaler Berühmtheit bringen sollte, als seinetwegen die *New York Times*-Reporterin Judith Miller ins Gefängnis wanderte. Auch Charles Krauthammer von der *Washington Post*, die Ukraine-Lobbyistin Paula Dobriansky und der republikanische Senator John McCain waren Mitglieder. Direktor war Gary Schmitt, der langjährige Leiter der American Academy in Berlin, der heute beim AEI arbeitet.

1996 veröffentlichte PNAC ein Positionspapier; *A Clean Break: A New Strategy for Securing the Realm*. Zu den Autoren zählten Richard Perle und Douglas Feith, damals noch Lobbyist für die Rüstungsfirmen Lockheed Martin und Northrop Grumman. Auftraggeber war der israelische Premierminister Benjamin Netanjahu. In dem Papier wurde gefordert, Saddam Hussein zu stürzen, Syrien mithilfe lokaler Hilfskräfte einzudämmen, einen militärischen Präventivschlag gegen Iran zu führen und die Verhandlungen mit den Palästinensern über einen eigenen Staat abzubrechen. Saddam Hussein hatte im Golfkrieg Raketen auf Israel abgefeuert und zahlte den Familien palästinensischer Selbstmordattentäter Renten; dass Netanjahu ihn loswerden wollte, sollte niemanden wundern.

Es folgte mehr Säbelrasseln gegenüber dem Irak, das im September 2000 in der Erklärung »Rebuilding Americas Defenses« gipfelte. Darin wurde über »biologische Kriegsführung« nachgedacht, die sich gegen bestimmte genetische Typen richte. Sie könne ein »politisch nützliches Werkzeug« sein. In der Erklärung stand auch, für solch eine Revolution brauche man ein katastrophales, katalysierendes Ereignis, ein »neues Pearl Harbor«. Ein Jahr später brachen die Twin Towers im Höllenfeuer zusammen.

Zu Jahresbeginn 2003 werde ich in New York zu einer Pressekonferenz im Waldorf Astoria an der Park Avenue eingeladen. Die Einladung kommt von Benador Associates, einer Presseagentur, die viele Neokonservative betreut, auch Richard Perle, der heute im Waldorf Astoria spricht. »Selbstverständlich«, sagt Perle zu den versammelten ausländischen Journalisten, »hat Saddam Hussein Massenvernichtungswaffen, chemische, biologische und demnächst auch nukleare. Das ist schon Dutzende von Malen bewiesen worden.«

Etwa um diese Zeit treffe ich auch Daniel Ellsberg in New York, den ehemaligen Pentagon-Berater, der die geheimen Papiere über den Vietnamkrieg der *New York Times* übergab. Ellsberg glaubt, beim Irakkrieg ginge es tatsächlich um Öl – aber nicht um Öl an sich. »Wir können Öl von jedem Staat im Mittleren Osten kaufen«, sagt er. »Auch Irak und Iran haben uns immer Öl verkauft. Es geht um die Kontrolle der Ölflüsse, darum zu bestimmen, wer das Öl bekommt, zu welchem Preis und zu welchen Konditionen. Letztlich geht es um die Kontrolle der Weltmeere und des Welthandels.«

Das ist nicht ganz falsch, aber der wirkliche Grund für den Einmarsch in den Irak war ein anderer: Rache für 9/11. »Wir wollten ins Herz eurer Welt gehen, um die Blase zum Platzen zu bringen«, schrieb Thomas Friedman in der *New York Times*.

Die »neokonservative Gefangennahme«

Nach 9/11 gründete Wolfowitz das Office of Special Plans. Es war eine Art Ersatz-CIA. Es sollte beweisen, dass Irak biologische, chemische und atomare Massenvernichtungswaffen besaß sowie Verbindungen zu al-Qaida. Seymour Hersh vom *New Yorker* sprach mit ein paar Mitarbeitern, vertraulich. »Wir haben die Daten unter das Mikroskop gelegt, um zu zeigen, was die Geheimdienste nicht sehen«, erzählte ihm einer von ihnen.

Das Office of Special Plans war ein komplizierter Umweg.

Eigentlich habe US-Präsident Bush Wolfowitz zum CIA-Chef ernennen wollen, sagte der New Yorker Autor Craig Unger. Aber Wolfowitz hatte eine Affäre mit einer Weltbank-Managerin, einer Britin mit libyschen, türkischen, syrischen und saudischen Wurzeln. Seine verärgerte Ehefrau Claire beschwerte sich bei Bush: Ihr Mann mit seiner ausländischen, muslimischen Geliebten sei ein »Sicherheitsrisiko«. Ihr Brief – sagt Unger – sei zwar von Cheneys Stabschef »Scooter« Libby abgefangen worden, nun aber wussten die Neocons, dass sie vorsichtig sein mussten. Und um eine Befragung vor dem Kongress zu vermeiden, wurde diese Schatten-Spionageagentur gegründet, mit Wolfowitz an der Spitze.

Die Federführung beim Office of Special Plans lag bei Abram Shulsky. Shulsky, ein Verehrer von Leo Strauss, hatte sich an der Universität von Chicago ein Zimmer mit Wolfowitz geteilt. Das Office, schreibt Hersh, habe den Militärgeheimdienst DIA eingeschüchtert und die CIA »in Klump gehauen«. Das Office stellte alles, was die CIA lieferte, infrage. Shulsky stützte sich auf Ahmed Chalabi, einen in London aufgewachsenen Exil-Iraker, der dem Iraqi National Congress in Washington vorstand. Chalabi trat für die Invasion des Irak ein (und wurde in Sachen PR von der Rendon Group vertreten). Karen Kwiatkowski, eine Republikanerin und Oberstleutnant bei der Luftwaffe, die für das Office of Special Plans gearbeitet hat, schrieb später auf Salon.com von einer »neokonservativen Gefangennahme des politisch-nachrichtendienstlichen Geflechts, als die Invasion des Irak vorbereitet wurde«. Sie habe beobachtet, wie Leute aus Denkfabriken ins Pentagon kamen und Spionageberichte fälschten. Einer von ihnen sei David Wurmser vom AEI gewesen.

Zunächst arbeitete das Office of Special Plans an der Mär, dass Saddam Hussein und Osama bin Laden unter einer Decke steckten. Der World Trade Center-Attentäter Mohammed Atta, hieß es, sei im April 2001 in Prag gewesen und habe sich dort mit Ahmed Khalil Ibrahim al-Ani getroffen, einem irakischen Geheimdienstler (zu einem Zeitpunkt, als Atta tatsächlich in Florida unterwegs war; das FBI besitzt seine Rechnungen für Mietwagen und Hotel). Die Geschichte kam vom tschechischen Geheimdienst und gelangte über die CIA und Cheneys Büro an amerikanische Medien. Cheney, aber auch New Yorks Bürgermeister Rudy Giuliani erwähnten das Treffen bei TV-Auftritten. Stephen Hayes schrieb im *Weekly Standard* darüber, die *Free Republic* druckte die Geschichte nach, das *Wall Street Journal* und die *New York Times* ebenfalls.

Als die Tschechen zurückruderten, wollten manche das nicht glauben, darunter William Safire, konservativer Kommentator bei der *New York Times* (und früherer Redenschreiber von Nixon). Safire warf der CIA eine Desinformationskampagne vor. Ein »Amtsträger der Bush-Regierung« (man darf vermuten, Cheney) habe ihm versichert, dass Atta wirklich in Prag gewesen sei. Safire verfasste noch Dutzende von Artikeln, in denen er die Prag-Connection thematisierte, Massenvernichtungswaffen herbeihalluzinierte oder für den Irakkrieg eintrat.

Auch Judith Miller schrieb in der *New York Times* über Saddams chemische und biologische Massenvernichtungswaffen, die er dann, als die Waffeninspektoren keine fanden, angeblich in Syrien versteckt habe. Auch sie stützte sich auf Chalabi – auf Vermittlung des Pentagon. Das Pentagon las auch Millers Artikel, bevor sie in Druck gingen. Cheney und das Pentagon gingen sogar so weit, die CIA – die immer noch keine Beweise für irakische Massenvernichtungswaffen geliefert hatte – zu sabotieren.

Im Februar 2002 sandte die CIA Joseph Wilson, zu Golfkriegszeiten US-Botschafter in Kuwait, nach Niger. Wilson sollte untersuchen, ob Saddam Hussein sogenannten Yellowcake, anreicherungsfähiges Uran, gekauft habe. Wilson war mit der CIA-Agentin Valerie Plame verheiratet, die für die Suche nach Massenvernichtungswaffen im Irak zuständig war. Als Wilson in der *Times* schrieb, er habe in Niger keine

Hinweise auf Yellowcake gefunden, wurde seine Frau aus Rache enttarnt.

Dahinter steckte »Scooter« Libby. Cheneys Stabschef erzählte die Geschichte mehreren Journalisten, auch Judith Miller von der *Times*. Als gegen Miller wegen Geheimnisverrats ermittelt wurde, verbrachte sie mehrere Monate im Gefängnis, gewarnt von Libby, nicht auszupacken. Letztlich verlor nicht nur Miller wegen der »Plame-Affäre« ihren Job bei der *Times* – sie arbeitet heute für verschiedene Murdoch-Medien –, auch Libby wurde im Sommer 2007 wegen Geheimnisverrats und Meineids zu einer Gefängnisstrafe verurteilt (die Bush ihm erließ). Die Geschichte wurde später unter dem Titel *Fair Game* verfilmt, mit Sean Penn als Joseph Wilson und Naomi Watts als Valerie Plame. Damit hatte die CIA den verhassten Neocons endlich eine Niederlage zugefügt.

»Freedom Fries« und Käseäffchen

Als der Irakkrieg vorbereitet wurde, glaubten zwei Drittel der Amerikaner, dass Saddam Hussein hinter 9/11 stecke und im Besitz von Massenvernichtungswaffen sei. Schwerer war es, die Verbündeten davon zu überzeugen. Ausländer für die politischen Ziele der USA zu begeistern war traditional Sache der United States Information Agency, USIA. Sie gehörte zum State Department und kümmerte sich etwa um das Freihandelsabkommen NAFTA; ihr unterstanden unter anderem Voice of America, Radio Free Europe, Radio Liberty und Radio Marti, das sich an Kubaner richtete. 1999 war die USIA in zwei Abteilungen des State Department untergliedert worden, eine für den Rundfunk, die andere wurde nun »Public Diplomacy and Public Affairs« genannt. Leiterin unter Bush war die eher glücklose Charlotte Beers, die von der PR-Agentur Ogilvy & Mather kam und die einigen Spott auf sich zog, als sie zum Irakkrieg Werbefilmchen von glücklichen Muslimen in den USA produzieren ließ.

Von US-Diplomaten dürfte eine Idee stammen, die ein halbes Jahr nach 9/11 in Umlauf gebracht wurde: 58 Intellektuelle formulierten einen offenen Brief für den »gerechten Krieg«, »What We Are Fighting For«, wofür wir kämpfen, ein Titel, der nicht zufällig dem Weltkriegsmotto »Why we fight« ähnelte. Die Liste der Unterzeichner reicht von Altlinken wie Michael Walzer, der für die Debattenzeitschrift *Dissent* schreibt, über den liberalen Flügel der Neokonservativen – Francis Fukuyama und Samuel Huntingdon – bis zu Michael Novak vom AEI. Der Brief, der sich an Deutschland richtete, wurde in der *Zeit* als »Debatte in Amerika« gefeiert. Der *Tagesspiegel* widmete dem Intellektuellengipfel gleich vier Artikel. Dabei wurde der Brief in keiner einzigen amerikanischen Zeitung veröffentlicht, sondern nur auf den Websites der US-Botschaften sowie – aus völlig unerfindlichen Gründen – beim Institute for American Values von David Blankenhorn, der damals eher als Gegner der Schwulenehe bekannt war. Walzer kam sogar persönlich nach Berlin – auf Einladung der Alfred Herrhausen Gesellschaft und der Deutschen Bank – und bezeichnete Gegner des Afghanistanfeldzugs als »idiotische Linke« und »Verschwörungstheoretiker«.

Deutschland machte unter der rot-grünen Regierung von Gerhard Schröder in Afghanistan mit. Aber nicht im Irak. Verteidigungsminister Donald Rumsfeld beschimpfte das Land, aus dem sein Großvater kam, als »Altes Europa«; aber noch ärger erging es Frankreich, das sich weigerte, unter dem konservativen Präsidenten Jacques Chirac, Truppen zu schicken. Für die USA war das ein Schock. Frankreich hatte sich von den USA in zwei Weltkriegen retten lassen. Deshalb, dachten viele Amerikaner, wäre nun etwas Dankbarkeit fällig. Zunächst begann eine nachgerade bizarre Kampagne gegen Frankreich, die wirkte, als sei sie per Marschbefehl in sämtliche Redaktionen bis zur letzten Comedy-Show durchgestellt worden. Es fing damit an, dass Pommes frites, die in den USA »French Fries« genannt werden, in der Cafeteria des US-Kongresses nun »Freedom Fries« hießen – eines der lächerlichsten Eigentore in der Geschichte der PR. Dann machten Gastgeber von Late-Night-Shows Witze über ungewaschene, feige Franzosen, über »cheese eating surrender monkeys«, Käse essende Kapitulationsaffen. Charaktere in Sitcoms wie *Sex and the City* oder den *Simpsons* machten sich über die Franzosen lustig. Stand-up-Comedians auf Bühnen in New York und Los Angeles fantasierten laut über die Geschlechtsorgane von Französinnen. Und William Kristol rief seine Leser dazu auf, Franzosenwitze an den *Weekly Standard* zu senden.

Noch kälter erwischt wurde Amerika von der Weigerung Deutschlands, Truppen zu entsenden. Nach jahrzehntelanger Berieselung durch Hollywood und das Fernsehen mit Nazifilmen, Naziserien und Nazidokumentationen glaubten die Amerikaner, die Wehrmacht stünde mit geschnürtem Tornister bereit, um in den Irak einzumarschieren wie weiland in Polen. Die Deutschen hingegen hatten sich zur Speerspitze des lichterkettenbewehrten Kampfes gegen Kriegstreiberei gemausert und waren als Kombattanten in einem richtigen Krieg ungefähr so brauchbar wie neokonservative Intellektuelle. Mehr noch: Für sie war nach Jahren der Trockenübungen in Pazifismus endlich der Augenblick gekommen, sich einem echten Feldzug mit aller Macht entgegenzustellen.

Um nun auch deutsche Soldaten ins Boot zu holen und Alliierte im arabischen Raum zu überzeugen, gründete Douglas Feith, Unterstaatssekretär im Pentagon, das Office of Strategic Influence. Es war dem Psychological Operations Command der U.S. Army unterstellt. Das Office of Strategic Influence sollte erfundene Geschichten in der ausländische Presse unterbringen, auch in befreundeten Ländern, um diese kriegsfreundlicher zu stimmen. Es wurde aus einem für den Krieg eingerichteten Zehn-Milliarden-Dollar-Fonds mitfinanziert und hatte 15 Mitarbeiter aus dem Pentagon. Direktor war Air-Force-General Simon Worden, ein Freund von Feith aus den Tagen Reagans.

Das Pentagon engagierte auch hier wieder die Rendon

Group, die dafür laut *New York Times* 100 000 Dollar im Monat erhielt. Rendon schuf drei »Coalition Information Centers« in Washington, London und Islamabad, die täglich Presseerklärungen herausgaben und dafür sorgten, dass US-Regierungsbeamte im arabischen Fernsehen auftraten. Es war geplant, Journalisten, Beamten und Staatschefs Informationen zu schicken, bei denen nicht kenntlich war, dass sie aus dem Pentagon kamen. Das Office sollte »alle Instrumente des Department of Defense nutzen, um das ausländische Publikum zu beeinflussen«, sagte Wordens Assistent Thomas Timmes laut *Times*. Ein Pentagon-Beamter schwärmte, dass die Propaganda vom »schwärzesten Schwarz bis zum weißesten Weiß« reiche. Ob es legal war, Artikel im Ausland zu platzieren, war umstritten, denn diese Artikel konnten über Agenturen wie Reuters wieder zurück nach Amerika gelangen, was verboten war, seit die »Operation Mockingbird« aufgeflogen war.

Nachdem die *Times* über das Office berichtet hatte, musste Rumsfeld es beerdigen. Offiziell zumindest. Und inoffiziell? Im November 2002 auf einem Flug nach Chile von Journalisten dazu befragt, erwiderte Rumsfeld: »Ich bin am nächsten Tag hingegangen und habe gesagt, gut, wenn ihr das Ding schlachten wollt, gebe ich euch die Leiche. Hier habt ihr den Namen. Ihr könnt den Namen haben, aber ich behalte jedes einzelne Ding, das getan werden muss. Und das habe ich auch getan. Was das Office tun sollte, ist getan worden, wenn auch nicht durch dieses Office.« Kurz darauf entstand das – etwas kleinere – Office of Information Activities. Es war gehalten, unauffällig zu agieren, damit es nicht ebenso geschlachtet wurde, sagte Warden-Assistent Timmes in einem Interview mit Susan Cough, die 2003 eine Studie für das U.S. Army War College verfasste.

In Deutschland aber hatten alle Appelle an Frieden, Fritten und Freiheit nichts genutzt. Nun wurde die Nazikeule geschwungen. Auch hier agierte Safire an vorderster Front. Er berichtete über ein Treffen im Axel-Springer-Haus am 27. August 2002, an dem 30 Amerikaner teilgenommen hätten, aber auch Deutsche, unter ihnen Rudolf Scharping, der frühere Verteidigungsminister der Bundesrepublik, den Schröder gerade wegen privater Ungeschicklichkeiten entlassen hatte. Scharping wurde – so Safire – gefragt, weshalb Deutschland gegen Bushs Kampagne sei, Saddam Hussein zu stürzen. Scharping habe wiederholt, was er angeblich auf einer Kabinettssitzung gesagt hatte: Im Irakkrieg gehe es darum, eine »mächtige, vielleicht allzu mächtige jüdische Lobby« bei den nächsten Wahlen in den USA zufriedenzustellen, deren Stimmen Bushs Bruder Jeb Bush in Florida brauche. Safire, selbst jüdischen Glaubens, erregte sich über diese »vorurteilsbehaftete Analyse«, die typisch dafür sei, wie Deutschland die Atlantische Allianz unterminiere. Amerika sollte zwar nicht verlangen, dass die Gelder aus dem Marshallplan zurückgezahlt würden, aber man sollte darüber nachdenken, ob all die US-Truppen in Deutschland gebraucht würden, die vor einem halben Jahrhundert dort stationiert wurden, um »Russland draußen zu halten, Deutschland unten und Amerika drinnen«. Warum es dann eine Strafe sein sollte, die Truppen abzubauen, blieb Safires Geheimnis.

Safire war aber gar nicht bei dem Treffen im Springer-Hochhaus gewesen, und er hatte auch nicht Scharping angerufen, um sich das Zitat bestätigen zu lassen, wie es bei jeder seriösen Zeitung üblich ist. Das löste eine kleine diplomatische Krise aus. Scharping schrieb einen Leserbrief an die *Times*, wo er die obigen Äußerungen abstritt. Er habe nur ausgeführt, dass der Irak eine Bedrohung für Israel sei. Aber woher hatte Safire überhaupt die Information (oder, je nach Sichtweise, die Lüge)? Eine E-Mail an Safire wurde ebenso wenig erwidert wie ein Telefonanruf. Der Pressesprecher der *New York Times* teilte mir daraufhin mit, er könne nicht für Safire sprechen, aber ich solle mich doch am besten bei Josef Joffe erkundigen, der sei bei dem Treffen dabei gewesen.

Es hatte wenig Sinn, sich auf Scharping einzuschießen. Er

ist nicht nur Mitglied der Atlantikbrücke und Israelfreund – die Anti-Defamation League hatte ihm gerade ihren Menschenrechtspreis verliehen –, sondern er hat auch im Kosovokrieg die US-Interessen bedient. Vor allem aber hatte ihn Schröder ja kurz zuvor gefeuert. Tatsächlich visierte Safire ein ganz anderes Ziel an: deutsche Verlage. Die würden hegemonisch den US-Buchmarkt kontrollieren, schrieb Safire. Denn sie besäßen viele Verlage in Amerika. Bertelsmann besitze Random House und den »Book of the Month Club«. Holtzbrinck gehörten Farrar, Straus and Giroux sowie Henry Holt, Macmillan, Metropolitan Books und St. Martin's Press. Das sei ein »einseitiger kultureller Imperialismus«, beklagt sich Safire. Man könne darauf wetten, dass ein Verlag im Besitz von Deutschen demnächst »Mein Kampf um die Inspektionen« von Saddam Hussein veröffentlichen werde. »Der steigende Antiamerikanismus in Deutschland ist ein kleines Problem für Amerikaner, aber ein großes Problem für Deutsche«, schloss Safire.

Kurz darauf kam einen zweiter Schlag. Die damalige deutsche Justizministerin Herta Däubler-Gmelin, SPD, hatte am 18. September 2002, wenige Tage vor der Bundestagswahl, gesagt, Bush wolle mit dem Irakkrieg von innenpolitischen Problemen ablenken. »Das ist eine beliebte Methode. Das hat auch Hitler schon gemacht.« Däubler-Gmelin sprach mit Metallgewerkschaftern in der baden-württembergischen Kleinstadt Derendingen, bei der Diskussion war ein Reporter des *Schwäbischen Tagblatts* anwesend.

Während die Amerikaner nichts lieber tun, als einander mit Hitler-Vergleichen zu beharken – vielen Rechten gilt Barack Obama als neuer Hitler –, mögen sie es gar nicht, wenn Deutsche das tun. Sachlich ist der Anwurf ohnehin absurd. Weder fing Bush den Krieg an, um von innenpolitischen Krisen abzulenken, noch hat der US-Präsident – gelangweilter Sprössling einer reichen Familie – die leiseste Ähnlichkeit mit Hitler. Däubler-Gmelin schlug in der US-Presse eine Welle des

Ärgers entgegen (sie hatte auch gesagt, Bush müsste eigentlich wegen Insiderhandels, Stichwort: Harken Energy, im Knast sitzen). Ari Fleischer, Bushs Pressesprecher, sagte vor dem Washingtoner Pressecorps, das sei empörend. Däubler-Gmelin ruderte hastig zurück und sagte zunächst, sie habe das nicht so gemeint, und dann, sie habe das nie so gesagt. Schröder stellte die Ministerin mit dem losen Mundwerk nicht mehr auf, und der Skandal prallte teflongleich am Kanzler ab.

»Wie viele Vasen haben diese Leute eigentlich?«

Am 5. Februar 2003 hielt US-Außenminister Colin Powell vor den Vereinten Nationen seine berühmte Rede, in der er Saddam Hussein Massenvernichtungswaffen, atomare, biologische, chemische, sowie mobile Laboratorien und Anthrax andichtete. Wenig später marschierten US-Truppen im Irak ein.

Die Ironie an der Sache war allerdings: Die »Beweise«, die Powell hatte, stammten aus Deutschland, von Rafid Ahmed Alwan al-Janabi. Al-Janabi war ein 32-jähriger Sunnit, der Ende 1999 am Münchner Flughafen ankam, zum Auffanglager Zirndorf geschickt wurde und dort politisches Asyl beantragte. Er wollte auch einen deutschen Pass. Er bekam beides. Dafür erzählte er eine Geschichte, die sich fantastisch anhörte, von den Beamten des Bundesnachrichtendienstes, die ihn vernahmen, aber geglaubt wurde. Er sagte, er habe an der Technischen Universität in Bagdad studiert und dort Saddams berüchtigte mobile Biowaffenanlagen gesehen. Das Verhörprotokoll ging nach Pullach zur BND-Zentrale, wo al-Janabi gleich nochmals verhört wurde. Dann informierte der BND den amerikanischen Militärgeheimdienst DIA. Dem Iraker wurde der Deckname »Curveball« verpasst; sprechen durfte die DIA aber nicht mit ihm, weil al-Janabi angeblich die Amerikaner hasste (behaupteten die Deutschen), oder weil er von deutschen Waffenlieferungen in den Irak wusste (glaubten die Amerikaner). Da der Informant sich aber bald in Widersprüche verwickelte, nahm der BND Abstand. Auch die DIA verlor das Interesse.

Nach 9/11 aber erinnerten sich die Amerikaner an »Curveball«. CIA-Chef George Tenet bat BND-Präsident Ernst Uhrlau, den Iraker als Zeugen zur Verfügung zu stellen. Uhrlau lehnte ab. Al-Janabi sei nicht glaubwürdig. Auch das CIA-Büro in Berlin hielt ihn für einen Hochstapler, was Recherchen im Irak auch bald bestätigten. Powell aber bekam seine Informationen vom Office of Special Plans. Und das Office glaubte »Curveball« offenbar. Craig Unger zufolge wusste zwar der Geheimdienst des State Department, das Bureau of Intelligence and Research, dass »Curveball« log, aber Josh Bolten, Bushs Politikchef, habe dem Bureau verboten, sich einzumischen. Alwan al-Janabi sagt heute, er habe Saddam Hussein stürzen wollen. Er bereue nichts.

Als die U.S. Army in den Irak einmarschiert war, war die Kontrolle über die mediale Inszenierung des Krieges perfekt. Bereit kurz nach dem 11. September 2001 war bei Geheimtreffen zwischen dem Weißen Haus und Studiobossen aus Hollywood eine Arts and Entertainment Task Force gebildet worden. Im Irakkrieg wurde George Allison engagiert, der schon für MGM und Disney Kulissen gestaltet hatte, um das Pressezentrum in Katar auszustaffieren. Journalisten wurden ins Heer »eingebettet«, eine Idee von Rumsfelds Pressesprecherin Torie Clarke, die von der PR-Agentur Hill + Knowlton kam.

Auch die Nachrichtensender machten mit. Nach der Eroberung von Bagdad waren auf TV-Bildschirmen weltweit jubelnde Iraker zu sehen, die Saddam-Statuen umstürzten. Dabei war es nur eine einzige Statue, die vor dem Hotel Palestine stand, wo auch alle Journalisten untergebracht waren. Umgeworfen wurde sie von einem Panzer der U.S. Army. Auf einem Luftbild sieht man, dass nur eine Handvoll Iraker um die Statue herumsteht. Auf anderen Fotos sieht man zwar eine größere Menschenmenge, aber darauf ist derselbe Mann gleich mehrfach abgebildet. Das Foto ist digital bearbeitet worden. Wie sagte Rumsfeld, als die Museen von Bagdad geplündert wurden und die U.S. Army untätig zusah: »Wir sehen lauter Fernsehbilder von Leuten, die Vasen aus Gebäuden heraustragen, und fragen uns: Wie viele Vasen haben diese Leute eigentlich? Das ist immer die gleiche Vase.«

Einer derjenigen, die auf die Rumsfeld-Propaganda einstiegen, war Bill Gertz von der *Washington Times,* die dem Gründer der südkoreanischen Moon-Sekte gehört (Gertz arbeitet auch für *National Interest* und den *Weekly Standard).* Gertz schrieb in den Neunzigerjahren in der *Washington Times*, dass Russland Iran bei seinem Atomwaffenprogramm helfe. Nach 9/11 verfasste er ein Buch über das Versagen der CIA. Als sich Deutschland und Frankreich weigerten, Truppen in den Irak zu schicken, gerieten – wie John Judis im *American Prospect* schrieb – beide Länder in sein Visier.

Kurz vor der Invasion, am 18. Februar 2003, schrieb Gertz in der *Washington Times* über die *Sosan*, ein Schiff aus Nordkorea, das Raketen an den Jemen geliefert habe. Die *Sosan*, so Gertz unter Berufung auf »US-Geheimdienst-Offizielle«, sei dann nach Deutschland weitergefahren und habe dort eine große Menge von Materialien geladen – darunter ein Bestandteil des tödlichen Nervengases Sarin –, aus denen sich chemische Waffen herstellen ließen, die wiederum in Nordkorea landeten. Das sei eine Verletzung internationaler Abkommen. Zudem sei damit bewiesen, dass Deutschland selber mit Massenvernichtungswaffen handele, und nur deshalb sei das Land gegen den Krieg, schrieb Gertz.

Die Geschichte wurde von anderen Medien aufgegriffen. Murdochs *Fox News* erregte sich. Die deutsche Botschaft dementierte und legte Frachtpapiere vor, die bewiesen, dass die *Sosan* nie in Hamburg war. Gertz legte mit Kriegsbeginn noch sieben weitere Storys nach. So schrieb er, dass Frankreich irakischen Baathisten in Syrien Pässe gegeben habe, mit denen sie nach Europa fliehen konnten. Das würde bedeuten, dass die Franzosen Saddam unterstützten. Auch hier berief Gertz sich auf das Pentagon, und auch Rumsfeld dementierte nicht. Judis vermutet dahinter das Office of Special Plans. Ein paar Wochen später sattelte Gertz noch einmal drauf; nun sagte er, solche Pässe seien tatsächlich vom Armeegeheimdienst in Bagdad gefunden worden. Aber niemand bekam diese Pässe je zu Gesicht.

Auch *Newsweek* hatte eine Story, die auf das Pentagon zurückgeht: Die U.S. Army habe nach der Invasion im Irak 51 neue Roland-Raketen entdeckt, die von deutsch-französischen Waffenfabrikanten stammten. Sie lagerten in einem Waffendepot am internationalen Flughafen von Bagdad. Aber nach Auskunft der französischen Regierung handelte es sich um alte Raketen aus der Zeit, als die USA noch den Irak mit Waffen versorgten.

Mit sanfter Nachhilfe des Office of Special Plans fand die Presse nicht nur Massenvernichtungswaffen, sondern auch das legendäre Band zwischen Osama bin Laden und Saddam Hussein, wenngleich beides nicht vor Dauer war. Kurz nach dem Einmarsch durchstreiften zwei Reporter, Mitch Potter vom *Toronto Star* und Inigo Gilmore vom Londoner *Telegraph*, den zerbombten Präsidentenpalast in Bagdad. In einem Stapel schmutziger Papiere fanden sie ein Dokument, wonach sich Saddam mit bin Laden getroffen hatte, 1998. Zwar ist der Name »bin Laden« geschwärzt, aber Gilmore kratzte die Farbe mit einem Taschenmesser ab. Erstaunlich ist nur, dass die Reporter die »Smoking Gun« in einem Gebäude fanden, das die CIA und die U.S. Army schon mehrfach durchsucht hatten. Beim *Telegraph* sitzt Richard Perle im Aufsichtsrat. Aber auch das ist sicher nur Zufall.

Selbst in den USA stießen derartige Manipulationen auf Kritik. »Seit Vietnam haben wir keine solche systematische Verzerrung geheimdienstlicher Informationen, keine derartige Manipulation der öffentlichen Meinung gesehen«, schrieb John Brady Kiesling, ein hochrangiger US-Diplomat in Athen.

»Wir verbreiten Terror und Konfusion wie nie zuvor.« Kiesling reichte deswegen im Februar 2003 seinen Rücktritt ein.

Wenig später veröffentlichte der britische Journalist Andrew Paul Gilligan ein Dossier, wonach die Berichte über die Massenvernichtungswaffen »aufgesext« worden waren. Er stützte sich dabei auf David Kelly, einen britischen Biowaffenforscher. Zwei Tage später brachte Kelly sich um. Der Selbstmord wurde nie richtig aufgeklärt.

Auch Michael Ruppert, der Polizist, der schon früh Zweifel an der offiziellen Version von 9/11 hatte, wurde im April 2014 an seinem Wohnort in Napa County, Kalifornien, tot aufgefunden. Er hatte sich erschossen. Ruppert war mit Gary Webb befreundet gewesen, einem Reporter der *Mercury News* in Silicon Valley. Webb hatte über die Verwicklungen der CIA in den Drogenhandel geschrieben, vor allem den Crack-Kokain-Handel der Contras in Nicaragua. Als ihn die CIA in einem in der *Los Angeles Times* platziertenArtikel attackierte, wurde er gefeuert. Webb beging 2004 Selbstmord. Er schoss sich mehrmals in den Kopf, wie der Gerichtsmediziner feststellte.

Die Dämmerung der Neocons

»Eine Lüge ist schon um die halbe Welt, ehe die Wahrheit sich die Schuhe angezogen hat.«
MARK TWAIN

Dexter Filkins sind seine 45 Jahre nicht anzusehen. Lockige braune Haare, braune Augen, er ist schlank, beinahe drahtig. Drei Jahre war er für die *New York Times* im Irak, nun hat er eine Pause eingelegt. Er lehrt in Harvard und schreibt ein Buch über den Krieg. Filkins tritt an diesem Abend im April 2006 beim Tribeca Film Festival auf und will zusammen mit

Kollegen auf einem Podium über seine Erfahrungen sprechen. Das Festival findet in mehreren Kinos an der Südspitze von Manhattan statt. Es wurde 2002 von dem Schauspieler Robert De Niro und der Produzentin Jane Rosenthal aus der Taufe gehoben, als in Downtown noch das riesige, bedrückende Loch zu sehen war, das der Anschlag hinterlassen hatte.

Filkins ist erfrischend ehrlich. Er war bei der U.S. Army »eingebettet«, aber das ginge in so einem Krieg nicht anders. »Über die Aufständischen wissen wir so gut wie gar nichts«, erzählt er. »Aber nicht, weil wir zu bequem gewesen wären, rauszugehen. Das ist wirklich saugefährlich!« Der Medienkritiker Michael Massing, der neben Filkins auf dem Podium sitzt, wirft dem *Times*-Reporter vor, dass sich die Journalisten mit den US-Truppen verbündeten. Der schüttelt den Kopf über so viel Naivität. »Die Soldaten beschützen uns«, sagt er. »Einmal hat ein Soldat vor meinen Augen eine Kugel in den Kopf gekriegt. Danach sieht man manches anders.« Wie etwa den Massenmord von Haditha, als GIs mehrere Zivilisten, darunter auch Kinder, erschossen haben. »In Haditha ist es 40 Grad heiß, die Bevölkerung ist unglaublich feindselig gegenüber den Amerikanern, und die GIs sind junge Freiwillige, die durch den Krieg ziemlich zermürbt sind. Da passiert so was halt«, sagt Filkins.

Die *Times* in Bagdad residiert nicht in der von der U.S. Army kontrollierten Green Zone, sondern in der Innenstadt. Das Büro ähnelt einem Hochsicherheitstrakt. »Wir sitzen hinter meterhohen Betonwänden mit Glasscherben und Stacheldraht«, sagt Filkins. »Wir haben 45 Wachleute, drei gepanzerte Fahrzeuge, die im Konvoi fahren, was mir einmal das Leben gerettet hat, und wir haben 70 irakische Reporter, die für uns mit den Einheimischen reden.« Das koste Unsummen, etwa eine Viertelmillion Dollar pro Woche. Deshalb wohl sei die *Times* die einzige Zeitung, die durchgehalten habe. »Es gibt nur noch unser Büro, ein paar Briten und die arabische Presse.« Die Deutschen seien schon lange weg, sagt Filkins. Am längsten habe noch der *Spiegel* durchgehalten.

Auf dem Tribeca Film Festival läuft auch *I am an American Soldier* von John Laurence, wo es um fünf Soldaten der Eliteeinheit »Charlie Troop« geht, die mit der 101. Luftlande-Division im Irak sind. Ihr Führungsoffizier Michael Steel hat seinen Soldaten beigebracht, den »Hundesohn zu killen, killen, killen, sonst killt er euch und eure Kameraden«. Ein Soldat, Luke Murphy, fährt mit dem Lastwagen auf eine Autobombe, die explodiert. Sein Bein muss amputiert werden. »Nichts ist das wert«, sagt Luke, als er im Militärkrankenhaus liegt. Derweil lehrt Sergeant Mario Terenas, wie man den Gegner mit drei Schüssen erledigt. Er will nur noch »auf den Irak pissen«. Irgendwann erschießt ein GI drei Zivilisten. »Das war nicht ich, der geschossen hat«, sagt er achselzuckend. »Das war die Situation, in der geschossen wurde.« Laurence gibt sich alle Mühe, die GIs sympathisch darzustellen, aber befreit werden möchte man von solchen Soldaten wirklich nicht.

In seinen Anfangsjahren war das Tribeca Film Festival politisch, gezeigt wurden unabhängige Filme und Dokumentationen über den Irakkrieg. Die großen Hollywoodstudios produzierten damals kaum Propagandafilme von der Art, wie sie den Zweiten Weltkrieg geprägt hatten. Meist wurde der Krieg, wenn überhaupt, als düstere Veranstaltung gezeigt, bei der sich GIs ohne rechten Grund mit ausländischen Finsterlingen herumschlagen müssen.

Und noch heute spielen die Kriege im Mittleren Osten im US-Kino bei Weitem nicht so eine große Rolle wie der Zweite Weltkrieg. Der einzige echte Blockbuster war ein Science-Fiction-Film, *Avatar,* von dem Kanadier James Cameron, wo ehemalige Marines als Söldner einen fremden Planeten plündern (Josef Joffe nannte ihn in der *Zeit* »verlogen« und »rassistisch«). Ebenfalls kritisch ist *Syriana* von und mit George Clooney, wo der Krieg gegen den Terror als schwer verständliches, zynisches Machtspielchen gezeigt wird. *Syriana* geht auf das Buch *See No Evil* des CIA-Agenten Robert Baer zurück, der inzwischen entnervt das Handtuch geworfen hat, weil er nichts von der ewigen Einmischung der USA im Mittleren Osten hält, wie er – ebenfalls bei einem Auftritt auf dem Tribeca Film Festival – erzählt.

In *Green Zone* geht es um Fehler der CIA in Sachen Massenvernichtungswaffen, in *In the Valley of Elah* (dt. *Im Tal von Elah*) wird ein GI zum Opfer finsterer Mächte im Pentagon – ein Thema, das schon Oliver Stone aufgegriffen hat –, und auch *The Hurt Locker* und *Zero Dark Thirty* sind Filme über Bomben und Folter. Bei *Zero Dark Thirty* war die CIA an der Produktion beteiligt, wie mehrere US-Medien berichteten, die eine Anfrage nach dem »Freedom of Information Act« gestellt hatten. Demnach hatte sich die Publicity-Abteilung der CIA ins Drehbuch eingemischt. So wurde eine Szene gestrichen, in der Gefangene mit Hunden bedroht wurden, und eine andere, in der ein betrunkener Offizier in die Luft schießt. Der Filmemacher habe »sich bereit erklärt, uns die Drehbücher und die Details des Films zu zeigen, deswegen sind wir total gelassen, was der Film letztlich zeigen wird«, hieß es in einem CIA-Memo. Und *Zero Dark Thirty* legt nahe, dass Osama bin Laden entdeckt und erschossen wurde, weil die Army Verdächtige gefoltert hatte, die CIA-Folter also gerechtfertigt gewesen sei.

Zwar sind viele dieser Filme kritisch, sie zeigen den Krieg aber ausschließlich aus der Perspektive des GIs, der leidet, weil er töten und foltern muss. Iraker oder Afghanen spielen kaum eine Rolle (mit der Ausnahme von *Taxi to the Dark Side* [dt. *Taxi zur Hölle*], wo es um einen zu Tode gefolterten afghanischen Taxifahrer geht, und *Avatar*). 2014 kam der Clint-Eastwood-Streifen *American Sniper* in die Kinos, wo ein amerikanischer Scharfschütze Iraker abschießt. Unter Kritikern umstritten, fand er den Beifall des Pentagon, das den Film in seinem Twitterfeed bewarb. *American Sniper* geht auf den Bestseller eines echten GIs, Chris Kyle, zurück, der einmal sagte, er wolle jeden einzelnen Iraker erschießen, von 16 bis 65 Jahren. Als Kyle zurückkam, litt er an posttraumatischem Stress; er wurde später in den USA von einem anderen Irak-Veteranen erschossen und gilt dort als Opfer.

Eine mindestens ebenso wichtige Rolle spielt das Fernsehen, das uns etwa mit *Homeland* und *24* die schöne neue Kriegswelt nahebringt. *Homeland* wurde einer israelischen Antiterror-Serie nachempfunden, während *24* – mit dem schießenden, prügelnden und folternden Terroristenbekämpfer Jack Bauer – von Joel Surnow produziert wurde, einem der wenigen bekennenden Republikaner in Hollywood. Jack Bauer ist dauernd einer Verschwörung auf der Spur, einer tickenden Zeitbombe oder einem von Terroristen geplanten Anschlag, und es gibt nur einen Weg, die Katastrophe zu verhindern: Folter. Surnow sagte dem *New Yorker*, er gebe den Amerikanern nach 9/11, was sie wollten. Die Funktion solcher Serien ist es aber vor allem, Amerikaner – auch Soldaten der U.S. Army – zu desensitivieren. Im Übrigen hat sich auch die Bush-Regierung oft auf *24* berufen. Surnow findet laut *New Yorker*, die USA hätten statt Saddam Hussein einfach ein »anderes Monster« im Irak einsetzen sollen. Denn die USA seien die »Eltern« der Weltgemeinschaft, die wüssten, wo es langgeht.

Gangster und Cowboys

Am Times Square, in einem Hochhaus, in dem das Morgenstudio des Nachrichtensenders ABC sitzt, außerdem Disney, die Technologiebörse Nasdaq sowie die Zeitung *China Daily*, befindet sich das Büro von Edelman Public Relations. Richard Edelman, der Inhaber, hat eine Runde ausländischer Korrespondenten eingeladen, die in New York leben und arbeiten.

Edelman, ein freundlicher älterer, etwas besorgter Herr, will den Ruf der USA im Ausland verbessern. Edelmans Initiative ist nötig, denn im Irakkrieg wurde massenhaft politisches Porzellan zerschlagen: Abu Ghraib, Guantanamo Bay; bis zu eine Million Iraker (und Afghanen) sind gestorben für einen Sieg, von dem niemand so recht weiß, ob er Frieden bringt.

Auch die Versuche, die Herzen der Araber zu gewinnen, waren erfolglos. Stattdessen haben sich Medien in Amerika auf die Pentagon-Propaganda eingeschossen. *Harper's Magazine* veröffentlichte einen Bericht von Willem Marx, der im Sommer 2006 ein Praktikum im Irak absolvierte. Er arbeitete für die PR-Firma Lincoln Group, die im Auftrag der U.S. Army und der Halliburton-Tochter Kellogg Brown & Root in Bagdad »Pressearbeit« machte. Marx sollte Meldungen, die er von der U.S. Army bekam, so umschreiben, dass sie wirkten, als stammten sie von irakischen Journalisten (die Artikel priesen die Besatzung und verdammten die Aufständischen). Diese Meldungen wurden von Irakern ins Arabische übersetzt und in irakischen Zeitungen platziert (gegen Geld). Die Lincoln Group bekam dafür jährlich fünf Millionen Dollar. Ähnliches geschah mit gefälschten Fernsehberichten.

Für diese Art von PR gab die US-Regierung viel Geld aus: Von 2003 bis 2005 wurden rund 1,62 Milliarden Dollar an 343 amerikanische Werbeagenturen, PR-Firmen, Medienorganisationen sowie acht Journalisten gezahlt, wie aus einem Bericht des »Government Accountability Office« hervorgeht, das Staatsausgaben im Auftrag des Kongresses überprüft. In den 1,62 Milliarden sind die Mittel für Propaganda im Ausland noch nicht enthalten. Am meisten Geld gab das Pentagon aus, rund 1,2 Milliarden Dollar.

Aber trotz dieses viele Millionen teuren PR-Einsatzes wurde eine Gruppe von Journalisten völlig übersehen: ausländische Korrespondenten in den USA. »Wir haben herumgefragt, und viele Leute in amerikanischen Institutionen wissen gar nicht, dass es hier Korrespondenten aus dem Ausland gibt«, sagt Edelman. All diese Denkfabriken und Politikvereine wenden sich nämlich am liebsten über die Köpfe des journalistischen Fußvolks hinweg direkt an die Chefredakteure und Herausgeber in Deutschland. Die Reporter vor Ort wiederum stützen sich meist auf liberale amerikanische Zeitungen, allen voran die *New York Times* und den *New Yorker*.

Edelman fragt die versammelten Korrespondeten, ob sie Ideen hätten, wie das Image der USA verbessert werden könne, denn leider würden Amerikaner im Ausland als Gangster und Cowboys gesehen. Wir meinen, dass das eher an Hollywood liegt als an den Korrespondenten.

Seit dem Irakkrieg sammeln sich auch in Deutschland Amerikaliebhaber, die für die Kritiker der Bush-Regierung ein Wort erfanden: Antiamerikanisten. Am meisten tat sich dabei der damalige *Spiegel*-Kolumnist Henryk M. Broder hervor, der einmal sogar zu einer Fernsehdebatte mit Stars-und-Stripes-Krawatte aufkreuzte. Dabei war Broder früher durchaus USA-kritisch. So nannte er Steven Spielbergs Shoa-Stiftung »ein Unternehmen, das den Massenmord multimedial vermarktet« und quasi eine »Lizenz zum Gelddrucken erfunden« habe. Broder hatte früher auch keine hohe Meinung von der Jewish Claims Conference in New York, die Gelder an Holocaust-Überlebende verteilt. Doch nachdem sein linker amerikanischer Kollege Norman Finkelstein das Buch *The Holocaust Industry* (dt. *Die Holocaust-Industrie*) geschrieben hatte, das der JCC vorwarf, Gelder zweckzuentfremden, wandelte sich Broder im *Spiegel* zum JCC-Verteidiger. Inzwischen gingen nach einem 57-Millionen-Dollar-Betrug nicht nur mehrere JCC-Mitarbeiter im Gefängnis, die Stiftung sitzt – der jüdischen Wochenzeitung *Forward* zufolge – auf 500 Millionen Dollar, während Holocaust-Überlebende in Israel hungern. Ein Problem, das Broder nicht hat: Der frischgebackene Amerikaliebhaber bekam einen Buchvertrag mit der University of Illinois Press. Broder wird gelegentlich verdächtigt, Handlanger der US-Propaganda in der deutschen Presse zu sein, aber nichts könnte falscher sein. Aus Sicht der USA ist Broder eine »Loose Cannon«, frei übersetzt ein unsicherer Kantonist, und damit unbrauchbar.

Ein ganz anderes Kaliber ist *Zeit*-Hausgeber Josef Joffe. Bei

Joffe weiß man zwar nie so genau, ob er der lange Arm von Holtzbrinck in Amerika ist oder der lange Arm von Amerika bei Holtzbrinck, aber seine politische Linie ist seit Jahrzehnten unverändert. Joffe ist der Transatlantiker aus dem Bilderbuch. Laut einem Interview, das das Reiseressort der *Zeit* 2012 mit ihm führte, ist er mit »vielen politischen Institutionen eng verdrahtet, unter anderem mit dem Aspen Institute und der Atlantikbrücke«. Er schreibt für die *New York Times*, das *Wall Street Journal* und *Foreign Affairs*, die Hauspostille des Council on Foreign Relations, und lehrt an der Johns Hopkins University und in Stanford. Seinem Lebenslauf auf der Universitätswebsite von Stanford zufolge ist er unter anderem im Aufsichtsrat der American Academy, der Goldman Sachs Foundation und Mitglied des American Council in Germany. Joffe wurde auch vorgehalten, er nehme an Bilderberg-Konferenzen teil, dies wies er aber zurück. Andererseits sind die Teilnehmer zur Verschwiegenheit verpflichtet.

Die Bilderberger sind – ähnlich wie die von David Rockefeller gegründete Trilateral Commission – eine informelle Gruppe einflussreicher Politiker und Industrieller; sie wurde im Mai 1954 im niederländischen Hotel Bilderberg gegründet, auf Einladung von Prinz Bernhard. Die *New York Times* nannte sie 1977 anlässlich des Jahrestreffens in London den »exklusivsten Club des westlichen Establishments«, wo sich »hundert der mächstigsten Männer des Westens hinter verschlossenen Türen treffen, um Ideen und Strategien zu diskutieren, welche die westliche Politik formen«. Zu diesen Männern gehörten etwa Helmut Schmidt, Henry Kissinger und natürlich David Rockefeller. Für ein paar Jahre war der frühere deutsche Bundespräsident Walter Scheel Vorsitzender.

Die *Times* berichtete nur sehr spärlich über diese Treffen, bis es sich im Jahr 2004 zwei Reporter in den Kopf setzten, den damaligen Präsidentschaftsaspiranten John Edwards zu begleiten, der zum Bilderberger-Treffen in Stresa, Italien, fuhr. Eingelassen wurden sie nicht, aber die interessierte

Öffentlichkeit erfuhr immerhin, dass Henry Kissinger immer noch zu den Bilderbergern gehört, ebenso Richard Holbrooke und Richard Perle. Im Jahr darauf nahmen auch Google-Chef Eric Schmidt und Peter Sutherland, der Vorsitzende von Goldman Sachs International, am Bilderberger-Treffen teil. Eigentlich gehen alle führenden Politiker dorthin, von Helmut Kohl über Gerhard Schröder und Joschka Fischer bis zu Angela Merkel, natürlich auch Margaret Thatcher und Bill Clinton, aber auch Verleger wie Mathias Döpfner (Springer) und Hubert Burda.

Gegen Joffe wurden in letzter Zeit Vorwürfe laut, er stehe zu vielen dieser Organisationen zu nahe. 2014 spießte die ZDF-Sendung *Die Anstalt* das auf. Joffe erwirkte eine einstweilige Verfügung gegen die Sendung, scheiterte aber erstinstanzlich gegen die Satiriker. Der weitere Ausgang ist noch offen. Der Herausgeber beschwerte sich damals beim Chefredakteur des ZDF, Peter Frey: »Partizipation ist nicht Konspiration«, erklärte er. Es sei »unredlich und töricht, einem Journalisten, der sich ein Leben lang mit Außen- und Sicherheitspolitik beschäftigt hat, zu unterstellen, er betreibe manipulative Meinungsmache, weil er über die Jahre an den öffentlichen Veranstaltungen der genannten Institute teilgenommen habe«. Das mag für Fachreporter oder Auslandskorrespondenten gelten, aber nicht für Herausgeber, deren Aufgabe es eben nicht ist, sich in die Details der Berichterstattung einzumischen. Arthur Sulzberger jr., der Verleger der *New York Times*, lehnt es ausdrücklich ab, in derartigen Organisationen Mitglied zu sein, um nicht den Anschein eines Interessenkonflikts zu erwecken.

Joffe ist aber nicht nur Transatlantiker, Herausgeber und Reporter in einer Person, er ist auch das Gesicht von *Zeit*-Verleger Holtzbrinck in den USA. Für Dieter von Holtzbrinck ist Amerika der wichtigste Verlagsmarkt der Welt. »Ich glaube einfach an Amerika«, sagte er der *New York Times*, als der Konzern 1997 sein erstes modernes Distributionscenter in

Gordonsville, Virginia, eröffnete. Die Verlagsgruppe wurde vor einigen Jahren unter den Erben Dieter von Holtzbrinck, Stefan von Holtzbrinck und Monika Schoeller aufgeteilt; ihnen gehören neben der *Zeit* und dem *Handelsblatt* nicht nur mehrere deutsche Verlage – allen voran S. Fischer –, sondern auch amerikanische Verlagshäuser. Und zwar nicht irgendwelche Verlage, sondern angesehene Traditionshäuser, allen voran Farrar, Straus and Giroux. Der verstorbene Verlagschef Roger Straus war einer der großen alten Männer des New Yorker Verlagswesens, ein Erbe der Guggenheim-Familie und der Familie Straus, der das Kaufhaus Macy's gehört – sein Großvater Isidor Straus ertrank beim Untergang der *Titanic*. Holzbrinck besitzt auch Macmillan, deren Chef John Sargent einen Aufstand gegen Amazon anführte, sowie St. Martin's Press, Henry Holt und Metropolitan Books, wo die Bücher von Glenn Greenwald erscheinen. Im amerikanischen Kontext sind die Holtzbrincks Liberale: So wandte sich Dieter von Holtzbrinck öffentlich dagegen, als Rupert Murdoch das *Wall Street Journal* übernahm. Möglicherweise ist Joffe ein Versuch, Ausgewogenheit darzustellen.

Der Fürst der Finsternis in Prenzlauer Berg

Mit dem glücklosen Irakkrieg waren auch die Neokonservativen unter Beschuss geraten. Das Office of Special Plans wurde Mitte 2003 unauffällig beerdigt. Bald darauf begann das FBI, innerhalb des Pentagon zu ermitteln. Larry Franklin, ein Mitarbeiter von Unterstaatssekretär Douglas Feith, wurde verhaftet (und verurteilt), weil er geheime Akten über den Iran an Israel weitergegeben hatte. Auch gegen Ahmed Chalabi, den Vorsitzenden des Iraqi National Congress (INC), wurde ermittelt. Man vermutete, dass er Informationen an die Iraner weitergeleitet hatte. Manche CIA-Analysten glaubten sogar, hinter dem INC stecke der iranische Geheimdienst. Chalabi kehrte mit der U.S. Army in den Irak zurück und brachte es dort vorübergehend zum stellvertretenden Premierminister.

Die Neokonservativen fielen zwar in Ungnade, aber doch weich auf die Füße. Paul Wolfowitz wurde Chef der Weltbank, wurde gefeuert, nachdem er seine Geliebte befördert hatte, landete aber beim American Enterprise Institute. Abram Shulsky kam beim Hudson Institute unter, einem von der Industrie finanzierten Ableger der Denkfabrik RAND Corporation, die Henry Kissinger für eine der »wichtigsten politischen Forschungsstätten Amerikas« hält. Auch Feith und »Scooter« Libby bekamen dort Jobs. Im Aufsichtsrat des Hudson Institute sitzt Richard Perle.

Aber es gab einen Ort, wo die Neocons noch Freunde hatten: Deutschland. Sie saßen nun in Berlin herum wie die Résistancekämpfer in Rick's Café in Casablanca. Jeffrey Gedmin, der vom American Enterprise Institute (AEI) kam und nun das Aspen-Institut in Berlin leitete, hatte Perle bereits im Juni 2003 in die Kulturbrauerei in Prenzlauer Berg eingeladen, wo der »Fürst der Finsternis« vor Berliner Linken für den Irakkrieg warb. Nebenbei trat er in einem Interview für die *tageszeitung* für einen Regimewechsel in Iran ein und zeigte sich überrascht, dass er mit dieser Forderung keine offenen Türen einrannte. Wenige Monate später sprach Perle auf Einladung von Verteidigungsminister Peter Struck und der *Welt* und lästerte über die neue deutsch-französische Freundschaft.

Kurz darauf beschworen das Aspen Institute in Italien und die New Atlantic Initiative, ein Ableger des AEI, die Wiederbelebung der transatlantischen Freundschaft. Sie luden zu einer Tagung ins Aldrovandi Palace Hotel in Rom ein, gesponsert von der URS Corporation, einem Ingenieurkonzern, der im Auftrag der US-Regierung im Irak baut, der italienischen Rüstungsfirma Finmeccanica und DaimlerChrysler. Den Eröffnungsvortrag hielt Charles Murray vom AEI zu dem Thema: »Ob wir es wollen oder nicht, wir sind eine Familie.« Eingeladen waren unter anderem Gianfranco Fini, der Vorsitzende der italienischen Postfaschisten, Karsten

Voigt, Koordinator der Bundesregierung für deutsch-amerikanische Zusammenarbeit, Christopher DeMuth, Danielle Pletka, Michael Ledeen und Michael Novak vom AEI sowie Gary Schmitt, Direktor des »Project For The New American Century« (PNAC), Josef Joffe und Richard Perle.

Perle trat noch mehrmals in Berlin auf, etwa im August 2008 an der Bucerius Law School. Zwei Monate später diskutierte er mit Michael Blumenthal, dem Direktor des Jüdischen Museums, über den Irakkrieg (Blumenthal, ein liberaler Demokrat und Finanzminister unter Jimmy Carter, hielt dagegen). Kritik hörte Perle auf seinen Berlin-Touren gar nicht gerne. Gefragt, wieso Kinder von Neokonservativen nicht im US-Militär dienten, schnappte er zurück, eine solche Frage sei »billiger Populismus«.

Josef Joffe verteidigte in der *Zeit* vom 3. November 2008 das Trio Perle, Feith und Wolfowitz gegen den Vorwurf, die Vorhut einer israelhörigen »Kosher Nostra« zu sein, die Amerika in den Irakkrieg gezerrt habe, um, wie Michael Scheuer von der CIA es formuliert hat, den »Mittleren Osten sicher für Israel zu machen«. Joffe besuchte sogar die Genossen in Amerika, um sie über ihre Rolle im Irakkrieg zu interviewen.

Feith meinte zu Joffe, man hätte damals nicht Irak, sondern Iran angreifen sollen (der jüdischen Wochenzeitung *Forward* sagte Feith: »Alles, was über uns gesagt wurde, ist falsch. (…) Wenn eines Tages die Archive geöffnet werden, wird man das sehen.«). Wolfowitz versicherte der *Zeit*, er sei nicht der Drahtzieher beim Irakkrieg gewesen. Auch Perle beteuerte in demselben Artikel: »Wir hatten keinen wirklichen Einfluss, obwohl ich mir den sehr gewünscht hätte. Ratschläge wurden gern ignoriert. Doug (Feith) hatte keine operativen Befugnisse.« Alle Entscheidungen habe Donald Rumsfeld getroffen, den er praktisch nie zu Gesicht bekommen habe.

Verschwörungskaskaden

Als Joffe diese Zeilen schrieb, waren Bush, Cheney und Rumsfeld gerade abgetreten. Neuer Präsident war Barack Obama, der junge, schwarze, linke Demokrat, der in Deutschland schon vor der Wahl Begeisterungsstürme hervorgerufen hatte. In einer Imitation des legendären Auftritts von Ronald Reagan plante Obama einen Besuch am Brandenburger Tor, der dann aber an die Siegessäule verlegt wurde. Dort jubelten ihm 200 000 Berliner zu. Aber auch viele Amerikaner. Das Team Obama hatte dafür gesorgt, dass die in Berlin lebenden Amerikaner, auch die Diplomaten von der US-Botschaft, Plätze in der ersten Reihe bekamen.

Obama beendete die Kriege in Irak und Afghanistan (mehr oder weniger), aber die USA sind stärker denn je im Mittleren Osten involviert. Allerdings weniger mit Bodentruppen, was einer zunehmenden Kriegsmüdigkeit der Bevölkerung geschuldet ist, als mit ferngesteuerten Drohnen, ferngesteuerten Strippenziehern und viel Geld. US-Waffen töten in Libyen, Syrien, im Jemen, in der Westbank und in Pakistan – dort fand eine Spezialeinheit der U.S. Army endlich auch Osama bin Laden, der flugs getötet und dessen Leiche im Meer versenkt wurde – ohne Verhör und ohne Prozess. Nicht einmal Hermann Göring ist so behandelt worden. Dass der pakistanische Geheimdienst ISI die ganze Zeit wusste, wo bin Laden steckte, darf man getrost annehmen.

Obwohl ein politischer Gegner der Bush-Regierung, war Obama daran gelegen, die Verschwörungstheoretiker zu 9/11 und den Kriegen im Mittleren Osten ruhigzustellen. Schließlich wollte der neue Präsident regieren und vielleicht auch den einen oder anderen Einmarsch in dieses oder jenes Land anordnen, ohne stundenlange Debatten über gefälschte Daten führen zu müssen. Für derartige Überlegungen hatte Obama einen Juristen ins Weiße Haus berufen, der, wie Obama, aus Chicago kam und in Harvard studiert hatte: Cass Sunstein. Sunstein war Administrator des Office of Information and

Regulatory Affairs, das die Leitlinien der Regierungspolitik definiert. Er ist mit Samantha Power verheiratet, Obamas Botschafterin bei den Vereinten Nationen. Power ist eine unter Linken umstrittene Menschenrechtlerin, die, wie viele in Washington, Völkermord immer nur dort erkennt, wo es politisch passt, also in Bosnien oder im Kosovo, nicht aber in Vietnam oder im Irak.

Sunstein verfasste 2008 in Harvard, kurz bevor er bei Obama anfing, zusammen mit dem Juraprofessor Adrian Vermeule das Arbeitspapier »Conspiracy Theories« über die 9/11-Verschwörungstheorien. Abermillionen von Menschen dächten, dass nicht al-Qaida, sondern Israel oder die USA hinter dem Anschlag steckten, auch in Amerika: 49 Prozent aller New Yorker, so Sunstein, seien nach einer Umfrage vom August 2004 davon überzeugt, dass die Regierung von dem Anschlag wusste und nichts unternommen hat. In muslimischen Ländern sei der Anteil noch wesentlich höher. Das sei keineswegs trivial, sondern ein echtes Risiko für die Antiterrorismuspolitik. Die weitverbreitete Überzeugung, dass US-Offizielle hinter 9/11 steckten, könne die Anstrengung der Regierung beeinträchtigt haben, Unterstützung für die Terrorbekämpfung, sprich: neue Kriege, zu gewinnen.

Viele Menschen in muslimischen Ländern glaubten auch, die Bush-Regierung habe die Verschwörungstheorie verbreitet, dass sich Saddam Hussein mit al-Qaida verbunden habe, um die Anschläge von 9/11 zu begehen, schreibt Sunstein. Seiner Ansicht nach informieren Verschwörungstheoretiker einander in »Verschwörungskaskaden«, deshalb seien sie schwer zu widerlegen. Am besten sei es, »Hardcore-Gruppen« zu infiltrieren, dort neue »faktische Mutmaßungen« einzubringen und damit informationelle Vielfalt zu schaffen. Aber leider seien viele Verschwörungstheoretiker lernresistent.

Sunstein meint, man solle Verschwörungstheorien schlicht verbieten oder die Verbreiter mit einer Sondersteuer belegen. Es seien Situationen vorstellbar, wo eine Verschwörungstheorie so gefährlich werde, dass Zensur denkbar sei. Agenten der Regierung könnten auch Verschwörungstheorien unterminieren, etwa in Chatrooms, in sozialen Netzwerken oder auch im »realen Raum«. Gruppen von Verschwörungstheoretikern könnten gezielt unterwandert werden, um sie zu schwächen und aufzubrechen. Zu diesem Zweck sollten am besten – verdeckt – glaubwürdige Dritte, Wissenschaftler oder Experten engagiert werden, die von der Regierung mit Informationen versorgt oder »angestubst« werden. Natürlich müssten diese Leute bezahlt werden. Man müsse aber vorsichtig sein, wen man auswähle: So habe das Magazin *Popular Mechanics* sämtliche 9/11-Verschwörungstheorien widerlegt, aber ohne nachhaltigen Effekt, weil einer der Redakteure, Ben Chertoff, ein Cousin von Michael Chertoff war, des Chefs des Department for Homeland Security.

Sunstein räumt ein, dass die Vergabe von Propaganda an einen externen Auftragnehmer problematisch sei. Wenn so etwas herauskomme, könne das der Glaubwürdigkeit schaden. Zensur aber werde womöglich als Beweis gewertet, dass die Verschwörungstheorie stimme. Ohnehin könne die US-Regierung nur in besetzten Ländern Zensur ausüben, nicht aber im Inland, wegen »rechtlicher und politischer Hindernisse«. Und Regierungspropaganda, die sich an amerikanische Bürger richtet, sei, seit die »Operation Mockingbird« aufgeflogen ist, verboten.

Als das Sunstein-Papier durchsickerte, regten sich Journalisten auf. Glenn Greenwald schrieb im Januar 2010 – ergänzt 2014 – auf Salon.com, wenn die Sunstein-Ideen in der Nach-Snowden-Ära umgesetzt würden, träfe das »Verschwörungstheoretiker«, die davor warnten, dass die US-Regierung illegal ihre Bürger bespitzele, systematisch foltere, permanente Militärbasen überall im Mittleren Osten errichte oder Millionäre und Konzerne begünstige. Greenwald findet es besonders empörend, dass Sunstein seine Strategie damit rechtfertigt, dass die Obama-Regierung ja zu den »Guten« gehöre.

»Die gefährlichsten Verbreiter von Verschwörungstheorien sind eben die Leute, denen Sunstein die Macht zugestehen will, mittels systematischer Manipulation unsere politische Debatten zu kontrollieren, die Regierung nämlich, und ›Erleuchtete‹ wie er selber«, schreibt Greenwald. Dabei würden gerade Propagandaaktionen, wie Sunstein sie vorschlage, die Verbreitung von Verschwörungstheorien nur noch weiter fördern.

Die Infiltrierung von Bürgerbewegungen durch das FBI und die NSA, COINTELPRO genannt (Counter Intelligence Program), war bis in die Siebzigerjahre gang und gäbe. Das FBI schleuste etwa Agenten in die Antivietnamkriegsbewegung und bei den Black Panthers ein, um Paranoia zu schüren und Unfrieden zu stiften. So wurde Malcolm X' Organization of Afro-American Unity von FBI-Agenten unterwandert, die gegen die Nation of Islam hetzten, aus der dann die drei Männer kamen, die Malcolm X erschossen.

Aber auch die CIA kämpft gegen Verschwörungstheorien. Die Warren Commission, die in den Sechzigerjahren die Ermordung von John F. Kennedy untersucht hatte, bemerkte Skepsis in der Bevölkerung, was die »Alleintäterthese« anging. Nun entwickelte die CIA-Abteilung für Psychologische Kriegsführung interne Leitlinien, wie der Kritik an der offiziellen Linie in Interaktion mit Medienvertretern entgegenzutreten sei. Medienvertreter sollten davon überzeugt werden, dass Kritiker irrational, verbissen und voreingenommen seien. Ihnen sollten finanzielle Interessen oder Eitelkeit unterstellt werden oder dass sie kommunistischer Propaganda aufsäßen oder inakkurat recherchierten. Vor allem sollte immer behauptet werden, die Kritiker verträten unhaltbare, unbewiesene Theorien – Verschwörungstheorien eben.

Offiziell wurde COINTELPRO 1971 beerdigt, aber noch 1976 bespitzelte das FBI etwa den investigativen *New-York-Times*-Reporter David Halberstam, der kritisch über den Vietnamkrieg geschrieben hatte, und danach Ward Churchill, einen indianischen Aktivisten. Von 2001 bis 2006 hat das FBI nachweislich Umweltgruppen beobachtet, darunter Greenpeace und PETA, aber auch Antikriegsgruppen oder Leute, die auf der – recht umfangreichen – Watchlist für Terroristen stehen (so die kalifornische *Mercury News*). Aber hat das FBI unter Obama auch Gruppen von 9/11-Skeptikern infiltriert, um sie zu diskreditieren?

Auffällig ist, dass es mit der Wahl von Obama auch um die 9/11-Verschwörungstheorien still geworden ist. Das liegt allerdings hauptsächlich daran, dass die Linke mit dem Abgang von Bush das Interesse verloren hat, den Anschlag mit der Regierung in Verbindung zu bringen. Gerade unter Linken werden 9/11-Skeptiker nun als »Truther« bezeichnet (von engl. *truth*, Wahrheit), analog zu »Birthern« (von engl. *birth*, Geburt), die glauben, Obama sei in Kenia geboren. Heute werden die Skeptikergruppen von Libertären und Rechten dominiert, darunter auch solche, die glauben, dass die Vereinten Nationen eine geheime Weltherrschaft anstrebten, den Amerikanern die Waffen wegnehmen und Regimekritiker in Konzentrationslager verschleppen wollten, oder dass der Mossad hinter den Anschlägen auf das World Trade Center steckte. Wortführer dieser Aufgehetzten ist der rechte Rundfunkmoderator Alex Jones, der auch glaubt, das FBI betreibe COINTELPRO-Operationen und schleuse gezielt psychisch labile und schrille Leute in 9/11-Skeptikergruppen ein, um diese lächerlich zu machen.

Der verstorbene Polizist Michael Ruppert vermutete das schon früh. Er hatte sich von der Bewegung schon 2004 abgewandt, weil sie zu viele »Giftpillen« geschluckt habe. Jones hat sich insbesondere mit Nico Haupt angelegt, einem Deutschen in New York und Verschwörungstheoretiker der ersten Stunde. Haupt glaubt nicht nur, dass die US-Regierung 9/11 inszeniert hat, sondern auch, dass die Flugzeuge gar nicht existierten; im Fernsehen seien nur Hologramme zu sehen gewesen. Vielleicht gibt die CIA ja auch psychedelische Drogen aus.

Vielleicht aber lenken die Verschwörungstheoretiker, die explodierende Dynamitstäbe gesehen haben wollen oder die glauben, das Pentagon sei von einer Rakete getroffen worden, wissentlich, möglicherweise auch unwissentlich, von einer anderen, sehr viel realistischeren Theorie ab: dass die CIA seit der sowjetischen Besetzung Afghanistans Islamisten als Agenten anwarb und es noch immer tut – in Pakistan, Saudi-Arabien, Jemen, vielleicht auch Bosnien oder unter muslimischen Einwandereren in Deutschland –, die ihren Führungsoffizieren aus dem Ruder gelaufen sind. Diese Leute, von der CIA mit Pässen ausgestattet, hätten den Anschlag auf das World Trade Center verübt, um den Mittleren Osten in Brand zu setzen und damit endlich den Westen zu vertreiben. Das Ganze sei vornehmlich mit Geldern aus Saudi-Arabien finanziert worden, und saudische Firmen machten mit amerikanischen Ölmännern, allen voran die Familie Bush, Geschäfte. Es ist eine Verschwörungstheorie, die, wie Agent Fox Mulder in der Fernsehserie *Akte X* sagte, sich vor aller Augen verbirgt.

Transatlantiker auf hoher See

In deutschen Zeitungen waren 9/11-Verschwörungstheoretiker von Anfang an diskreditiert (und man muss sagen, in der etablierten US-Presse ebenfalls). Mathias Bröckers, ein freier Journalist, der mehrere Bestseller über die 9/11-Verschwörungstheorien geschrieben hat, beklagte sich, dass er seitdem keine Aufträge von Zeitungen mehr bekomme. Henryk M. Broder wünschte sich gar, Bröckers möge als »Fettfleck an einer Hochhauswand« zerschellen.

Die *Zeit* hatte noch 2002 einen kritischen Artikel von Oliver Schröm veröffentlicht, in dem minutiös das Versagen von CIA und FBI beim Aufspüren der 9/11-Terroristen in den USA aufgedröselt wurde, die nicht nur Visa bekommen hatten, sondern auch monatelang unbehelligt durch das Land reisen konnten, obwohl bekannt war, dass einige von ihnen an terroristischen Anschlägen beteiligt waren, etwa auf die *USS Cole* im Jemen.

2014 schlug Jochen Bittner in der *Zeit* ganz andere Töne an. Diese Verschwörungstheorien, die sich gegen die CIA richteten oder ihr eine Mitwisserschaft oder gar Mittäterschaft unterstellten, seien »geistiges Gift« und ein »ernster Langzeitschaden«. Bittner hat – wie auch Joffe – die ZDF-Sendung *Die Anstalt* verklagt, die behauptet hatte, er sei Mitglied der Stiftung German Marshall Fund und habe an einer Rede für Bundespräsident Joachim Gauck mitgearbeitet. Bittner dementierte. Er habe lediglich an einer Diskussionsrunde teilgenommen, die vom German Marshall Fund organisiert worden sei, um ein »offenes Ideenpapier« zur deutschen Sicherheitspolitik zu erarbeiten, mit dem Titel »Neue Macht, Neue Verantwortung«. Der Initiator sei — wie Bittner in der *Zeit* vom Juli 2014 schreibt — der damalige GMF-Direktor und frühere *Zeit*-Redakteur Thomas Kleine-Brockhoff gewesen, der kurze Zeit später, im August 2013, Chef des Planungsstabs beim Bundespräsidenten wurde. »Seither gehen über seinen Schreibtisch alle Reden von Joachim Gauck.« Aus den vom GMF angestoßenen Ideen sei eine Debatte erwachsen, aus der letztlich die Gauck-Rede entstanden sei.

Bittner mokierte sich in der *Zeit* auch über die Behauptung, die USA hätten den Krieg in Afghanistan um Öl geführt. In Afghanistan gebe es doch gar kein Öl. »Soviel man weiß, haben die Amerikaner am Hindukusch in den vergangenen 13 Jahren rund eine halbe Billion Dollar versenkt, für Militär und Aufbauhilfe. Für all das haben sie nicht einen Tropfen Öl geerntet.« Zunächst einmal beziehen sich die Öl-Theorien aber nicht auf Afghanistan, sondern auf den Irak, und vor allem wurde der Irakkrieg vom Steuerzahler finanziert, während die Gewinne von der Ölindustrie oder von Zulieferern wie Haliburton oder Kellogg Brown & Root realisiert werden. Wie stark Konzerne wie Haliburton, Exxon, Northrop Grumman oder Blackwater vom Krieg profitiert haben, lässt sich an deren veröffentlichten Bilanzen ablesen. Und wenn George W. Bush nicht wegen des Öls in den Irak einmarschiert ist, stellt sich die Frage, warum dann. Um Osama bin Laden unter dem Bett von Saddam Hussein zu finden? Um dem Iran einen Gefallen zu tun? Oder vielleicht doch wegen der nichtexistenten »Kosher Nostra«?

Mit der Wahl von Obama wurde es auch in Deutschland ein bisschen ruhiger um das World Trade Center. Erst als der NSA-Skandal aufflog, füllten sich die Zeitungen wieder mit Verschwörungs-Psychobabble. Es hieß, dass Verschwörungstheoretiker schlichte Gemüter seien, an einfachen Antworten interessiert, und dass sie einfach nicht begreifen wollten, dass es keine Verschwörungen gebe, die nicht früher oder später herauskämen. Solche Artikel stehen vornehmlich in Blättern, die bis heute nicht herausgefunden haben, wer Alfred Herrhausen oder Detlev Rohwedder umgebracht hat, den Reichstag angezündet oder die Oktoberfestbombe gelegt hat, und die noch immer von Döner-Morden schreiben würden, wenn ihnen das Versagen der Ermittlungsbehörden nicht auf dem Silbertablett serviert worden wäre.

»Den Stecker für die Unterstützung Israels ziehen«

Chris Hedges ist ein kritischer Journalist in den USA, weit links außen, aber seriös. Er berichtete eine Zeit lang für die *New York Times* aus dem Mittleren Osten. Im Herbst 2014 sitzt er im Hochhaus der Nachrichtenagentur Reuters am Times Square. Er tritt in einer Sendung auf, in der es um Marken geht und die heute aufgezeichnet wird. Die Sendung läuft im englischen Programm von Al Jazeera, aber nur im Internet. Für den Sender aus dem Golfstaat Katar hat sich noch kein Platz im US-Kabelfernsehen gefunden, obwohl dort 1000 Programme zur Verfügung stehen. Amerikaner sind gegenüber medialen Stimmen von außerhalb außerordentlich resistent, wenn nicht gerade Benjamin Netanjahu einen seiner Auftritte auf CNN oder Fox News hat. Als Al Jazeera in Amerika anfing zu senden, wurden deren Reporter aus der Technologiebörse Nasdaq verbannt.

Hedges spricht über den militärisch-industriellen Komplex, das Geld, das die Wahlen dominiert, und die Recht- und Machtlosigkeit des einzelnen Amerikaners. Hedges ist ein scharfer Kritiker der Kriege im Mittleren Osten. »Bomben zu werfen für Menschenrechte ist absurd«, sagt er. »Wir haben weit mehr Leute im Irak geköpft oder verbrannt als ISIS, nur auf industrialisierte Weise. Dabei gibt es keinen moralischen Unterschied zwischen einer Drohne, die eine Bombe abwirft, und einem Mann, der einem anderen mit dem Messer den Kopf abschneidet.« Die Grabenkämpfe im Irak seien das Resultat der westlichen Besatzung, die die Bevölkerung brutalisiert habe. »Wir haben ISIS geschaffen.« Ähnliches sei am Ende des Zweiten Weltkriegs in Jugoslawien passiert. »Wir haben den Partisanen von Tito Waffen gegen die Deutschen geliefert, und die haben sie für ihre eigenen ethnischen Kämpfe genutzt«, sagt er. Das Gleiche passiere nun im Irak; ISIS nutze Waffen, die Amerika geliefert habe.

Hedges ist ein einsamer Rufer in der Wüste, die meisten Amerikaner, sagt er, glaubten an »das Gute in der amerikanischen Politik«. Dabei sei Amerika noch nicht einmal ein funktionierender Rechtsstaat. Kritik sei erlaubt, aber sie habe keine Konsequenzen. »Ein Präventivkrieg ist seit der Nachkriegsordnung von Nürnberg verboten, aber wir führen ihn trotzdem«, sagt er. »Niemand wurde dafür gerichtlich verfolgt. Niemand wurde verfolgt und bestraft für die Massenüberwachung durch die NSA. Ich habe an einer Klage der Bürgerrechtsorganisation ACLU gegen NSA-Direktor James R. Clapper teilgenommen. Die wurde abgewiesen, nachdem Clapper die Juristen angelogen hatte.«

Warum mischen sich die USA überall ein, auch in Deutschland? »Wir sind eine imperiale Macht, und das ist es, was Imperien tun«, sagt Hedges. »Das tun wir seit dem Spanisch-

Amerikanischen Krieg, in Europa, in Südamerika, im Mittleren Osten. Unser Ziel ist es, die Welt zu manipulieren, um unsere ökonomischen Interessen durchzusetzen.« Was er denn dann vorschlage? »Das Geld darf nicht weiter die Politik dominieren«, sagt Hedges. Vor allem müssten die USA den Stecker für die Unterstützung Israels ziehen. »Letztlich ist es unsere Hilfe bei den israelischen Militäreinsätzen, die diese amerikafeindlichen Märtyrer produziert. Aber unsere Senatoren und Kongressabgeordneten finanzieren ihre Wahlkämpfe mit den Geldern von AIPAC«, das American Israel Public Affairs Committee. Dabei sei AIPAC noch nicht einmal eine israelische Lobby, es sei eine Likud-Lobby. Die meisten der amerikanischen Juden seien Liberale. »Aber die haben kein Geld und deshalb nichts zu sagen.«

Tatsächlich neigt die Mehrzahl der amerikanischen Juden keinesfalls dem Likud zu. AIPAC spricht nicht für sie, und Netanjahu ist unter jüdischen Intellektuellen nur unwesentlich beliebter als Ebola. Es gibt in den USA durchaus Journalisten, die kritisch gegenüber der israelischen Politik sind. Dazu zählen Max Blumenthal, Seymour Hersh vom *New Yorker* und Nicholas Kristof von der *New York Times*, ebenso Peter Beinart, ein ehemaliger Zionist, der früher die *New Republic* leitete, die als Hausblatt der moderaten Neocons galt. Die überwältigende Mehrheit der öffentlich auftretenden Israelkritiker ist jüdischen Glaubens.

In Deutschland haben solche Leute kaum eine Chance, gehört zu werden. Im Herbst 2014 besuchte Max Blumenthal Berlin, um bei einer Konferenz der Linken im Bundestag über Israel zu sprechen. Blumenthal ist ein amerikanischer Journalist und der Sohn von Sidney Blumenthal, einem Berater von Bill Clinton, der es einmal schaffte, eine Verleumdungsklage gegen den Blogger Matt Drudge zu gewinnen, die Stimme der Rechten im Internet. Max Blumenthal ist ähnlich zäh. Er zählt zur harten antizionistischen Linken, kämpft für einen Palästinenserstaat und kritisiert Israel in seinen Büchern und Artikeln mit scharfen Worten als Besatzerstaat, wobei er auch vor Nazivergleichen nicht zurückschreckt.

In den USA sind Nazivergleiche das tägliche Brot des Polemikers, aber in Deutschland sollte man damit natürlich sehr viel vorsichtiger sein, vor allem, wenn es um Israel geht. Aber Vorsicht ist Blumenthal nicht gegeben. Er war auf Einladung von Inge Höger und Annette Groth in den Bundestag gekommen, zwei Abgeordnete vom linken Flügel der Linken, die zuvor schon die türkische Hilfsflotille für Gaza unterstützt hatten. Er sollte im Fraktionssaal der Linken im Bundestag (und in der Volksbühne) einen Vortrag über Israel halten, zusammen mit dem Israeli David Sheen, ebenfalls politisch links außen. Kurz davor hatte Benjamin Weinthal in der *Berliner Morgenpost*, einem Springer-Blatt, geschrieben, dass Blumenthal vom Simon-Wiesenthal-Zentrum als »einer der zehn schlimmsten Antisemiten« bezeichnet worden sei (zusammen übrigens mit Jakob Augstein, dem Sohn des verstorbenen *Spiegel*-Herausgebers). Nun untersagte es der verschreckte Fraktionsvorsitzende der Linken, Gregor Gysi, die Veranstaltung im Fraktionssaal der Linken stattfinden zu lassen; mehrere andere Politiker der Linken und der Grünen forderten die Volksbühne auf, die Veranstaltung zu canceln, was auch geschah. Stattdessen sprach Blumenthal in einem Café.

Nun ist Benjamin Weinthal kein Reporter der *Morgenpost*. Er sitzt im Berliner Büro einer Washingtoner Denkfabrik, der Foundation for Defense of Democracies. Er ist nach eigenen Angaben darauf spezialisiert, »Verbindungen zwischen europäischen Energiefirmen und dem Iran« aufzudecken, was weniger nach Journalist klingt und mehr nach Schlapphutträger. Die Foundation wird von einer Handvoll amerikanisch-israelischer Milliardäre finanziert, darunter der Investmentbanker Roland Arnall, die Bronfman-Familie, Michael Steinhardt und Haim Saban, der mit der TV-Serie *Power Rangers* reich wurde und zwischendurch die Aktienmehrheit an Pro7Sat1 besaß (wo er sich über die allzu palästinenserfreundliche Berichterstattung beklagte). Hauptaufgabe der Foundation ist es, die USA gegen Iran und Syrien in Stellung zu bringen.

Nicht nur hat die *Morgenpost* (zumindest in ihrer Onlineausgabe) nicht darauf hingewiesen, dass ihr Autor für eine Denkfabrik in Washington arbeitet, Weinthal selber erwähnt in seinem Artikel mit keinen Wort, dass Blumenthal jüdischen Glaubens ist.

»Ein dreckiges kleines Land«

In der Foundation for Defense of Democracies haben die Neocons eine neue Heimat gefunden. Sie wurde kurz nach 9/11 von Reagans eiserner Lady Jeane Kirkpatrick gegründet, ihr früherer Vorsitzender war Richard Perle. Heute wird sie von Ex-CIA-Chef James Woolsey geleitet, zu den Beratern zählen der US-Senator Joe Lieberman sowie Paula Dobriansky, die Ukraine-Expertin, und die Journalisten Bret Stephens (*Wall Street Journal*), Charles Krauthammer (*Washington Post*) und William Kristol (*Weekly Standard*), aber auch der erzkonservative Vorstandsvorsitzende von Forbes, Steve Forbes. Auch im Team der Foundation finden sich die üblichen Verdächtigen wie Mark Reuel Gerecht, der bei PNAC Direktor für den Mittleren Osten war und beim Directorate of Operations der CIA für den Mittleren Osten zuständig ist, sowie Michael Ledeen, der vom AEI kommt und Douglas Feith beriet. Von Ledeen stammt der berühmte Satz, ab und zu müssten die USA ein dreckiges kleines Land nehmen und es an die Wand schmeißen, nur um zu zeigen, dass sie es ernst meinten. Ledeen glaubt auch, dass Frankreich und Deutschland einen Geheimbund mit radikalen Islamisten geschlossen haben, um die USA zu schwächen, deswegen müsse man den »Krieg gegen den Terror« mitten ins Herz von Europa tragen.

Weinthal trommelte auch im *Tagesspiegel* als »Gastkommentator« gegen das iranische Atomprogramm, ohne dass dort seine Funktion benannt wurde. Im *Tagesspiegel* kritisierte er auch eine in New York geplante Moschee – eigentlich ein Kulturzentrum –, die bei Ground Zero entstehen sollte. Ganz abgesehen davon, dass das Projekt mitnichten auf Ground Zero angesiedelt ist, sondern lediglich in Downtown Manhattan, und dass es von allen New Yorker Gremien, vom Community Board über den Stadtrat bis zum Bürgermeister, abgesegnet war, fragt man sich, was ein solcher Kommentar überhaupt in einer Berliner Lokalzeitung zu suchen hat, insbesondere in einer, die sonst jeden Moscheebau-Kritiker in Berlin als Neonazi darstellt.

Auch auf *Zeit Online* tauchen solche Gastautoren auf, etwa Ulrich Speck. »Pragmatisch gesehen sind wir – in Deutschland und Europa – alles in allem mit der amerikanischen Hegemonie in den vergangenen Jahrzehnten sehr gut gefahren. Es ist in unserem Interesse, diese Ordnung zu stützen und zu erhalten«, schreibt Speck. Speck forscht am Carnegie Europe, einem Ableger der amerikanischen Denkfabrik Carnegie Endowment for International Peace, die mit dem State Department verwoben ist. Ihr Präsident ist Leslie Gelb vom Council on Foreign Relations, der in den Achtzigerjahren die Meinungsseite der *New York Times* leitete; zu den Experten gehört PNAC-Gründer Robert Kagan. Speck selbst hat zuvor für die CIA-finanzierten Sender Radio Free Europe/Radio Liberty gearbeitet. Es ist natürlich nicht illegitim und sogar üblich, Gastautoren zu engagieren, aber man sollte dem Leser schon mitteilen, wer da schreibt, was die *Zeit*, zumindest in ihrer Online-Ausgabe, nicht tut.

Dass solche Gastautoren engagiert werden, hat nicht unbedingt sinistre Gründe. Dahinter steckt auch das Bedürfnis zu sparen, da solche Leute oft nichts kosten oder doch zumindest nicht aus dem laufenden Redaktionsetat bezahlt werden müssen, sondern aus einem Sonderfonds der Chefredaktion. Da Leser von Onlinezeitungen ungern bereit sind zu bezahlen und da Recherchen sehr viel mehr kosten, als die meisten Leser sich vorstellen können, müssen Medien heutzutage sehr auf den Etat achten. Auch die *New York Times* veröffentlicht Meinungsartikel von Mitgliedern von Denkfabriken, aber dort wird darauf hingewiesen, um wen es sich handelt.

Die Foundation for Defense of Democracies ist nicht die einzige neue Heimat der Neocons. Viele sind auch beim Middle East Research Institute, MEMRI, untergekommen. Dort hat sich der gleiche Wanderzirkus versammelt, der schon die Ränge des Project for The New American Century (PNAC) schmückte, mit dem gleichen Ziel: im Mittleren Osten einen permanenten Krieg zu inszenieren und Stimmung in den USA, aber auch in Europa, gegen Muslime im Allgemeinen und gegen die Feinde Israels im Besonderen zu machen.

MEMRI wurde 1998 von Yigal Carmon, einem Offizier der israelischen Armee und Mossad-Agenten, und Meyrav Wurmser, der israelischen Frau von David Wurmser vom AEI, die auch Fellow am Hudson Institute ist, gegründet. Meyrav Wurmser war Mitverfasserin des PNAC-Aufrufs *A Clean Break: A New Strategy for Securing the Realm*, der ein neues Pearl Harbor herbeifantasierte. MEMRI sitzt in Washington, D.C., unterhält aber auch Büros in London, Moskau und Jerusalem – das Berliner Büro liegt in der Linienstraße.

Im Aufsichtsrat von MEMRI sitzt Elliott Abrams, der bei der Iran-Contra-Affäre eine tragende Rolle spielte. Zum Beratergremium, dem Advisory Board, gehörten im Jahr 2012 Donald Rumsfeld, James Woolsey, Paul Bremer, der frühere Statthalter der USA im Irak, der frühere israelische Regierungschef Ehud Barak, der Verleger der *New York Daily News*, Mort Zuckerman, und einmal mehr Josef Joffe. MEMRI steht der konservativen Likud-Partei und Israels Ministerpräsident Netanjahu nahe, der Anfang 2015 Schlagzeilen machte, weil er mitten in seinem eigenen Wahlkampf nach Washington fuhr, um nicht nur Barack Obama vor den Kopf zu stoßen, sondern auch alle demokratischen Senatoren und Abgeordneten, auch die jüdischen Glaubens, während er sich von der christlichen Rechten feiern ließ.

MEMRI prangert antiisraelische und terroristische Umtriebe in der arabischen Welt – echte und erfundene – weltweit an, vor allem in der Westbank und in Gaza, aber auch im Iran. Brian Whitaker, der beim britischen *Guardian* für den Mittleren Osten zuständig ist, nennt MEMRI eine »Propagandaoperation, die so tut, als sei sie ein Forschungsinstitut«. MEMRI bietet US-Zeitungen, darunter auch die *Los Angeles Times* und die *New York Times*, Artikel aus arabischen Blättern an, die bei der Übersetzung so weit zurechtgebogen werden, bis sie der Likud-Linie entsprechen, oder man sucht gleich gezielt obskure Hetzartikel. Auch Thomas Friedman von der *New York Times* nutzt MEMRI nach eigenen Angaben als Quelle. Und auch über Deutschland werden gerne Horrorgeschichten verbreitet. So brachte Memri – der Fernsehsender des Instituts im Internet – eine Story über einen Berliner Imam, der die Ansicht vertrat, muslimische Frauen müssten im Haus bleiben und ihrem Mann zur Verfügung zu stehen.

Heute ist der Krieg im Mittleren Osten völlig unübersichtlich geworden. Es gab Revolutionen in Ägypten und Libyen, aber man weiß weder so genau, ob die alte oder die neue Regierung von den USA gestützt wurde, noch, ob die Bevölkerung heute so viel besser dran ist. In Syrien kämpfen radikale Muslime gegen einen Diktator, der Tausende, wenn nicht Zehntausende der eigenen Bürger hat umbringen lassen. Aber seine Gegenspieler sind nicht weniger grausam. Wie weit ISIS, die Islamisten, die im Irak Landgewinne machen, aus Saudi-Arabien finanziert werden, ist genauso unklar wie die Frage, ob der Iran immer noch die Bombe will oder sie vielleicht sogar demnächst hat, wie Netanjahu behauptet. Wird ISIS heimlich vom Mossad finanziert, wie manche glauben? Welche Rolle spielt das saudische Königshaus? Ist Pakistan immer noch Rückzugsgebiet, was ist im Jemen los, und haben die Versuche der USA, prowestliche Regimes in Irak und Afghanistan zu etablieren, irgendeinen Erfolg gehabt, und war eine solche Erwartung überhaupt realistisch? Wird das Palästinenserproblem, für Islamisten immer noch die Cause célèbre, gelöst, sei es durch einen eigenen Staat oder durch die Integration der Palästinenser in die israelische Gesellschaft? Klar ist nur, dass die Mehrzahl der normalen Amerikaner keine Lust mehr hat, im Mittleren Osten oder gar in Russland zu kämpfen. Wir dürfen also erwarten, dass es von US-Seite zunehmend Druck auf die Bundesregierung geben wird, in die Bresche zu springen und deutsche Soldaten zu entsenden.

Die wichtigen künftigen Krisenherde liegen im Iran und in der Ukraine. Was die iranische Atombombe angeht, lässt AIPAC, die wichtigste proisraelische Lobbyorganisation, keine Gelegenheit aus, Stimmung dagegen zu machen. Und nicht nur das: Als die USA und die Führer mehrerer europäischer Staaten im Jahr 2014 Geheimverhandlungen über das iranische Atomprogramm führten, spionierte Israel diese Treffen nicht nur aus, sondern gab die Informationen auch an israelfreundliche Kongressmitglieder in den USA weiter. »Es ist eine Sache, dass die USA und Israel sich gegenseitig bespitzeln«, empörte sich ein Diplomat im *Wall Street Journal*. »Es ist eine ganz andere Sache, wenn Israel Geheimnisse stiehlt und sie dann an die amerikanische Legislative gibt, um die US-Diplomatie zu unterminieren.«

Und in der Ukraine ist das Pentagon dabei, die NATO nach Osten auszudehnen – gegen den Widerstand von Wladimir Putin, der passenderweise im US-Fernsehen gerne als Witzfigur dargestellt wird. So etwas hat die Unterstützung zwar nicht der amerikanischen Bevölkerung, aber doch von Politikern beider Parteien, allen voran John McCain, der Vietnamveteran, Irak- und Irankriegsbefürworter und ewige Präsidentschaftskandidat der Republikaner, aber auch von Hunter Biden, dem Sohn des Vizepräsidenten, der zusammen mit Aleksander Kwasniewski, dem früheren polnischen Präsidenten, im Aufsichtsrat des Burisma-Konzerns sitzt, der ukrainische Erdgasvorkommen erschließt und ausbeutet. Vorsitzender des Aufsichtsrats ist Alan Apter von der Wall-Street-Bank Merrill Lynch. Im State Department ist Victoria Nuland für die Ukraine zuständig, die Frau von Robert Kagan, auch sie Interventionsbefürworterin. Es sind nicht nur die Bellizisten in den USA, die trommeln, es geht auch um wirtschaftliche Interessen.

Dass sich Deutschland an Militäreinsätzen der Amerikaner beteiligen soll, ist seit 9/11 die gebetsmühlenartige Forderung der Transatlantiker und der Neokonservativen, von Joffe bis zu Richard Perle. Erst 2014, nach dem NSA-Skandal, schrieb David Frum in der *Zeit*, letztlich richte sich die Spionage gar nicht gegen Deutschland, sondern gegen Russland. Berlin solle lieber enger mit der CIA kooperieren und werde dann vieleicht zum »sechsten Auge« aufrücken. Auch der entlassene Bundesverteidigungsminister Karl-Theodor zu Guttenberg plädiert oft und gerne dafür, meist in den Kommentarspalten der *New York Times* und des *Wall Street Journal*. Und sogar Grüne stehen dafür ein: Die den Grünen nahestehende Heinrich-Böll-Stiftung lässt keine Woche vergehen, ohne zu einer Intervention in der Ukraine aufzurufen.

Natürlich ist die Ukraine in ihrer Geschichte meist ungerecht behandelt worden, von Russland, allerdings auch von den USA, die sich im Ersten Weltkrieg mit den Bolschewiken verbündeten und nach dem Zweiten Weltkrieg ukrainische Partisanen an die Rote Armee auslieferten. Und Putin ist ein skrupelloser Machtpolitiker, dem man kein Vertrauen schenken sollte. Man sollte aber vermuten, dass die wichtigste Lehre aus dem zwanzigsten Jahrhundert ist, nicht in Russland einzumarschieren. Und ob nun ausgerechnet Amerika das moralische Recht hat, Deutschland zu so etwas zu drängen, ist eine ganz andere Frage. Eines der Grundprinzipien der US-Politik war immer, Deutschland und Russland gegeneinander auszuspielen. Wer diese Zwietracht noch schürt, handelt unverantwortlich.

Beim Festival des *New Yorker* 2014 treffe ich Dexter Filkins wieder. Er schreibt immer noch über den Mittleren Osten, nun aber für den *New Yorker*. Er ist heute noch ein bisschen weniger optimistisch als vor acht Jahren, und er ist auch nicht mehr im Mittleren Osten stationiert – zu gefährlich. »Der Mittlere Osten bricht auseinander«, sagt Filkins. »Es ist wie damals, als sich das Osmanische Reich aufgelöst hat. Man hat das Gefühl, man befindet sich in einem ganz anderen Land als noch vor zehn Jahren. Man weiß nicht, was als Nächstes einbricht, Jordanien oder Saudi-Arabien vielleicht?« Darauf zu hoffen, dass die von den Amerikanern ausgebildete irakische Armee das aufhalten könne, sei lächerlich. »Das sind 19-Jährige, die für ihren Gehaltszettel kämpfen, während die Offiziere die Ausrüstung verkaufen«, sagt er. Auch das Ölgeld werde gestohlen. »Wir und die Briten haben versucht, eine Leiche zu reanimieren.«

Einzig in den Kurdengebieten gehe es anders zu. »Kurden sind keine Araber. Deren Wirtschaft geht es gut. Man kann in Erbil in einem Sushi-Restaurant sitzen, 20 Meilen von ISIS entfernt, um die Ecke ist ein Jaguar-Händler, und wenn arabische Iraker über die Grenze wollen, müssen sie Pässe vorlegen.« Er selber gehe nicht mehr in arabische Gebiete, weil das schlicht zu gefährlich sei. »Das größte Problem ist Kidnapping. ISIS entführt Westler und verlangt hohe Lösegelder.« Daher habe ISIS auch das Geld – vom Öl und von den Geldern, die mit Entführungen erpresst werden. Warum, werde er gefragt, ist das unser Kampf, der Kampf der USA? »Es gibt Hunderte, die einen amerikanischen oder einen britischen, französischen oder deutschen Pass haben, die mit den Rebellen kämpfen«, sagt Filkins. »Wenn wir die nicht da drüben bekämpfen, kommen sie wieder zurück, und wir müssen sie hier bekämpfen.« Und wenn die USA gar nicht erst in den Irak einmarschiert wären? Filkins zuckt mit den Schultern. »Ich will nicht Saddam Hussein verteidigen, er hat Hunderttausende umgebracht, aber er hat den Laden zusammenhalten.« Er überlegt. »Vielleicht hätte man nach dem ersten Golfkrieg die Aufständischen unterstützen sollen, die ihn loswerden wollten.«

Neben Filkins sitzt Steve Coll. Er kommt von der *Washington Post* und ist heute Rektor der Journalismusschule an der Columbia University in New York. Coll glaubt, es gehe immer noch ums Öl. »Wir fördern zwar selber Öl, sehr viel sogar, aber die USA garantieren den freien Handel auf den Meeren, und davon hängt der Ölhandel weltweit ab. Wir haben die gleiche Funktion wie damals das britische Imperium«, sagt er. »Aber diese politische Fantasie, dass wir den Rebellen Waffen geben und die kämpfen für uns«, das werde niemals funktionieren. Warum nicht? Werden sich die Leute, die wir heute bewaffnen, in ein paar Jahren gegen uns wenden? »Ja«, sagt Coll. Niemand widerspricht ihm. Auch Filkins nicht.

5 Going Global

Globale Presse

»Ein Rudel hirnloser Irrer, die als Erste an die Wand gestellt wurden, als die Revolution kam.«
DOUGLAS ADAMS über die Marketingabteilung der Sirius-Kybernetik-Corporation in *Per Anhalter durch die Galaxis*

Die University of Central Florida liegt in Orlando, zwischen Disney World, dem NASA-Gelände von Cape Canaveral, von wo die Saturn V mit der Apollokapsel zum Mond startete, und zwei Fabriken von Lockheed Martin, einem der größten Rüstungskonzerne der USA. Zum Campus gehört ein Technologiepark mit über 100 Firmen, die auf Computersimulationen spezialisiert sind, darunter Siemens; Tausend sind es im Großraum Orlando. Die Firmen nutzen die Labors, um – zusammen mit der Universität – Software für ihre Kunden zu entwickeln, deren wichtigste Disney, die NASA und das Pentagon sind. Mit dieser Software lassen sich Panzerfahrten durch Bagdad für die U.S. Army oder Space-Shuttle-Flüge für die NASA simulieren und Achterbahnen in Disney World aufmotzen. »Früher haben Filmemacher Rat beim Pentagon gesucht, wie sie einen Kriegsfilm machen sollen«, sagt Ron Starner von der Softwarefirma Conway Data, die ebenfalls hier sitzt. »Heute klopfen die Leute vom Pentagon bei Disney an und erkundigen sich, wie sie Krieg führen sollen.«

Wir, ein Dutzend Journalisten aus dem In- und Ausland, sind im Jahr 2005 nach Orlando eingeladen, um uns den Verbund aus Simulationstraining und digitalem Entertainment, virtuellem Krieg und virtuellem Abenteuer anzusehen. Der Rüstungskonzern Northrop Grumman hat der University of Central Florida einen Lehrstuhl gespendet, den Martin Richardson innehat. Richardson, der schon unter Ronald Reagan an der Star-Wars-Raketenabwehr gearbeitet hat, forscht nun an Mikrotarget-Lasern. Die funktionieren, als ob 100 Mal pro Sekunde eine winzige Sonne entstünde. »Für das Militär ist die Sache noch nicht serienreif, dazu müsste es 10 000 Mal pro Sekunde eine Fusion geben«, sagt er. Aber Disney World setzt die Mikrotarget-Laser bereits bei der Attraktion »Buzz Lightyear« ein, wo Kinder mit Lasern auf grüne Außerirdische schießen.

Bei Lookheed Martin bekommen wir das ID-Book vorgeführt, das aussieht wie ein Laptop. Das ID-Book ist mit 10 000 Datenbänken weltweit verbunden, es speichert persönliche Merkmale, die Iris etwa, Fingerabdrücke, Körpergröße, Daten. Es entstand in Zusammenarbeit mit dem FBI. »Das FBI hat die Identität von 470 Millionen Menschen weltweit gespeichert und wollte diese Daten innerhalb von Sekunden abgleichen können«, sagt Jim Carlson von Lockheed Martin. Das Unternehmen verkauft das ID-Book nicht nur an das FBI, sondern an alle, die es brauchen: das Pentagon, Flughäfen, Banken, auch an ausländische Regierungen. Diese Daten helfen etwa zu entscheiden, wer auf einer No-Fly-List landet. Auch Disney verwendet eine ähnliche Technik: Am Eingang zum Park wird die Struktur der Finger gescannt, damit sich keiner einschleicht. Wir wollen wissen, wie man von der No-Fly-List wieder herunterkommt, falls der Computer sich geirrt hat. Doch darüber hat sich noch niemand so richtig Gedanken gemacht.

Auch Universal Studios arbeitet mit dem Pentagon und den Rüstungsfirmen zusammen. Neulich habe Lockheed Martin einen Manager von Universal eingeladen, der erläuterte, wie die Attraktionen im Universal Studio Park auf echt getrimmt würden, sagt Jim Carlson. Universal versuche, dem

Gehirn durch Gerüche und Geräusche zu suggerieren, alles sei real. »Wir wollen die gleiche Technik für militärisches Training verwenden, damit die Soldaten realistisch üben können«, sagt der Journalist Lawrence Wright vom *New Yorker*. Neben mir sitzt Paul vom Radiosender Voice of America. Paul entschuldigt sich, dass er für ein CIA-finanziertes Medium arbeitet, aber seine Kinder sollen mal aufs College, und das koste Geld. Er findet das alles gruselig. Und erstaunlich. »Man stellt sich immer vor, dass man so etwas investigativ und mithilfe von geheimen Quellen recherchiert«, sagt er. »Und hier sitzen wir beim militärisch-industriellen Komplex und bekommen alles auf dem silbernen Tablett serviert.«

Orlando ist nicht die einzige Kooperation. Die staatliche University of Arizona in Phoenix (wohin wir ebenfalls reisen) hatte 2005 einen Etat von 1,23 Milliarden Dollar. Davon kamen 350 Millionen Dollar von der Industrie – darunter der Chip-Produzent Intel, Sony, DuPont und der Rüstungskonzern Raytheon – oder vom Department of Homeland Security, der NASA und der National Science Foundation. »Das meiste Geld wird in Biotechnologie, Ingenieurwesen und Computertechnik gesteckt«, erläutert Bruce Rittmann, der dem Institut für Biodesign vorsteht. Das Institut entwickelt Mittel gegen Bioterrorismus. Das Technologiezentrum der Universität, das in einer ehemaligen Motorola-Fabrik untergebracht ist, arbeitet an einem glasfreien Bildschirm, der Laptops oder Handys billiger und haltbarer macht. 60 Prozent des Etats, sagt Institutsleiter Greg Raupp, kommen vom Pentagon. »Die können stabile und energiearme Ortungsgeräte dringend gebrauchen.«

Die Zusammenarbeit zwischen Universitäten, Technologie- und Rüstungsfirmen und dem Pentagon ist nicht neu. 1945 bauten Wissenschaftler an der Universität von Pennsylvania im Auftrag der U.S. Army den ersten elektronischen Computer. Er wog 30 Tonnen, füllte einen Raum und war 1440 Mal so schnell wie ein mechanischer Rechner. 1958 schuf Präsident Dwight D. Eisenhower im Pentagon die Advanced Research Projects Agency, ARPA. Die ARPA war eine Reaktion auf den Sputnik-Schock, als die Sowjetunion erstmals eine Raumkapsel ins All schickte (die Behörde wurde 1972 in DARPA umbenannt, Defense Advanced Research Projects Agency). Über sie finanzierte das Pentagon Firmen wie IBM und Microsoft, aber auch Innovationen im Silicon Valley, darunter die Computermaus, die an der Stanford University entstand, und das grafische Interface, das Xerox in Palo Alto baute. Etwa ab 1969 entstand unter ARPA das Arpanet, das Computer intern verband, um sie schneller zu machen, falls die Sowjets angriffen.

In den Siebzigerjahren wurde das Transport Control Protocol – Internet Protocol, TCP/IP, geschaffen, der technische Standard, der zur Nachrichtenübermittlung notwendig ist. Daran arbeitete eine Gruppe von Wissenschaftlern, ebenfalls in Stanford. Das Arpanet nutzte TCP/IP ab 1983.

Kurz darauf entwickelten zwei junge Männer einen Computer mit einem besseren grafischen Interface, den sie »Apple« nannten: Steve Wozniak und Steve Jobs. Apple kam 1984 auf den Markt, das Jahr, in dem George Orwells dystopischer Roman spielt. Das Startkapital, eine halbe Million Dollar, hatte ihnen Mike Markkula besorgt, ein Exmanager von Intel. Auch Intel ist Auftragnehmer des Pentagon. DARPA finanzierte später auch Google, zusammen mit der NASA und der National Science Foundation.

Es gibt kein Heimspiel

Nicht nur Deutsche fürchten sich vor dem Überwachungsstaat, es gibt auch besorgte Amerikaner. Matthew Jones sitzt in einer kalten Winternacht um die Jahreswende 2014/15 in einem vollgepackten Versammlungsraum der Columbia University in Manhattan. Jones ist Historiker, er erzählt uns, wie der Überwachungsstaat entstanden ist und was man dagegen tun kann. »Wir beobachten die Auflösung des westfälischen Systems«, sagt Jones. Dieses System war in Europa nach dem Westfälischen Frieden von 1648 entstanden: Nationen waren innerhalb ihrer Grenzen souverän, Bürger hatten feste Rechte gegenüber dem Staat. »Heute aber gibt es keine Sicherheit mehr innerhalb der Landesgrenzen.«

Ziel der Spionageagenturen der »Five Eyes« – USA, Kanada, Großbritannien, Australien und Neuseeland – sei es, »die Verschlüsselung anderer im Internet zu beseitigen, wo auch immer es möglich ist«, schrieb der *Spiegel.* Es ist ein Kampf, der in Wellen verläuft. »In den Neunzigerjahren, unter Bill Clinton, hatten die CIA und die NSA den Kryptokrieg verloren«, meint Jones. »Aber mit 9/11 haben sie das Terrain wieder zurückerobert.« Vorbereitet hätten sie diese Rückeroberung schon seit dem Ende der Sowjetunion. Der Patriot Act etwa, der einen weitgehenden Zugriff auf Daten erlaube, sei von langer Hand geplant gewesen. »Es ist unmöglich, dass der in nur wenigen Wochen geschrieben wurde.«

DARPA schuf nach 9/11 das Information Awareness Office (IAO) unter Admiral John Poindexter. Pointdexter war Ronald Reagans Sicherheitsberater, bis er wegen der Iran-Contra-Affäre verurteilt wurde. Es ging darum, »asymmetrische Bedrohungen«, sprich: Terrorismus, zu bekämpfen. Gewaltige Datenbanken sollten angelegt werden, mit Informationen über jeden Amerikaner. Dazu zählten E-Mail-Adressen, soziale Netzwerke, Kreditkarten, Telefonanrufe, auch medizinische Akten. Nach einem Aufschrei in der Presse strich der Kongress die Finanzierung. Aber so ähnlich wie beim Office of Strategic Influence, der Propagandabehörde im Pentagon, lebten Teile davon fort, was letztlich Edward Snowden enthüllt hat. Das legale Einfallstor, sagt Jones, seien »Metadaten«. Bei einem Telefongespräch würden nicht der Inhalt aufgezeichnet, sondern nur die Teilnehmer, die Telefonnummern sowie die Anrufzeit und -dauer. Da greife der Datenschutz nicht. Die zentrale Datenbank, in der die NSA Metadata von

US-Telefongesellschaften wie AT&T, SBC, BellSouth und Verizon aufbewahrt, heißt Mainway. Im Mai 2006 schätzte *USA Today*, dass dort die Metadaten von 1,9 Billionen Anrufen lagern. Aber auch aus Metadaten ließen sich Bewegungsprofile konstruieren, sagt Jones. Dazu komme, dass Auftragnehmer der NSA, wie Booz Allen Hamilton, für die Snowden arbeitete, laxer kontrolliert würden als die Behörde. Yahoo, sagt Jones, habe sich dagegen gewehrt, von der NSA angezapft zu werden, Google nicht. »Bei Apple wissen wir es nicht.« Apple behauptet, das iPhone6 sei sicher, aber was ist schon sicher.

Während Schnüffeln in den USA gesetzlichen Regeln unterliegt – wenngleich die NSA sich nicht immer daran hält –, sind der US-Schnüffelei im Ausland keine Grenzen gesetzt. Mehr noch: NSA und CIA schnüffelten sogar deswegen im Ausland, um Zugriff auf die Daten von Amerikanern zu bekommen, erklärt Jones. Oder auf die Metadaten. Davor warnte schon die *Washington Post*: Früher richtete sich Auslandsspionage nur gegen Ausländer. Heute kreuzten E-Mails nicht nur die Grenzen, Google und Yahoo hätten sogar »Spiegel-Server« im Ausland, auf denen US-Daten gespeichert seien. Die dürften ohne richterliche Genehmigung ausgewertet werden. Der frühere stellvertretende NSA-Direktor John C. Inglis formulierte es in der *Washington Post* so: »Es gibt kein Auswärtsspiel. Es gibt kein Heimspiel. Es gibt nur ein Spiel.«

Auch in Deutschland gibt es kein Heimspiel mehr. Im November 2014 tagte in Berlin der Untersuchungsausschuss des Bundestags, der die NSA-Spionage aufklären sollte. Erst kurz zuvor war durch die Presse gegangen, dass BND und NSA jahrelang den Internetknotenpunkt in Frankfurt am Main angezapft hatten. Als Zeuge trat Dr. Stefan Burbaum auf, ein Jurist, der von 2002 bis 2005 beim BND am G-10-Gesetz arbeitete. G-10 regelt, wie weit der BND das vom Grundgesetz garantierte Brief-, Post- und Fernmeldegeheimnis einschränken darf. Burbaum sagte, dafür brauche der BND die

Genehmigung der G-10-Kommission. Danach aber seien die Telekommunikationsanbieter verpflichtet, die Datenstränge zu »doppeln« und auf BND-Rechner zu leiten. Damit bekam auch die NSA Zugriff auf die Daten deutscher Staatsbürger. Frankfurt ist kein Einzelfall; die USA schöpfen über das Programm »Upstream« mindestens acht Standorte ab.

Bevor diese Daten jedoch mit der NSA geteilt würden, würden die Informationen über »Grundrechtsträger«, also über Deutsche, in einem »kaskadenartigen Selektionsprozess« aussortiert und gelöscht, versicherte Burbaum. Allerdings nicht von allen Deutschen. Der BND konstruierte die Idee eines »Funktionsträgers«, eines deutschen Staatsbürgers im Ausland, der als Vertreter einer ausländischen Firma oder Nichtregierungsorganisation kommuniziert. Diese Deutschen genössen keinen Grundrechtsschutz nach Artikel 10. Das Gleiche gelte auch für deutsche Journalisten, die für ausländische Medien arbeiten.

Nach dem Vortrag treffe ich mich mit Jones in seinem Büro. Die NSA, die einen Jahresetat von mehr als zehn Milliarden Dollar habe, spioniere in ganz Europa, sagt Jones. Aber über Spionage in Deutschland wisse man am meisten, weil es dort ein Netzwerk von regierungskritischen »Maulwürfen« gebe. Es sei übrigens rechtlich umstritten, ob das Eindringen in einen ausländischen Computer als Spionage gelte oder als Angriff. Das Pentagon halte es für einen Angriff, aber die NSA sehe das anders. Und seit 9/11 sei dieses Vorgehen auch weitgehend legalisiert. Bei der NSA gebe es eine ganze Abteilung, die solche Rechtsfragen mit ausländischen Regierungen verhandle. Es gebe bei der NSA schlaue Mathematiker, die nutzten die Schleppnetzfahndung, um herauszufiltern, was sie wollen, im Klartext: Informationen über deutsche Muslime. Könnten solche Informationen aber nicht auch genutzt werden, um deutsche Politiker zu erpressen? Sicher, sagt Jones.

Das Problem sei, sagt der Wissenschaftler, dass bis zu 80

Prozent des Internetverkehrs über die USA laufe, auch wenn er sich zwischen Deutschland und Österreich abspielt. »Deswegen will auch Brasilien ein eigenes Kabel nach Europa legen.« – »Wir« – damit meint er die Kollegen an der Columbia, die der NSA auf die Finger sehen – »haben lange geglaubt, die von der NSA könnten kein unterirdisches Glasfaserkabel anzapfen, aber wir haben nun erfahren, dass die ein Spezialschiff haben, das das kann.«

Auch der britische Government Communications Headquarters (GCHQ) hat so ein Schiff (und Zugriff auf die Glasfaserkommunikation des BND). Und damit hört die internationale Kooperation nicht auf. Die NSA teilt nicht nur Daten mit den »Five Eyes«, sondern auch mit ISNU, dem NSA-Äquivalent in Israel. Nach einem Bericht von Glenn Greenwald im *Guardian* (gestützt auf Snowden) hat Israel sogar Zugriff auf »Raw Sigint«, unausgewertete Rohdaten, also »Transkripte, Zusammenfassungen, Faksimiles, Telexe, Tonaufnahmen und Metadaten sowie Inhalte von Internetspionage«, wie es in einem Memorandum vom Mai 2009 heißt. Geschützt seien nur die Daten von Angehörigen der Regierung, des Kongresses oder des Supreme Court; diese Daten müssten die Israelis zerstören. Was den Schutz von einfachen US-Bürgern betrifft, gebe es aber nur Lippenbekenntnisse, schreibt Greenwald (und, soweit es Nicht-Amerikaner angeht, nicht einmal diese).

Nicht alle Deutschen finden das schlecht. Anfang 2015 sitze ich bei einem Vortrag im Restaurant Berlin-Moskau, Unter den Linden, gegenüber der russischen Botschaft. Eingeladen hat der Alster Club, den Vortrag hält Heike Zitting vom Bundesamt für Verfassungsschutz. Es geht darum, wie sich Firmen vor Wirtschaftsspionage durch Geheimdienste, Kriminelle oder chinesische Praktikanten schützen können, die im Auftrag von Peking alle Informationen abziehen, die sie kriegen können. Nach einer »Cybergeddon« getauften Studie werde dadurch ein Schaden von 11,8 Milliarden Euro im Jahr verursacht. 5,8 Prozent dieser Spionage gingen auf ausländische Geheimdienste zurück.

Auch auf die der USA? »Snowden hat gesagt, dass die USA Wirtschaftsspionage betreiben, aber wir haben keine Beweise«, sagt Zitting. Auch der frühere CIA-Chef James Woolsey – heute Vizepräsident der Firma Booz Allen Hamilton, wo auch Snowden arbeitete – habe gesagt: »Natürlich spionieren wir euch aus. Dafür bestecht ihr.« Sie wird gefragt, warum der BND keine Wirtschaftsspionage für deutsche Firmen betreibe. »Bei uns darf der öffentliche Dienst nicht in die Wirtschaft eingreifen«, sagt sie. »Wir dürfen kein Know-how verteilen, das eine Firma besser stellen würde als eine andere.« In den USA hingegen gebe es Firmen, an denen der Staat oder staatliche Universitäten beteiligt sind, dort sei das erlaubt. Außerdem sei Spionage in Deutschland per se illegal.

Jeder kenne inzwischen PRISM, mit dem die NSA seit 2007 mindestens neun E-Mail-Provider abfischte. Es gebe aber noch viele andere Überwachungsprogramme, sagt Zitting, wie Dropmire, Red Hook, Stellar Wind, das Telefongespräche aufzeichnet, Pinwale, das Telefonate rekonstruiert, Turbulence, das Malware in Computer pflanzt, oder Tempora und Muscular, die von den Briten genutzt würden. Oder Echolon, das sämtliche »Five Eyes« nutzten. Die NSA hänge sich auch an andere Länder und fische ab, was dort gehackt werde. Das geschehe auf den Bahamas, den Philippinen und in Mexiko. Auch Österreich werde belauscht. »Da sitzt die Atomenergiebehörde.« Der *Standard* aus Wien hat berichtet, dass die NSA gezielt Chello.at absaugt, den ersten Breitbandanbieter in Österreich. Es gebe auch Hacienda, das scanne die Sicherheitslücken ganzer Länder. Und es gebe ein Programm für schmutzige Tricks. »Da werden Identitäten von Leuten in Social Media gekapert, um die fertigzumachen«, sagt Zitting. Und natürlich gebe es das Darknet, ein paralleles Internet. »Da findet man Drogen oder Auftragskiller, man braucht dazu aber die IP-Adresse«, also eine Zahlenkombination, weil ICANN – die Internet Corporation for Assigned Names and Numbers – an solche Sites keine Namen vergebe.

Der Verfassungsschutz sieht all das durchaus zwiespältig. »Wir Deutschen profitieren auch von der NSA-Überwachung«, sagt Zitting. Die Informationen über die Sauerland-Bomber etwa seien von der NSA gekommen. Bei der Sauerland-Gruppe handelte es sich um Terroisten aus dem Grenzgebiet von Afghanistan und Pakistan, die aus Ägypten und der Türkei stammten und deutsche Pässe besaßen; sie wollten mehrere Ziele in Deutschland bombardieren, darunter den US-Militärflugplatz Ramstein. Den »Bombern« wurde der Sprengstoff aber vorher gegen Wasser ausgetauscht. Und jetzt, mit ISIS, gebe es noch mehr Terroristen aus Deutschland. Der Verfassungsschutz erwarte aber nicht unbedingt Anschläge hierzulande. »Wir gelten diesen Leuten als das ideale, sichere Rückzugsland, weil die hier Sozialleistungen bekommen«, sagt Zitting. »Auch Mohammed Atta hatte ein Stipendium. Alle ISIS-Rückkehrer leben von staatlichen Leistungen und kriegen Spenden von Gleichgesinnten.«

Dass Deutschland so leisetritt, mag aber auch andere Gründe haben. Greenwald schrieb, dass er im März 2015 den deutschen Vizekanzler Sigmar Gabriel getroffen habe, der ihm sagte, Deutschland könne Snowden kein Asyl anbieten, weil die USA für diesen Fall »aggressiv gedroht« hätten, »sie würden uns nicht mehr an ihren Erkenntnissen über Verschwörungen und anderen Einsichten der Geheimdienste teilhaben lassen«. Gabriel sagte dazu, er habe Greenwald lediglich die Rechtslage dargelegt.

Was die gefürchtete Wirtschaftsspionage der NSA angehe, so sei hier ohnehin alles gesetzlich geregelt, erklärt Zitting. »Wenn man Güter nach Amerika verschifft, muss man das 24 Stunden vorher anmelden und eine genaue Beschreibung mitgeben, alle Produktdaten, auch das Patent, aus Antiterrorgründen.« Die USA stellten diese Daten dann Marktforschern zur Verfügung. »Das läuft über die Firma ImportGenius, und die verkaufen die Daten weiter.« Deren Hauptkunde sei Alibaba, das chinesische Äquivalent von Amazon. Inzwischen wissen wir, dass die NSA, über den BND, auch Daten vom Rüstungskonzern EADS abfischt.

Steven Colbert in 3D

New York City, 2015. Auf der Bühne des 92nd Street Y, einem großen jüdischen Kulturzentrum an der Upper East Side, sitzen Stephen Colbert und Eric Schmidt. Colbert ist ein Fernsehkomiker; er persiflierte in seiner Sendung *Colbert Report* einen rechten TV-Moderator à la *Fox News*. Ab Mitte 2015 übernimmt er die *Late Night Show* von Dave Letterman. Schmidt ist der Executive Chairman von Google. Vor Google war er Manager bei Sun Microsystems und bei der Softwarefirma Novell. 2001 wurde er von den Google-Gründern Larry Page und Sergey Brin als Geschäftsführer angeworben.

Page und Brin, der als Kind mit seinen Eltern aus Russland immigriert ist, haben sich an der Universität von Stanford in Kalifornien kennengelernt. Zum Vorstellungsgespräch luden sie Schmidt zum *Burning Man* ein, einem Festival für Späthippies in der Wüste von Nevada, das mit der Verbrennung einer riesigen Figur aus Holz endet. Damals hatte Google 150 Angestellte in Mountain View, Kalifornien, im Silicon Valley. Heute sind es 50 000, weltweit, überall, außer in Nordkorea. Google ist nicht mehr bloß Suchmaschine, es gibt Google Maps, Google World, Google Blogs, Google News, das Android-Handy, den Browser Chrome, den Chrome Stick fürs Fernsehen und das Laptop Chromebook, außerdem den Videoservice YouTube. Google kostet den Benutzer nichts, aber Google Ads dominiert den Markt der Online-Anzeigen und erdrückt so die Zeitungen. Google ist eine der vier großen Plattformen im Internet, die anderen sind Facebook, Amazon und Apple.

Schmidt wurde engagiert, weil er wirkt wie die Sorte Technokrat im Anzug, den die Wall Street liebt. Zwischendurch saß der Computerwissenschaftler auch im Aufsichtsrat von Apple, trat aber zurück, weil er Interessenkonflikte sah. Schmidt begeistert sich für neue Technik. Das fahrerlose Auto war seine Idee. Auch Google Glass, die Brille, die die Umgebung aufzeichnet, ohne dass es jemand mitbekommt, ist sein Baby. Derzeit kümmert er sich um die Entwicklung einer Kontaktlinse mit einem Chip, der den Insulingehalt im Blut misst. Wenn Zuckerkranke über ihr Handy mit dem Computer ihres Hausarztes verbunden sind, wisse der Arzt dann gleich, wenn das Insulin zur Neige gehe, und schicke ein neues Rezept. Das würde das Leben für Kranke einfacher machen, sagt Schmidt. Natürlich könnte eine faschistische Regierung so etwas nutzen, um Zuckerkranke zu eliminieren (die in den USA oft schwarz oder indianisch sind), aber wer käme denn auf so eine verrückte Idee?

Schmidt glaubt fest an die schöne neue Welt. »Derzeit wird daran gearbeitet, dass das Internet 100 Mal schneller wird«, sagt er zu Colbert. »Deine Fans werden dann Colbert in 3-D sehen können oder als Hologramm in ihrem Wohnzimmer.« Ob die Leute das denn überhaupt wollen, fragt Colbert. Schmidt glaubt, dass sich neue Technik früher oder später durchsetzt, gegebenenfalls modifiziert. »Heute hat praktisch jeder ein Handy, und 97 Prozent legen es nachts neben ihr Kopfkissen«, sagt er. Allerdings irren sich die Googler auch gelegentlich. So habe man geglaubt, die Leute würden eines Tages nur noch ein einziges Gerät besitzen, aber tatsächlich hätten die meisten einen Computer und ein Tablet und ein Handy. Oder zwei. »Aber dafür haben wir die Cloud entwickelt, die alles im Internet speichert und alle miteinander verbindet.« In fünf Jahren werde das Handy dann alles für einen erledigen, Termine, Verabredungen. »Das wird der endgültige Durchbruch sein.«

Die neue Technik hat auch Tücken. US-Präsident Barack Obama erzählte dem Fernsehkomiker Jimmy Fallon, seine

Sicherheitsberater hätten ihm verboten, ein modernes Smartphone zu benutzen. Die Aufzeichnungsfunktion könne nämlich Gespräche in der Umgebung aufnehmen, und die könnten gehackt werden – wenigstens einer, der etwas aus dem Merkel-Überwachungsskandal gelernt hat. Übrigens braucht man dazu gar kein Smartphone: Mattel ist gerade dabei, eine plaudernde Barbiepuppe zu entwickeln, in die Stimmerkennungssoftware und ein Mikrofon eingebaut sind. Sie ist über einen Server mit Mattel verbunden (Mattel versichert, die Puppe richte sich nach »Regierungsstandards«). Colbert fragt Schmidt, ob mit dem neuen Handy nicht auch der gewöhnliche Nutzer überwacht werden könne, aber Schmidt versichert, da sei Google vor. »Zu unserer Firmenphilosophie gehört es, nichts Böses zuzulassen.« Als er zur Firma kam, dachte er, dieses »Do no Evil« sei ein Marketinggag. Aber er habe selber einmal erlebt, dass ein Programmierer bei irgendeiner Idee sagte: »Das dürfen wir nicht, das ist böse.« Amazon hingegen … »Ich bewundere deren skrupellose Effizienz«, sagt Schmidt.

Jedenfalls, Google Mail könne nun verschlüsselt werden, sodass auch die Regierung keinen Zugriff mehr darauf habe. Jedenfalls nicht so ohne Weiteres. Aber, wendet Colbert ein, könne die NSA nach dem Patriot Act nicht verlangen, dass E-Mails ausgehändigt werden? Sei das bei PRISM nicht auch passiert? Ja, sagt Schmidt, aber nicht flächendeckend. »Wir haben etwa 10 000 Anfragen der Regierung pro Jahr. Im Vergleich zur Gesamtmasse ist das gar nichts.« Und wenn Google der NSA, der CIA, dem FBI oder dem Department of Homeland Security E-Mails aushändige, dann geschehe das öffentlich. Man habe die Regierung überzeugt, dass die »Backdoor«, der heimliche Hintereingang, falsch sei.

Google behauptet, seine Suchergebnisse seien neutral und richteten sich nach den Anfragen, aber das stimmt nicht ganz. Die Firma habe die Algorithmen so verändert, dass Pornografie ausgefiltert werde, sagt Schmidt. Auch urheberrechtlich geschützte Inhalte könnten automatisch aussortiert werden. Derzeit arbeitet Google daran, das Ranking so zu verändern, dass akkurate, wahre Informationen in der Suche nach oben gelangen und inakkurate, beispielsweise Verschwörungstheorien, nach unten. Wer unterscheidet, was akkurat ist, ist noch offen.

Die letzte Erwerbung von Google ist die Firma Robotics, die an künstlicher Intelligenz arbeitet. Ihr bekanntestes Produkt ist ein Roboter, der als Suchhund im offenen Gelände benutzt werden kann. Werde Google demnächst ein technisches Gerät mit Bewusstsein entwickeln, fragt Colbert, das vielleicht im Krieg, auf dem Boden, in feindlichem Gebiet eingesetzt werden kann? Schmidt wird nun etwas schmallippiger. Man arbeite nicht an »militärischer Technologie«, aber mehr dürfe er nicht sagen. Colbert fragt direkter. »Wird die Technik die Menschheit versklaven?« Schmidt versichert ihm, bevor das geschehe, ziehe er selber den Stecker. Dann sagt er noch, in der schönen neuen Zukunft würden auch die Energieprobleme gelöst, der Kampf ums Öl im Mittleren Osten werde überflüssig. »Fracking« – die Aufsprengung von Grundgestein, um an schwer zugängliche Öl- und Gasvorkommen zu gelangen – »wird das alles beenden«, sagt er.

Eher am Rande erzählt Schmidt noch, wie Google einmal von der chinesischen Armee angegriffen worden sei, im virtuellen Raum natürlich. Die Hacker hatten nicht nur Zugriff auf viele Google-Mail-Accounts erlangt, sondern auch auf Passwörter, mit denen man Google-Dienste in Anspruch nehmen konnte. Google verfolgte die Hacker (virtuell) und fand nicht nur heraus, dass sie in Taiwan saßen, sondern auch, dass sie bei Dutzenden von US-Firmen in die Computer eingebrochen hatten, darunter Yahoo, Adobe, Symantec und Juniper Networks, aber auch beim Rüstungskonzern Northrop Grumman. Google verlangte, dass sich die US-Regierung bei China beschwerte. Die aber zögerte, weil ihr die Beweislage zu dünn war. Schließlich postete Google selber eine Protestnote, der sich das Außenministerium unter Hillary Clinton anschloss.

Nach dem Schock über den Angriff aus China fing Google an, mit der NSA zusammenzuarbeiten. Damit stand der NSA der Zugriff auf die Google-Daten offen. Laut dem Internetmagazin *Salon* unterzeichnete Sergey Brin damals eine Vereinbarung mit der NSA, alles, was er von den Schlapphüten erfuhr, geheim zu halten. Andernfalls drohe ihm Gefängnis. Dafür habe er Security Clearance bekommen, das Sicherheitssiegel, und dürfe an Besprechungen mit hochrangigen NSA-Mitarbeitern bis zum damaligen Chef Keith Alexander teilnehmen, der auch der Cyber Command Abteilung des Pentagon vorstand. Und Brin sei nicht der Einzige, der eine »symbiotische Beziehung« mit der NSA habe, schreibt *Salon*. Microsoft etwa teile der NSA Schwachstellen mit, bevor die Kunden davon erführen, und Cisco habe in seine Router eine »Backdoor« eingebaut, über welche die NSA Daten abfischen könne.

Zu den Firmen, an denen die Schlapphüte Interesse haben, zählt der Internettelefondienst Skype. Skype hat etwa 300 Millionen Nutzer weltweit. Skype entwickelte bereits ein Programm namens Chess, das dazu dient, Spionen und Staatsanwälten einfach und unauffällig Zugang zu Skype-Daten zu gewähren (schreibt die *New York Times* unter Berufung auf Snowden). Skype gehörte damals eBay, der Dienst wurde kurz danach an Microsoft verkauft. Microsoft versicherte, man werde der Regierung keinen Zugriff auf Konsumentendaten gewähren, aber genau dazu war Skype zuvor von dem geheimen U.S. Foreign Intelligence Surveillance Court verdonnert worden.

Auch WhatsApp, ein Programm, mit dem man fast kostenfrei SMS von Handy zu Handy schicken kann, ist für Geheimdienste von Interesse. WhatsApp wurde von zwei früheren Yahoo-Entwicklern erfunden und von Sequoia Capital finanziert, einem Finanzierungsdienstleister im Silicon Valley, der auf internationale Start-ups spezialisiert ist. Der Gründer ist Michael Moritz, der zuvor im Aufsichtsrat von Google saß. Wenn bei WhatsApp das Mikro angeschaltet ist, kann die Anwendung nicht nur Telefongespräche, sondern auch Gespräche im Raum aufzeichnen. Es fungiere damit als »Wanze zum Mitnehmen«, warnt der deutsche EDV-Experte Stefan Löffelbein. Diese Daten würden dann, wie niederländische Behörden nachgewiesen hätten, auf US-Server übertragen. WhatsApp, das Anfang 2015 rund 700 Millionen Nutzer hatte, wurde inzwischen an Facebook verkauft. Und Facebook ist ohnehin ein Spionageinstrument par excellence, dem Nutzer alles bereitwillig anvertrauen. Mark Zuckerberg, der Gründer und Vorstandsvorsitzende von Facebook, sagte bei der Verleihung des Netzpreises »Crunchie Award« in San Francisco, die Privatsphäre sei »nicht mehr die soziale Norm«. Die Leute hätten sich daran gewöhnt, auch private Informationen zu teilen.

Auch das Personal wechselt gerne von Fort Meade, dem Sitz der NSA, ins Silicon Valley und zurück. Die NSA stellte Max Kelly ein, der als Manager für Sicherheit bei Facebook dafür zuständig war, die Daten von über einer Milliarde Facebook-Nutzern vor Hackern und Schnüfflern zu schützen. Kenneth Minihan, NSA-Direktor unter Bill Clinton, ist heute Chefmanager der Paladin Capital Group, die Start-ups finanziert, die »Hightech-Lösungen für die NSA und andere Spionageagenturen« liefern, schreibt die *Times*.

Die ökonomischen Bindungen sind ebenfalls eng. »Die NSA ist einer der größten Kunden im Silicon Valley für Software zur Datenanalyse«, schreibt die *Times*. Dafür investiere die NSA in Start-ups, vergebe (geheime) Verträge an Firmen und rekrutierte Experten. Die *Times* schätzt die Gesamtinvestitionen der NSA im Silicon Valley auf acht bis zehn Milliarden Dollar im Jahr. 2012 tauchte Keith Alexander bei der Hackerkonferenz Defcon in Las Vegas auf. Er hielt die Antrittsrede und rekrutierte nebenbei Hacker. Auch die CIA besitzt mit In-Q-Tel eine Investmentfirma, die Geld in solche

Unternehmen steckt. Und Google bewirbt sich gerade um einen Zwei-Milliarden-Dollar-Vertrag mit dem Pentagon.

»Ohne die Millionen und Milliarden von Regierungsgeldern wären Silicon-Valley-Firmen wie Google, Apple oder Microsoft nicht so groß geworden. Und jetzt tun sie so, als hätten sie das alles selber geleistet«, sagt Ralph Nader, der Konsumentenanwalt und frühere Präsidentschaftskandidat der amerikanischen Grünen, der mitten in der NSA-Debatte sein neues Buch bei Barnes & Noble am Union Square in Manhattan vorstellt. Es heißt *Unstoppable: The Emerging Left-Right Alliance to Dismantle the Corporate State* (»Unaufhaltsam: Die entstehende Links-Rechts-Allianz zur Demontage des Konzernstaates«). Nader will, dass sich Rechte und Linke zusammentun, um den Komplex aus Konzernen und Staat gemeinsam zu bekämpfen. »Inzwischen sind sogar Gesetze in Planung, dass Roboter mehr Rechte haben als Menschen, weil sie sich im Besitz von Konzernen befinden«, sagt er. Und die jungen Menschen seien praktisch »Gefangene ihrer Geräte« und hätten für nichts anderes mehr Augen als für ihr Handy.

Nader wird nach Snowden und Chelsea Manning gefragt, jenem Soldaten, der die Dokumente und Videos aus dem Irakkrieg an Julian Assange von WikiLeaks weitergab, darunter auch das berüchtigte Video, wo eine Hubschrauberbesatzung auf Kinder schießt. »Wer glaubt, dass diese Leute Verräter sind, der sollte daran denken, welchen Schaden der Spitzelstaat anrichtet, angefangen mit diesen Kriegen.« Dann warnt er vor denen, die uns manipulieren. »Sie tun das immer auf einem hohen Niveau von Verallgemeinerung, das ist ein Grundzug von Propaganda«, sagt er. »Wenn man auf die Ebene von Details geht, merkt man, dass vieles falsch ist.«

Wie die schöne neue Zukunft aussieht, skizziert wenig später Patrick Tucker im Carnegie Council, einer Denkfabrik, die sich »ethischer Führung« verschrieben hat. Der Stahlbaron Andrew Carnegie hat sie 1914 gegründet. Tucker ist der Autor von *The Naked Future: What Happens in a World That*

Anticipates Your Every Move? und der futuristische Zwilling von Eric Schmidt. Im Jahr 2020, sagt er, werde es das 44-Fache der Informationen von heute geben, die Menschheit werde 50 Milliarden internetfähige Geräte besitzen, darunter auch (winzige) Geräte, die in unseren Körper implantiert würden und mit unserem Arzt kommunizieren. »Das spart ungemein Kosten«, sagt Tucker.

Diese Geräte würden sogar über hellseherische Fähigkeiten verfügen. Beispielsweise habe eine Krankenkasse (in einem Experiment) einmal herausgefunden, dass ein junges Mädchen schwanger war – bevor sie es selber wusste. Es werde nicht nur ein Auto geben, das von alleine fährt, dieses Auto wüsste auch, wohin sein Besitzer fahren will. »So brauchen wir weniger Autos«, meint Tucker. Microsoft mache derzeit Experimente, um vorauszusagen, wo sich ein Nutzer künftig befindet; die Trefferquote liege bereits bei 80 Prozent. »Bill Bratton« – der Polizeichef von New York und zuvor Los Angeles – »nutzt diese Methoden schon seit Jahren, um Verbrechen vorauszusehen.« Das NYPD habe damit allerdings auch gewaltlose Proteste gegen Banken oder den Weltwährungsfonds verhindert, »aber so was ist selten«. Tucker findet, ein bisschen mehr Privatsphäre, so wie in Europa, sollte schon sein, aber generell ist er nicht beunruhigt. »Wir sehen das jetzt als Bedrohung. Aber die Zukunft kann damit auch schöner werden.«

Ein Koffer in Berlin

Google hat drei Niederlassungen in Deutschland: in München und Hamburg und die größte in Berlin. Dorthin kam Eric Schmidt im Sommer 2014, um ein Technologiezentrum in der Rheinsberger Straße zu eröffnen, an der Grenze zwischen Mitte und Prenzlauer Berg. In die neuen Büroräume hat Google eine Million Euro investiert. Das Berliner Büro von Twitter befindet sich hier, und SoundCloud, der Reiseorganisator GetYourGuide und 6Wunderkinder, deren Software Termine und To-Do-Listen verwaltet, haben ebenfalls hier ihren Sitz. Das ist ganz besonders praktisch für die NSA. 6Wunderkinder hat sein Einstiegskapital ebenfalls von Sequoia Capital aus dem Silicon Valley erhalten. Nach einer Studie des Digitalverbandes Bitkom haben ausländische Risikokapital-Firmen alleine in Berlin 113 Millionen Euro investiert, wovon der größte Teil aus Amerika kommt.

Schmidt, der von den deutschen Nerds bestaunt wurde, sprach von einem neuen deutschen Wirtschaftswunder, das dank des Internets entstehe. Google werde auch weiterhin Start-ups fördern, versprach er. Die Berliner sollten global denken: Was könne Berlin für die Welt tun? Verglichen mit Giganten wie Facebook und Amazon ist die Szene in der Hauptstadt eher klein. Aber trotzdem haben Amerikaner ein waches Auge auf Deutschland. Wenn ein deutsches Start-up groß herauskommt – wie etwa Taptalk, das Fotos knipst und versendet, die unmittelbar nach dem Betrachten verschwinden –, wird so etwas entweder kopiert oder aufgekauft. In Amerika sitzt das Geld für Neues wesentlich lockerer. Der praktische Nebeneffekt ist, dass die technologische Neuentwicklung früher oder später in die USA wandert. Das hält die US-Wirtschaft konkurrenzfähig.

Wenn es darauf ankommt, fungieren diese Firmen auch als Helfer der US-Kriegspolitik. Im November 2010 stellten die Internetaktivisten von WikiLeaks unter Julian Assange geheime Dokumente aus dem Irakkrieg ins Netz. Darunter war ein Video, *Collateral Murder*, das eine US-Hubschrauberbesatzung im Irak zeigt, die lachend auf Kinder schießt (den Kindern wurde danach in den USA vorgeworfen, sie hätten sich nicht in einer »Kriegszone« aufhalten sollen). Das Material kam von Chelsea Manning, einem jungen GI im Irak. WikiLeaks veröffentlichte auch Berichte aus dem Foltercamp Guantanamo Bay und diplomatische Notizen aus den US-Botschaften. Daraus erfuhr Deutschland, dass Bundeskanzlerin Angela Merkel in den USA als »selten kreativ« gesehen und Angela »Teflon« Merkel genannt wurde; der damalige Außenminister Guido Westerwelle galt den US-Botschaften als »inkompetent«, »eitel« und »amerikakritisch«.

Die US-Regierung versuchte, Assange zu verhaften; noch heute sitzt er in der ecuadorianischen Botschaft in London fest. Manning wurde zu einer langjährigen Haftstrafe verurteilt. US-Firmen wurde weltweit verboten, WikiLeaks zu hosten, die Konten von WikiLeaks zu führen oder Spenden dafür einzusammeln. Die Bank of America, Amazon, Visa, Mastercard und der zu eBay gehörende Bezahldienst PayPal folgten der Order. Apple entfernte eine App, mit der man an WikiLeaks spenden konnte. WikiLeaks verlor den Domainnamen, bis die Schweizer Piratenpartei WikiLeaks eine neue digitale Heimat verschaffte.

Manning hat aber auch Unterstützer in den USA. Im Sommer 2014 stellt OR Books *The United States vs Private Chelsea Manning* vor, die Geschichte des Prozesses, der mit einer 35-jährigen Gefängnisstrafe endete. Das Buch wurde aus 13 000 Seiten Gerichtsprotokollen eingedampft. Zu der Vorstellung in einem Loft in Midtown Manhattan kommen gut 50 New Yorker aus der linken Szene. Es sind auch Aktivisten da, die den Prozess besucht haben, der in Fort Meade stattfand, dem Sitz der NSA. »Wir hatten schwarze T-Shirts an, auf denen mit weißer Schrift ›Truth‹, Wahrheit, stand, die mussten wir umdrehen«, erzählt einer von ihnen. »Das hatte irgendwie etwas Orwelleskes.«

OR Books gehört Colin Robinson und John Oakes. Robinson kommt vom linken Wirtschaftsverlag Verso; Oakes ist der Sohn von John Oakes, der im Zweiten Weltkrieg für das OSS Spione umdrehte und danach die Kommentarseite der *New York Times* kreierte (er war der Neffe des *Times*-Herausgebers Adolph Ochs). OR Books verlegt linke Autoren wie Norman Finkelstein, Laura Flanders (die Enkelin des irischen Journalisten Claud Cockburn) und Yoko Ono. Manning, sagt Robinson, habe sein Material zuerst der *New York Times* und der *Washington Post* angeboten, aber beide hätten abgelehnt.

Bei OR Books erscheint auch das Buch von Julian Assange, *When Google Met Wikileaks*. Darin berichtet er von einer Begegnung mit Google-Chairman Eric Schmidt. Assange traf Schmidt im Mai 2011 während seines Londoner Hausarrests, als er dabei war, die WikiLeaks-Dokumente über das State Department zu veröffentlichen. Schmidt wollte ihn für ein Buch interviewen, das er zusammen mit Jared Cohen schrieb. Cohen ist der Direktor von Google Ideas, Googles »hausinterner Denkfabrik«. Zuvor hatte Cohen im State Department gearbeitet, er unterstützte beispielsweise den – gescheiterten – Aufstand im Iran nach der Wahl von 2009. Auch während seiner Zeit bei Google jettete er weiter durch den Mittleren Osten, schreibt Assange.

Schmidt traf mit seiner damaligen Freundin Lisa Shields, der Vizepräsidentin des Council on Foreign Relations, bei Assange ein. Etwa eine halbe Stunde später erschien Cohen mit dem Lektor des Buches, Scott Malcomson. Malcomson wurde wenig später Redenschreiber beim State Department. Assange attestiert Schmidt eine maschinengleiche Analysefähigkeit und eine »nonverbale kraftvolle strukturelle Intelligenz«. Er bat Schmidt, die Schnüffelanfragen, die Google nach dem Patriot Act von der US-Regierung bekomme, WikiLeaks zu stecken, aber der weigerte sich. Das sei illegal.

Zwei Monate später stellte Assange fest, dass der *Guardian* das Entschlüsselungspasswort für die Depeschen der US-Botschaften veröffentlicht hatte. Er beschloss, die Veröffentlichung der Depeschen zu beschleunigen, und rief im State Department an. Er bekam einen Rückruf, aber nicht vom State Department, sondern von Lisa Shields. Ist Google nun, fragte sich Assange, die Außenstelle des State Department für die Internetszene?

Aber das war nur der Anfang. Google, stellte der WikiLeaks-Gründer fest, lädt zu Konferenzen ein, zu denen Regierungsbeamte kämen, Banker und Waffenlieferanten. Google spendet Lobbygelder an Politiker in Washington in Millionenhöhe, mehr als der Rüstungskonzern Lookheed Martin. Google gab Obamas Staatssekretär John Kerry eine Plattform bei Google Hangouts, als dieser Bomben auf Syrien forderte. Und Schmidts Buch, das den Titel *The New Digital Age* bekam, wurde von Tony Blair, Henry Kissinger und Madeleine Albright gepriesen. Google habe sich, schreibt Assange, mit jener »verborgenen Faust« verbunden, die die Welt für das Silicon Valley sicher machen sollte: der U.S. Army, der Air Force und den Marines. Was Google wolle, sei die gleiche Außenpolitik im Interesse der US-Konzerne, mit der schon die Dulles-Brüder aufgestiegen sind. »Aber ein ›Don't be Evil‹-Imperium«, schreibt Assange, »ist immer noch ein Imperium.«

Kurz vor Weihnachten 2014 trifft sich das American Institute for Contemporary German Studies (AICGS), das die transatlantische Freundschaft pflegt und eher liberal eingestellt ist. Präsident ist Jack Janes; sein Vorgänger war Robert Gerald Livingston, der für Henry Kissingers Nationalen Sicherheitsrat gearbeitet hat und Präsident des German Marshall Funds war. »Amerika war daran gewöhnt, dass Westdeutschland ein amerikanisches Protektorat ist, wo seine Spione machen konnten, was sie wollten«, schrieb Livingston, als der NSA-Skandal herauskam. Nun müsse Amerika verstehen, dass die Zeiten der Kalten-Kriegs-Überlegenheit vorbei seien, und sich entschuldigen. Man solle vermeiden, die deutsche Bereitwilligkeit zu riskieren, die Außenpolitik der USA zu unterstützen.

Das Jahrestreffen findet in der Pace University in Manhattan statt, es spricht Robert Zoellick. Der Goldman-Sachs-Banker war unter George W. Bush Unterstaatssekretär im State Department und danach Präsident der Weltbank. Zoellick ist nicht sonderlich zufrieden mit der deutsch-amerikanischen Diplomatie. »Als das mit WikiLeaks herauskam und als Merkels Handy abgehört wurde, da hätte man dem deutschen Botschafter in Washington sagen sollen, das war ein einmaliges Versehen, das kommt nicht wieder vor. Wir sollten nicht die deutsche Regierung ausspionieren«, sagt er. Deutschland selber allerdings schon, immerhin seien aus Hamburg die World-Trade-Center-Attentäter gekommen. Deutschland müsse verstehen, dass es sich nicht wie die Schweiz benehmen könne, vor allem jetzt, mit Putin vor der Tür.

Ein Zuhörer wendet ein, Deutschland zögere nur deshalb, zu führen, weil die öffentliche Meinung im Land dem entgegenstehe. Dabei sei Deutschland doch sehr gut geeignet zu führen, denn es besitze noch die moralische Kraft, über welche die USA nicht mehr verfügten. Was könne man tun, wenn die öffentliche Meinung – nicht nur in Deutschland, auch die in Amerika – mehrheitlich gegen ausländische Kriege sei, fragt ein anderer. »Um es mit den Worten von Adenauer zu sagen, tun Sie was dagegen«, sagt Zoellick. Da müsse man eben führen, das sei es, was einen guten Staatenlenker ausmache. Auf dieser Linie seien ja auch Angela Merkel und Ursula von der Leyen. Aber die meisten deutschen Politiker täten leider das Gegenteil von dem, was Theodore Roosevelt seinerzeit predigte – leise sprechen und einen großen Stock tragen: Sie sprächen laut und hätten überhaupt keinen Stock.

Zu den Experten, die für das AICGS schreiben, gehört *Zeit*-Herausgeber Josef Joffe. Joffe ist weniger beeindruckt vom Ärger über Merkels Handy. Die deutsche Reaktion sei »total übertrieben«, schimpft er im *Wall Street Journal*. Sie verrate das unbewusste Bedürfnis des Landes, sich angesichts einer schrecklichen Vergangenheit seiner moralischen Überlegenheit zu versichern. Dann merkt er ironisch an, dass die USA ja nun offenbar die Souveränität anderer Ländern niedertrampelten, während Deutschland ein Modell des Pazifismus sei. »Es wird wohl mehr brauchen als vier World Cups und Jahrzehnte einer liberalen Demokratie, um das Trauma des Dritten Reiches zu vertreiben.« Es gibt ein Sprichwort:

Wer nur einen Hammer hat, für den sieht alles wie ein Nagel aus. Offenbar gilt das auch für die Nazikeule: Wer nur die als Werkzeug hat, sieht überall Nazis.

»Gatekeeper« und Neue Medien

Mit dem Vormarsch der Internetkonzerne kommunizieren die USA auch anders mit der Welt. Das Internet ermöglicht der US-Regierung, weitaus einfacher Propaganda zu verbreiten als in der guten alten Zeit, als Propagandabehörden mühselig Artikel in ausländischen Blättern unterbringen mussten. Umgekehrt öffnet es Amerika aber auch für ausländische Propaganda, die Googles Videoservice YouTube ebenso nutzt wie den Message-Dienst Twitter, Facebook und Amazon oder neue Websites wie Buzzfeed oder Reddit, Plattformen, die Texte oder Debatten im Netz aufgreifen. »New Media« haben sogar manche der »Old Media« übernommen. Das neueste Beispiel ist die *New Republic*, im Ersten Weltkrieg von Walter Lippmann gegründet, damals liberal, aber in den Achtzigerjahren von Neokonservativen kalt übernommen. Das Blatt wurde 2013 von Chris Hughes gekauft, zusammen mit Zuckerberg Gründer von Facebook. Inzwischen wurde die Chefredaktion ausgewechselt, aus dem Debattenblatt soll ein »vertikal integriertes digitales Medium« werden. Und Amazon-Milliardär Jeff Bezos erwarb die *Washington Post*.

Diese neuen Medien werden nun »Gatekeeper«, die bestimmen, was öffentlich wird und was nicht. Sie haben viel breitere Plattformen, aber ihre Toleranz ist nicht unbegrenzt. Das zeigte sich nicht nur bei WikiLeaks, auch YouTube räumt allzu Gruseliges aus den Kriegen im Mittleren Osten vom Server, während Facebook und Amazon bei blanken Brüsten die Rote Karte zeigen. Und man weiß auch nie so genau, wer hinter den Videos oder Debatten im Internet steckt. Berüchtigt ist die israelische »Hasbara«-Propaganda, bei der Leute weltweit dafür bezahlt werden, dass sie in den sozialen

Medien, auch in Deutschland, proisraelische Kommentare posten. Und auch Russland tut Ähnliches.

Das Internet beeinflusst aber auch die alten Medien. Seit die Zeitungen mit dem Internet konkurrieren, müssen sie mehr Stimmen zulassen, die nicht dem Establishment gehören, auch ausländische. Dabei versucht die Presse, eine feine Linie einzuhalten. Die US-Blätter wollen nicht abhängt werden, sie verbreiten aber auch ungern Inhalte, die ihrer Linie zuwiderlaufen oder ihre Reputation gefährden. Und gerade wegen der Reputation sucht auch die digitale Generation die Nähe zu den alten Medien. Snowden und auch WikiLeaks arbeiten mit der Presse zusammen, dem *Spiegel* in Deutschland, dem *Guardian* in England, mit *El Pais* in Spanien, *Le Monde* in Frankreich und mit der *New York Times*.

Der *New York Times* ist ihre Reputation besonders wichtig. Gleichzeitig – und das wird nicht als Widerspruch gesehen – versteht sie sich als Stimme des State Department. Es gibt das Drehtür-Phänomen: Leute von der Regierung gehen zur Presse und wieder zurück, etwa Leslie Gelb, der im Pentagon die »Pentagon Papers« in Auftrag gab, dann zur Denkfabrik Brookings wechselte, Korrespondent der *Times* wurde, unter Jimmy Carter zurück ins State Department ging und dann wieder bei der *Times* die Kommentarseite leitete. Heute ist er President Emeritus, der Alterspräsident des Council on Foreign Relations. Gelbs Nachfolger bei der *New York Times*, Richard Burt, wurde US-Botschafter in Deutschland.

Vielleicht halten *New York Times*-Kommentatoren deshalb gerne den Führern anderer Völker, vor allen Dingen Deutschlands, Standpauken. Mal beschimpft Roger Cohen deutsche Putinversteher als Antiamerikanisten, mal fordert Paul Krugman, dass Deutschland die griechischen Schulden bezahlt, mal mokiert sich Josef Joffe säuerlich über die Feindschaft zwischen Gerhard Schröder und George W. Bush. Diese Lufthoheit über dem Medienstammtisch möchte die *Times* ungern an ein Start-up aus Palo Alto abgeben.

Im Carter Journalism Institute der New York University ist an einem Abend im Dezember 2014 Arthur Sulzberger zu Gast, der Verleger der *New York Times* und Ururenkel von Adolph Ochs. Der nunmehr 63-Jährige ist liberal. Nicht mehr so liberal wie früher, als er Motorrad fuhr, lange Haare hatte und gegen den Vietnamkrieg protestierte, aber immer noch Demokrat. Er hat Ian Fisher mitgebracht, den stellvertretenden Leiter der Online-Redaktion. Der sagt, dass viele Leser nun über Facebook oder Reddit kämen.

Sulzberger wird nach Snowden und WikiLeaks gefragt. Er möchte Snowden weder einen Patrioten noch einen Verräter nennen, aber »letztendlich treffen wir die Entscheidung, ob wir etwas veröffentlichen oder nicht«. Bei den WikiLeaks-Depeschen aus Afghanistan habe man keine Details veröffentlicht, die Leute erkennbar gemacht hätten. Ob das Weiße Haus sich beschwert habe? »Nicht der Präsident«, sagt Sulzberger. Aber man sei vor der Veröffentlichung mit dem Pentagon in Kontakt gewesen, »dort war man nicht glücklich«.

Dann spricht er über James Risen. Risen schreibt für die *New York Times* über NSA und CIA. Eine seiner Quellen war der ehemalige CIA-Agent Jeffrey Sterling. Es ging um die »Operation Merlin«, einen Versuch der US-Regierung unter Bill Clinton, Iran mithilfe iranischer CIA-Agenten gefälschte Baupläne für eine Atombombe zu geben. Sterling wurde nach dem »Espionage Act« von 1917 verurteilt. Die Obama-Regierung will nun auch Risen ans Leder. Sulzberger findet das »schaurig«. Associated Press habe übrigens das gleiche Problem. Dieses Kontrollbedürfnis gehe auf Abraham Lincoln zurück, der befohlen habe, dass alle Telegramme der Presse durch das Weiße Haus gingen. Das Telegramm war damals eine neue Erfindung. »Was ist nur los mit diesen Politikern aus Illinois«, frotzelt Sulzberger, und alles lacht (Obama ist auch aus Illinois).

Die *New York Times* berichtet auch über die aktuellen Kriege, aber nicht über alle. »Wir haben in den letzten zwölf

Jahren mehr Reporter verloren als in allen anderen Kriegen zusammen, Erster und Zweiter Weltkrieg, Korea und Vietnam«, sagt Sulzberger. Das Büro in Bagdad habe nun 60 Wachleute, zwei davon hätten versucht, *Times*-Reporter umzubringen. In Syrien habe man niemanden. »Das ist kein Krieg, für den es sich lohnt, zu sterben.«

Die Zukunft der *New York Times* liegt in Übersee. »Wir haben mehr ausländische Korrespondenten denn je«, sagt der Verleger. Und die *Times* habe inzwischen auch weltweit mehr als 60 Millionen Leser. Damit gebe es aber auch mehr Beschwerden. »Aber die meisten rufen nicht beim Verleger an, sondern bei den Korrespondenten vor Ort.« Auch ausländische Regierungen beschwerten sich gelegentlich. »Und in China machen sie auch schon mal die Website dicht.« Und was mit deutschen Politikern sei? Sulzberger sagt, nein, kein deutscher Bundeskanzler oder Minister habe sich bisher bei ihm beschwert.

Wenig später tritt Mark Thompson bei einer von der Schweizer Bank UBS ausgerichteten Investorenkonferenz im New Yorker Westin Hotel auf. Thompson ist der neue Vorstandsvorsitzende der New York Times Company, er kommt von der BBC. Er spricht wie eine fleischgewordene Aktenvorlage, aber wegen seines britischen Akzents fällt es nicht so auf. Er spricht über Optimierung, Kostenkontrolle, Brand Marketing und »Native Advertizing«, die Vermischung von Werbung und redaktionellen Beiträgen, auch über die geplante globale, multimediale Ausdehnung nach Südamerika, Europa, Asien, auf Tablets und Smartphones. Es gibt bereits eine *International New York Times*, die in Paris herausgegeben wird. Demnächst werde man die *New York Times* auch mit Euro bezahlen können.

Thompson ist nicht die einzige Neuerung bei der *New York Times*, auch die Chefredaktion hat gewechselt. Sulzberger hat Jill Abramson gefeuert. Der Anlass war, dass Abramson Janine Gibson als neue Chefin vom Dienst holen wollte, die beim *Guardian* war. Gibson hat den *Guardian* durch die digitale Revolution geführt; unter ihr druckte das Blatt die Snowden-Enthüllungen als Erstes, noch vor der *New York Times*. Aber der aktuelle Chef vom Dienst, Dean Baquet, stellte sich quer: Er wollte Gibson nicht. Als Abramson abtrat, wurde Baquet neuer Chefredakteur. Baquet war vorher bei der *Los Angeles Times* gewesen. Ihm war damals eine Story angeboten worden, wonach die NSA in Kalifornien »geheime Räume« in der AT&T-Schaltzentrale eingerichtet habe, zu denen nur NSA-Leute Zutritt hätten, um Telefone abzuhören. Baquet und sein Chef vom Dienst Douglas Frantz beschlossen, die Story nicht zu bringen, nachdem sie mit dem damaligen NSA-Direktor Michael Hayden gesprochen hatten. *Guardian*-Reporter Glenn Greenwald warf Baquet vor, er krieche vor der US-Regierung; Baquet rechtfertigte sich damit, dass die Story zu technisch gewesen sei. Frantz wechselte bald darauf als Berater ins State Department.

Auch das State Department möchte gerne hip sein und junge Menschen im Ausland erreichen. Es unterhält ein Büro in New York, das ausländische Journalisten betreut, das Foreign Press Office. Dort spricht im Herbst 2014 Macon Phillips. Phillips steht dem Bureau of International Information Programs vor, das seinerseits zum Office for Public Diplomacy gehört, die Nachfolgebehörde der United States Information Agency (USIA). Zuvor war er für Cyberkommunikation im Weißen Haus zuständig gewesen. Er ist ein begeisterter Digital Media Native. Er hat Douglas Frantz mitgebracht, aber die meiste Zeit redet Phillips. Er erzählt, wie man ein »Unselfie« von John Kerry verbreitet habe (ein Selfie ohne Kopf), wie man über Twitter und soziale Medien Hunderte einladen könne oder wie man es schaffe, schnell auf Buzzfeed zu kommen. Man könne sich auf der Website des Office for Public Diplomacy auch mit einem Fulbright-Schüler austauschen. Das Office schicke auch einen Vertreter zur ComicCon, der weltweit bekannten Comic-Messe in San

Diego. Die digitalen Diplomaten würden durch die ganze Welt jetten. Phillips ist gerade erst aus London gekommen. Sogar in Iran unterhält Phillips zumindest eine »virtuelle Botschaft«.

Die Diplomaten haben heftigen Gegenwind wegen Ed Snowden erfahren deshalb glaubten nun viele Leute, besonders in Russland, sie verbreiteten Regierungspropaganda. Das stimmt natürlich nicht. »Wir können in den USA offen über alles reden, anders als in Russland«, sagt Douglas Frantz. Dann wird er gefragt, ob er den ukrainischen Aufständischen erzählt habe, sie sollten Polizeiautos anzünden. Nein, sagt er. »Darauf kommen die von selber.«

Nicht nur die *New York Times* wird global, die Medienwelt kommt auch nach Amerika. Als Oliver Stone seinen (begrenzt schmeichelhaften) Film *W* über George W. Bush drehte, kam das Geld aus Australien, der Schweiz und Hongkong sowie von zwei französisch-marrokanischen Brüdern (Hollywood weigerte sich, den Film zu finanzieren). Al Jazeera und Russia Today sind mit englischsprachigen Programmen in den USA vertreten, ebenso Vice, das aus dem französischen Teil Kanadas kommt. Vice wurde von Shane Smith und Suroosh Alvi gegründet, unterstützt von Regierungsgeldern aus Kanada. Smith wird von der *New York Times* als »Kreuzung zwischen Punk Rocker und Fortune-500-Manager« beschrieben. Vice TV greift Themen auf, die sonst in den USA gerne unter den Tisch fallen, wie Geburtsschäden von irakischen Babys durch Uranmunition.

Auf Geheimdienste und den Überwachungsstaat – auch im Ausland – ist *The Intercept* spezialisiert, das Onlinemagazin, hinter dem Glenn Greenwald, Jeremy Scahill, der mit seinem kritischen Buch über die Sicherheitsfirma Blackwater im Irak bekannt wurde, und Laura Poitras, die den Dokumentarfilm *CitizenFour* über Edward Snowden gedreht hat, stehen. Finanzier von *The Intercept* ist Pierre Morad Omidyar, ein in Frankreich geborener Iraner mit US-Pass. Omidyar, der

Gründer von eBay, der als leicht paranoid und schwer zugänglich gilt, wurde Milliardär, als er die Handelsplattform an die Börse brachte. Auch Reddit hat globale Wurzeln. Die Debattenplattform wurde von Alexis Ohanian gegründet, einem Internetaktivisten aus New York mit einem armenischen Vater und einer deutschen Mutter. Ohanian organisierte eine – erfolgreiche – Internetkampage gegen zwei Gesetzesinitiativen, mit denen das offene Internet eingeschränkt werden sollte, den »Stop Online Piracy Act« und den »Protect IP Act«, der den Zugang zu Domains blockiert hätte. *Forbes* nannte Ohanian den »Bürgermeister des Internets«. Inzwischen hat Ohanian Reddit an Condé Nast verkauft, den Hochglanzverlag der Familie Newhouse, der *Vanity Fair* und der *New Yorker* gehören. »Old Media« erobert manchmal auch Territorium zurück.

Hollywood, 22. Februar 2015. Laura Poitras steht auf der Bühne des Dolby Theatre – das bis vor Kurzem Kodak Theatre hieß – an der Ecke von Hollywood und Highland Boulevard. Sie hält den Oscar für *Citizenfour* in Händen, den Dokumentarfilm über Edward Snowden, Julian Assange und die NSA. Die Dokumentarfilmerin ist sichtlich gerührt, sie dankt allen, insbesondere Glenn Greenwald und Snowden. Neil Patrick Harris, der Conferencier, hat Snowden gerade noch einen Verräter genannt – im Scherz, aber Hollywood weiß auch heute noch ganz gut, auf welcher Seite das Brot gebuttert ist.

Neben Poitras stehen Dirk Wilutzky und Mathilde Bonnefoy, das deutsch-französische Produzentenpaar von *Citizenfour*, die in Berlin leben und schon für Tom Tykwers Studio X-Filme gearbeitet haben. *Citizenfour* galt bei der Oscarverleihung praktisch als deutscher Beitrag, auch wenn das in Deutschland keiner so recht mitbekommen hat. Auch der Norddeutsche Rundfunk und der Bayerische Rundfunk waren an der Produktion beteiligt, dazu das Filmboard Berlin-

Brandenburg. Poitras lebte ebenfalls eine Zeit lang in Berlin, wo sie den Film auch geschnitten hat. Hier herrsche weniger Stress, sagt sie. Bei der Einreise in die USA wurde die Amerikanerin jedesmal angehalten und durchsucht. In Berlin wohnen auch noch andere Linksabweichler aus Amerika und England, etwa Jacob Appelbaum, ein Hacker, der Snowden bei seinen Veröffentlichungen unterstützt hat, und Sarah Harrison, die engste Vertraute von Assange – ihr wurde geraten, nicht ins heimische London zurückzukehren, weil das nicht sicher sei. Es ist beinahe wieder so wie damals, im Vietnamkrieg.

Am Tag darauf chattet Snowden zusammen mit Greenwald und Poitras auf Reddit mit Leuten auf der ganzen Welt. Snowden spricht über sein Asyl in Moskau, die NSA, den Überwachungsstaat und die Versuche, ihn zu diskreditieren. Aber er versucht, Optimismus zu zeigen. »Länder in der ganzen Welt, allen voran Brasilien und Deutschland, arbeiten zusammen, um die Hegemonie der USA über das Internet zu verhindern und die Privatsphäre ihrer Bürger zu schützen«, sagt er. Greenwald ergänzt, es gehe nicht nur um Datenschutz, sondern um die Demokratie als Ganzes. »Wenn wir nicht das Wichtigste wissen, was unsere Regierung tut, dann haben wir keine echte Demokratie«, sagt er. »Deswegen verdienen es Whistleblower wie Daniel Ellsberg, Chelsea Manning und der mutige Edward Snowden nicht, im Gefängnis zu sein. Sie verdienen unsere ewige Dankbarkeit.«

Nicht nur Greenwald denkt so. Im April 2015 stellten amerikanische Künstler eine Büste von Snowden in einem Park in Brooklyn auf (die flugs von der Polizei beschlagnahmt wurde). Kurz darauf enthüllten Berliner Grüne Statuen von Snowden, Manning und Assange auf dem Alexanderplatz. Nicht nur der BND und die CIA arbeiten zusammen, auch Aktivisten und Dissidenten. In Amerika und in Deutschland.

Nachwort

Kaum habe ich das Buch beendet, bekomme ich einen Brief vom Council on Foreign Relations: Ob ich nicht Lust hätte, *Foreign Affairs* zu abonnieren, das Vereinsmagazin? Ja, wir leben in Zeiten, vor denen George Orwell sich gefürchtet hätte. Der Überwachungsstaat ist nicht nur perfekt, er ist global, international. Das ist dem »Krieg gegen den Terror« geschuldet, aber nicht nur: Viele Menschen lassen sich freiwillig von ihm an die Kette legen. Selbst Leute, die gegen die NSA-Spitzelei protestieren, geben ihre Daten bereitwillig an Google, Amazon und Apple ab, weil es bequem ist und billig. Der neue Überwachungsstaat funktioniert nicht wie Orwells *1984*, sondern eher wie Aldous Huxleys *Schöne Neue Welt*, deren Bürger sich freudig in die Arme des Großen Bruders fallen lassen. Es ist so, wie es der Medienwissenschaftler Marshall McLuhan vorausgesagt hat: Unsere Sinne sind überall in der Welt, und Big Brother ist in uns selber.

Mit diesem privat-politisch-globalen Überwachungsstaat, dessen Zentrum Amerika ist, sind auch die Grenzen zwischen Politik, Medien und Unterhaltung verschwommen, wenn sie denn jemals klar gezogen waren. Denn wer weiß schon wirklich, ob der Blockbuster aus Hollywood über die Schlacht an den Stränden der Normandie oder über den Scharfschützen im Irak vom Pentagon gesponsort wurde. Oder wer kann schon sagen, ob der selbst ernannte Webguru, der in den Online-Ausgaben deutscher Zeitungen die Segnungen von Google preist und dabei über deutsche Datenschutzbesessenheit den Kopf schüttelt, nicht vielleicht doch der lange Arm von Eric Schmidt ist, oder ob der »publizistische Experte« in einer ARD-Talkrunde auf der Gehaltsliste des State Department steht.

Wir leben in gefährlichen Zeiten. Der Überwachungsapparat, der geschaffen wurde, um Kriege und Terroranschläge zu verhindern, scheint immer neue Terroranschläge zu generieren. Die dann wiederum als Grund dafür dienen, den Überwachungsstaat noch stärker auszubauen, noch größer und noch gründlicher zu machen. Denn es herrscht Chaos im Mittleren Osten, Säbelrasseln in Russland, und aus den USA kommen Drohgebärden. Und wer die Guten und die Bösen sind, ändert sich so schnell, dass die Printpresse nicht mehr nachkommt.

Klar ist nur: Deutschland sitzt, was die heimlichen und unheimlichen Kriege der USA angeht, mehr oder weniger freiwillig mit im Boot. Aber es befindet sich in einer ganz anderen Position. Amerika ist weit weg, während die Europäische Union mit der Türkei und damit mit Iran und dem Mittleren Osten eine gemeinsame Grenze hat; von Russland ist sie nur durch die Ukraine und Weißrussland getrennt. Deutschland liegt drei Flugstunden von Moskau, Istanbul oder Tunis entfernt, und die Grenzen der EU sind offen.

Amerika kann, wenn das Abenteuer schiefgeht, mit den Kriegsspielen aufhören und die Grenzen dichtmachen, und das tut es auch, wenn es darauf ankommt. Die Zahl der Flüchtlinge aus dem Irak, die nach Amerika gelassen wurden, liegt bei einigen Zehntausend von über einer Million. Selbst Dolmetschern und Fahrern für die U.S. Army und ihren Familien wurden Visa versagt. Ähnlich war es nach dem Vietnamkrieg, als US-Botschaftsangehörige in Saigon in rettende Hubschrauber stiegen, während ihre vietnamesischen Kollaborateure meist zurückblieben. Nach dem Zweiten Weltkrieg wurden deutsche Widerstandskämpfer nachgerade feindselig abgewiesen und selbst jüdische KZ-Überlebende erst Jahre später ins Land gelassen. Lokale Alliierte der USA hingegen sind immer unmittelbar mit den Konsequenzen konfrontiert. Bei den Kriegen Amerikas mitzumachen heißt letztlich, sich als Kanonenfutter verheizen zu lassen. Dass die Trommler für diese Kriege, hüben wie drüben, nie in der Armee waren, spricht für sich.

Was die Kriege in Europa angeht, verfällt die US-Politik ohnehin in absurde Schwankungen, die nicht alleine durch interne Machtwechsel zu erklären sind. Im Ersten Weltkrieg wurden England, Frankreich und Russland gegen Deutschland und Österreich-Ungarn unterstützt, was so weit ging, dass die USA protestierten, als die Bolschewiken in Russland gezwungen wurden, das Baltikum und die Ukraine zu räumen. Danach gehörten die USA zu den Mitverhandlern des Versailler Friedens, der Deutschland (unter anderem) verbot, wieder aufzurüsten, unterschrieben das Vertragswerk aber nicht. Amerika unterstützte nicht die Weimarer Republik, half dann aber dem Naziregime bei der Aufrüstung. Im Zweiten Weltkrieg taten sich die USA mit Stalin zusammen, heuerten aber bereits Nazis an, während die Tinte unter dem Potsdamer Abkommen zwischen Truman, Churchill und Stalin noch trocknete. Nur wenige Jahre später echauffierten sie sich über die Berliner Mauer, deren Grundstein sie selbst mitgelegt hatten. Und seitdem sind die Amerikaner nicht nur damit beschäftigt, die Folgen des Ersten und Zweiten Weltkriegs in Osteuropa und insbesondere in der Ukraine rückgängig zu machen, sie finden es auch empörend, wenn man ihnen dabei nicht flugs zur Seite steht. Kurz, wer solche Verbündete hat, braucht keine Feinde mehr.

Was den ewigen Krieg im Mittleren Osten angeht, so ist die Mehrzahl der einfachen Amerikaner schon lange kriegsmüde. Am liebsten wirft die U.S. Army ohnehin Bomben aus sicheren 1000 Metern Höhe. George W. Bush setzte im Irak bereits doppelt so viele Söldner von privaten Firmen ein – darunter viele Ausländer – als Soldaten der U.S. Army, und selbst unter den GIs waren nicht wenige mexikanische Immigranten. Die Obama-Regierung ist dazu übergegangen, Einsätze mit unbemannten Drohnen zu führen, die überhaupt keine amerikanischen Leben mehr gefährden. Wer in Deutschland glaubt, die USA würden demnächst Bodentruppen in die Ukraine schicken, um die Rote Armee zu bekämpfen, statt das den europäischen Satrapen zu überlassen, der ist naiv. Das macht Kriege in Amerika zwar akzeptabler, entfernt sie aber auch weiter vom Leben des einzelnen Bürgers. Gäbe es nicht ab und an Artikel über die Gesundheitsprobleme von GIs, würden die Kriege für viele normale Amerikaner fast nicht existieren.

Wer sich gegen Amerikas Kriege wendet, wird von Bellizisten, vor allem von deutschen Bellizisten der Sorte, die noch nie eine Kaserne von innen gesehen haben, gerne als Antiamerikaner dargestellt. Aber das ist falsch. Die Kriegsbefürworter in den USA sind eine lautstarke Minderheit, meist bezahlt von Pentagon-gesponserten Denkfabriken. Amerikanische Normalbürger, so sie denn konservativ sind, interessieren sich nicht für fremde Ecken der Welt, und schon gar nicht wollen sie den Ausbau der USA zum britischen Imperium 2.0 finanzieren. Und aus der Linken rekrutieren sich ohnehin die schärfsten Kritiker der Kriege und der Überwachungsapparate – wie Glenn Greenwald, Laura Poitras oder Ed Snowden.

Kurz nach dem amerikanischen Einmarsch in den Irak traf ich in New York Daniel Ellsberg, den Mann, der die »Pentagon Papers« an die Öffentlichkeit brachte. Er sagte, er habe sich gefragt, wer die amerikanische Militärmaschine stoppen könne. Die USA hätten damals die Nazis gestoppt, wer könne heute das Pentagon aufhalten? Dann sei ihm plötzlich ein Licht aufgegangen: Nur die Amerikaner könnten es. »Wir müssen uns selber befreien«, sagte er, und das ist wohl richtig.

Literatur und Quellen

Einleitung: Transatlantische Irritationen
Bücher:

Elter, Andreas: *Die Kriegsverkäufer. Geschichte der US-Propaganda 1917–2005*. Suhrkamp, Frankfurt 2005.

Farkas, Viktor: *Lügen in Krieg und Frieden*. Orac, Wien 2004.

Greenwald, Glenn: *No Place to Hide: Edward Snowden, the NSA, and the U.S. Surveillance State*. Metropolitan Books, New York, NY, 2014. Deutsche Ausgabe: *Die globale Überwachung: Der Fall Snowden, die amerikanischen Geheimdienste und die Folgen*. Droemer, München 2014.

Hohlfeld, Johannes (Hrsg.): »Ansprache Adolf Hitlers, Aufzeichnung Generaladmiral Boehm«, in: *Die Zeit der nationalsozialistischen Diktatur*. Band V, Berlin 1953.

McLuhan, Marshall: *Culture is our Business*. Balantine Books, New York 1970.

Mearsheimer, John J.: *Why Leaders Lie: The Truth About Lying in International Politics*. Oxford University Press, Oxford 2011. Deutsche Ausgabe: *Lüge! Vom Wert der Unwahrheit*. Frankfurt/New York 2011.

Ponsonby, Arthur: *Falsehood In Wartime: Containing An Assortment Of Lies Circulated Throughout The Nations During The Great War*. Kessinger Publishing, Whitefish, Montana, 2010. (Originalausgabe: Garland Publishing Company, London 1928.)

Schama, Simon: *Rough Crossings: Britain, the Slaves and the American Revolution*. Ecco/HarperCollins, New York 2006.

Sheehan, Neil/Smith, Hedrick/Kenworthy, E.W./Butterfield, Fox: *The Pentagon Papers: The Secret History of the Vietnam War*. Quadrangle Books, Chicago 1971. Deutsche Ausgabe: *Die Pentagon-Papiere: die geheime Geschichte des Vietnamkrieges*. Droemer-Knaur, München 1971.

Ventura, Jesse/Russell, Dick: *63 Documents the Government Doesn't Want You To Read.* Skyhorse Publishing, New York 2011.
Welch, David: *Propaganda: Power and Persuasion.* British Library, London 2013.

Websites:

Der Handschlag von Torgau:
http://www.stern.de/politik/geschichte/torgau-handschlag-des-triumphs-539477.html
Todeszahlen im Irak:
http://www.psr.org/assets/pdfs/body-count.pdf
http://www.heise.de/tp/artikel/44/44443/1.html
Susan Faludi über Indianer:
http://www.nytimes.com/2007/09/07/opinion/07faludi.html
Snowden und Deutschland:
https://firstlook.org/theintercept/2015/03/19/us-threatened-germany-snowden-vice-chancellor-says

1. Der Erste Weltkrieg
Babymörder in Belgien und anderswo
Bücher:

Blum, Howard: *Dark Invasion: 1915. Germany's Secret War Against America.* HarperCollins, New York 2014.
Bernhardi, Friedrich Adolf Julius von: *Deutschland und der nächste Krieg.* Cotta, Stuttgart 1912.
Brownlow, Kevin: *The War, the West and the Wilderness.* Knopf, New York 1979.
Clark, Christopher: *The Sleepwalkers. How Europe Went to War in 1914.* Harper, London 2013. Deutsche Ausgabe: *Die Schlafwandler. Wie Europa in den Ersten Weltkrieg zog.* DVA, München 2013.
Corse, Edward: *A Battle for Neutral Europe: British Cultural Propaganda during the Second World War.* Bloomsbury Academic, London 2013.
Creel, George: *How we Advertised America. The First Telling of the Amazing Story of the Committee on Public Information that Carried the Gospel of Americanism to Every Corner of the Globe.* Harper & Brothers Publishers, New York and London 1920.
Fleming, Thomas: *The Illusion Of Victory: America In World War I.* Basic Books, New York 2008. (Originalausgabe 2003.)

Garner, James Wilford: *International Law and the World War*, Volume 1 und 2, Forgotten Books, London 2012. (Originalausgabe: Longmans, Green and Co., London, New York, 1920.)

Hayward, James: *Myths and Legends of the First World War*. The History Press, Stroud 2011. (Originalausgabe: Sutton Publishing, Stroud 2004.)

Kirschbaum Erik: *Burning Beethoven. The Eradication of German Culture in the United States during World War I*. Berlinica Publishing, New York 2015.

McKernan, Luke: *Charles Urban: Pioneering the Non-Fiction Film in Britain and America, 1897–1925*. University of Exeter Press, Exeter 2013.

Morgan, John Hartman: *German atrocities; an official investigation*. Library of Congress, Washington, D.C., 1916.

Ponsonby, Arthur: *Falsehood In Wartime: Containing An Assortment Of Lies Circulated Throughout The Nations During The Great War*. Kessinger Publishing, Whitefish, Montana, 2010. (Originalausgabe: Garland Publishing Company, London 1928.)

Preston, Diana: *Lusitania: An Epic Tragedy*. Walker & Company, London 2002. Deutsche Ausgabe: *Wurden torpediert, schickt Hilfe. Der Untergang der Lusitania 1915*. DVA, München 2004.

Sanders, Michael L.: »Wellington House and British Propaganda during the First World War.« In: *The Historical Journal*, Vol. 18, No 1, Cambridge University Press, Cambridge März 1975.

Taylor, Philip: *British Propaganda in the Twentieth Century: Selling Democracy (International Communications)*. Edinburgh University Press, Edinburgh 1999.

Tuchman, Barbara W.: *The Zimmermann Telegram*. Random House, New York 1985. Deutsche Ausgabe: *Die Zimmermann Depesche*. Bastei/Lübbe, Bergisch Gladbach 1982.

Welsh, David: *Germany, Propaganda and Total War, 1914–1918 (Rutgers Depth of Field)*. Rutgers University Press 2000.

Witcover, Jules: *Sabotage at Black Tom: Imperial Germany's Secret in America, 1914–1917*. Algonquin Books, New York 1989.

Websites:

Zur Lusitania: www.theguardian.com/commentisfree/2014/may/01/lusitania-secrets-of-war-revealed-sinking

»Liberty Cabbage«

Bücher:

Bernays, Edward: *Crystallizing Public Opinion.* Ig Publishing, Brooklyn (Reprint Edition) 2011. (Originalausgabe: Liveright Publishing Corporation, New York 1923.)

Bernays, Edward, Mark Crispin Miller (Hrsg.): *Propaganda.* Ig Publishing 2012 (Originalausgabe: Routledge, London 1928.) Deutsche Ausgabe: *Propaganda. Die Kunst der Public Relations.* orange-press, Freiburg 2011.

Blum, Howard: *Dark Invasion: 1915. Germany's Secret War Against America.* HarperCollins, New York 2014.

Brownlow, Kevin: *The War, The West and the Wilderness.* Knopf, New York 1979.

DeBauche, Leslie Midkiff: *Reel Patriotism. The Movies and World War I.* Thesis. University of Wisconsin Press, Madison 1997.

Fleming, Thomas: *The Illusion Of Victory: America In World War I.* Basic Books, New York 2008. (Originalausgabe: 2003.)

Gabler, Neal: *An Empire of their Own. How the Jews Invented Hollywood.* Crown Publishing, New York 1988. Deutsche Ausgabe: *Ein eigenes Reich. Wie jüdische Emigranten Hollywood erfanden.* Berlin Verlag, Berlin 2004.

Gerard, James: *My Four Years in Germany.* Amazon Digital Services 2012 (Originalausgabe: George H. Dolan, 1917.)

Kennan, George F.: »The Sisson Documents.« In: *Journal of Modern History*, V. 28, 1956.

Kirschbaum Erik: *Burning Beethoven. The Eradication of German Culture in the United States during World War I..* Berlinica Publishing, New York 2015.

Lippmann, Walter: *Public Opinion.* Amazon Digital Services 2012 (Originalausgabe Harcourt, Brace and Company, San Diego 1922.) Deutsche Ausgabe: *Die öffentliche Meinung.* Brockmeyer, Bochum 1990.

Hudson, Maxim: *Defenseless America.* Bibliolife 2009. (Originalausgabe: Hearst's International Library Co., New York 1916.)

Ponsonby, Arthur: *Falsehood In Wartime: Containing An Assortment Of Lies Circulated Throughout The Nations During The Great War.* Kessinger Publishing, Whitefish, Montana, 2010. (Originalausgabe: Garland Publishing Company, London 1928.)

Puttnam, David: *Movies and Money.* Knopf, New York 1998.

Sanders, M. L./Taylor, Philip: *British Propaganda During the First*

World War, 1914–18, London 1982. Deutsche Ausgabe: *Britische Propaganda im Ersten Weltkrieg 1914–1918.* Spiess, Berlin 1990.
Smith, Frederick A.: »German Condition Investigated by American Writer.« In: *The New York Times*, 28.12.1919.

2. Der Zweite Weltkrieg

Der wahre James Bond

Bücher:

Conant, Jennet: *The Irregulars: Roald Dahl and the British Spy Ring in Wartime Washington.* Simon & Schuster, New York 2008.
Hiebert, Ray Eldon: *Courtier to the Crowd: The Story of Ivy Lee and the Development of Public Relations*, Iowa State University Press, Iowa City 1966.
Kinzer, Stephen: *The Brothers: John Foster Dulles, Allen Dulles, and Their Secret World War.* Macmillan, New York 2013.
Mahl, Thomas E. *Desperate Deception: British Covert Operations in the United States, 1939–44 (Brassey's Intelligence & National Security Library)*, Potomac Books, Lincoln 2000.
Persico, Joseph: *Roosevelt's Secret War: FDR and World War II Espionage.* Random House, New York 2001.
Rusbridger, James: *Betrayal at Pearl Harbor. How Churchill Lured Roosevelt into World War II.* Summit Books, New York 1991.
Stephenson, William Samuel (Hrsg. Nigel West): *British Security Coordination: The Secret History of British Intelligence in the Americas, 1940–1945.* Fromm International, New York 1999.
Stevenson, William: *A Man Called Intrepid.* Ballantine Books, New York 1982.
Sutton, Antony: *Wall Street and the Rise of Hitler.* G S G & Associates Pub, 1976. Deutsche Ausgabe: *Wall Street und der Aufstieg Hitlers.* Perseus, Basel 2009.
Thompson, Dorothy: *I Saw Hitler.* Farrar & Rinehart, New York 1932.

Hollywood und Hakenkreuze

Bücher:

Alsop, Stewart Johonnot Oliver: *Sub Rosa: The O.-S.-S. and American Espionage.* Reynal & Hitchcock, New York 1946.
Birdwell, Michael E.: *Celluloid Soldiers: The Warner Bros. Campaign Against Nazism.* NYU Press, New York 2000. Deutsche Ausgabe: *Das andere Hollywood der dreißiger Jahre. Die Kampagne der Warner Bros. gegen die Nazis.* Europa Verlag, Hamburg 2000.

Bottome, Phyllis: *The Mortal Storm.* Faber & Faber, London 1943. (Erstausgabe 1938.)
Davies, Joseph: *Mission to Moscow.* Simon & Schuster, New York 1941. Deutsche Ausgabe: *Als USA-Botschafter in Moskau.* Steinberg Verlag, Zürich 1948.
Gabler. Neal: *An Empire of their Own. How the Jews Invented Hollywood.* Crown Publishing, New York 1988.
Koppes, Clayton/Black, Gregory D.: *Hollywood Goes to War. How Politics, Profits and Propaganda Shaped World War II Movies.* University of California Press, Berkeley 1990.
Lewis, Sinclair: *It Can't Happen Here. The Novel That Tells You What Will Happen to Your Family if America Gets a Dictator.* Doubleday, Doran & Co., New York 1935. Deutsche Ausgabe: *Das ist bei uns nicht möglich.* Kiepenheuer, Köln 1992.
Puttnam, David: *Movies and Money.* Knopf, New York 1998.
Shull, Michael: *Hollywood War Films, 1937–1945: An Exhaustive Filmography of American Feature-Length Motion Pictures Relating to World War II.* Mcfarland & Co., Jefferson 1996.
Steinbeck, John: *The Moon is Down.* Viking Press, New York 1942. Deutsche Ausgabe: *Der Mond ging unter.* Ullstein, Berlin 1974.
Urwand, Ben: *The Collaboration.* Belknap Press, Cambridge 2013.
Warner, Jack: *My First Hundred Years in Hollywood.* Random House, New York 1965.
Skeyhill, Tom (Hrsg.): *Sergeant York: His Own Life Story and War Diary.* Doubleday, Doran and Company, New York 1928.

Websites:
Carl Laemmle:
http://www.haaretz.com/news/features/this-day-in-jewish-history/.premium-1.548631
Film »My Four Years in Germany«:
http://www.nytimes.com/movies/movie/103325/My-Four-Years-in-Germany/overview

Nazis und Amerikaner
Bücher:
Dodd, William: *Ambassador Dodd's Diary.* V. Gollancz, London 1941. Deutsche Ausgabe: *William E. Dodd. Diplomat auf heißem Boden.* Verlag der Nation, Berlin 1962.
Dulles, Allen: *Germany's Underground. The Anti-Nazi Resistance.*

Da Capo Press, Boston 2000. Originalausgabe Macmillan, New York 1947. Deutsche Ausgabe: *Verschwörung in Deutschland.* Europa Verlag, Zürich 1947.

Conradi, Peter: *Hitler's Piano Player: The Rise and Fall of Ernst Hanfstaengl, Confidante of Hitler, Ally of FDR.* Carroll & Graf, New York 2004. Deutsche Ausgabe: *Hitlers Klavierspieler: Ernst Hanfstängel. Vertrauter Hitlers, Verbündeter Roosevelts.* Scherz Verlag, Frankfurt 2007.

Gerard, James W.: »Hitler as he Explains Himself.« In: *The New York Times,* 15.10.1938.

Gedye, G.E.R.: »Nazis to Hold 5,000 in Camp in Dachau.« In: *The New York Times,* 4.4.1933.

Gisevius, Hans Bernd/Wilson, Richard: *To the Bitter End.* Pickle Partners Publishing, 2014. (Originalausgabe: Houghton Mifflin, New York 1947.) Deutsche Ausgabe: *Bis zum bitteren Ende.* Droemer Knaur, München 1987.

Kinzer, Stephen: *The Brothers: John Foster Dulles, Allen Dulles, and Their Secret World War.* Macmillan, New York 2013.

Larson, Erik: *In the Garden of Beasts: Love, Terror, and an American Family in Hitler's Berlin.* Crown, New York 2011. Deutsche Ausgabe: *Tiergarten – In the Garden of Beasts: Ein amerikanischer Botschafter in Nazi-Deutschland.* Hoffmann und Campe, Hamburg 2013.

Leff, Laurel: *Buried by The Times. The Holocaust and America's Most Important Newspaper.* Cambridge University Press, Cambridge 2006.

Nelson, Anne: *The Red Orchestra. The Story of the Berlin Underground and the Circle of Friends who Resisted Hitler.* Random House, New York 2009. Deutsche Ausgabe: *Die Rote Kapelle: Die Geschichte der legendären Widerstandsgruppe.* Bertelsmann, München 2010.

Persico, Joseph: *Roosevelt's Secret War: FDR and World War II Espionage.* Random House, New York 2001.

Shirer, William: *Berlin Diary.* Alfred A. Knopf, New York 1941. Deutsche Ausgabe: *Berliner Tagebuch – Aufzeichnungen 1934–1941.* Kiepenheuer, Köln 1991.

Websites:

Das Archiv des OSS über Hitler:
http://www.paperlessarchives.com/adolf_hitler_oss_-_cia_files.html).

Der Spion und der Widerstand

Bücher:

Breitman, Richard/Laquer, Walter: *Breaking the Silence. The German Who Exposed the Final Solution.* Simon & Schuster, New York 1986. Deutsche Ausgabe: *Der Mann, der das Schweigen brach. Wie die Welt vom Holocaust erfuhr.* Ullstein, Berlin 1986.

Delattre, Lucas: *Fritz Kolbe: Der wichtigste Spion des Zweiten Weltkriegs.* Piper, München 2004.

Hassell, Agostino von/MacRae, Sigrid: *Alliance of Enemies. The Untold Story of the Secret American and German Collaboration to End World War II.* Thomas Dunne Books, New York 2006.

Heideking, Jürgen/Mauch, Christoph (Hrsg.): *American Intelligence and The German Resistance to Hitler. A Document History.* Westview Press, Boulder 1996. Deutsche Ausgabe: *USA und deutscher Widerstand: Analysen und Operationen des amerikanischen Geheimdienstes im Zweiten Weltkrieg.* Francke, Marburg 1993.

Kennan, George F.: *The Kennan Diaries.* W.W. Norton & Company, New York 2014.

Kinzer, Stephen: *The Brothers: John Foster Dulles, Allen Dulles, and Their Secret World War.* Macmillan, New York 2013.

Long, Tanja: »This Is Berlin – Without Hitler; An eyewitness account of life today in the battered capital of Germany.« In: *The New York Times*, 22.7.1945.

Lyman, Robert: *The Jail Busters: The Secret Story of MI6, the French Resistance and Operation Jericho.* Quercus Publishing, London 2014.

Persico, Joseph: *Roosevelt's Secret War: FDR and World War II Espionage.* Random House, New York 2001.

Petersen, Neal H.: *From Hitler's Doorstep: The Wartime Intelligence Reports of Allen Dulles, 1942–1945.* Pennsylvania State University Press 1996.

Smith, Richard Harris: *The Secret History of Americas First Central Intelligence Agency.* Lyons Press, New Haven 2005.

Wheeler-Bennett, John, seine Zitate finden sich in: British National Archives file FO 371/39062; British National Archives file FO 371/39137.

Wiskemann, Elisabeth: *The Europe I Saw.* St. Martin's Press, New York 1968.

Websites:
Helmut von Moltke und England:
http://www.tagesspiegel.de/politik/geschichte/widerstand-gegen-hitler-die-briten-und-das-moltke-dossier/1408570.html
Die Canaris-Tagebücher:
http://www.spiegel.de/spiegel/print/d-41533832.html
Lageeinschätzung des OSS/Widerstand:
http://www.ifz-muenchen.de/heftarchiv/1992_4_4_heideking.pdf
Fritz Kolbe, National Archives:
http://www.archives.gov/publications/prologue/2002/spring/fritz-kolbe-1.html

3. Der Kalte Krieg
Der tote Präsident und die Mauer
Bücher:
Bürger, Peter: *Hiroshima, der Krieg und die Christen.* Asphalt, Hamburg 2005.
Harpprecht, Klaus: *Die Gräfin Marion Dönhoff. Eine Biographie.* Rowohlt, Reinbek 2009.
Heitzer, Enrico: *Die Kampfgruppe gegen Unmenschlichkeit (KgU): Widerstand und Spionage im Kalten Krieg 1948–1959 (Zeithistorische Studien, Band 53).* Böhlau, Köln 2014.
Jürgs, Michael: *Der Verleger. Der Fall Axel Springer. Eine deutsche Biographie.* List, München/Leipzig 1995.
Kempe, Frederich: *Berlin 1961: Kennedy, Khrushchev, and the Most Dangerous Place on Earth.* Putnam, New York 2011.
Kinzer, Stephen: *The Brothers: John Foster Dulles, Allen Dulles, and Their Secret World War.* Macmillan, New York 2013.
Mitchell, Greg: *Atomic Cover-Up. Two U.S. Soldiers, Hiroshima & Nagasaki, and The Greatest Movie Never Made.* Sinclair Books, New York 2011.
Mitchell, Greg: *Tricky Dick and the Pink Lady: Richard Nixon vs. Helen Gahagan Douglas.* Sinclair Books, New York 1950.
Strube, Katja: »Axel Springer. Mensch mit dem großen Herzen.« In: *taz,* 14.7.2007.
Wilcox, Robert K.: *Target Patton: The Plot to Assassinate General George S. Patton.* Regnery History, New York 2014.

Websites:
Der Zapruder-Film:
https://www.youtube.com/watch?v=iU83R7rpXQY
Operation Northwoods in den National Archives:
http://research.archives.gov/description/305036
OSS-Operationen in den National Archives:
http://www.archives.gov/iwg/finding-aids/list-of-terms-code.html
Nazis in den USA, New York Times:
http://www.nytimes.com/2010/11/14/us/14nazis.html
Die Atlantikbrücke:
http://www.heise.de/tp/artikel/41/41551/1.html
Die Luftbrücke in der Truman-Library:
http://www.trumanlibrary.org/whistlestop/study_collections/berlin_airlift/large/index.php?action=docs
Die Berliner Mauer im CIA-Archiv:
http://www.foia.cia.gov/collection/berlin-wall-collection
Die Berliner Mauer im National Security Archive:
http://nsarchive.gwu.edu/NSAEBB/NSAEBB354/index.htm

Der Fall der Mauer

Bücher:

Baumann, Bommi: *Wie alles anfing.* Rotbuch, Berlin 2007.
Bird, Kai: *The Chairman. John J. McCloy & the Making of the American Establishment.* Simon & Schuster, New York 1992.
Drucker, Peter: *Adventures of A Bystander.* Transaction Publishers, Rutgers 1994. Deutsche Ausgabe: *Schlüsseljahre. Die abenteuerlichsten Stationen meines Lebens.* Campus, Frankfurt 2001.
Foschepoth, Josef: *Überwachtes Deutschland. Post- und Telefonüberwachung in der alten Bundesrepublik.* Vandenhoeck & Ruprecht, Göttingen 2013.
Jacobsen, Annie: *Area 51. An Uncensored History of America's Top Secret Military Base.* Little, Brown and Company, New York 2011.
Kissinger, Henry: *World Order.* Penguin Press, New York 2014. Deutsche Ausgabe: *Weltordnung.* Bertelsmann, München 2014.
Landgraeber, Wolfgang/Sieker, Ekkehard/Wisnewski, Gerhard: *Das RAF-Phantom. Wozu Politik und Wirtschaft Terroristen brauchen.* Knaur, München 1992.
Prados, John: *The Family Jewels: The CIA, Secrecy, and Presidential Power.* University of Texas Press, Austin 2013.
Rafalko, Frank: *MH/CHAOS: The CIA's Campaign Against the*

Radical New Left and the Black Panthers. Naval Institute Press, Annapolis 2011.
Ross, Thomas/Wise, David: The *Invisible Government.* Bantam Books, New York 1964. Deutsche Ausgabe: *Die unsichtbare Regierung.* Scheffler, Frankfurt 1966.
Saunders, Frances Stonor: *Who Paid the Piper? The CIA and the Cultural Cold War.* Granta Books, London 1999. Deutsche Ausgabe: *Wer die Zeche zahlt …: Der CIA und die Kultur im Kalten Krieg.* Siedler, Berlin 2001.
Snyder, Alvin A.: *Warriors of Disinformation: How Charles Wick, the Usia, and Videotape Won the Cold War.* Arcade Publishing, New York 1995.
Weiner, Tim: *Legacy of Ashes: The History of the CIA.* Doubleday, New York 2007. Deutsche Ausgabe: *CIA: Die ganze Geschichte.* Fischer, Frankfurt a. M. 2009.
Wilford, Hugh: *The Mighty Wurlitzer. How the CIA Played America.* Harvard University Press, Cambridge 2009.

Websites:
Carl Bernstein: CIA und Media:
http://www.carlbernstein.com/magazine_cia_and_media.php
Nachruf Peter Urbach:
http://www.tagesspiegel.de/berlin/nachrufe/nachrufe-bomben-fuer-den-sds/6361192.html
Interview Tilman Fichter:
http://www.taz.de/1/archiv/?dig=2005/10/25/a0178
Operation Gladio in Italien:
http://www.theguardian.com/world/2000/jun/24/terrorism
National Security Archive, NSA und CIA, Geschichte:
http://nsarchive.gwu.edu/NSAEBB/NSAEBB506/

4. Krieg im Mittleren Osten
Das neue Pearl Harbor
Bücher:
Broeckers, Mathias: *11.9. – zehn Jahre danach: Der Einsturz eines Lügengebäudes.* Westend, Frankfurt a. M. 2011.
Broeckers, Mathias: *Verschwörungen, Verschwörungstheorien und die Geheimnisse des 11.9.* Zweitausendeins, Leipzig 2002.
Cockburn, Alexaner / St. Clair, Jeffrey: *Imperial Crusades. Iraq, Afghanistan, and Yugoslavia.* Verso, New York 2004.

Foerstel, Lenora (Hrsg.): *War, Lies & Videotape: How Media Monopoly Stifles Truth.* International Action Center, New York 2004.
Griffin, David Ray: *The New Pearl Harbor: Disturbing Questions About the Bush Administration and 9/11.* Interlink Pub Group, Northampton 2004.
Griffin, David Ray: *Debunking 9/11 Debunking: An Answer to Popular Mechanics and Other Defenders of the Official Conspiracy Theory.* Olive Branch Press, Northampton 2008.
Mylroie, Laurie: *Study of Revenge.* AEI Press, Washington DC, 2001.
Mitchell, Greg: *So Wrong For So Long: How the Press, the Pundits – and the President – Failed on Iraq.* Sinclair Books, New York 2013. (Originalausgabe: Union Square Press, New York 2008.)
Project Censored (Hrsg.): *Censored 2005: The Top 25 Censored Stories.* Seven Stories Press, New York 2004.
Rampton, Sheldon/Stauber, John: T*oxic Sludge is Good For You: Lies, Damn Lies and the Public Relations Industry.* Common Courage Press, Monroe 2002. Deutsche Ausgabe: *Giftmüll macht schlank: Spin Doctors, PR Wizards, Medienprofis. Die Wahrheit über die Public-Relations-Industrie.* orange-press, Freiburg 2006.
Roetzer, Florian: *Medien im Krieg. Krise zwischen Leitmedien und ihren Rezipienten.* Heise Zeitschriften Verlag, Hannover, 2014.
Trento, Susan: *The Power House. Robert Keith Gray and the Selling of Access and Influence in Washington.* St. Martin's Press, New York 1992.
Wright, Lawrence: *Thirteen Days in September. Carter, Begin, and Sadat at Camp David.* Knopf, New York 2014.

Websites:
http://www.raymcgovern.com/
http://www.fromthewilderness.com/
http://davidraygriffin.com/
http://www.911truth.org/
https://www.aei.org/
Ulrich Ladurner in der Zeit *über Pakistan:*
http://www.zeit.de/2007/38/Pakistan
Seymour Hersh über Richard Perle:
http://www.newyorker.com/magazine/2003/03/17/lunch-with-the-chairman
PNAC: A Clean Break:

https://web.archive.org/web/20140125123844/http://www.iasps.org/strat1.htm
Seymour Hersh über das Office of Special Plans:
http://www.newyorker.com/magazine/2003/05/12/selective-intelligence
Institute of American Values, 58 Intellektuelle zum Krieg:
http://www.americanvalues.org/search/item.php?id=858
Office of Strategic Influence, New York Times:
http://www.nytimes.com/2002/02/19/world/nation-challenged-hearts-minds-pentagon-readies-efforts-sway-sentiment-abroad.html
Office of Strategic Influence, Internal Study:
http://fas.org/irp/eprint/gough.pdf
David Corn, The Nation, *über die CIA und den Irakkrieg:*
http://prairieweather.typepad.com/the_scribe/2006/09/9706_npr_michae.html
William Safire über Rudolf Scharping und Holtzbrinck:
http://www.nytimes.com/2002/09/19/opinion/the-german-problem.html
Massenvernichtungswaffen im Irak:
http://www.theatlantic.com/magazine/archive/2004/01/spies-lies-and-weapons-what-went-wrong/302878/
Karen Kwiatkowski in Salon:
http://www.salon.com/2004/03/10/osp_moveon/
Zu Curveball:
http://www.spiegel.de/politik/ausland/codename-curveball-us-spion-gibt-luegen-ueber-irakische-bio-waffen-zu-a-745997.html

Die Dämmerung der Neocons
Bücher:

Filkins, Dexter: *The Forever War.* Knopf, New York 2008. Deutsche Ausgabe: *Der ewige Krieg: Innenansichten aus dem »Kampf gegen den Terror«.* Fischer, Frankfurt a. M. 2009.
Joffe, Josef: *The Myth of America's Decline: Politics, Economics, and a Half Century of False Prophecies.* Liveright/W. W. Norton & Co., New York 2013.
Griffin, David Ray: *Cognitive Infiltration: An Obama Appointee's Plan to Undermine the 9/11 Conspiracy Theory.* Olive Branch Press, Northampton 2010.

Leiendecker, Hans: *Die Lügen des Weißen Hauses. Warum Amerika einen Neuanfang braucht.* Rowohlt, Reinbek 2004.

Websites:

Nico Haupt und Alex Jones:
http://www.infowars.com/is-nico-haupt-a-cointelpro-operative-2/
Willem Marx in Harper's Magazine:
http://harpers.org/author/willemmarx/
Die Anstalt *über Josef Joffe und Jochen Bittner:*
https://www.youtube.com/watch?v=Uelj8Hjf_oc
Aspen Institute Italia and the New Atlantic Initiative:
http://www.nato.int/docu/conf/2003/c031002a.pdf
Der Spiegel *über Richard Perle in Berlin:*
http://www.spiegel.de/spiegel/print/d-27442211.html
Josef Joffe über Richard Perle et al.:
http://www.zeit.de/2006/51/_Die_Idee_war_gut
http://www.zeit.de/2008/44/Neo-Cons
Cass Sunstein, Verschwörungstheoretikerpapier:
http://papers.ssrn.com/sol3/papers.cfm?abstract_id=1084585
Glenn Greenwald über Cass Sunstein:
http://www.salon.com/2010/01/15/sunstein_2/
Jochen Bittner in der Zeit *über Afghanistan:*
http://www.zeit.de/2014/45/verschwoerung-11-september-cia
Benjamin Weinthals Biografie:
http://www.defenddemocracy.org/about-fdd/team-overview/benjamin-weinthal/
Foundation for Defense of Democracies, Spenderliste:
http://d35brb9zkkbdsd.cloudfront.net/wp-content/uploads/2011/07/FDDdonors.pdf
Benjamin Weinthal über die Moschee in New York:
http://www.tagesspiegel.de/meinung/andere-meinung/position-falsche-moschee-am-falschen-platz/1909892.html
http://www.memri.org/
Ukraine, Grüne und Thinktanks:
http://www.heise.de/tp/artikel/44/44278/1.html
AICGS:
http://www.aicgs.org/issue/spies-get-between-germany-and-the-united-states/
Der Forward *über die JCC:*

http://forward.com/articles/200803/more-than-half-of-nyc-holocaust-survivors-living-i/?p=2
Glenn Greenwald über Cass Sunstein:
http://www.salon.com/2010/01/15/sunstein_2/
Joffe über Merkel:
http://www.wsj.com/articles/josef-joffe-of-spycraft-and-state-craft-1405624752
Ulrich Speck in der Zeit:
http://www.zeit.de/online/2005/52/weltordnung/komplettansicht

5. Going Global
Globale Presse
Bücher:

Assange, Julian/Stoeckley, Clark: *The United States vs. Pvt. Chelsea Manning: A Graphic Account from Inside the Courtroom.* OR Books, New York 2014.
Assange, Julian: *When Google Met Wikileaks.* OR Books, New York 2014.
Cohen, Jared/Schmidt, Eric: *The New Digital Age: Transforming Nations, Businesses, and Our Lives.* Vintage Book, New York 2014. Deutsche Ausgabe: *Die Vernetzung der Welt: Ein Blick in unsere Zukunft.* Rowohlt, Reinbek 2013.
Engelhardt, Tom/Greenwald, Glenn: *Shadow Government: Surveillance, Secret Wars, and a Global Security State in a Single-Superpower World.* Haymarket Books, Chicago 2014.
Madar, Chase: *The Passion of Bradley Manning: The Story Behind the Wikileaks Whistleblower.* OR Books, New York 2013.
Philips, Peter: *Project Censored Guide to Independent Media and Activism.* Seven Stories Press, New York 2011.
Rosenbach, Marcel/Stark, Holger: *Der NSA-Komplex. Edward Snowden und der Weg in die totale Überwachung.* DVA, München 2014.
Tucker, Patrick: *The Naked Future: What Happens in a World That Anticipates Your Every Move.* Current Publishing, London 2015.

Websites:

http://usatoday30.usatoday.com/news/washington/2006-05-10-nsa_x.htm

Data Sharing USA und Israel:
http://www.theguardian.com/world/2013/sep/11/nsa-americans-personal-data-israel-documents#start-of-comments
Deutschland und die NSA:
http://www.spiegel.de/international/germany/inside-the-nsa-s-war-on-internet-security-a-1010361.html
Julian Assange über Google-Chairman Eric Schmidt:
https://www.youtube.com/watch?v=aMYqzGwwoF8
Josef Joffe im Wall Street Journal *über Deutschland und die NSA:*
http://www.wsj.com/articles/josef-joffe-of-spycraft-and-statecraft-1405624752
Glenn Greenwald über Ed Snowden in Deutschland:
https://firstlook.org/theintercept/2015/03/19/us-threatened-germany-snowden-vice-chancellor-says/
Das Pentagon, die NSA und Silicon Valley:
http://www.nytimes.com/2013/08/23/technology/the-pentagon-as-start-up-incubator.html?_r=0
http://www.salon.com/2014/11/16/googles_secret_nsa_alliance_the_terrifying_deals_between_silicon_valley_and_the_security_state/
»Dirty Tricks« im Internet:
https://firstlook.org/theintercept/2014/02/24/jtrig-manipulation/
Ed Snowden, Laura Poitras und Glenn Greenwald im Gespräch:
https://www.reddit.com/r/IAmA/comments/2wwdep/we_are_edward_snowden_laura_poitras_and_glenn/?limit=500